이
경
엽 李京燁 Lee Kyung-yup

목포대학교 국어국문학과 교수. 도서문화연구원 원장
연구논저 :『상례놀이의 문화사』, 『지역민속의 세계』, 『썻김굿』, 『진도다시래기』,
        『바다 삶 무속』(공저), 『산다이, 청춘들의 노래와 연애생활사』(공저) 등
이메일 : lky3528@mokpo.ac.kr

민속원 아르케북스 **154** minsokwon archebooks

네 가지 열쇠말로 읽는
섬의 민속학

| 이경엽 |

민 속 원

머리말

　우리는 섬에 대해 여러 이미지를 갖고 있다. 낭만적인 분위기를 떠올리는 이도 있고 고립되고 쓸쓸한 곳이라고 여기는 사람도 있다. 긴 기간 유배지로 이용되었던 역사적 배경이 섬을 설명하는 주요 지식이 되기도 한다. 또한 뉴스에서 간간이 나오는 섬에 대한 궂은 소식들이 섬을 수상한 공간으로 각인시키기도 한다. 이런 일들로 인해 섬을 변방으로 소외시키는 부정적인 이미지가 형성되곤 한다. 다른 한편으로는 오염되지 않은, 개발되지 않은 청정 자연으로 평가하고 '가고 싶은 섬', '치유의 공간'으로 주목하기도 한다. 그리고 관광 개발이나 국가 간의 분쟁이 이슈가 될 때에는 섬이 중요하고 의미 있는 공간으로 재평가되기도 한다. 이처럼 우리가 섬을 대하는 태도는 한결같지 않다. 하지만 이미지나 이슈 중심으로 접근하는 것은 한계가 있다. 그런 접근은 섬의 이질적인 면을 부각시켜 특이한 존재로 구분 짓고, 주체가 아닌 객체로 대상화하기 때문이다. 섬과 그곳에 사는 주민들의 삶을 타자화하지 않고 주체로 재인식하는 과정이 중요하다. 그리고 그들이 긴 기간 자연에 적응하면서 공동체를 이루고 대내외적인 교류와 경제활동을 하면서 전승해온 문화다양성과 거기에 담긴 오래된 미래지식을 탐구하는 일이 중요하다. 이 책에서는 그것을 탐색하고자 했다.

　글쓴이가 섬 연구를 시작한 것은 1980년대 후반부터다. 당시 진도, 흑산도, 거문도 등지를 다니며 민속조사를 했으니 햇수로는 30년이 넘은 셈이다. 하지만 그 무렵에는 자료 수집 자체에 집중했으며 섬의 존재를 깊이 들여다보지는 못했다. 그러다가 도서문화연구원 멤버들과 공동 조사를 다니면서 섬 연구의 색다른 즐거움을 알게 되었다. 1997년 완도 금당도 조사가 그 시작이었다. 그리고 섬과 관련된 책과 논문을 꾸준히 썼다. 하지만 그때그때의 상황과 사정에 맞춘 경우가 많았다. 그것들과 별개로 본격적인 『섬 민속학』을 집필하고 싶다는 생각을 했지만 여의치 않았다. 이런저런 이유로 미루다가 2015년에 1년간 일본에서 연구년을 보내면서 본격적인 작업을 시작하게 되었다. 한국연구재단의 출판지원을 받아 3년에 걸쳐 원고를 쓰고 고치면서 서두르지 않고 느리게 작업을 진행했다. 그렇게 이 책을 썼다.

그 동안 섬 연구가 꾸준히 계속되고 여러 형태의 학술회의와 연구 성과들이 축적되었지만 본격적인 저술이 많지 않은 편이다. 도서문화 또는 해양문화의 중요성을 강조하는 논의가 많아지고 국제회의도 열리곤 하지만 외향적인 이슈들을 부각시키는 데 그치곤 한다. 크고 거창한 얘기도 필요하지만 분야별로 논점들을 포괄하고 구체화하는 작업이 중요하다고 생각한다. 그리고 섬과 바다의 문화적 의미를 새롭게 되짚고 거기에 담긴 미래가치와 섬의 지속가능성을 탐구할 필요가 있다고 생각한다. 더욱이 곳곳에서 연륙·연도교가 놓이는 등 인문환경이 급변하고 있으므로 인문 전통의 가치와 의미를 탐색하는 작업이 긴요하다고 할 수 있다. 그 동안의 성과를 비판적으로 수용하고 섬 연구의 방향을 새롭게 모색하고 쟁점화할 수 있는 단행본 저술이 필요하다고 판단한 것이다.

이 책은 총 5부로 구성되었다. 도입에 해당하는 1부에서는 문제제기와 연구의 필요성·방법·내용 등을 다루고, 2부~5부에서는 네 가지 열쇠말을 중심으로 각각 네 개의 세부 주제를 구체적으로 탐구했다. '적응', '교류', '경제활동', '연행' 등의 열쇠말은 도서지역 민속 전승의 핵심적인 영역들과 관련이 있다. '적응'은 자연과 인간·공동체가 어떻게 교섭하는지를 살피는 문화생태론적인 주제들과 연관이 있다. '교류'는 사회적 네트워크와 육지·섬 그리고 다른 섬들과의 연관성을 보여주는 관계 또는 비교 연구의 주제들과 관련이 있다. 또한 '경제활동'은 민속 전승의 성쇠와 활력, 역사적 변화 과정 등과 관련돼 있다. 그리고 '연행演行'은 어촌의 동제·굿·농악 등이 사회적 행위이자 예술적 표현이라는 점을 보여주며 그것이 생업과 상관성이 있음을 보여주는 열쇠말이다. 이런 점에서 이상의 네 가지 열쇠말은 '섬의 민속학'을 구체적으로 설명할 수 있는 접근 대상이자 통로라고 할 수 있을 것이다.

이 책은 본격적인 섬 민속 연구서이며, 도서지역의 생태·사회문화적 조건과 민속 전승의 상관성을 주목한 연구라는 점에서 새로운 시도라고 할 수 있다. 이번 저술은 '관계와 맥락 중심의 섬 연구'를 표방하고 있다. 그리고 열쇠말별 쟁점 주제들을 탐구하면서 그와 연관된 총괄주제를 탐색하는 방향을 취하고 있다. 이런 관점은 섬 연구를 지속적으로 수행하면서 체득한 것이므로 동료 및 인접 분야 연구자들의 문제의식과 통할 수 있을 것으로 기대한다. 아무쪼록 이 책이 섬 연구에 대한 새로운 관심을 촉발할 수 있기를 기대한다.

이 책을 쓰면서 많은 분들의 도움을 받았다. 먼저 한국연구재단의 저술출판 지원에 힘입었음을 밝히고 싶다. 자료를 수집하고 정리하면서 동료 연구자들과 제자들에게 신세를 지기도 했다. 특히 힘겨운 섬 답사를 같이하고 문제의식을 공유해온 제자들에게 감사의 마음을 전하고 싶다. 민속학이란 학문의 특성상 현지 연구가 필수적인 과정이다. 현지 어르신들의 가르침이 중요한 지침이 되었다는 사실을 적어 두고 싶다. 모든 분들께 감사 인사를 드린다.

2020년 4월

이경엽 씀

제1부
섬과 바다의 민속을 어떻게 연구할까   13

제1장 섬의 민속학, 무엇을 어떻게 다룰 것인가
———— 014

제2장 섬을 보는 여러 관점, 도서성을 어떻게 이해할까
———— 027

제2부
_____
적응 : 생태환경에 대한 적응과 섬 생활 43

제1장 전통항해술과 전통지식─강진 옹기배 사공 신연호의 사례
———— 044

제2장 생태환경에 대한 적응과 어로활동─가거도의 멸치잡이 민속지
———— 076

제3장 자연에 대한 적응과 민속생태학적 환경 인지─완도 생일 사람들의 사례
———— 114

제4장 섬의 농업에 나타난 생태문화적 적응 양상─청산도 구들장논의 사례
———— 143

제4부
경제활동 : 어촌의 경제활동과 민속 전승의 배경　241

섬의 민속학, 무엇을 어떻게 다룰 것인가

1. 섬 민속 연구의 방향을 모색하는 이유

'섬의 민속학'을 관계와 맥락 속에서 체계적으로 기술할 필요가 있다. 그 동안 섬 연구가 꾸준히 계속되고 여러 형태의 학술회의와 연구 성과들이 축적되었지만 본격적인 저술은 많지 않은 편이다. 도서문화 또는 해양문화의 중요성을 강조하는 논의가 많아지고 국제학술회의도 열리곤 하지만 외향적인 이슈들을 부각하는 데 그치곤 한다. 그 동안의 성과를 비판적으로 수용하고, 섬 연구의 방향을 새롭게 모색하고 쟁점화할 수 있는 단행본 저술이 필요하다고 판단한다. 그 이유를 몇 가지 제시하고자 한다.

1) 첫째, 도서성島嶼性과 도서·해양문화의 특질을 규명하고 이론화하는 연구가 필요하다.

어느 곳이나 자연환경이 중요하지만 도서지역의 경우 그 특수성이 사회 구조나 역사 전개에 지대한 영향을 미친다. 도서적島嶼的인 조건과 관련해 포스버그F. R. Forsberg는 도서생태계의 특징을 상대적 고립과 공간 자원의 제한성으로 파악하였다. 그리고 바이다와 라파포트A. Vayda & R. Rappaport는 이런 속성이 도서지역의 사회 형태, 관행,

조직, 인구, 생업 기술 등의 특징을 이루는 조건이 된다고 보았다.[1] 이러한 관점은 한국의 도서지역에 대한 규정이 아니지만 도서지역의 사회문화를 설명하는 논리가 될 수 있다. 실제 섬을 대하는 일반의 시선을 보면, 유배지 또는 전통의 잔존지역으로 여기는 경우가 많다. 도서성島嶼性에 대해 논의할 때, 섬이라는 지리적 공간의 특징을 상대적 고립과 제한된 영토라고 본 것은 일견 타당하지만, 육지 중심의 시각이라는 점에서 그대로 동의하기 어렵다. 그리고 바다라는 생태 조건에 의해 외부와 교류가 적고, 이 때문에 도서문화에 고형의 문화가 잔존해 있다는 견해는 수긍하기 어렵다. 섬지역을 답사하다 보면 기독교가 이른 시기에 전파되고 폭넓게 퍼져 있는 현상을 볼수 있다. 80% 이상의 주민이 기독교 신자인 사례도 여럿 있다. 무조건 고형의 문화가 있을 거라고 단정하거나 특이한 문화를 찾겠다고 하는 것이 적절하지 않다는 것을 보여준다. 민속문화 속에는 생태환경에 대한 적응체계와 토착지식이 담겨 있다. 그리고 그것이 지역마다 다른 사회문화를 형성하는 배경으로 작용하기도 한다. 또한 전통이 막연하게 지속되는 것이 아니라 맥락에 따른 역사적인 변화를 거치면서 전승되고 있다. 이번 저술에서는 이런 점을 염두에 두고 도서 · 해양민속 속에 담겨 있는 도서지역의 문화적 특질을 규명하고자 한다.

2) 둘째, 특이한 소재 중심의 연구가 아니라 시공간적인 연관성과 교류의 양상을 맥락화하는 연구가 필요하다.

연구자 중에는 육지에 없는 특이한 대상에 집착하거나 소재 중심의 연구에 초점을 맞추는 이들이 있다. 이는 섬에 대한 일반적인 인식론과 관련 있다. 현상적인 문제에 그치지 않으므로 본격적인 논의가 필요하다. 섬과 바다는 두 가지 측면이 어우러져 있다. 바다로 인해 격리돼 있지만 다른 측면에서 보면 바다를 통해 외부와 쉽게 연결

---

1 조경만, 「일본 도서지역의 지역정체성과 발전에 관한 역사 담론」, 『아시아문화연구』 제1집, 목포대 아시아문화연구소, 1997, 100~101쪽 참고.

될 수 있는 조건을 갖추고 있다. 바다는 사람과 문물의 교류 및 유통을 용이하게 하는 매개적 역할이 두드러진다. 육지와 섬, 섬과 섬은 거미줄과 같은 연결망이 있어서 사람과 물자가 오가고 문화가 교류했다. 그러므로 외부세계와 무관하게 오래된 문화가 있을 거라고 짐작하거나 무조건 다른 데 없는 특이한 문화가 있을 거라고 짐작하는 것은 상상일 뿐이다. 섬 역시 외부와의 교류를 거치면서 지속과 변화를 거듭해왔기 때문에 고정된 시각으로 봐서는 안 된다. 이런 까닭에 섬의 민속은 고립된 문화가 아니라 육지와 연관성이 있고 다른 지역과의 교류에 의해 새로워지고 다양해지는 양상을 띠기 마련이다. 이런 점들을 체계적으로 규명할 필요가 있다.

3) 셋째, 전통문화에 국한하지 않고 현재의 생활문화와 변화상을 탐구할 필요가 있다.

그동안 민속학 연구가 전통적인 국면들을 강조해온 경향이 있다. 이는 전통문화를 중시하는 학문적인 특성에 따른 것이고, 급변하는 사회문화적 변동 속에서 주어진 학문적인 역할이기도 하다. 그리고 도서지역에 상대적으로 다양한 전통문화가 전승되고 있으므로 그것을 기록하는 일을 강조해온 것도 이유가 된다. 이런 배경에서 현지조사를 토대로 소멸 위기에 처한 무형문화유산을 기록·정리하고 그 특징을 찾는 연구를 지속해왔다. 하지만 예전의 모습에 집착하느라 '지금 이곳에 살고 있는' 주민들의 생활문화와 변화상을 소홀히 다룰 수는 없다. 문화적 전통을 소급시켜 탈맥락화하기보다 현재적 상황에서 해석하는 일이 중요하다. 민속문화의 전승 내력과 더불어 새롭게 생기고 변화되는 양상을 맥락화해서 연구할 필요가 있다.

2. 어떤 관점에서 다룰 것인가

섬은 바다로 둘러싸인 육지 공간이다. 필연적으로 바다와의 관계가 중요시된다. 이와 관련해서 용어 문제를 먼저 생각할 필요가 있다. 학계에서는 '도서문화'와 '해양문화'라는 말을 사용하고 있다. 둘은 비슷한 것 같으면서도 다르다. 도서문화島嶼文化는 말 그대로 섬 또는 섬들의 공간성을 주목한 개념이다. 그리고 해양문화海洋文化는 바다라는 공간성을 주목한 개념이다. 이에 대해 더 검토하고 섬 민속 연구의 방향을 모색할 필요가 있다.

해양문화라는 말은 도서문화보다 뒤에 거론되기 시작한 용어다. 1990년대 후반부터 해양문화라는 말이 널리 퍼지기 시작했다. 1996년에 해양수산부가 신설되면서 용어 사용이 더 빈번해졌다. 해양의 중요성이 부각되고 해양문화의 가치와 의미를 주목하면서 그런 경향이 두드러졌다. 용어의 문제가 학문적인 환경 변화와 어떤 상관성이 있다는 것을 말해준다. 해양문화에 관한 최근의 논의들을 보면, 많은 경우 외향적 가치를 우선시하면서 국제성, 개방성, 개척성 등을 전면에 내세우는 경향이 있다. 이 경우 대개 고대의 해양사나 국제 무역, 장보고·이순신과 같은 해양영웅의 활동을 강조한다. 해양사에 대한 최근의 성과를 보면 해양과 연계된 역사적 사건이나 무역활동, 영웅들의 활동을 새롭게 조명하는 데 역점을 두고 있음을 볼 수 있다. 그렇지만 여기서 더 깊이 따져 볼 부분이 있다. 해양'문화'를 다루면서도 문화적 측면보다는 역사적 사건이나 영웅 중심의 외향적 가치에 치중하고 있으므로 문제를 되짚어 볼 필요가 있다.

도서문화 연구에서는 도서적인 조건을 주목한다. 섬은 바다 가운데 자리한 땅이다. 바다와의 관계가 절대적이지만, 나름의 자족성을 갖추고 있으며 하나의 소우주를 이루고 있다. 섬과 바다는 두 가지 측면이 어우러져 있다. 바다로 인해 격리돼 있지만 다른 측면으로 보면 바다를 통해 외부와 쉽게 연결될 수 있는 조건을 갖추고 있다. 또한 육지와 바다 두 곳을 다 이용할 수 있지만 토지의 문제로 보면 한정된 자원만이 있을 뿐이다. 그래서 내륙과 비슷하면서도 다른 문화적 전통을 유지할 수 있었다. 도서문화 연구는 바로 이런 도서적 제 조건과 문화 전승의 상관성을 주목한다. 섬이라는 공간성에 기초해 입도의 내력과 섬 생활, 공동체와 모둠살이의 양상 등에 대해 주목하는 것이다.

해양문화 연구는 바다의 문화적 의미를 주목한다. 바다는 섬과의 관계에서도 중요하지만 그 문제에 국한되지 않는 공간성을 지니고 있다. 바다는 사람들이 집을 짓고 공동체를 형성하는 직접적인 공간²은 아니지만 그것을 규정하는 중요한 배경으로 작용한다. 또한 사람과 문물의 교류 및 유통을 용이하게 해왔으므로 그 매개적 역할이 두드러진다. 바다의 속성은 육지처럼 단절적이지 않다. 그리고 적용되는 영역은 무한대로 열린 바닷길처럼 포괄적이다. 해양문화 연구는 이와 같은 해양성과 관련된 문화전승의 특징을 주목한다.

이처럼 도서문화와 해양문화는 약간 다른 개념으로 사용될 수 있다. 그렇지만 이런 식으로 뜻풀이에 매몰되는 것은 별로 생산적이지 않다. 용어로 본다면 이것만 있는 것이 아니다. 예를 들어 무안이나 해남지역 어촌의 경우 한쪽은 내륙이고 한쪽은 바다인데, 무엇으로 설명할지 애매해진다. 이 경우 연안문화沿岸文化라는 말이 더 적합하다. 이처럼 연안문화, 도서문화, 해양문화가 각기 다른 부분을 지목하는 것은 맞지만, 별개의 사실들을 지칭하지 않는다는 점을 생각할 필요가 있다. 어떤 용어를 쓰면 맞고 그렇지 않으면 틀리는 차원이 아니다. 논의의 성격이나 상황에 따라 방점을 달리하면서 적용될 수 있을 것이다. 그리고 분야에 따라 '도서'문화와 '해양'문화에 대한 용어의 선호도가 다를 수 있다. 국제 관계나 대외적 활동성을 강조할 경우 후자를 통해 용이하게 설명할 수 있고, 주민들의 생활상과 그 역사성을 설명하고자 할 때에는 전자가 편할 수 있다.

해양문화에 대해 민속학 쪽에서는 두 가지 경우를 구분해서 접근할 수 있다. 어로활동이나 어구漁具, 어업노동요, 어로신앙 등과 관련해서는 해양민속의 범주 속에서 자연스럽게 설명할 수 있지만, 주민들의 일반적인 공동체 생활과 의식주생활, 세시풍속, 의례생활, 구비전승 등은 해양민속이란 말로는 잘 담을 수 없다. 이것으로 볼 때 섬사람들의 생활양식 전체를 해양문화라고 말할 수 없다는 것을 알 수 있다. 민속학

---

2 동남아시아·동아시아·오세아니아 지역에 거주하는 해양민[海民]은 해상을 표박(漂迫)하면서 배에서 생활을 영위하지만 우리나라에는 그런 존재가 없다. 아키미치 토모야, 이선애 역, 『해양인류학』, 민속원, 2005, 32쪽 참고.

에서 해양문화의 개념을 적극적으로 활용하는 경우는, 바다와 연관된 삶의 모습과 이와 관련된 문화의 교류 및 전파, 그 문화적 다양성을 포괄적으로 설명할 때이다. 그리고 그와 관련된 비교 연구를 할 때이다. 이런 경우라면 해양문화의 개방성과 교류 그리고 외래문화의 수용과 재창조 등을 주목하기 마련이다. 민속학에서 주목하는 해양문화는 바다를 매개로 성립되고 전승돼온 주민들의 생활양식이다. 그러므로 해양생태계와 그것에 적응된 다양한 의식주 생활, 고기잡이, 어구, 해양신앙, 어로민요 등을 다루게 된다. 특히 어로활동과 어민의 생활사가 주요 연구 대상이라고 할 수 있다.

이상에서 본 것과 같이 도서문화와 해양문화는 비슷하면서도 다른 적용 범위가 있다. 둘 중의 하나만을 선택해야 하는 문제가 아니다. 그래서 어떤 개념이 다른 것을 바로 대체할 수 없다. 학술 용어는 학문적 전통이나 경향과 관련 있으므로 임의적으로 바꾸거나 제한한다고 해서 해결되는 것은 아니다. 도서문화라는 이름이 연구소와 학술지 명칭으로 그대로 사용되는 데서 보듯이 그 용어는 그것대로 함의성이 있다. 그리고 해양문화라는 이름은 해양의 의미와 기능을 새롭게 주목하면서 널리 사용되고 있다. 도서문화는 어느 정도 관용화된 용어이지만, 해양문화처럼 외향적 의미 지향성을 강하게 드러내는 개념이 아니다. 그러므로 사실상 엄밀하게 본다면 굳이 충돌되는 개념으로 볼 필요도 없다. 다만 근래 해양문화라는 말을 쓰는 이들이 주민들의 실질적인 생활문화에 대해서는 무관심하면서 국제무역이나 영웅들의 활동상을 강조하고 지나치게 가치 지향성을 내세우고 있다는 문제를 지적할 필요가 있다. 민속학 쪽에서 해양문화라는 용어를 상대적으로 덜 선호하는 이유가 여기에 있다.

글쓴이가 집필하는 『섬의 민속학』은 주민들의 삶과 문화를 입체적으로 읽기 위한 연구이다. 도서문화나 해양문화라는 용어 구분에 매이지 않고, 바다를 매개로 이루어지는 섬 생활, 섬과 섬 또는 섬과 육지의 관계 그리고 섬 역사의 내력과 문화적 전통을 해명하고 주민들의 생활문화를 입체적으로 설명하는 데 집중한다. 여기서는 특히 '적응', '교류', '경제활동', '연행'이라는 네 가지 열쇠말을 중심으로 주민들의 섬 생활을 해명하고, 이를 통해 섬문화의 특징을 민속학적으로 해석하는 데 역점을 두고자 한다.

3. 어떤 방법으로 연구할 것인가

1) 열쇠말별 핵심 주제를 탐구하고 연계성을 추구하는 입체적인 연구

『섬의 민속학』을 기술하기 위해 네 가지 열쇠말을 중심으로 각각의 핵심 주제를 탐구하고, 총괄적으로 서로의 연계성을 탐색하는 입체적인 연구를 지향한다. 각 열쇠말은 도서지역 민속 전승의 핵심적인 영역들과 연관이 있다. 그것에 적중한 방법론을 적용할 계획이다.

〈표 1〉 연구방법과 열쇠말 및 주제

열쇠말	주제	총괄 주제
적응	생태환경에 대한 적응과 섬 생활	
교류	육지와 섬 그리고 해역 간 교류의 양상	-지속가능한 생태문화와 문화적 다양성 탐구
경제활동	어촌의 경제활동과 민속 전승의 상관성	-관계와 맥락을 통해본 「섬의 민속학」 탐구
연행	공동체의 사회적·예술적 표현과 기억의 재구성	
	생태민속학적 연구 / 맥락 중심의 연구 / 관계 중심의 연구	

'적응'은 '자연과 인간, 공동체'가 어떻게 교섭하는지를 살피는 생태문화론적인 주제들과 연관이 있다. '교류'는 사회적 네트워크와 육지·섬 그리고 다른 섬들과의 연관성을 보여주는 관계 또는 비교 연구의 주제들과 연관이 있다. 또한 '경제활동'은 민속 전승의 성쇠와 활력, 역사적 변화 과정 등과 관련돼 있다. 그리고 '연행演行'은 어촌의 동제·굿·농악 등이 사회적 행위이자 예술적 표현이라는 점을 보여주며 그것이 생업과 상관성이 있음을 보여주는 열쇠말이다. 이런 점에서 이상의 네 가지 열쇠말은 '섬의 민속학'을 구체적으로 설명할 수 있는 접근 대상이자 통로라고 할 수 있을 것이다.

열쇠말의 특징과 관련해서 생태민속학, 역사적 연구, 비교 연구, 맥락과 관계 중심의 연구 등을 적용해서 핵심주제를 탐구하고자 한다. 더불어 전체적인 연계성을 추구하고, "지속가능한 생태문화와 문화적 다양성 탐구", "관계와 맥락을 통해본 '섬의 민속학' 탐구"라는 총괄 주제를 탐색하는 데 집중하고자 한다.

2) '생태민속학적 연구 / 맥락 중심의 연구 / 관계 중심의 연구'

열쇠말별 주제에 적합한 접근 방법을 우선적으로 적용하지만 총괄 연계주제를 탐구하기 위해 관계와 맥락 중심의 연구를 지향하고자 한다. 생태민속학적 연구는 '적응'과 관련해서, 환경에 대한 적응체계와 전통지식을 탐구하기 위한 방법으로 적용될 수 있을 것이다. 맥락 중심의 연구는 민속 전승의 내력과 전승과정을 해석하기 위한 역사적인 연구와 현장론적 연구를 아우르는 방법이다. 이 방법은 민속문화의 역사성과 현장성을 통합적으로 이해하는 것이 중요하다는 것을 강조하는 관점이다. '교류', '경제활동', '연행'의 열쇠말과 관련된 주제들을 탐구하는 데 긴요하게 적용될 것이다. 이 방법을 통해 어촌 마을굿의 변화 과정, 도서지역 민속연희의 내력과 재창조 과정 등을 구체적으로 파악할 수 있을 것으로 기대한다. 그리고 관계 중심의 연구는 사회적인 네트워크와 교류의 양상, 민속 전승의 배경·상관성 등을 찾기 위한 방법론이다. 이 방법을 통해 '교류', '경제활동', '연행'의 키워드와 관련된 주제들을 탐구할 수 있을 것이다.

4. 무엇을 주목하는가 : 네 가지 열쇠말

열쇠말로 제시된 '적응', '교류', '경제활동', '연행'은 도서·해양민속의 주요 국면들을 입체적으로 설명할 수 있는 주제이며 각각에는 구체적인 연구내용들이 포함돼 있다.

1) '적응' : 생태환경에 대한 적응과 섬 생활

민속생활 속에서 환경이란 자연환경 자체가 아니라 인지적인 환경으로 범주화된다.

인류학자 라파포트는 환경을 조작적 환경operational environment과 인지적 환경cognized environment으로 구분한 바 있다.[3] 이 구분은 인지적 환경을 강조한 생태학적 접근을 보여준다. 인지적 환경은 한 인간 집단에 의해 의미 있는 범주들로 배열되는 현상들의 총체로 간주될 수 있다. 그러므로 이에 대한 민속지를 기술하려면 현지 주민들의 민속과학적인 분류에 따라 그들 자신이 해석하는 것으로서의 환경을 서술해야 한다. 곧 생태인류학과 민속과학의 공통 기반인 민속생태학적 관점을 통해 새로운 민속지를 작성할 수 있는 것이다.

이런 관점에서 전통항해술이나, 어업활동 및 섬 농업에 담긴 적응전략 등을 주목할 수 있을 것이다. 예를 들어, 전통항해술은 자연에 대한 적응체계이며 대를 이어서 전승돼온 토착지식Indigenous knowledge이다. 그리고 별도로 전수되는 지식이 아니라 배를 부리는 현장에서 습득하고 전수해온 전통생태지식traditional ecological knowledge이라고 할 수 있다. 또한 글보다는 말로 전해지며 생업활동의 여러 측면과 연계돼 있다. 수세기 동안 자연 조건에 적절하게 적응하고 또 자연을 이용하는 과정에서 축적해온 전통지식은 문화적 다양성과 주체성을 보여주는 표지라는 점에서 각별한 의미가 있다.

섬의 농업 중에서 세계중요농업유산으로 등재된 청산도 구들장논을 주목할 필요가 있다. 구들장논은 그 이름에서 보듯이 논의 바닥 일부에 온돌의 구들장처럼 생긴 넓적한 돌을 깔아 만든 논이다. 구들장논의 조성과 경작 기술은, 청산도의 토양조건상 돌이 많이 섞여 있고 수자원도 넉넉하지 않은 환경 속에서 이루어진 자연 전유 과정을 보여준다. 이런 점에서 구들장논은, 논농사에 제약이 많은 청산도의 독특한 토양 조건과 수자원 사정에 적극적으로 대응해서 이룬 문화적 적응물이라는 것을 말해준다. 이런 부분을 각별하게 주목할 필요가 있다.

3   전경수, 「환경·문화·인간 - 생태인류학의 논의들」, 『생태계 위기와 한국의 환경문제』, 도서출판 따님, 1999, 182쪽.

2) '교류' : 육지와 섬 그리고 해역 간 교류의 양상

흔히 섬을 고립된 곳으로 지목하곤 하지만, 절대적인 단절과 고립 상태로 보는 것은 적절하지 않다. 역사적으로 볼 때도 섬은 고립돼 있지 않았다. 해양을 통한 고대로부터의 문물 교류나 섬(완도)에 본거지를 두고 국제 교류를 주도했던 장보고의 예를 통해 볼 때도, 섬은 고립되어 있는 땅이라고 할 수 없다. 전통시대에 유배지로도 이용되었지만 풍요롭고 살기 좋은 땅으로 인식되어 새롭게 찾아가는 곳이기도 했다. 섬은 접근이 어려운 고립의 땅으로 구속되어 있는 것이 아니라 주민들이 생활하는 곳이고 다른 지역과 연결된 네트워크를 갖추고 있었다.

교류는 전통시대에도 활발했다. 다도해 지역에서 이루어지던 교류 활동의 사례를 들 수 있다. 1910년도에 발간된 『한국수산지韓國水産誌』[4]에 의하면 서남해 남단에 있는 삼태도三苔島와 중간 해역에 위치한 우이도牛耳島에 대한 기록이 나오는데, 두 지역은 먼 거리에 자리잡고 있지만 긴밀한 관계를 맺고 있었다. 그것은 오래된 교역 네트워크에 의한 것이었다. 삼태도처럼 원해에 위치한 도서 주민들은 섬에 찾아온 우이도 상선에 어물을 판매하고 상선이 제공하는 생활물품을 공급받았다. 그리고 우이도 상인들은 원해의 여러 섬과 대륙을 이어주는 중간 고리 역할을 했다. 그래서 "1년 내내 대륙과 각 섬 사이를 왕래하며 상업을 하는 사람이 상당히 많았다."고 한다. 『표해시말』이란 기록을 남긴 우이도 어상 문순득文淳得(1777~1847)의 사례가 대표적이라고 할 수 있다. 또한 교역의 네트워크는 두 꼭짓점을 잇는 단선적인 것이 아니라 양쪽으로 벌려진 부챗살처럼 다각적이어서, 다도해의 각 섬들은 내륙 연안의 여러 포구와 긴밀하게 연결돼 있었다.

---

4   農商工水産局, 『한국수산지』 3, 1910, 350~353쪽.

〈표 2〉 우이도 상선을 매개로 한 19세기 다도해의 교역 네트워크

왕래지(각 섬)	상선	왕래지(대륙)
삼태도 대흑산군도 나주군도 등	우이도 어상	나주 영암 해남 법성포 줄포 등

이와 같이 근대의 교통수단이 보편화되기 이전부터 이루어지던 사례들을 두루 분석하고 권역 단위의 양상을 살펴볼 필요가 있다. 또한 울릉도와 거문도처럼 먼 거리에 자리한 지역도 어업·교역활동으로 연결돼 있으므로 그런 양상을 구체적으로 살펴볼 필요가 있다. 그리고 공연예술도 교류의 관점에서 분석할 필요가 있다. 육지부와 도서지역의 민속연희는 상관성이 있으므로 연희사의 전개과정을 맥락화해서 살펴봐야 한다.

3) '경제활동' : 어촌의 경제활동과 민속 전승의 배경

경제활동은 어촌생활의 기본적인 배경이 될 뿐만 아니라 대내외적인 환경 변화를 추동하는 핵심적인 조건으로 작용한다. 경제활동은 생산(어획, 염전)과 유통, 판매 등이 유기적으로 연결돼 있고 그 범주가 넓기 때문에 민속 전승의 배경과 관련된 쪽으로 접근할 필요가 있다. 구체적인 사례를 중심으로 경제적 기반의 변화와 민속 전승의 상관성을 살펴볼 수 있을 것이다.

어촌의 경제활동은 공동체 민속의 전승배경으로 작용한다. 이와 관련해서 어촌의 경제적 배경과 공동체 민속의 상관성을 주목할 필요가 있다. 마을굿의 소요 경비는 공동체 내에서 분담하는 것이 일반적이지만, 어촌의 경우 타지역 사람들이 마을굿의 기부자로 등장하는 사례들이 있다. 이것을 보여주는 고문서들이 있으므로 실증적인 분석이 가능하다. 역사적인 연구와 현장론을 활용한 맥락적 연구를 통해 구체적인 양상을 살펴볼 수 있을 것이다.

경제적 배경은 민속 전승의 특징을 구축하기도 한다. 예를 들어 무당굿을 보면 전승지역의 주된 어업이 채취어업인가 어선어업인가에 따라 바다의 의례적 재현 방식이

다르게 나타나는 것을 볼 수 있다. 이것은 해당 지역의 생업활동이 제의 연행에 반영돼 있기 때문이라고 할 수 있다. 그러므로 제의만을 독립적으로 다루는 것보다는, 생업 문제와 관련해서 고찰할 필요가 있다.

4) '연행' : 사회적 · 예술적 표현과 기억에 대한 맥락적 해석

연행演行은 사회적 · 예술적인 표현 행위다. 그래서 상황 속에서 재구성된다. 제의나 음악 연행은 생업 주기의 주요 매듭이 되는 상황과 절기에 맞춰 이루어진다. 독립된 공연물로 존재하지 않고 현장의 맥락 속에서 재구성되는 것이다. 이는 민속 공연 특유의 자질이지만, 도서지역의 제의 및 음악 연행은 특히 현장성이 두드러진다. 예를 들어 농악의 경우 대부분 세시풍속의 일환으로 전승되고 있으며 당제나 걸립 등과 밀접하게 연관돼 있다. 농악이 예술적인 연행만이 아니라 제의적 연행이자 사회적 표현이라는 것을 알 수 있다. 그리고 조기잡이 노래를 보면, 중선망中船網 · 주목망柱木網 · 정선망碇船網(닻배) 등에서 불리는데, 모두 그물을 이용한 어선어업과 연관이 있음을 알 수 있다. 민요가 어로의 기능적인 특징과 밀접한 관련이 있음을 보여준다. 그러므로 예술 연행과 어로활동의 상관성에 대한 연구가 중요하다고 할 수 있다.

일차적으로 연행은 언어적 · 예술적인 표현이지만, 그것을 맥락적으로 보면 공동체의 기억이 해석 또는 재해석되는 과정이라고 볼 수 있다. 이는 특정 예능의 공시적 영역에서만 나타나는 것이 아니라 역사적 기억에 대한 해석에서도 나타난다. 그러므로 연행을 텍스트 차원에서만 다룰 것이 아니라, 기억에 대한 해석 속에서 재구되는 사회적 현상으로서 주목할 필요가 있다.

그리고 기존에는 예술적 · 제의적 표현의 영역에서 연행의 문제를 다루었으나 확대 적용할 필요가 있다. 예를 들어서 특정 시기에 매년 주기적으로 열리는 파시의 경우, 각종 욕망의 주체들이 운집해서 벌이는 커다란 사회적 퍼포먼스라고 해석할 수 있다. 파시는 시작과 끝이 있고, 주기적으로 되풀이되며, 무대와 배역을 갖춘 일종의 사회적 연행처럼 보인다. 이와 같은 연행성을 포착할 때 파시의 실질적인 면모를 파악할 수 있고, 그곳에 모여든 욕망의 주체와 거기에 담긴 욕망의 사회성을 살펴볼 수 있다. 파시를 사회적 연행으로 새롭게 주목할 필요가 있음을 말해준다.

제2장

섬을 보는 여러 관점, 도서성을 어떻게 이해할까

1. 고립된 곳, 고형 문화의 잔존 지역으로 보는 관점

섬을 고립된 곳으로 여기는 사람들이 많다. 육지와 동떨어져 있어서 접근하기 어렵다고 말하곤 한다. 이와 관련해서 도서지역의 문화적 전통과 그 특징에 대해 얘기할 때, '고형의 문화가 살아 있다.', '육지에서는 사라진 고문화의 유습이 남아 있다.'라고 말하는 경우가 있다. 또한 보물찾기 식으로 뭔가 오래되고 특별한 것을 수집하는 것을 섬 연구의 목적으로 내세우는 경우도 있다. 이런 관점은 요즘에도 간헐적으로 보이지만, 초기 섬 연구에서 흔히 나타난다.

1960~80년대 섬 연구를 주도했던 최덕원 선생의 사례를 보기로 한다. 그는 우리나라 섬 민속 연구를 본격화한 대표적인 학자로서 주목할 만한 업적을 남겼다. 그는 다른 사람들이 관심이 없던 시기에 어렵게 섬 답사를 했으며 '육지에 없는' 섬문화의 독특함과 그 내력을 탐구하는 데 집중했다. 그것을 통해 섬 연구의 당위성과 중요성을 강조하려고 했던 것으로 짐작된다. 그가 일군 학문적 성과를 평가하되 섬에 대한 오래된 인식 태도를 새롭게 되짚고 성찰하기로 한다.

그가 어떤 관점에서 도서지역 민속조사를 하고 민속자료를 해석했는가를 살피기로 한다(글쓴이 밑줄).

  (가) 당제는 상고대부터 전래한 샤머니즘적인 고대 종교의 한 遺制라 보겠다. 이와 같은
遺風이 지금도 다도해의 도서에 그대로 전승되어 祀祭되고 있음을 볼 수 있으며, 제단의 수
효도 상당한 것으로 고대 종교를 살피는데 좋은 자료가 될 것이다.
　　　　　　　　　　　　　　　　　　최덕원, 「다도해지역의 당 및 당신 연구」, 1971, 13쪽.

  (나) 흑산 수리부락의 풍어제는 공인(祭主)의 익살과 풍자가 있고 극적이며 평민문학에서
볼 수 있는 해학적인 장면이 많다.……남도의 당제에서 이처럼 흥겹고 해학적인 하당제는
보기 드물다. 미분된 종합예술로 드라마적인 흑산 수리의 풍어제는 古代의 遺風 그대로 보존
된 原色의 갯제라 할 수 있다.　　　　　　　　　　　최덕원, 「흑산 수리의 풍어제」, 1976, 12쪽.

  (다) 이 지역 도서에는 고대 제의에서 형성된 의례와 유희의 복합적 의미가 있는 많은 민
속놀이가 있다. 위지 동이전 마한조에 보이는 "祭鬼神……手足相應"과 그 정황이 유사한 '뜀
뛰기'(일명 강강술래)는 삼한시대 월야에 조무하던 고대무용의 한 형태를 보여주고 있으며,
청동기 시대 꽹과리보다 선행된 물방구와 활방구 악기를 치면서 노래하고 춤추는 '둥당기 타
령'이 있다.　　　　　　　　　　　　　최덕원, 『한국구비문학대계』 6-6 신안군편, 1985, 8쪽.

  (라) 隧穴이 있는 비금도 성치산의 山上祭城과 상태도 서리의 안산에 있는 山頂祭城, 장산
도 대성산에 있는 山祭城 그리고 흑산도 읍동의 半月城 등은 祭堂의 始原인 고대의 山祭城
의 일반적인 유형으로 볼 수 있다.　　　　　　　　최덕원, 「신안지방의 민속예술」, 1987, 282쪽.

  (가)에서는 당제가 "고대 종교의 한 유제"라고 하고서, "이와 같은 유풍이 지금도
다도해의 도서에 그대로 전승되어 사제되고 있음을 볼 수" 있고 "고대 종교를 살피는
데 좋은 자료가 될 것"이라고 말하고 있다. (나)에서는 "미분된 종합예술, 흑산 수리
의 풍어제는 고대의 유풍 그대로 보존된 원색의 갯제"라고 설명하고 있다. (다)에서는

뜀뛰기 강강술래를 "삼한시대 월야에 조무하던 고대무용의 한 형태"라고 말하고, 둥당기타령을 부를 때 사용하는 물방구와 활방구를 "청동기 시대 꽹과리보다 선행된" 것이라고 보고 있다. (라)에서는 도서지역의 '산성제단'을 "제당의 시원인 고대의 산제성의 일반적인 유형"이라고 설명하고 있다. 전체적으로 볼 때, 섬의 민속을 오래된 고대의 유풍으로 이해하고 있음을 알 수 있다.

최덕원 교수의 섬 민속조사는 각별하고 소중하다. 그가 수집하고 정리한 자료가 없다면 우리는 많은 부분을 알지 못했을 것이다. 그 성과를 높이 평가할 필요가 있다. 하지만 섬 민속을 보는 관점은 비판적으로 수용할 필요가 있다. 그가 남긴 보고서를 보면, 섬의 민속을 고문화의 잔영 또는 유습으로 이해하는 관점을 유지하고 있다. 이 관점의 목표는 분명하다. 섬 민속의 독특하고 개성적인 점들을 부각하고 싶었을 것이다. 그러나 이 관점은 현전 민속을 고대의 유풍으로 다룸으로써 그 문화를 전승하고 있는 현재의 사람들과 무관한 잔존문화로 보는 견해이기 때문에 받아들이기 어렵다. 이것은, 지속되면서 변화되고 또 새로운 것과 만나면서 변화되고 창출되는 민속 전승의 실질적인 맥락을 파악하지 않고, 고정된 형태로 고착화시키는 문제를 낳게 된다. 민속문화는 어느 경우건 "현재의 과정을 겪고 있고 그 과정에서 변화되어" 가기 마련인데, 그 "역사성을 파악하지 못하고 고착화된 외형 중심으로 파악하게 되면 현존 민간신앙을 박제화시키고 외피화시키고 현장성을 사상해 버리는 결과를 빚게"[1] 된다. 이런 점에서 섬의 민속을 고대의 유습 또는 잔존으로 보는 관점은 수용하기 어려운 견해라고 할 수 있다.

2. 중앙정치와 유배인의 입장에서 보는 관점

최근 해양사의 관점에서 섬과 바다를 다룬 논의가 활발한 편이다.[2] 해로를 통한 국

---

1   조경만, 「≪도서문화≫ 민속분야 연구의 반성」, 『도서문화』 7, 1990, 5~6쪽.

제 교역, 장보고를 비롯한 해양영웅의 활동, 관음신앙의 전파, 사신의 왕래 그리고 몽고 침입기의 삼별초 항쟁과 조일전쟁[임진왜란] 등을 거론하면서 섬의 역사를 비중 있게 다루곤 한다. 더불어 해로와 포구의 기능, 해양문화의 개방성 등을 강조하는 논의도 볼 수 있다.[3] 이처럼 역사적인 인물들의 활동이나 사건들을 거론하면서 섬의 역사를 설명하고, 장보고나 이순신 등의 활약상을 통해 해양사의 전개 과정을 다루는 경우가 많다. 그리고 국가의 해양 정책이나 국제 교역을 통해 거시적인 차원의 쟁점들을 다루기도 한다. 이 경우 고대항로, 해양세력, 삼별초, 국제 무역, 교역로, 조운로, 해금 또는 공도 정책, 수군진 설치 등등이 다뤄진다. 역사적 인물과 사건을 통해 섬의 역사를 설명하는 방식은 구체적인 사료를 통해 이루어지기 때문에 신뢰를 준다. 또한 역사적 인물의 활동상이나 사건의 추이 및 향방에 대한 역사적인 평가가 동반되기 때문에 대중들의 주목을 모을 때가 많다.

중앙정치 및 국제 교역과 관련해서 섬의 역사를 살피는 것은 나름의 중요한 의미가 있다. 여러 맥락 속에서 섬의 역사를 들여다볼 수 있기 때문이다. 그러나 기존의 해양사에 대한 논의들을 보면, 섬 또는 그곳에 사는 주민들을 주인공으로 다루기보다는 배경으로 취급하는 경우가 많다. 예를 들어 국제 교역로와 관련된 논의를 보면 해양문화의 개방성이나 국제성을 강조하곤 한다. 그런데 몇몇 주요 섬들을 다루면서도 실제 그 섬의 역사를 다루기보다는 유명 인물이나 국가나 국제적인 사건과 관련된 외향적인 가치를 부각하는 데 초점을 두는 경우가 많다. 이런 논의에서는 섬의 온전한 역사를 찾기 어렵다. 방편으로 섬을 다룰 뿐, 실제 그 섬에 살고 사람들이나 섬 자체의 역사에 대해서는 제대로 된 설명을 하지 않기 때문이다.

그리고 유배인을 통해 섬의 역사를 설명하는 사례들도 많다. 조선시대에 주요 유배지는 한양에서 먼 오지였다. 함경도 삼수갑산처럼 산간오지도 있지만 제주도나 흑산

---

2   김영희, 『섬으로 흐르는 역사』, 동문선, 1999; 강봉룡, 『장보고』, 한얼미디어, 2004; 강봉룡, 『바다에 새겨진 한국사』, 한얼미디어, 2005.
3   고석규·강봉룡 외, 『장보고시대의 포구조사』, 장보고기념사업회, 2005; 강봉룡 외, 『해로와 포구』, 경인문화사, 2010; 강봉룡 외, 『바닷길과 섬』, 민속원, 2011.

도와 같은 절해고도가 주요 유배지였다. 또한 서울에서 먼 연안과 근해의 여러 섬들도 긴 기간 유배지로 이용되었다. 유배는 대중들의 호기심을 불러 모으는 소재이기도 하다. 특히 우리가 역사책에서 만나는 유명 인물들은 일찍부터 주목을 모으기도 했다. 그리고 중앙 정치권력에서 밀려나 섬으로 유배온 인물들의 사례는 대중들에게 섬에 대한 이미지를 형성하는 주요 논거가 되었다.

섬에 귀양 온 이들은 섬을 어떻게 바라봤을까. 그들은 중앙 무대에서 권력을 누리고 살았으므로 섬 생활이 고독하고 힘들었을 것이다. 형벌을 받고 섬에 들어온 유배인들이 섬에서 예전의 권력과 편안함을 누리기 못했으므로 그들에게 섬은 격리된 곳이고 고립되고 단절된 곳이었을 것이다. 그리고 이것은 중앙정치와 격리를 목적으로 한 유배의 효과이기도 할 것이다.

그런데 유배인들이 섬을 고립된 곳이라고 생각하는 것은 그들의 입장에서 그럴 수 있지만, 그것이 곧 객관화된 섬의 모습이라고 할 수는 없다. 그들이 섬을 격리되고 고립된 공간이라고 여기는 것은 그들의 처지에서 보면 어찌 보면 당연한 일이다. 그런데 그들이 바라본 섬에 대한 인식을 근거로 섬이란 고립되고 단절된 곳이라고 말할 수는 없다. 섬의 주인인 주민들의 상황을 유배 온 외부인의 관점으로 재단하는 것이 맞지 않기 때문이다.

물론 유배인과 유배지의 관계는 단순하지 않다. 가장 흔한 형태는 유배객이 유교적 기준으로 섬 주민들의 풍속을 낮은 수준으로 평가하는 경우다. 이 경우 유배객들은 주민들을 교화의 대상으로 여기고 훈계하고 가르치기도 한다. 상당수가 이런 사례에 속한다. 하지만 이런 경우라도 그들이 남긴 기록을 통해 간접적으로, 또는 역설적으로 당시 섬의 풍속을 파악할 수 있으니 그 자료는 그것대로 흥미롭게 읽을 필요가 있다. 또 다른 형태로 유배인이 섬 주민들과 여러 형태로 접촉하고 그들과 교류한 사례가 있다. 유배인 중에는 유배지에서 여러 계층의 사람들과 교유하며 지낸 이도 있고,[4]

---

4 1897년에 진도로 유배온 무정 정만조(1858~1936)의 사례에서 그것을 볼 수 있다. 무정은 12년간 유배 생활을 하면서 진도의 문사 및 예인들과 폭넓게 교유했으며 여러 형태로 어울리면서 시작(詩作)을 했

주민들과 접하며 구체적인 행적을 남긴 경우도 있다. 대표적인 사례가 정약전이다. 흑산도에 유배 온 정약전은 흑산도 주민 장창대와 만나 물고기의 생태에 대해 연구하고『자산어보』를 저술했으며, 우이도 주민 문순득의 표류 경험을 듣고『표해시말』을 저술했다. 유배인과 주민의 만남이 놀라운 결과를 만들어낸 사례에 속한다. 이질적인 존재들이 교섭함으로써 새로운 지식을 창출하는 과정을 보여준다는 점에서 색다르게 주목할 필요가 있다.

유배인의 입장에서 섬을 바라보는 관점은 당대의 상황성을 잘 보여준다. 그들의 처지가 일상적이지 않았던 만큼 섬에 대한 인식 태도 역시 특수하다고 할 수 있다. 그들은 중앙정치 무대에서 밀려나 형벌을 받기 위해 유배를 왔기 때문에 섬을 고립되고 단절된 공간으로 인식하기 마련이었다. 물론 정약전의 사례처럼 경이롭고 흥미로운 사례도 있다. 그렇지만 일반적으로 유배인의 입장에서 섬은 벗어나고 싶은 공간일 뿐, 더 이상의 것은 아니다. 그들의 관점을 객관적이라고 보기 어려운 이유가 여기에 있다.

섬에 대한 역사적인 접근이 의미 있게 이루어지기 위해서 기존의 논의 구도와 다른 새로운 접근이 필요하다. 첫째, 섬과 주민들의 생활을 직접적으로 설명할 수 있는 자료를 근거로 해야 한다. 둘째, 외부인의 활동상이 아닌 현지인의 입장을 중심에 놓고 접근해야 한다. 국가나 제도권의 사실들을 염두에 두되 현지 주민들의 활동상이 주된 사례로 다뤄져야 한다. 국제 교류나 국가 단위의 사건이나 영웅들의 활동상을 근거로 지역을 논하는 것은 한계가 있다. 이 경우 섬이 경유지 정도로 다뤄지기 때문이다. 중앙이나 국제적인 범주를 기준으로 삼아 개방성과 외향적인 가치를 내세우는 것은 반향을 얻기 어렵다. 개방성 역시 섬 내부의 역동성을 통해 설명해야 설득력을 얻을 수 있다. 또한 중앙 정계에서 쫓겨나 유배 온 사람들이 느끼는 고립의 상태를 주민들에게 그대로 적용하는 것은 적합하지 않다. 외부에서 쫓겨 들어온 유배인은 당연히 고립무원의 단절 상태를 느끼겠지만 그곳에서 생활하는 주민들은 섬과 바다가 삶의 터

다. 그가 남긴 『은파유필』에서 그것을 볼 수 있다(이경엽, 「『은파유필』의 지역문화사적 가치」, 박명희·김희태 역해, 『역해은파유필』, 진도문화원, 2019, 403쪽).

전이므로 그렇게 느낄 이유가 없다. 그러므로 유배지라는 점을 근거로 섬이 고립돼
있다고 과장되게 말하는 것은 설득력이 별로 없다.

3. 대중문화에 담긴 타자화된 이미지와 개발주의자의 관점

오늘날 한국인의 섬·바다에 대한 인식 태도는 어떨까? 사람마다 조금씩 달리 말할
수 있고 시대에 따라 달라질 수 있다. 얼마 전까지 '섬' 또는 '바다' 하면 떠오르던 이
미지들을 나열하면 다음과 같은 것들을 들 수 있다.

○섬 – 섬놈, 빈곤, 종착지, 막장, 유배지, 도피처, 저항, 음란, 폭력, 무인도, 유토피아, 낯선
곳, 가보고 싶은 곳
○바다 – 갯것, 뱃놈, 죽음, 타계, 불안정, 일확천금, 수궁(水宮), 해외, 고기잡이, 모래채취,
간척·개발 대상, 보호 대상, 어패류 서식지

여러 가지가 혼재돼 있고 정반대의 이미지가 섞여 있기도 하다. 하지만 대체로 보
면 긍정적인 것보다 부정적인 이미지가 많다는 것을 볼 수 있다. 일반화하기 어렵지
만 앞부분에 배치된 부정적인 인식들이 더 많이 퍼져 있다. 왜 그럴까?

먼 시기보다는 가까운 역사가 직접적으로 영향을 미친다는 일반론에 비춰 볼 때 조선
시대의 소극적인 해양 인식이 잔재처럼 남아 있을 가능성도 있다. 그렇지만 부정적인
인식 태도 전부가 우리의 오래된 전통에서 비롯된 것이라고 생각되지 않는다. 물론 조
선시대에 섬을 유배지로 이용해왔던 데서 보듯이 섬을 고립되고 격리된 곳으로 여기는
의식이 있었다. 하지만 이는 중앙정치 무대에서 볼 때 그런 것이지, 섬에 사는 주민들의
인식은 아니다. 서울에서 볼 때 교통이 불편하고 먼 곳이지만, 섬과 연안에 사는 사람들
은 주거지이자 출입 지역일 뿐 적대적인 공간으로 인식하지 않았다. 그러므로 섬 또는
바다에 대한 부정적인 인식이 우리의 오래되고 객관화된 생각이라고 할 수는 없다.

섬과 바다에 대한 대중적인 인식은, 20세기 산업화 과정에서 재생산되고 고착화된 것으로 보인다. 일제 강점기를 거치고 육지와 도시 중심의 산업화가 가속화되면서 섬과 어촌은 극심한 소외를 겪었다. 그런 까닭에 긍정적인 이미지가 생성되기 어려웠다. 물론 몇 해 전에 일어났던 염전노예 사건이나 흑산도 여교사 사건과 같은 일들이 섬에 대한 부정적인 인식을 키우는 이유가 되기도 했다. 하지만 그런 일이 섬에서만 일어나는 것이라고 보기 힘들다. 못된 범죄는 도시에서 더 크고 빈번하게 일어난다. 그러므로 섬을 타자화해서 볼 것은 아니다. 그런데도 섬을 변방의 소외 지역으로 인식하는 경우가 많다. 더욱이 대중문화에서 부정적인 이미지들을 끝없이 재생산해왔으므로 일반인의 인식도 그것을 따라갈 수밖에 없었다. 요즘 들어 많이 바뀌긴 했지만 그 동안 대중가요, 영화, 드라마 등에서 묘사된 섬 생활은 그리 긍정적이지 못한 편이다. 대중문화에 묘사된 섬에 대한 이미지가 실상과 다를지라도 그 영향은 오래도록 지속되었다. 거기에 문제의 심각성이 있다.

대중가요에 묘사된 섬·바다의 이미지를 보기로 한다. 〈흑산도 아가씨〉, 〈바다가 육지라면〉, 〈섬마을 선생님〉 등에 나오는 '섬과 바다'는 참 애처롭고 딱한 존재들이다.

남몰래 서러운 세월은 가고 물결은 천번만번 밀려오는데 못 견디게 그리운 아득한 저 육지를 바라보다 검게 타버린 검게 타버린 흑산도 아가씨 　　　　〈흑산도 아가씨〉 중

그리운 서울은 파도가 길을 막아 가고파도 못 갑니다 바다가 육지라면 바다가 육지라면 배 떠난 부두에서 울고 있지 않을 것을 아아아아 바다가 육지라면 눈물은 없었을 것을
　　　　　　　　　　　　　　　　　　　　　　　　　　〈바다가 육지라면〉 중

해당화 피고지는 섬마을에 철새따라 찾아온 총각 선생님 열아홉살 섬색시가 순정을 바쳐 사랑한 그 이름은 총각 선생님 서울에는 가지를 마오 가지를 마오 　　〈총각 선생님〉 중

대중가요는 시대를 반영하기 마련이다. 산업화·도시화 시대에 만들어진 노래들답

게 여기에 나오는 섬과 바다는 스스로 독립된 존재가 아니다. 자립하지 못한 채로 육지에 종속돼 있다. 늘 육지와 서울을 못 견디게 그리워하며 또 서울에서 온 님을 짝사랑한다. 님과 이별하게 만드는 바다가 야속해서 '바다가 육지라면 눈물이 없었을 것'이라고 노래하며, '못 견디게 그리운 육지'를 바라보다가 '검게 타버리고' 만다. 이렇듯 대중가요에 나오는 섬과 바다는 스스로의 입장에서 자신의 존재를 이야기하지 못한다. 대중가요가 대중의 감성을 다루는 노래이기 때문에 그럴 것이다. 대중가요가 시대를 그리고 사회를 반영하지만 소비의 주체인 도시와 대중의 기호가 중심에 놓여 있으므로, 섬의 소외마저도 소비의 대상이 되는 것이다.

영화나 드라마에서도 섬은 굴절된 모습으로 묘사되곤 한다. 영화 〈섬마을 선생〉(1967)에 나오는 섬은 무지와 편견이 가득한 공간으로 그려져 있다. 이 영화의 내용은 육지에서 찾아온 선생이, 섬의 고난을 극복하면서 문제를 해결하고 희망의 빛을 비춘다는 것이다. 섬사람들이 미개하고 스스로 문제를 해결할 능력이 약하기 때문에 외부적인 문명으로 교화해야 한다는 의식이 깔려 있다고 할 수 있다. 오래 전의 작품이라서 그랬을 것이라고 할지 모르지만 이후의 작품에서도 섬에 대한 인식은 크게 달라지지 않는다. 2004년에 방영된 드라마 〈섬마을 선생님〉에서도 섬은 여전히 거칠고 수상한 공간으로 그려진다.

한편 최근 몇 년 사이에 섬과 바다에 대한 인식이 바뀌고 있는 것을 볼 수 있다. 섬과 바다를 대하는 시선이 예전과 달라지고 있다. 가보고 싶은 곳을 꼽으라 하면 섬을 거론하는 사람들이 늘고 있다. 과거적인 인식이 여전하긴 하지만 바다와 섬을 재인식해야 한다는 논의가 활성화되고 있고, 대중들의 인식도 달라지고 있다. 21세기를 바다의 시대라고 말하고 있다. 바다를 통해 세계로 나가야 한다고 말하는 이들이 늘고 있다. 또한 독도나 조어도(일본명 센카쿠열도·중국명 댜오위다오), 쿠릴열도, 남중국해 등의 사례에서 보듯이 해양 영토를 차지하기 위해 분쟁이 끝없이 일어나고 있다. 또한 근래 연예인들의 섬 생활이나 관광이나 음식 등을 다룬 프로그램이 많아지면서 섬과 바다에 대한 관심이 부쩍 늘고 있고 그에 대한 대중들의 인식도 달라지고 있다.

요즘 인터넷이나 뉴스에서 긍정적으로 거론하는 섬과 바다에 대한 새로운 이미지들을 나열해보기로 한다.

    ○ 섬 – 낯선 문화가 있는 곳, 가보고 싶은 곳, 대외로 열린 창구이자 노두, 문화의 접점지
대, 공유지대, 생태계의 보고, 문화적 다양성, 유토피아, 숨겨진 문화들
    ○ 바다 – 보호 대상, 어패류 서식지, 생태계의 보고, 자원의 보고, 역동성, 유동성, 가변성,
적응성, 생명의 원천

  1950~80년대 대중문화에서 보던 것과는 많이 달라져 있음을 볼 수 있다. 긍정적이
고 미래적인 가치들이 포함돼 있음을 볼 수 있다. 한편 이미지는 존재 자체라기보다
는 사회적 인식의 소산이라는 점을 염두에 둬야 한다. 이미지 창출 과정을 보면, 긍정
적인 변화에도 불구하고 실상과 상관없이 외부적인 시선으로 대상화하는 방식에서 크
게 벗어나 있지 않다. 이런 까닭에 섬과 바다를 제대로 인식하려는 노력이 필요하다.
  섬과 바다를 새롭게 재인식해야 한다면 어떻게 해야 할까? 이는 단순한 구호의 문
제가 아니다. 종합적인 이해가 필요하다. 왜 재인식해야 하는가부터 되물어 봐야 한
다. 그리고 개발주의자의 관점을 경계할 필요가 있다. 주위를 둘러보면 지역경제 발
전을 위해 새로운 비전을 마련해야 한다고 주장하는 이들이 있다. 언뜻 보면 그럴듯
해 보이지만 그 속에 담겨 있는 내용을 온전히 들여다봐야 속뜻을 확인할 수 있다.
이들은 막대한 개발효과를 제시하면서 화려한 수식을 덧붙여 갯벌을 매립하고 바다를
간척하고 섬을 개발해야 한다고 주장한다. 이들은 어마어마한 기대효과와 전망을 제
시하면서 개발 논리를 내세운다. 그리고 개발만능주의로 사람들을 계도하려고 한다.
하지만 이들이 섬과 바다 또는 섬생활의 지속가능성을 생각하는 경우는 거의 없다.
그래서 재인식이 필요한 것이다.
  여러 논의가 필요하지만 그 방향은 하나로 모아진다. 개발에 대한 찬반 문제가 핵
심이 아니다. 적정 수준의 개발은 피할 수 없을 것이다. 그 과정과 방법이 중요하다.
그리고 더 중요한 것은 외부적인 요구에 부응하기 위해 섬과 바다에 대한 재인식이
필요한 것이 아니라는 점이다. 개발을 하되 그것은, 지속가능한 생태환경과 그곳에

살고 있는 주민들을 위한 것이어야 한다. 그리고 미래 세대를 위한 것이어야 한다. 이 외에 다른 것이 있다 할지라도 그것은 후순위에 둬야 한다. 외부적인 요구나 개발이 우선시 되는 것은 곤란하다. 섬과 바다에 대한 새로운 인식은 섬과 바다가 지닌 생명력과 지속가능성을 유지하고 회복하기 위해 필요하다. 그리고 그곳에 깃들어 사는 사람들의 질적인 삶을 위한 것이어야 한다. 그것이 가장 우선시 되어야 한다.

4. 교류와 내·외부의 관계를 아우르는 관점

지금까지는 섬에 대한 일반적인 인식 태도를 주로 다루었다. 이제는 섬의 문화적 전통을 다루는 관점을 더 구체적으로 살피기로 한다.

섬과 바다를 대하는 태도는 시대나 계층에 따라 달라져 왔다. 우리 역사를 보면 지배계층이 바다를 방치한 경우도 있고 바다를 적극적으로 활용한 경우도 있다. 고려시대까지는 바닷길을 이용해서 외국과의 교류를 빈번하게 했으며 국제교역도 활발했다. 그렇지만 조선시대에 들어 해금海禁 정책을 취했으므로 바다를 통한 대외 무역이나 교류가 빈번하지 않았다. 조선시대에도 물론 세곡선의 사례에서 보듯이 뱃길을 이용해 물자 수송이 이루어졌으며 이순신의 해전 승리처럼 바다를 남달리 인식한 사례가 없는 것은 아니나, 지배계층의 바다에 대한 인식은 대단히 소극적이었다. 이에 비해 어민들은 바다가 삶의 터전이므로 바다 환경에 적응하면서 다양한 방식으로 어로활동을 해왔다. 오랜 동안 적응하면서 축적시킨 토착지식을 토대로 공동체를 이루면서 살아왔고, 철 따라 여러 해역을 누비면서 고기잡이를 해왔다. 국가의 간섭에서 자유로웠다고 할 수는 없지만, 섬과 바다에 깃들어 살면서 다양한 전통을 일구어왔다고 할 수 있다.

섬이란 바다로 인해 외부 세계와 분리된 땅이다. 어느 곳이나 자연환경이 중요하지만 도서지역의 경우 그 특수성이 사회 구조나 역사 전개에 지대한 영향을 미친다. '바다를 사이에 두고 육지부와 떨어져 있는 한정된 공간'이라는 조건은 도서지역의 역사와 문화 형성에 기본적인 배경으로 작용한다. 도서적 조건은 섬사람들의 삶의 내력이나 생활방식과 밀접한 관련을 맺고 있다. 도서적 조건과 관련해 포스버그F. R. Forsberg 는 도서생태계의 특징을 상대적 고립과 공간 자원의 제한성으로 파악하였다. 그리고 바이다와 라파포트A. Vayda & R. Rappaport는 이런 속성이 도서지역의 사회 형태, 관행, 조직, 인구, 생업 기술 등의 특징을 이루는 조건이 된다고 보았다.[5]

이러한 관점은 한국의 도서에 대한 규정이 아니지만 섬을 대할 때 유배지 또는 전통의 잔존지역 정도로 인식하는 일반의 시각과 통한다는 점에서 논의의 대상으로 삼을 만하다. 섬에는 전통적인 생활양식이 많이 남아 있는데, 이것을 고립에 의한 원형의 지속으로 보는 경우가 있다. 또한 섬의 생태환경과 문화 접변에 대해 '섬이 본래 생태적 조건에 견고하게 적응되어 있어 변화가 적은 것이 일반적이고', '본래 외부사회와 관계가 적어 문화접변이나 교류가 적을 수밖에 없으며', '외부의 영향이 있을 경우에도 문화적 자원이 한정되어 있어 변화에 취약할 수밖에 없다.'고 규정하는 경우가 있으나, 이와 같은 논의는 섬문화를 정태적으로 보는 관점이다.[6]

도서성에 대해 논의할 때, 섬이라는 지리적 공간의 특성을 상대적 고립과 제한된 영토라고 본 것은 일견 타당하지만, 육지 중심의 시각이라는 점에서 그대로 동의하기 어렵다. 섬 생활은 바다에 의해 고립되기도 하지만 바다를 통해 외부와 연결되기도 한다. 육지와 섬, 섬과 섬은 거미줄과 같은 연결망이 있어서 사람과 물자가 오가고 문화가 교류했다. 고광민은 신안군 지도 일대에 13개의 나룻배와 그만큼의 나가시권이 있었음을 밝힌 바 있다.[7] 그의 연구에서 보듯이 큰 포구만이 아니라 섬들을 연결하는 나루가 있어 서로 긴밀하게 소통했다. 이것은 우리나라 대부분의 도서지역에 마찬가지로 적용된다. 섬들은 결코 고립돼 있지 않았던 것이다.

해양을 통한 고대로부터의 문물 교류나 섬(완도)에 본거지를 두고 국제 교류를 주도

---

5   조경만, 「일본 도서지역의 지역정체성과 발전에 관한 역사 담론」, 『아시아문화연구』 제1집, 목포대 아시아문화연구소, 1997, 100~101쪽 참고.
6   이경엽, 「김창민의 '흑산도 모래미의 미역 채취에 관한 민속지'에 대한 토론문」, 역사문화학회 제4차 연구발표회, 2002.6.21.
7   고광민, 「나룻배와 나루터 이삭줍기 기행」, 『도서문화』 제28집, 목포대 도서문화연구소, 2006, 340쪽.

했던 장보고의 예를 통해 볼 때도, 섬은 고립되어 있는 땅이라고 할 수 없다. 또한 역사적으로 볼 때 유배지로도 이용되지만 풍요롭고 살기 좋은 땅으로 인식되어 새롭게 찾아가는 곳이기도 했다.[8] 섬은 접근이 어려운 고립의 땅으로 구속되어 있는 것이 아니라 새로운 기회의 땅으로 여겨지기도 했고, 홍길동전의 율도국같은 경우나 섬에서 영웅이 나와 민중을 고난에서 구원하게 된다는 '해도진인설海島眞人說'처럼 이상향으로 설정되기도 했던 것이다.

그리고 이는 문학적 형상만이 아니다. 실제 도서문화의 실상을 보면, 고립이나 제한된 공간의 의미로 도서성을 규정할 수 없다는 것을 발견하게 된다. 도서의 경우 내륙에 비해 옛 전통이 많이 남아 있지만 이를 고립에 의한 잔존이라고 볼 수 없다. 그보다는 문화 전승의 상대적 자율성으로 보는 것이 옳을 듯하다.

이것을 도서적인 조건과 관련해서 정리할 수 있다. 섬은 어느 정도의 독자적 생활이 가능한 하나의 소우주라고 할 수 있으므로 문화적 자율성에 따른 전통의 지속이 나타난다. 그리고 바다를 통해 외래문화의 유입도 계속되는데, 그것에 따른 변화가 일정한 층위를 보여준다. 서남해 도서지역 민요를 예로 들어본다면, 전통적인 육자백이토리가 지속적으로 전승되고 있고, 또 외래 음악인 서울·경기의 경토리가 들어와 있고, 이것에 기초하여 새로운 민요들이 만들어지는 것을 볼 수 있다.[9] 그래서 이 지역의 민요는, 육자백이토리로 된 것, 육자백이와 경토리가 합해진 것, 경토리로 된 것, 경토리가 변형된 것 등이 공존하는 양상을 보여준다. 육지 쪽에서는 이것이 산발적인데 비해 섬에서는 층위화된 채로 한꺼번에 나타나는 것이다. 이것은 도서 또는 도서군이라는 소문화권 단위에 기초한 변화 양상이라고 할 수 있다. 문화 전승의 상대적 자율성과 그에 따른 변화 양상이라고 할 수 있는 것이다.[10]

그러므로 바다라는 고립된 생태 조건에 의해 외부와 교류가 적고, 이 때문에 도서

---

8   고석규, 「조선후기의 섬과 신지도 이야기」, 『도서문화』 제14집, 목포대 도서문화연구소, 1996, 114쪽.
9   김혜정, 「전남지역 가창유희요에 나타난 음악적 변용」, 『한국민요학』 제4집, 민요학회, 1996, 196~198쪽.
10   이경엽, 「도서지역 당제의 전승환경과 생태학적 적응」, 『역사민속학』 10, 한국역사민속학회, 2000, 222~224쪽.

문화에 고형의 문화가 잔존해 있다는 견해는 수긍하기 어렵다. 전통문화가 상대적으로 활발하게 전승되는 것을 두고 고립에 의한 '원형'의 잔존으로 보는 것은 부적절하다. 외부와의 교류를 거치면서 지속과 변화를 거듭해왔기 때문에 고정된 시각으로 봐서는 안 된다. 전통이 지속되면서 더불어 새로운 문화의 유입이나 변화가 많이 이루어졌으므로 전승 과정의 역동성을 파악해야 한다.

예를 들어, 상가에서 가무를 즐기는 진도 다시래기나 신안 밤다래놀이는 다른 곳에서 보기 힘든 것이어서 고형의 민속으로 볼지 모르나, 민속사의 전개 과정에서 보면 고래의 어떤 것이 아니라는 것을 발견하게 된다. 지금도 진도나 신안 등지에서는 상가에서 노래와 춤을 추고 각종 놀이를 하면서 밤샘하는 것을 볼 수 있다. 특히 진도에서는 출상할 때 호상계의 부녀자들이 상여에 두 줄의 천을 매달아 인도하고, 또 풍물패가 풍물을 치고 춤을 추면서 노래를 부르며 운구하는 장면을 볼 수 있다. 이런 장례풍속은 『수서隋書』「고려(고구려)전」의 "初終哭泣 葬則鼓舞作樂以送之"라는 기록과 흡사하므로 노래와 춤이 동반된 축제식 장례의 전통은 오래된 것이 분명하다. 그런데 서남해의 장례민속에 이런 전통이 그대로 지속된 것은 아니다. 진도 다시래기와 신안 밤다래놀이는 조선후기에 들어온 남사당 연희와 밀접한 관련이 있으므로, 외부 문화의 전파와 수용의 문제로 검토해야 한다. 또한 호상계의 여자들이 상여 앞에서 줄을 끌고 가는 방식은 근래에 새롭게 성립된 것이므로 최근 현상이라고 할 수 있다. 이렇게 보면 민속문화는 변화되고 새로 창출되면서 전승된다는 것을 알게 된다.

도서민속의 전승과정에서 주목할 시기는 조선후기라고 할 수 있다. 조선후기는 도서지역에 새로운 사회문화적 활기가 조성되는 시기였다. 해양사 연구에서 고려시대까지를 '해양의 시대'라고 하면서 역동적으로 평가하고 조선시대를 '해금海禁의 시기'로 보아 폐쇄적 국면으로 평가하는 경우가 있으나,[11] 이는 대외 문제에 제한된 것으로서 문화사의 전개로 본다면 검토의 여지가 있다.

조선후기가 되면 육지부 – 도서부의 문화적 교류가 빈번해진다. 대표적인 사례가

---

11 강봉룡, 「한국 해양사의 전환: '해양'의 시대에서 '해금'의 시대로」, 『도서문화』 20, 2002, 27쪽.

남사당이다. 도서지역에까지 남사당패가 들어온 것은 당시 이 지역이 지닌 사회·문화적 활력과 관련 있을 것이다. "팔도에서 수천 척의 배들이 모여 수십만 냥의 거래를 한다."는 파시 관련 기록[12]에서 보듯이 도서와 포구에는 경제적 활력이 조성되어 유랑 연희패가 찾아들 만한 조건이 조성돼 있었다. 증대된 어업 생산력을 배경으로 문화의 생산과 전파가 활발하게 이루어지기 시작한 것이다. 다산 정약용이 포구에 유흥문화가 형성되는 것을 경계하고 사당[優婆], 악공, 초란이[僬僞] 등의 접근을 금해야 한다[13]고 했던 것도 이와 관련이 있을 것이다.

그리고 당시 서남해 지역의 마을 공동체문화가 활성화되어 가던 상황도 남사당패의 유입과 연관이 있는 것으로 보인다. 완도 금당도의 동계책[洞契冊]을 보면, 동계의 지출 항목에 남사당[男士黨]과 가객[歌客]이 여러 번 기록되어 있는데, 이것으로 보아 마을 공동체 행사나 축제에서 남사당패의 공연이 지속적으로 이루어졌다는 것을 알 수 있다.[14] 또한 신안군 도초도 고란리에서는 매년 지내는 당제('소배랑')와 별도로 '대배랑'이라고 하여 3년마다 별신굿을 성대하게 했는데, 이때 각종 놀이와 남사당 연희가 베풀어졌다고 한다. 금당도처럼 부정기적이지만 일정 간격으로 남사당의 활동이 계속되고, 도초도처럼 3년마다 이루어지는 '대배랑'에서 거듭 공연되었을 것이라고 가정한다면 남사당패의 유입은 광범위하게 이루어졌다고 할 수 있다.

이와 같이 서남해의 민속연희 중에는 조선후기에 육지에서 유입된 남사당패의 영향 속에서 형성된 것이 많다. 그리고 이렇게 들어온 남사당패의 연희가 상례놀이 속에 끼어 들어들기도 했다. 특히, 서남해 지역의 장례가 마을 공동체 단위에서 축제식으로 수행된다는 전통과 어울려 자연스럽게 수용되었던 것으로 판단된다. 그러나 남사

---

12 오횡묵, 『지도군총쇄록』, 1985년 5월 13일자(『목포대 도서문화연구소 자료총서』 ②, 1990).
13 다산연구회, 『역주 목민심서』 2권, 창작과 비평사, 1988, 258쪽.
14 임술년(1862)부터 정묘년(1927)까지의 지출 내력을 적어 놓은『洞契冊(下記)』을 보면 남사당과 가객 관련 기록이 6회에 걸쳐 나온다. 어떤 해는 남사당과 가객이 같이 나오고(3회), 어떤 해는 남사당만(2회), 어떤 해는 가객만(1회) 나온다. 이처럼 남사당과 가객이 거듭 공연을 했다면 이는 부정기적이지만 공동체의 연례적 행사와 관련 있어 보인다(이경엽, 「도서지역의 민속연희와 남사당노래 연구」, 『한국민속학』 33, 한국민속학회, 2001, 243쪽).

당패가 축제식의 장례민속 자체를 가져온 것은 아니다. 조선후기까지도 전국적으로 축제식의 장례가 있을 만큼 일반적이었던 만큼,[15] 남사당 연희는 서남해의 장례놀이 종목의 하나로 새롭게 추가되었을 뿐이라고 할 수 있다.[16]

남사당의 사례에서 본 것과 같이, 도서문화는 고립에 의한 고형의 잔존과는 거리가 멀다. 오히려 외래문화와의 접변에 의해 새로운 연희 종목을 적극적으로 수용해서 전승하고 있음을 보여준다. 고립과 고형의 잔존으로 도서성을 규정할 수 없다는 것을 알 수 있다. 외부에서 들어온 문화를 수용하되 단순히 모방하는 것으로 그치지 않고 자신들의 전통으로 정착시킨 것은 주목할 만한 특징이다. 전국적으로 전승되고 있는 남사당 연희를 보면 대개 전문가들의 종목으로만 제한돼 있다. 그러나 서남해의 경우는 '남도잡가'라고 하여 전문적인 소리는 그것대로 있고, 상례놀이와 관련된 주민들의 민속으로 전승하고 있다. 이런 과정은 민속의 수용과 재창조의 한 측면을 보여준다. 새로운 문화를 수용하여 자신들의 문화로 정착시키는 과정을 통해 민속 전승의 창조성을 발견할 수 있는 것이다.

지금까지 살펴본 것처럼 섬의 문화는, 교류·전파·수용·재창조를 통해 보편성을 공유하고 지역적 특징과 다양성을 유지해왔다. 육지와 도서지역의 민속은 상관성이 있다. 그리고 바다는 육지와 달리 단절되지 않은 공간이므로 그에 따른 폭넓은 교류 관계를 보여준다. 육지부와 도서부의 민속 전승에 대한 통합적인 논의가 필요하며, 해양문화의 교류 양상을 본격적으로 검토해야 한다는 것을 말해준다. 그리고 전승주체의 삶과 역사 속에서 민속 전승을 설명해야 하며, 내외부의 시선을 아우르는 관점이 중요하다는 것을 보여준다.

---

15 『조선왕조실록』을 보면 축제식 장례를 음사로 규정한 기록이 여러 지역의 사례로 나오는데, 조선후기까지만 해도 전국적인 현상이었다는 것을 알게 된다. 또한 얼마 전까지도 이런 민속은 전국적으로 전승되던 것이었다. 이경엽, 『진도다시래기』, 국립문화재연구소, 2005.

16 서남해의 남사당 연희에 대해서는 필자의 다음 논문 참고. 「도서지역의 민속연희와 남사당노래 연구」, 『한국민속학』 33, 한국민속학회, 2001; 「남사당노래의 전승과 민속의 창조적 수용」, 『민속학연구』 8, 국립민속박물관, 2001; 「서남해의 남사당 관련 민속연희와 연희자 연구」, 『고전희곡연구』 5, 한국고전희곡학회, 2002.

제1장

전통항해술과 전통지식

-강진 옹기배 사공 신연호의 사례

1. 옹기배 사공 신연호 구술자료의 중요성

　전통항해술이란, 동력화된 기계를 사용하지 않고 풍력風力·조력潮力과 같은 자연의 힘이나 인력人力 위주로 운용되는 항해술이다. 전통항해술은 현재진행형의 전통이 아니다. 동력선이 등장하면서 돛단배가 급속도로 사라지고 그와 함께 항해술과 관련된 전통지식도 잊혀지고 있다. 1960~70년대만 해도 여러 지역에서 사용되고 1980년대까지도 일부 지역에 남아 있던 돛단배는 이제 과거의 전통이 되었다. 최근 국립해양문화재연구소에서 전통배를 복원해서 이벤트 항해를 하고, 몇몇 기관에서 관광상품 용도로 띄우는 배가 있을 뿐 실제 사용되는 돛단배는 없는 셈이다. 이에 따라 예전에 돛단배를 부리던 사공들은 대부분 80대 이상이라고 할 만큼 고령화된 상태이고 전통지식은 소멸 위기에 처하게 되었다.

　그동안 전통배 사공에 대한 학술조사가 그리 많지 않았다. 먼저 생애담 조사의 일환으로 추진된 성과를 들 수 있다. 예를 들어 충남 천리포 어부 서영욱과 전남 칠량 옹기배 사공 김우식의 생애담을 기록한 민중자서전이 있다.[1] 한편 민중자서전의 경우 해당 인물의 한평생이 주제인 까닭에 이 글에서 주목하는 항해술이나 전통지식에 대해 자세하게 다루지 않았다. 그리고 최근 전통항해술을 주목한 몇 가지 연구가 눈길을 끈다.[2] 특히 국립해양문화재연구소의 작업은 기존에 없던 새로운 성과라고 할 수 있다. 하지만 아직 연구 방향을 모색하는 단계이므로 본격적인 논의가 필요하다.

글쓴이는 그동안 남해안과 서해안에서 어선 또는 옹기배를 부리던 사공들과 몇 차례 면담[3]한 바 있다. 사례별 현지작업이 더 충실하게 이루어져야 하고 또 그것을 종합하고 대비하는 과정이 필요하겠지만, 여기서는 강진 옹기배 사공 신연호의 사례를 주목해서 다루고자 한다. 신연호(임진생, 1932년생) 사공은 13살에 '화장'으로 처음 옹기배를 탄 뒤 '웃동무'를 거쳐 22살에 사공이 되었으며[4] 서남해안, 동해안, 제주도 등지를 다니며 옹기배를 운항하다가 55세~67세에는 여객선 선장을 하기도 했다. 신 사공은 평생 배를 탔으며 특히 전통배가 사라지는 시기까지 사공을 하고, 나중에는 동력선도 운항하면서 비교되는 경험을 했던 분이다. 그리고 학교 교육을 받지 않았지만 스스로 글을 읽혀 옹기 판매 일지를 기록했을 만큼 적극적이며, 항해의 기억들을 소상하게 설명할 만큼 총명함이 남다른 분이다. 이런 점에서 전통항해술을 전승하고 있는 현존 최고의 사공이라고 할 만하다.[5] 그가 남긴 구술자료의 중요성을 먼저 환기하는 이유가 여기에 있다.

1   서영욱 구술, 『옛날엔 날 사공이라고 혔지』, 『뿌리깊은 나무 민중자서전』 19, 뿌리깊은 나무, 1990; 김우식 구술, 『첫다리 잡을라, 옹구 폴라, 밥해 묵을라』, 『뿌리깊은 나무 민중자서전』 19, 뿌리깊은 나무, 1991.
2   국립해양문화재연구소·문화재청, 『옹기배와 전통항해』, 2010; 변남주, 「榮山江 중·하류 뱃길 環境과 돛단배 항해술」, 『지방사와 지방문화』 Vol.14 No.1, 2011; 국립해양문화재연구소, 『옹기배 사공과 전통항해기술』, 2017.
3   전남 강진군 칠량면 봉황리 신연호(남, 1932~2017) 2010년 7월 28일; 전남 여수시 삼산면 초도 박ㅇ배(남, 1931~) 2010년 7월 21일; 전북 부안군 위도 김ㅇ원(남, 1933~) 2013년 3월 8일.
4   옹기배에 타는 선원은 3~4명이다. 치를 조정하면서 항해를 지휘하는 사공 1명, 돛을 조정하는 웃동무[돛잡이] 1~2명, 요리와 배의 허드렛일을 도맡아 하는 화장 1명이다.
5   신연호 사공은 2017년 여름에 작고했다. 글쓴이가 논문 초고를 작성하고 보충조사를 위해 강진을 방문한 날 새벽에 교통사고를 당해 병원에 입원을 하셨고, 병원을 찾은 글쓴이에게 더 알고 싶은 게 있으면 질문을 하라고 말할 정도로 의욕을 보이셨지만 회복하지 못하고 영면하셨다. 그분의 가르침 덕분에 전통항해술에 대해 공부할 수 있었음을 밝힌다.

신연호 사공의 구술자료는 접하기 어려운 전통항해술의 색다른 모습들을 보여준다. 특히 민중생활에서 비중이 큰 옹기와 관련된 활동상을 보여주며, 그동안 연구가 미진한 전통항해술에 대한 새로운 사실들을 알려준다는 점에서 학술적 가치가 크다. 그의 구술지식은 공동체에서 전승해온 것이다. 그가 거주한 강진군 칠량면 봉황리는 예부터 옹기로 유명한 마을이며 지금도 옹기

〈그림 1〉 발로 치를 조종하며 항해를 하는 신연호 사공
『옹기배와 전통항해』, 106쪽.

를 굽는 장인들이 활동하고 있다. 1980년대 초까지만 해도 4개의 자연마을 400호 주민 거의 대부분이 옹기 일에 종사했으며, 옹기가마가 6개가 있었고 크고 작은 옹기배가 30여 척이 있었다. 그는 이 마을에서 평생을 살면서 옹기와 관련된 일에 종사해왔다. 이런 점에서 그가 전승하고 있는 전통지식은 공동체에서 공유해온 지식이라고 할 수 있을 것이다.

〈그림 2〉 옹기배들이 드나들던 강진군 칠량면 봉황리에는 지금도 옹기를 빚는 가마가 있고 옹기장들이 활동하고 있다. 사진은 국가
무형문화재 제96호 강진칠량봉황옹기의 가마와 옹기장

〈그림 3〉 자택 마루에서 구술하는 신연호 사공(2010.7.28)

신연호 사공의 전통항해술 지식은 우리말 표현이 주를 이룬다는 점이 주목된다. 그의 구술 용어에는 한자어가 별로 없고 일본어와 같은 외래어의 영향도 제한적이다. 전통 항해에 식자층의 개입이 없었으니 한자가 적은 것은 쉽게 생각할 수 있지만, 건축이나 목공 그리고 뱃일과 관련된 용어에 일본어가 상당히 많다는 점을 생각한다면 특이하다고 할 수 있다. 일제강점기에 일본인들이 여러 방면에 진출했지만 옹기 또는 옹기배의 경우 사업성이 크지 않아서 그랬는지 일본 자본이나 사업자가 직접적으로 관여하지 않은 것으로 보인다. 그리고 그의 구술 표현 대부분이 동사와 서술어라는 점이 눈길을 모은다. 제보자는 자신의 언어를 '옹구배 술어'라고 표현하는 바, 배의 구조나 도구에 대한 용어들이 실제 운용되는 말로 구성돼 있고, 항해에 대한 설명 역시 갖가지 상황적인 표현으로 서술된다는 점이 특별하다. 전통항해술 지식이 '사용되는' 언어, '살아있는' 언어로 구성돼 있는 것이다. 전통지식이 지역어의 보고이며 유무형의 문화유산과 복합돼 있다는 것을 보여준다. 그의 구술자료가 중요하다는 것을 말해준다.

글쓴이는 수차례에 걸쳐 신연호 사공과 인터뷰를 했다.[6] 그리고 국립해양문화재연구소에서 전통배 항해 체험 프로그램을 운영할 때 신 사공이 주도한 행사에 몇 차례 참여하면서 전통항해술에 대한 자료를 수집했다. 이 글은 신 사공을 통해 파악한 전통항해술에 대한 민속지적 연구다. 여기에서는 항해의 적절성과 관련된 민속기후학적

---

6   본격적인 인터뷰는 네 번에 걸쳐 강진군 칠량면 봉황리 신사공의 자택에서 이루어졌다. 1차 : 2010.7.28; 2차 : 2016.3.25; 3차 : 2016.7.10; 4차 : 2016.7.22.

지식과 바람에 대한 인지체계, 바람의 상태에 적응하고 대응하기 위해 사용해온 항해술과 거기에 담긴 전통지식에 대해 살펴보려고 한다.

2. 전통항해술과 전통지식을 주목하는 이유

전통항해술은 동력기를 달지 않고 돛을 설치해서 항해하던 돛단배와 관련이 있다. 돛을 달지 않은 뗏목이나 나룻배가 있긴 하지만 예전 선박들은 대부분 돛을 이용한 풍선風船이었다. 일명 '멍텅구리배'라고 불리는 젓중선처럼 이동하지 않고 조업하는 사례가 없는 것은 아니나, 규모를 막론하고 대부분의 어선이나 상선, 조운선, 군선 등은 모두 돛을 이용해서 항해를 했다. 이런 점에서 돛단배는 전통 선박을 지칭하는 일반명사라고 할 수 있다. 돛단배를 흔히 '황포돛배'라고 부르는데, 이는 좀 더 질기고 튼튼한 돛을 만들기 위해서 흰 광목에 감이나 황토를 이용하여 황색으로 염색을 한 것을 강조한 명칭이다.

무동력 돛단배는 조류와 바람을 주동력으로 하고, 인력을 보조동력으로 사용한다.[7] 그런데 자연조건은 규칙적이지 않고 수시로 바뀌기 때문에 예측과 대응이 중요하다. 또한 돛단배는 후진이 없으며 역풍이 불 때 파도를 헤치고 나가는 방법 등이 동력선과 전혀 다르다. 전근대시기에는 이런 전통항해술을 통해 어로와 교역이 이루어졌으며 해역 및 국가 간 해양문화 교류가 활발하게 이루어졌다. 이처럼 돛단배라고 해서 소박하게 포구 인근만 항해하는 것이 아니라 원거리 항해를 다녔으므로 고급스럽고 체계화된 항해술이 필요했다. 원거리 항해는 고대 이래로 이어졌다. 조선후기의 구체적인 사례로, 남해안 어민들이 서해안의 칠산·연평과 동해안 울릉도까지 다니던 것

---

7   근대에 들어와서는 범선이라고 해서 돛만 설치된 것이 아니라 돛과 기관을 함께 갖추고 있는 경우가 있다. 이런 선박을 기범선(機帆船)이라고 한다. 오늘날 소형어선·요트 등을 제외한 대부분의 범선은 돛과 보조용 동력기관을 갖춘 기범선이며, 순풍에만 돛을 이용하고 그 외에는 동력으로 항해한다.

을 들 수 있다. 이는 기록과 노인들의 구술에서 모두 확인이 된다.[8] 그리고 다산 정약용이 전라도 강진[탐진]에 유배왔을 때 지은 「탐진어가耽津漁歌」[9]를 보면 강진·장흥 어민들이 계절 따라 바람에 맞추어 어로를 하고 서쪽으로는 칠산바다로 가고 동쪽으로는 울릉도를 다니던 모습이 묘사돼 있다.

전통항해술은 자연에 대한 적응체계이며 대를 이어서 전승돼온 토착지식Indigenous knowledge이다. 그리고 별도로 전수되는 지식이 아니라 배를 부리는 현장에서 습득하고 전수해온 전통생태지식Traditional ecological knowledge이다. 외부에서 유입된 보편적인 지식이 아니라 해당 지역에서 생성되고 전승되고 있다는 점에서 토착지식이고, 자연조건에 대한 구체적인 인지체계에 토대를 두고 있다는 점에서 생태지식이라고 할 수 있다. 이외에 생활 속에서 사용돼온 점을 주목해서 민속지식Folk knowledge이라고 할 수도 있다. 이처럼 조금씩 다른 국면들을 지칭할 수 있지만, 어느 것이라고 할지라도 당대의 한시적이고 개별적인 것이 아니라 축적되고 지속된 지식이라는 점에서 전통지식이라고 통칭할 수 있을 것이다.

전통지식이 무엇인가에 대해 완전한 합의가 되지 않았지만 대체로 협의의 개념과 광의의 개념으로 정리한다. 협의로는 '집단에 의하여 세대를 거쳐 배양된 농업지식, 과학적 지식, 기술적 지식, 생태학적 지식, 의학적 지식 및 생물다양성에 관한 지식의 총체'를 말하며 기술적 측면이 강조된다. 그리고 광의의 전통지식은, 협의의 전통지식에 민간전승 표현물, 지리적 표시, 심볼, 미술 공예품, 역사자료와 같은 유형의 문화재 등을 포함하는 포괄적인 개념으로 이해된다.[10]

국제적으로 전통지식이란 용어가 널리 사용된 것은 생물다양성 체결 이래 WIPO(세계지적소유권기구, World Intellectual Property Organization)에서 전통지식에 대한 지식재산권을 논의하면서부터라고 할 수 있다. 세계지적소유권기구 정부간위원회WIPO/IGC에서는 전

---

8   이경엽, 「남해안 어민들의 원정 어로활동」, 『제3차전국해양문화학자대회』, 목포대 도서문화연구원, 2012.8.

9   한국고전종합DB http://db.itkc.or.kr/

10   정명현, 「전통지식의 국제적 보호방안에 관한 연구」, 고려대 대학원 박사논문, 2011, 7쪽.

통지식의 개념에 대해, "자연과 더불어 대대로 생활해온 사람들에 의해 구축된 지식 체로, 생태학적, 사회경제적, 문화적 환경에 관련된 실천적, 도구적 그리고 표준적 지식"이라고 정의한 바 있다.[11] 그리고 전통지식의 특징에 대해, "생성, 기능 및 형태적으로 시간의 연속성 및 토착성과 관련돼" 있으며, "인간중심적이며 부분적 내지 전체적으로 역동적이며, 경험적이고 실천적 실험적이며, 한 세대에서 다음 세대로 전수되어 문화적 권위를 갖게 되며", "다양성을 촉진시키며, 지역자원에 가치를 부여하고 재생산시키는" 지식 유형이라고 정리했다.[12] 전통지식이 지닌 포괄적이고 유동적인 기능을 잘 설명하고 있다.

전통지식은 생활 속에서 비롯된 것이고 세대를 이어 집적돼온 것이므로 상황과 맥락 속에서 존재하기 마련이다. 또한 전통지식은 일상 속에서 사용하는 생활어로 이루어져 있다. 글보다는 말로 전해지며 생업활동의 여러 측면과 연결돼 있다. 그리고 그것이 텍스트 형태로 정리돼 있지 않기 때문에 제삼자는 그 전반의 실체를 파악하기 어렵다. 그러므로 전통지식을 이해하기 위해서는 맥락적인 상황을 파악하고, 객관적으로 공유할 수 있는 언어적 표현으로 재구성하는 과정을 거쳐야 한다. 그리고 교육기관에서 배운 규격화된 지식이 아니라 실제의 항해 현장에서 배우고 전승해온 까닭에 상황적인 조건과 긴밀하게 연계돼 있고 지역에 따라 다양하게 전승된다. 이렇듯 수세기동안 자연조건에 적절하게 적응하고 또 자연을 이용하는 과정에서 축적해온 전통지식은 문화적 다양성과 주체성을 보여주는 표지라는 점에서 각별한 의미가 있다.

전통항해술에 담긴 전통지식은 자연과 우주에 대한 탐구와 그 지식화 과정을 보여준다. 전통항해술은 자연생태환경에 대한 적응 과정을 지식화한 것이고, 세대 간의 계승과 네트워크에 의해 공유되고 사용돼온 사회적 지식이므로 그 의미가 남다르다. 아울러 그것을 공유해온 사람들의 사회적 존재성을 입증하며, 유·무형 문화유산 전승의 이론적인 토대가 된다는 점도 중요하다. 그리고 외부에서 유입된 표준화된 지식

---

11   농촌진흥청, 『전통지식과 지식 재산권』, 2009, 51쪽.
12   위의 책, 50~51쪽.

이 아닌, 전승집단과 지역이 갖고 있는 개성과 문화다양성의 표지이기도 하다. 하지만 20세기 중후반 이후 급격한 사회문화적 변동 속에서 전통배를 부리던 직업군이 소멸되면서 항해술과 관련된 전통지식이 단절 위기에 처하게 되었다. 그러므로 전통항해술을 색다르게 주목하고 그 전반에 대해 기록하고 탐구하는 것이 무엇보다 시급하고 중요하다고 할 수 있다.

3. 민속기후학적 지식 : 항해의 적절성을 판단하고 예측하는 지식

자연환경에 대한 경험적 인지는 생계 활동과 밀접한 관련을 맺는다. 그것을 잘 보여주는 사례가 날씨 예측이다. 지역이나 직종에 관계없이 날씨가 생계활동에 중요한 영향을 미치기 마련이다. 현대인의 일상에서도 날씨를 미리 알아보기 위해 정보를 검색하는 것은 보편적인 현상이다. 어부들의 경우 특히 날씨가 절대적으로 중요하기 때문에 기후 변화를 예민하게 관찰한다. 항해자들은 바닷물의 변화와 기후의 상태를 예민하게 파악하고 그에 대응하는 과정을 중시한다. 매일매일 시시각각 달라지는 바닷물의 변화에 대해 '물때'라는 개념으로 구체화해서 이해하고 있으며, 기후 변화와 바람의 상태 등에 대해 구체적인 인지체계를 갖고 있다. 이는 선박이 대형화되고 첨단화된 오늘날에도 크게 다르지 않다. 예나 지금이나 일기예보를 중시하는 것에서 그런 생각을 엿볼 수 있다.

근래에는 기상대에서 제공하는 일기예보를 지침으로 삼지만, 그렇다고 노인들이 알고 있는 민속기후학적 일기 예측이 무시되지는 않는다. 노인들은 기후의 상태를 미리 예측하는 것을 두고 '천기 본다.'라고 하며 흔히 '3일 천기'를 본다고 말한다. '천기 보기'는 항해와 어로활동의 안전 및 적절성을 위해 반드시 필요한 것으로 간주되며 그것에 대한 이해가 풍부할수록 유능한 사공이나 어부로 인정받았다.

민속기후학은 기상청의 일기 예보와 달리 외부에서 제공된 것이 아니라 현지주민들이 대를 이어 축적해온 전통지식이다. 또한 과학적인 분석에 근거한 것이 아니라 일상적인 삶 속에서 경험적으로 얻고 공유해온 토착지식이다. 기상청의 일기예보나 기상관측이 과학지식이라면 민속기후학은 민속지식이라고 할 수 있다. 정보의 정확도나 구체성 여부에 대한 평가가 달라질 수 있지만, 과학지식이 천문학적인 액수의 장비나 설비, 인력 등을 투여해서 얻은 것임에도 번번이 빗나가는 경우가 많다는 점을 생각한다면 민속기후학을 무조건 배제하는 태도는 적절하지 않다. 민속기후학은 과학지식에 비해 훨씬 오래된 지식이고 지식의 양이 적지 않고 구체적이기도 하다. 민속기후학은 민족마다 다르고 지역에 따라 차이를 보인다. 하지만 자료 조사가 안 돼 있어서 전모를 파악하지 못하고 있다. 비과학이라는 이유로 배제할 것이 아니라 폭넓게 자료를 수집하고 과학지식과 연계해서 근거나 배경을 이해할 필요가 있다.

생활 속에서 경험적으로 수용해온 민속기후학의 기능을 무시할 수 없다. 날씨 예측과 관련된 민속기후학은 뱃사람들에게 필수적인 지식 중 하나다. 아래에 소개한 여수 초도의 사례에서 보듯이 기후 예측은 바람이나 비와 관련된 것이 많은 편이다. 이는 비바람이 항해에서 절대적으로 중요한 조건이 되기 때문이다.

> 옛날 노인네가 "저녁 북새를 하면 냇가에 소매지 말라."고 그랬어. 빨간 북새가 없어지면 좋은데 그것이 하얗게 없어지면 좋은데 까맣게 일어나면 자꾸 생겨나면 바람이 분다 그거야. 바람이 불려고 하면 구름이 날려. 바람이 하나도 없어도 구름이 팔팔팔팔 날린다고. 빨리 걸어. 바람이 미리 불어오는 거지. 태풍도 온다고 그러면 3일 전부터 날이 이상해져. 날이 캄캄해지고, 비도 간간이 떨어지고. 그러니까 태풍 온다고 그러지. 그렇지 않으면 태풍 온지 간지 몰라. 비바람도 살랑살랑 힘이 생기고 보통 선풍기 바람 같아. 안 오려면 살랑살랑 힘이 없고 그래.
>
> 2010년 7월 21일. 전남 여수시 삼산면 초도 박ㅇ배

위의 인용은 초도의 노인이 3일 천기를 설명하는 내용이다. 석양에 붉은 노을이 까맣게 바뀌는 '저녁 북새'와 바람이 '팔팔팔팔 날리고 빨리 걷는' 몇 가지 징조를 통해 태풍을 예측한다는 설명이다. 태풍이 오기 3일 전부터 바람이 없는데도 구름이 급하

게 날리고 '미리 불어오는' 현상이 생기는데 이런 상태를 예민하게 관찰하고서 날씨 예측을 한다는 것이다.

어부와 항해자들에게 날씨 예측은 일상적인 것이기도 하다. 물론 지역마다 조금씩 다를 수 있고, 일반 어부인가 장거리 항해를 하는 사공인가에 따라 주안점이 달라지고 구체성의 정도가 달라질 수 있다. 이 글에서 다루는 옹기배 사공의 경우 고기잡이가 아니라 항해 자체를 중시하므로 항해의 적절성과 관련된 측면이 강조될 수 있다. 제보자는, 사공이라면 자연의 상태를 잘 관찰하고서 "기상예보보다 더 영리하게 알아야 한다."고 말한다.

> 사공이 이것을 전부 머리에 입력해야 해요. 바다에 배를 띄워 났는디 기상예보보다 더 영리하게 알아야 돼요. 구름발만 봐도 어떤 바람이 분다는 것을 대강은 알고 가야돼요. 지금 구름을 보면 샛마구름이야. 구름이 정서쪽으로 가잖아요. 구름이 짝짝짝짝 찢어갖고 갈리죠. 그러면 앞으로 샛마파람이 세게 분다는 거예요. 갈기갈기 찢어지면서 막 달려요. 바다에 나가면 바람이 훤히 보여요.

그는, 사공이라면 일기 예측과 관련된 지식을 '전부 머리에 입력해야 된다.'고 말한다. 그의 표현에 의하면 "유능한 사공은 바다에 나가면 바람이 훤히 보인다."고 한다. 그의 말처럼 바람이 '훤히 보이는' 현상은 일반인의 감각과는 다른 것이다. 신연호 사공이 구술하는 민속기후학적 지식을 더 자세히 살펴보기로 한다.

1) 구름의 상태를 보고 예측

제보자는 '구름발'(구름의 상태)을 보고서 날씨를 예측할 수 있다고 말한다. 날씨 예측에서 가장 기본은 구름이 흐르는 방향을 보고서 바람을 예측하는 것이라고 한다. 이와 관련해서 "서쪽에서 구름이 쫙쫙 찢어져서 흐르면 하누바람이 분다."라고 말한다. 또한 구름이 찢어져서 세게 흘러가면 센 바람이 불 것으로 예측하며, 이를 "샛마구름이 잘잘 찢어져서 세게 달리면 샛마파람이 분다."라고 표현한다. 밤에 항해할 때 그것을 잘 관찰해서 항해의 적절성을 가늠한다고 한다.

"돔뱅이 구름 찌면 하누바람 분다."라는 말도 있다. 구름이 뭉쳐서 마치 망아지처럼 '움퍽움퍽하니' 흘러가는 것을 '돔뱅이 구름 찐다.'고 말한다. 돔뱅이가 무엇인지는 불분명하다. 돔뱅이 구름이 끼면 하누바람이 세게 불기 때문에 주의해야 하며, 바람이 부는 쪽으로 항해를 해야 하며 바람을 막아주는 산 밑으로 이동해야 된다고 말한다. 그리고 "바람꼽 끼면 하누바람 분다."라는 말도 있다. 바람꼽(꽃?)은 낮은 구름이 안개처럼 보이는 것을 말한다. "바람꼽이 피면 꼭 바람이 분다."라고 하며 주로 하누바람이 불기 전에 나타난다고 한다. 또 "게눈 뜨면 날씨가 안 좋다."라는 말도 있다. 구름 낀 하늘 한쪽이 맑아지는 현상을 '게눈 뜬다.'고 말한다. 게눈 뜨면 날씨가 안 좋아진다고 한다.

위의 내용을 보면 대부분 바람 예측이 주를 이루며, 바람 중에서 특히 '하누바람', '샛마파람' 등이 문제가 되는 것을 알 수 있다. 이 바람이 항해에 어려움을 주는 것과 관련 있다.

2) 노을의 상태를 보고 예측

석양녘에 노을의 색깔을 보고 기후를 예측하기도 한다. "노을이 붉으면 가물다."고 말하는데, 노을이 붉은색으로 물들면 비가 오지 않고 가물며, 색깔이 없이 해가 떨어지면 비가 온다고 한다. 그리고 "북새를 하면 비가 오고 바람이 세게 분다."라는 표현도 있다. 해질 무렵 해가 빨갛게 지고 구름이 많이 끼면서 해실기(작은 무지개)가 서는 것을 '북새'라고 하는데,[13] 이런 상태면 이삼일 안에 비가 오거나 바람이 세게 분

---

13 신연호 사공은 '북새'에 대해 말하지 않았지만 같은 마을 김우식 사공의 구술자료에 이에 대한 설명이 나온다. 그런데 앞에서 본 초도의 박사공이 '붉은 노을이 까맣게 바뀌는' 현상이라고 하던 것과는 설명 내용이 조금 다르다.

다고 한다.

3) 바람의 상태를 보고 예측

사공은 바람의 상태에 대해 구체적으로 인지한다. 방향별 바람의 명칭에 대해 세부적으로 파악하고 있고 계절별 바람의 특색도 파악하고 있다. 대표적인 사례를 여기에서 소개하고 구체적인 내용은 다음 장에서 다루기로 한다.

"샛마에서 서마로 돌아간 놈이 제일 무섭다."라는 말이 있다. 샛마는 샛바람(동풍)과 마파람(남풍) 사이에서 불어오는 바람이다. 샛마보다 남쪽으로 더 치우친 바람을 서마라고 하는데, 샛마에서 서마로 바람이 돌아가면 바람과 파도가 함께 오기 때문에 제일 무섭다고 말한다. 그리고 바닷물의 색깔과 바람이 서로 연관 있다고 말한다. "바람이 오면 바다색이 파래진다."는 말이 있고, "'파란색 바람'이 오면 갑자기 비가 온다."라고 한다. 바람에도 색깔이 있으며, 사공의 눈에는 바람이 보이고 거기에 비가 담겨오는 것도 보인다고 한다.

4) 파도의 상태를 보고 예측

파도의 상태를 보고 날씨를 예측하기도 한다. 예를 들어 "굽뉘가 오면 위험하다."는 말이 있다. 굽뉘(굽뉘)는 바람이 없는데도 일어나는 굵은 파도를 말한다. 날씨가 안 좋으면 그 뒷날 꼭 굽뉘가 일어난다고 하며, 파도가 깨지지 않고 '굼실굼실' 온다고 해서 굽뉘라고 부른다고 한다. '뉘'가 파도이니 '굽뉘'는 굼실거리는 파도라고 해석할 수 있다. 굽뉘가 일면 곁에서 항해하는 배가 보이지 않기 때문에 매우 위험하다고 말한다. 또한 "썸이 일어나면 주의해야 한다."는 말도 있다. 물발이 센 데서 일어나는 뉘(파도)를 '썸'이라고 한다. 해저에 암초가 있는 곳에서 바람이 불 때 썸이 불같이 일어난다고 한다. 서해안지역에 그런 곳이 많으며, 썸이 일어나는 해역을 운항할 때는 각별하게 주의해야 한다고 말한다. 그리고 "파도가 등 터지면 피해 가야 한다."고 말한다. 큰 파도가 깨지는 것을 보고 '등 터진다'고 말한다. 파도 등이 터지면 백파白波 현상이 생기고 배에 물이 들이치기 때문에 항해에 어려움이 생긴다고 한다. "백파 현상이 생기면 주의해야 된다."고 말한다. 파도가 갑자기 뒤집어질 때 백파 현상이 생기는데, 위험하기 때문에 주의해야 된다고 말한다. 가을철에 서쪽에서 늦하누 바람이 불 때나, 갑자기 눈발이 세게 날리는 '도지기'가 올 때 백파 현상이 생긴다고 한다. 그리고 "바람이 불라하면 시새기[시거리불]가 나온다."고 말한다. 초저녁에 불빛에 물이 반짝반짝 빛나는 것을 시새기 또는 시거리라고 한다. 시거리불이 더 반짝거리면 바람이 분다고 한다.

5) 안개의 상태를 보고 예측

안개가 끼면 방향을 가늠하기 어렵기 때문에 항해를 하지 않고 기다린다. 그리고 안개가 꼈는데 산봉우리는 보이고 아래쪽이 보이지 않는 상태를 '허리안개'라고 한다. "허리 안개가 끼면 큰 바람이 분다."라고 해서 폭풍이 불 조짐으로 해석했다.

6) 저녁별을 보고 예측

저녁이 되면 별과 달을 보고 풍향을 파악하고 방향을 가늠한다. 북두칠성과 초저녁의 샛별, 새벽의 샛별을 보고서 항로의 방향을 가늠하는데 이를 '별가남'이라고 한다. 또한 산을 보고서 항로를 가늠하기도 하는데 이를 '산가남'이라고 한다. 그리고 밤이나 구름이 끼고 날씨가 안 좋아서 눈으로 보기 어려울 때에는 청각을 활용하는데 이를 "귀로 바람을 잡는다."고 한다. 그리고 별이 깜빡이는 것과 별똥별이 지는 방향을 보고서 풍향을 예측한다. "별똥별이 지는 방향으로 바람이 분다."라는 말이 있는데, 특히 하누바람이 불기 전에 별똥이 북쪽에서 남쪽으로 갈린다고 한다.

4. 바람과 배질 : 바람에 대한 인지체계와 항해술

1) 바람에 대한 구체적인 인지체계

돛을 이용한 항해에서는 바람이 절대적인 까닭에 항해자들은 바람에 대해 구체적으로 인지했다. 그것을 보면 바람에 대한 명칭이 세분화돼 있고 그 바람의 성질에 대한 지식도 구체적이라는 것을 알 수 있다.

바람에 대한 이름은 지역에 따라 달라지는 경우도 있어 약간 혼란스럽지만 공통적인 명명법이 없는 것이 아니다. 흔히 동풍, 서풍, 동남풍 등 한자식 이름을 쓰는 경우가 있지만 전통지식을 보면 고유어 표현이 두드러진다. 동쪽은 '새' 또는 '앞'이라고 하고 동풍을 샛바람, 동남풍을 앞마(동+남)라고 한다. 서쪽을 지칭할 때는 '늦'이란 말을 사용한다. 그래서 서풍을 늦바람이라고 하고 서남풍을 '늦마', 서북풍을 '늦하누'라고 부른다. '마'는 남쪽을 지칭하며 남풍을 마파람이라고 한다. 북풍은 '높은 데서 부는 바람'이라고 해서 높바람이라고 한다. 한편 하누바람의 경우 지역에 따라 서풍 또는 북풍이라고 달리 말하는 사례들이 있다. 부안이나 흑산도 등지에서는 북풍을 하누바람이라고 하며, 여수 초도에서는 서풍을 하누바람이라고 부른다. 대체로 볼 때 북

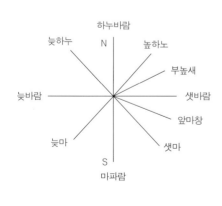

〈그림 4〉 위도의 바람 이름

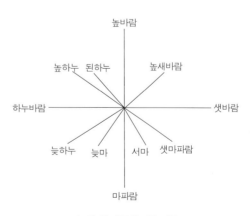

〈그림 5〉 초도의 바람 이름

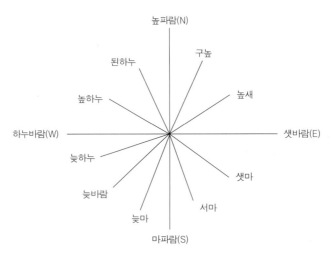

〈그림 6〉 강진 신연호 사공이 구술한 바람 이름

쪽 또는 서북쪽에서 부는 바람을 하누라고 부르는 사례들이 많은 것 같다. 더 많은 사례들을 검토해볼 필요가 있다.[14]

옹기배 사공 신연호가 구술하는 바람 명칭은 매우 구체적이다. 그는 글쓴이에게 바람 명칭을 설명하기 위해 먼저 동서남북 십자 표시를 백지에 그리게 하더니 북→동 시계 방향으로 돌아가면서, 때로는 반대 방향으로 돌아가면서 명칭을 알려 주었다. 약간 복잡했지만 사전 조사에서 파악한 내용을 토대로 제보자의 설명을 숙지하고, 반복적으로 질문하고 답하는 과정을 거쳐 풍향별 명칭에 대해 정리된 답변을 들을 수 있었다.

제보자의 설명을 들을 때 풍향별 명칭이 일관되지는 않았다. 특히 북풍과 서풍에 대한 설명이 오락가락했다. 어쩔 때에는 하누바람이 북풍이라고 했다가 서풍이라고 했으며 어쩔 때에는 높바람이 북풍이라고 했다. 그 이유가 무엇인지 불분명하지만 다

---

14 1950년대에 조사된 자료(『한국서해도서』, 국립박물관, 1957, 141~143쪽)에 어청도, 외연도, 흑산도 등지의 사례가 소개돼 있다. 필자가 파악한 것과 비슷하지만 세부적인 차이가 있다. 특히 네 방위의 사이 명칭들이 세분화되는 현상들을 좀 더 면밀하게 관찰할 필요가 있다.

른 사례에서도 흔히 보이는 것이어서 개인적인 혼동은 아니라고 할 수 있다. 또한 정북에서 오는 바람을 높바람이라고 했다가 구높이라고 했으며, 높하누와 된하누를 구분하기도 하고 동일시하기도 했다. 이처럼 명칭이 혼재돼 있는 것은 제보자의 표현처럼 '바람이 왔다갔가 한께' 생기는 현상이며, 명칭 역시 넘나들 수 있나는 것을 말해준다.

　　북쪽은 하누바람, 그 다음에 높하누, 나중 요만치는 늦바람. 정남쪽은 마파람. 서마는 요쪽
　　(동쪽)이고, 늦마는 서쪽으로 가야 해. 서풍은 늦마 늦마파람, 정서쪽을 하누바람이라고 하제.
　　늦바람이란 서쪽에서 늦게 온 바람, 남쪽으로 오는 것이여. 늦마는 아조 남쪽으로 가차이 붙
　　은 것이고, 높새바람이 동에 가까워. 샛바람은 그 다음이고, 샛마는 그 다음이고, 서마는 저
　　인자 남쪽 가까이. 북풍이 높바람이여. 높하누는 정북에서 조금 서쪽으로. 높하누는 서쪽하
　　고 가깝고 된하누는 북쪽하고 가깝고. 북풍이라는 것이 구높이여. [북풍이 구높이어요?] 뱃사
　　람이 쓰기 좋게 하누바람이라고 그라제. [하누바람은 어쩔 땐 북쪽이고 어쩔 땐 서쪽이네요.
　　왔다갔다 하네요?] 그렇제. 그렇게 구높이 있고 하누바람이 있고 높히누, 늦하누 있고. 바람이
　　조금만 틀려도 뱃사람이 뭔 바람이다 그렇게 해 분께. 바람이 왔다갔다한께.

위의 구술에서 보듯이 제보자는 바람의 명칭에 대해 자세하게 설명하고 있다. 약간의 혼선이 있지만, 제보자는 미세한 차이를 언급하면서 바람의 명칭을 설명한다. 그의 설명에서 눈에 띄는 것은 감각적으로 방향성을 구분하는 점이다. 예를 들어, "늦바람이란 서쪽에서 늦게 온 바람", "늦마는 아조 남쪽으로 가차이 붙은 것", "서마는 남쪽 가까이", "높하누는 서쪽하고 가깝고 된하누는 북쪽하고 가깝고"와 같이 어느 쪽과 가까운 바람인가라는 표현과 함께 방향을 구분했다. 이것으로 볼 때, 방향의 정확성 그 자체보다는 풍향의 경향이나 성질을 중시하는 것으로 해석된다. 그것은 계절별 풍향의 어떤 특성 또는 위험도를 구분하는 것과 관련 있는 것으로 보인다.

바람은 계절별로 특화되어 나타나며 각기 다른 성질을 지닌 것으로 파악된다. 사공들은 어느 시기에 어떤 바람이 불며, 그 바람을 이용해서 어느 쪽으로 가는 것이 유리

한가, 어떤 점이 좋지 않은가에 대한 경험적인 지식을 갖고 있으며 그것에 맞춰 항해의 적절성을 가늠한다.

보통 9~10월에는 하누바람이 많이 불어요. 2~3월에는 늦마. 남쪽에서 많이 오고요. 무서운 바람은 서마가 무섭고. 샛마파람도 무서워요. 남쪽에서 몰아서 온 것이여. 샛마파람에서 서마로 돌아간 놈이 제일 무서워요. 샛바람이 불다가 남쪽으로 바람이 돌거든. 그것이 서마여. 그것이 제일 무서워. 파도와 같이 온게. 7~8월에 많이 오제.……그란디 인자 풍선 항해술이라는 것이, 바람이 세밀한 것이 이 한 주먹 사이에 바람이 틀렸다 맞았다 그래요. 치 잡는 사람이 "한 주먹 더 들애". 그라만 벌써 바람이 틀렸다는 것이여. "한 주먹 늘어줘." 그라믄 바람이 더 쳐져서 온다는 것이고. 그렇게 차이가 생겨부러. 조선하는 사람들은 다 가늠하제. 돛이 팔랑팔랑 떤다든가 하믄 뭔 바람이다 다 알아부러.

사공들은 바람의 상태를 구체적으로 인지하며 그것에 대해 세부적인 대응을 한다. 계절별로 어떤 바람이 부는지, 어떤 해역에서는 어떤 바람이 부는지, 그 바람이 어떤 성질을 갖고 있는지 파악하고서 항해에서 예상되는 재난에 대비한다.[15] 사공은 선미의 치를 잡고서 방향 조정을 하며, 바람이 바뀌는 것을 세밀하게 인지하고서 돛잡이[웃동무]에게 돛을 풀어주거나 당기라는 지시를 내린다. 위에서 '한 주먹[줌] 늘어주라'고 하는 말은 돛에 바람을 담지 않기 위해 돛에 연결된 '아딧줄'을 조금 풀어주라고 지시하는 것이다. 여기서 말하는 한 주먹[줌]은 30㎝ 정도를 말한다. 그 한 주먹에 따라서 제대로 운항하는지 여부가 달라질 정도로 세밀하게 적용된다고 한다. 풍선 항해술에서 바람의 상태를 구체적으로 파악하고서 그에 걸맞게 돛을 조절하는 것이 중요하다는 것을 말해준다.

---

15 갑작스럽게 만난 바람 때문에 사고가 난 적도 있다고 한다. 신 사공은 "장흥 쪽에서 오다가 산을 넘어오는 '재냉기 바람'이 갑자기 불어와서 배가 비스듬히 넘어가서 엎어버린 적이 있다."고 한다. 바람에 대해 안다고 하지만 속수무책일 경우도 많다고 한다. 그래서 예측과 대응을 특별하게 중요시한다고 말한다.

위에서 보듯이 전통배의 사공은 바람의 상태와 성질 그리고 바람과 다른 기후 조건과의 연계성을 파악하고 그것에 맞는 '배질'을 한다. 바람에 따라서 돛을 어떻게 작동해야 하는지, 바람의 상태에 맞는 항해술을 숙지하고 있다. 자연조건을 상세하고 입체적으로 파악하고 기술 및 도구와 연계해서 지식화하고 현장에서 활용했음을 보여준다. 다음 항에서 바람에 적응된 구체적인 항해술에 대해 살펴보기로 한다.

2) 바람의 상태·방향에 따른 항해술

돛단배는 바람과 조류를 주동력으로 삼고 인력을 보조동력으로 사용한다. 특히 바람의 영향을 직접적으로 받는다. 바람은 두 가지 측면을 갖고 있다. 적절한 세기와 방향은 항해에 유리한 조건이 되지만 그렇지 않을 때에는 여러 가지 어려움을 겪는다. 바람이 안 불거나 항해 방향과 어긋나게 불 때에는 그것에 맞게 배질을 하는 것이 중요하다. 바람의 상태를 예민하게 파악하고 그것에 부합하는 항해술이 필요한 것이다. 그러므로 배를 부리는 사공은 갖가지 상황에 대처할 수 있는 전문적인 식견과 능력을 갖추고 있어야 한다. 바람의 상태와 방향에 따른 항해술이 발달한 것은 이런 이유 때문이다.

(1) 바람의 상태에 따른 돛의 조작

전통적인 상선이나 어선은 대개 두 개 이상의 돛을 단다. 두 개라면 선수 쪽에 있는 것을 '이물돛'이라고 하고 뒤쪽에 있는 것을 '허릿돛'이라고 한다. 옹기배처럼 항해를 우선시하는 상선의 경우 돛을 3개 설치했는데, 선수부터 선미 쪽으로 '야훗돛', '이물돛', '허릿돛'이라고 부른다. 야훗돛의 크기가 가장 작고 허릿돛이 가장 크다. 각 돛에는 바람 맞는 양을 조절하기 위해 돛폭에 활대를 가로질러 단다. 활대의 숫자는, 20m짜리 옹기배라면 야훗돛은 7개, 이물돛은 10개, 허릿돛은 12개를 단다. 물론 이 숫자가 고정된 것은 아니다.

돛의 설치 방법은 돛대마다 조금 다르다. 선미 쪽에서 볼 때, 이물돛은 이물돛대 뒤에 돛폭을 설치하고, 야훗돛과 허릿돛은 각각의 돛대 앞에 설치한다. 이물돛의 경우 돛대 뒤에 설치돼 있어서 선미에서 볼 때 활대와 돛의 바깥옷[16]이 보이며 허릿돛과 반대가 된다. 허릿돛은 돛대 앞에 설치돼 있으므로 안옷이 보인다. 이것은 허리와 이물돛이 갈라져 바람을 최대한 안게 하기 위한 설치방법이라고 할

〈그림 7〉 국립해양문화재연구소에서 복원한 옹기배 봉황호
야훗돛의 활대는 7개, 이물돛은 10개, 허릿돛은 14개다.

수 있다.[17] 허릿돛은 크기도 크고 뒷바람을 바로 맞기 때문에 중심 역할을 하며 이물돛과 상보적인 역할을 한다. 야훗돛은 배 이물의 방향을 돌려주는 역할을 하므로 기능상 치의 보조 역할을 한다. 항해 중에는 일반적으로 야훗돛을 내리지 않고 계속 달아둔다.

풍선 항해술의 핵심은 돛 조작에 있다. 이는 전통배 사공들이 공통적으로 숙지하고 있는 내용이다. 여수 초도의 박 사공은 돛 조작에 생명이 달려 있다고 말한다.

바람이 많이 불면, 묶어야 돼. 돛에 중간중간에 칸칸이 대로 해놔. 바람이 불면 밑에 내려는 놈을 하나를 꼬불쳐서 묶어버리고 조금 더 불면 더 묶고. 정 많이 불면 많이 묶고 조금만 달고 와. 꽉꽉 묶어. 정 그러면 다 내려버리고 앞돛만 달고 와. 앞돛도 많을 때가 있으면 앞돛도 묶어야 돼. 배가 뒤집어져버려. 폭이 배 밖으로 나가있어서 바람이 많이 불면 넘어져버려. 바람을 많이 타서 통째 넘어져버린 경우도 있어. 왜 넘어가냐면, 이런 바람이 고정적으로 오

16　돛폭을 '옷'이라고 표현한다. 활대가 보이는 쪽은 안옷이고 반대쪽은 바깥옷이라고 한다. 그리고 사공이 돛을 보면서 바람이 어디서 불어오는지 살피는 것을 "옷 본다."고 말한다.
17　전우홍, 「옹기배 항해술」, 『옹기배와 전통항해』, 국립해양문화재연구소, 2010, 115쪽.

는 게 아니라 저 높은 산을 넘어 와서 탁 때려버리면 넘어져버려. 계속 부는 바람은 '아, 이렇게 부니까 이렇게 하면 되겠구나!' 생각하는데 뜬금없이 산밑에 가다가 바람이 불어서 위를 탁 때려버리면 돛이 찢어짐과 동시에 배가 뒤집어져. 옛날 풍선은 그래서 많이 죽었어.

여수시 삼산면 초도리, 박ㅇ배

바람의 상태에 따라 이물돛(앞돛대)과 허릿돛(뒷돛대)의 활대를 각기 다르게 묶어서 바람을 지나치게 많이 타지 않도록 하는 것이 중요하다고 설명한다. 그리고 구역에 따라서 바람의 세기나 양이 갑자기 달라지는 경우가 많아서 돛대가 부러지거나 배가 뒤집히는 사고가 잦다고 한다. 돛을 잘 조작하는 것이 항해술에서 핵심적인 기술이라는 것을 말해준다.

돛 조작은 풍선 항해술의 핵심 기술이므로 사공이 주로 관장한다. 사공은 선미에 있는 치를 잡고 방향을 조절하면서 선원들에게 돛의 조작을 지시한다.[18] 일반적으로 사공이 치를 잡은 채로 허릿돛을 조작하고, 웃동무가 이물돛을 조작한다. 돛 조작은 사공의 지시에 따라 이루어지므로, 지시어적인 표현이 많다.

① 돛 설치와 관련된 표현 : 돛 달아라, 돛 진다, 돛을 지어라, 돛대 지운다

"돛 달아라"는 돛을 달아 올리는 것을 말하며, "돛 진다, 돛 지어라"는 반대로 돛을 내리는 것을 말한다. 돛을 내릴 때에는 야핫돛과 이물돛을 먼저 내리고 허릿돛은 나중에 내린다. 접안시 사공이 "이물 지어라. 허리 지어라"고 하면 이물돛, 허릿돛 순으로 내린다. "돛대 지운다"는 것은 돛대를 아예 갑판 위에 눕힌다는 뜻이다.

---

18 배의 방향타인 '치' 조작은 사공이 전담한다. 치 조작을 잘못할 경우 치명적인 사고를 유발한다. 사공의 실수 중에서 가장 내표적인 것이 "왼장 맞는" 것이다. 치를 밀어서 돛이 바람 방향으로 넘어가고 돛대가 부러지거나 사람을 다치게 하는 일이 발생하는 것을 "왼장 맞는다."고 한다. 치를 너무 당겨서 생기는 "오른장 맞는" 사고보다 밀어서 생기는 "왼장 맞는" 사고가 많다고 한다.

② 바람을 찾기 위한 돛 조작 : 옷 본다. 바람 구멍 찾는다.

"옷 본다."는 바람이 어디서 불어오는지 찾는 것을 말한다. '옷'이란 돛폭을 말하므로 "옷 본다."는 것은 곧 돛을 보면서 바람을 찾는 과정을 뜻한다. 배의 속도가 좋으면 옷을 덜 봐도 되지만 풍향이 일정치 않거나 항해가 원활하지 않으면 옷을 자주 봐야 한다고 한다. "바람 구멍 찾는다."는 것은 바람이 불어오는 방향으로 항로의 방향을 맞추는 것을 말한다. 신 사공에 의하면 "바람길이 있다. 바람에도 길이 분명히 있다."고 말한다. "산에서 저녁 해가 떨어질 때 파랗게 바람이 오는데 그것이 바람길이라고 한다."

③ 돛폭의 면적을 줄이기 위한 돛의 조작 : 낚군다, 단 묶어라, 게다만 달고 간다.

"낚군다."는 바람이 많이 불 때 활대를 묶어 돛폭의 면적을 줄인다는 뜻이다. 돛의 단을 묶어서 항해하는 것을 '낚군 배질'이라고 한다. '단 묶는 것'은 활대를 묶어 돛폭을 줄이는 것을 말한다. 강풍이 불 때에는 활대를 아래쪽에서부터 하나씩 묶어서 돛폭에 안기는 바람의 양을 조절한다. 바람의 세기에 따라서 "한 단 묶어라. 두 단 묶어라. 세 단 묶어라."라고 말한다. "게다만 달고 간다."는 것은 돛의 윗부분 활대 두 개만 남기고 아래는 전부 접어버린 상태에서, 돛폭 윗부분에만 바람을 싣고 항해하는 것을 말한다. 바람이 굉장히 세게 불 때만 "게다만 달고 가는" 항해를 한다. 활대 두 개가 나란히 있는 것이 일본 나막신처럼 생겼다고 해서 그렇게 부른다고 하는 것으로 보아, 일본어 게다(下駄, げた)에서 비롯된 말인 것으로 보인다.

④ 돛폭에 바람을 덜 담기 위한 돛의 조작 : 돛을 던다, 돛을 풀고 간다, 돛을 열고 간다, 돛을 넣고 간다. 한 주먹[한 줌] 더 줘라, 늘어주고 가라

돛의 하단에 설치한 줄을 아딧줄[아뒤]이라고 한다. 아딧줄을 당기거나 늦추면서 돛을 조작한다. "돛을 던다, 돛을 풀고 간다, 돛을 열고 간다."는 풍압을 떨어뜨리는 방법이다. 바람이 너무 세서 연장이 상할성 싶을 때 바람을 덜어 내기 위해 조작하는 기술이다. 아딧줄을 늦춰 주어서 돛에 안기는 바람의 압력을 낮추는 것을 말한다. "돛

을 넌다."는 것은 "돛을 푹 느꿔놓고 가는 것"이라고 한다. 뒤에서 불어오는 바람일 때 바람을 일부러 담지 않기 위해 "돛을 넣고 간다."고 한다. "한 주목(한 줌) 주어라, 늘어주고 가라."는 돛폭에 바람을 담지 않으려고 아딧줄을 한 줌(30cm정도) 풀어주는 것을 말한다. 이렇게 돛을 조작하는 것은 어느 정도 속력을 유지하고 있을 때 하며, 돛이 갑자기 풀리면서 연장이 상할 수 있으므로 주의해야 한다고 말한다.

⑤ 돛에 바람이 타지 않게 하기 위한 조작 : 옷 세운다. 옷 씌운다, 빈대 도침

돛에 바람이 타지 않도록 하기 위해 "돛 세 개가 전부 탈탈탈탈 털게 하는 것"을 두고서 "옷 세운다." 또는 "옷 씌운다."고 말한다. '옷'이란 곧 돛폭을 말하는데, "돛폭에 바람을 담지 않는 것을 옷 씌운다고"고 한다. "돛 세 개가 전부 털어야지(옷 세워야지) 돛이 올라가지, 하나만 바람을 타도 올라가지 않는다."고 한다. 3개의 돛 중 하나라도 바람을 타면 배가 돌아버리기 때문에 돛을 올릴 수가 없으며, "옷을 세워야(씌워야)" 힘들이지 않고 돛을 올릴 수 있다고 한다.[19] "빈대 도침(돛임)"은 바람이 많이 불때 돛을 하나도 날지 않고 가는 것을 말한다. 뒤에서 바람이 부는, 다시 밀하면 '뒤받이'일 때 빈 돛대에만 바람을 맞고 가는 것을 말한다.

⑥ 방향전환을 하기 위한 돛 조작 : 나돌린다, 되돌린다

바람이 불어오는 쪽으로 방향 전환을 하는 것을 "나돌린다."고 한다. 이때는 치를 밀고 돛을 늦추어 배의 방향을 돌린다. 뱃머리가 바람의 정면을 도는 순간에 돛이 떨면서("오쓰고") 배가 잠시 정지하고, 곧바로 반대현 측에서 바람을 받게 된다. 바람을 받는 현에 따라 "우뭇가지(우현) 나돌리기" 또는 "도릿가지(좌현) 나돌리기"라고 한다. '나돌리는' 돛의 변화 각도는 약 100도 정도다. 이 각도보다 더 많이 순식간에 방향 전환

---

19 뒷바람일 때 돛을 올리거나 내리는 것이 위험하다고 한다. 김우식 사공은 뒷바람에서 돛을 내리는 것을 "바람을 턴다."고 한다. 그 상황에서는 '치를 바람 쪽으로 밀어주면 배 방향이 돌려지고 옆바람이 되니까 그럴 때 재빨리 돛을 내린다.'고 한다. 김우식 구술, 『칫다리 잡을라, 옹구 폴라, 밥해 묵을라』, 67쪽.

을 하는 것을 "되돌린다."고 한다. 강풍이 불 때에는 위험하므로 나돌리는 것을 삼가
지만 미풍일 때는 빨리 돌기 위해서 가끔 실행한다.[20]

(2) 바람의 방향에 따른 항해술

바람의 방향에 따른 항해술을 보면 뒷바람과 맞바람 항해에 대한 기술이 부각된다.
그 이유는 바람 중에서 옆바람은 무난하고 좋은데 맞바람과 뒷바람은 여러 가지 지장을 주기 때문에 그 상황에 대처하는 것이 관건이라는 사실과 관련 있다. 맞바람의 경우 바람을 거슬러 가야 하기 때문에 그에 대한 대응이 필요하며, 뒷바람의 경우 자유로이 돛을 조작하기 어렵기 때문에 그것을 해결하기 위한 방법이 중요시 된다.[21] 그러므로 두 가지 상황과 관련된 항해술이 발달한 것으로 보인다.

① 맞바람 항해시

바람이 정면에서 불어올 때에는 곧바로 갈 수 없으므로 지그재그로 방향을 바꿔가면서 항해를 한다. 이 항해술은 원거리 항해를 할 때와 근거리 입항시

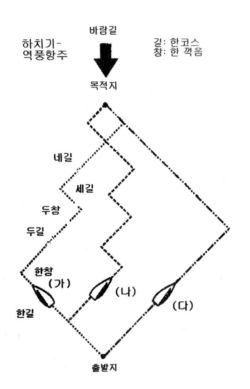

〈그림 8〉 역풍 항해 방법
『옹기배와 전통항해』, 107쪽

---

20 전우홍, 앞의 글, 109쪽.
21 김우식 사공의 구술에 나오는 것처럼, 옆바람은 실수가 없고 잘 나가는데, 뒷바람일 때는 실수가 많고, 앞바람은 앞으로 나갈 수는 있지만 역수를 만나면 항해를 중단해야 할 정도로 제한을 준다. 김우식 구술, 『칫다리 잡을라, 옹구 폴라, 잡해 묵을라』, 69쪽.

로 구분된다. 입항할 때에는 항해 구역이 좁기 때문에 그에 맞는 항해술이 필요하다.

위 그림(〈그림 8〉)은 맞바람을 맞으며 항해하는 방법을 도식화한 것이다. 아래 설명할 '된창질'과 '하친배질'의 개념을 보여준다. 둘 모두 역풍 항해지만 구분된다. (가)는 '네 창'(네 번 방향 전환)만에 목적지에 도달하는 것이고, (나)는 좁은 해역이나 장애물이 있을 때 '하치기'하는 방법이다. (다)는 방향 전환을 적게 하면서("몇 창 얻어 먹고") 항해하는 방법이다. 유능한 사공들이 선호하는 방법이다.

가. 원거리 항해시 : 된창질, 다그러놓고 간다, 되 나가자, 더 나가, 바람구녕을 쑤신다.

'된창질'은 맞바람이 불 때 목적지를 향해 여러 번 방향 전환을 하면서 갈지자로 항해하는 것을 말한다. 맞바람이 불면 사공은 풍향과 거리, 주변 환경을 보며 몇 차례에 걸쳐 방향 전환을 할 것인지 가늠하고서 돛을 늘어주거나 당겨 주면서 된창질을 한다. '된창질'이란 말은 '창'에서 나온 용어다. '창'이란 꺾는 것, 곧 방향 전환하는 것을 말한다. 그러므로 '된창질'이란 여러 번 방향 전환을 한다라는 의미가 된다. 맞바람 항해에서 몇 차례 방향 전환을 했는가를 두고서, "한 창 먹는다. 두 창 먹는다. 세 창 먹는다."고 말한다. 지그재그로 항해하기 때문에 "한창은 얻어 묵고 한창은 못 얻어 묵고" 가는데, 바람의 왼편이라면 한창을 얻어 먹고 가고 오른편이면 반대로 그만큼 밀리게 된다. 목적지까지 자주 꺾는 것보다 한길로 쭉 가다가 최소한만 꺾는 것이 효율적이지만 상황에 따라 달라질 수밖에 없다. 맞바람을 맞으며 된창질을 할 때 "잘 댕긴(항해하는) 배는 바람구멍을 바로 쑤신다."고 한다. 신 사공은 이와 관련해서 예전에 '봉산호'라는 옹기배가 "돛이고 돛대고 치고 딱 맞는 상태에서 웬만한 앞바람에 바람구멍을 뚫고 갔던" 경험을 특별하게 기억하고 있다.

맞바람 항해에서는 야햇돛의 역할이 중요하다. 야햇돛을 이용해 선미의 치가 못하는 배 이물의 방향 전환을 손쉽게 할 수 있다. 치의 보조역할을 하는 셈이다. 된창질을 할 때에는 물을 거슬러서는 할 수 없다. 역풍과 역수를 한꺼번에 거슬러 갈 수 없으므로 물발이 바뀌기를 기다리며 쉬고 있다가 항해해야 한다.

다그러가자는 것이 되 나가는 것이여. 된창질인께. 더 나가는 것은 툭 나가자, 아두를 다그러놓고 가다가 '더 나가' 그러면 아두를 더 느꿔줘라. 그 말이여. 더 되가자는 것은 아두를 더 당궈줘라. '되 가라', '나가라'는 사공 입에서 나오는 말이고, 웃동무나 화장이 사공 말을 빨리 알아듣고 아두를 느꿔줬다. 당거줬다 그래.

돛의 아딧줄을 당겨서 '되게 가는 것'을 "다그러 가자."고 한다. 방향 전환을 위해 아딧줄을 당겨주고 늦춰주는 것을 반복하는데, 그것을 '되 나가자', '더 나가'라고 한다. 그러므로 '다그러 놓고 가는' 것은 '되 나가'는 것과 같은 것이다. 이것은 아딧줄을 당겨줘서 뱃머리와 바람 각도를 일치시켜가는 것이고, '더 나가'는 아딧줄을 늦춰줘서 뱃머리가 바람 각도와 멀어지게 만드는 것을 이른다.

나. 포구 입항, 근거리 항해시 : 하치다, 하친배질, 하침질
'하치기'는 역풍을 거슬러 항해하는 기술이다. 맞바람을 맞으며 지그재그로 항해한다는 점에서 '된창질'과 유사하지만, '하치기'와 '된창질'은 구분된다.

〈된창질과 하친배질의 비교〉
한 구녁을 보고 쭉 가는 것이 된창질이고 하친배질은 좁아서 쭉 못 간께. 요리 갔다가 요리 갔다가 이렇게 가는 것이 하친배질이고, 먼 거리는 된창질, 하치는 데는 가까운 거리, 좁은 도, 좁은 강.… 된창배질이 제일 수월해요. 사공도 수월하고, 한 주먹 넣어줘라, 한 주먹 당거줘라. 넣어 줘라 당거 줘라. 그라고 간 것이 된창질이여. [정면에서 오는 바람이 아닌가요?] 아니제. 배의 왼쪽으로 15도 정도 틀어서 가는 것이 된창질이고, 하치배질은 바로 앞에서 오는 것이 하친배질이고.…하친배질은, 여기 왔지라 그러면 배를 또 돌려야 된께, 사공이나 웃동무나 화장 세 사람이 혼연일체가 되어야제. 빨리 돛을 잡어 댕겨야 되고 바람이 쌀란께. 사공이 배를 탁 밀어서 배가 딱 돌아가요. 그러면 야훗돛이 바람을 딱 막으면 그때 허리고 이물이고 빨리 당겨줘야 하고. 서이 다 고달퍼요.…하친배질 하다가 배를 많이 엎어버려요. 잘못해갖고. 허릿돛을 빨리 당거불면 사공이 치 한번 잘못 해불었다 하면 배 넘어가불어요.

그란께 사공 역할이 엄청나게 큰 것이어.

'된창질'과 '하친배질'은 뱃머리와 바람의 각도에서 차이가 있다. 또한 된창질은 먼 거리 항해에서 하고 하친배질은 가까운 거리, 좁은 해역에서 한다는 점에서 구분된다. 위의 그림에서 본다면, 된창질은 (가)나 (다)처럼 방향 전환을 적게 하는 것이라면, 하치기는 (나)처럼 자주 방향 전환하는 것이라고 할 수 있다. 이처럼 된창질은 비교적 여유롭게 방향 전환을 하기 때문에 수월하지만 하친배질은 곧바로 연거푸 방향 전환을 하고 세 명이 일사분란하게 치와 돛을 조작해야 하기 때문에 고달프다고 한다. 또한 하친배질은 급하게 방향 전환을 하기 때문에 사고 위험이 높아서 사공의 역할이 특히 중요하다고 한다.

하치기는 입항할 때 필요한 항해술이다. 대개 항·포구가 뒤에 산을 끼고 있거나 강 하구에 자리잡고 있어서 맞바람이 부는 경우가 많기 때문에 하치기를 해야 한다. 신 사공은 하치기가 필요한 대표적인 사례로, 제주도 애월읍이나 함덕 입항시, 마산 앞 돝섬에서 마산으로 들어갈 때, 김해 구포다리에서 강을 따라 올라갈 때, 강진만에서 봉황으로 들어올 때 등을 꼽는다. 제주도의 경우 배가 포구에 가까이 가면 바람이 한라산에 부딪쳐서 갑자기 맞바람이 생기기 때문에 반드시 '하쳐야만' 들어갈 수 있고, 마산이나 강진처럼 좁다란 만을 거슬러 가거나, 김해처럼 낙동강 하구를 거슬러 올라갈 때에도 맞바람을 맞으며 하치기를 해야 입항할 수 있다고 한다.[22] 한편 하치기는 역수에서는 불가능하므로 "석잡아 두고"(배 댈 만한 곳을 정해두고) 물길이 바뀌거나 바람이 좋아질 때까지 기다려야 한다. 역풍과 역수에서는 항해 자체가 불가능하기 때문이라고 한다.

---

22 하치기하는 배의 모습이 옆걸음 치듯이 항해하는 것이어서 그것을 한눈파는 것으로 비유하기도 한다. "마산가면 이런 얘기가 있어. 지그 어매보고 지그 딸이. '어매 어매 저그 저 배는 한 돛단배도 하치고 두 돛단배도 하치네.' 올라온 배는 다 하쳐서 올라가거든. 하쳐간다 소리가 언능 말하자면은 옆걸음 걷는다 그 말이제. 여자가 남자를 이 사람도 만나고 저 사람도 만나고 그런단 말이제."(신연호 2차 면담)

② 뒷바람 항해시 : 가르다, 갈라놓고 간다, 갈림배질, 헛배질, 한 짓 주기

"가르다, 갈라놓고 간다, 갈림배질"은 배 뒤에서 바람이 불어올 때 사용하는 항해법이다.[23] 그 이름에서 보듯이 돛을 서로 어긋나게 '갈라서' 펼쳐 놓고 항해하는 것을 말한다. 뒤에서 오는 뒤받이 바람을 세 돛에 "갈라놓고 가면"은 돛폭에 많은 바람을 담을 수 있기 때문에 속도를 높일 수 있다. 하지만 돛대가 부러진다든가 연장이 상할 수 있고 위험하기 때문에 '무서운 배질'로 간주된다. 그래서 "일류 사공들은 영 빨리 갈 욕심 아니면 갈림배질은 안 한다."고 한다.

> 갈림배질을 안 할라믄 헛배질도 해야 돼. 위험하니까 바람이 많이 불 때는 깐딱하믄 연장이, 돛대가 부러진다거나 그런게 돛을 그렇게 안 하고 한쪽으로만 해갖고 헛배질을 해요. 어떻게 헛배질을 하냐믄, 내가 목적지를 갈라고 한께 바람이 정 뒤에서 올 때는 돛을 안 가릴려고. 거기까기 가갖고 조금 헛배질을 더 하제. 연장 안 상하게 하려고.

뒤받이 바람이 많이 불 때에는 갈림배질을 피하기 위해 목적지로 똑바로 가지 않고 약간 우회하는 '헛배질'을 하기도 한다. 바람이 지나치게 셀 때 연장이 손상되거나 사고가 날 수 있으므로 '헛배질'을 하면서 행해의 안전성을 확보했다고 한다.

그리고 돛폭에 받는 바람 양을 조절하면서 돛을 조작하는데 그것을 "한 짓 주고 간다."고 한다.

> 돛을 하나 널어 놓고, 잡아댕길라믄 잡아댕기고 널라믄 널고. 그것을 한짓 주고 간다고 하는 것이여. 바람이 셀 때에는 돛 꼭대기가 팔랑팔랑 떨어. 바람 턴다고. 이 바람을 견디컷다 하믄 한 줌 땡겨라 하고 너무 시겄다 하믄 열어줘.

---

23 전북 위도에서는 '갈림배질'을 '갈라달고 간다.'고 한다. "앞돛대 뒷돛대 두 개를 다는디, 한쪽으로만 돛잎이 가는 것이 아니라 양쪽으로 이렇게 갈라져. 그러믄 뒷바람 불믄은 양쪽으로 탁 갈라놓고 기양 배가 막 푹 가지. 그러믄 그게 기계선보담 잘가요. 그렇게 허믄 찰찰찰찰찰 가요."(전북 부안군 위도 김○원)

돛폭에 바람을 덜 담기 위해 "돛을 널어주고" 또 반대로 바람을 담기 위해 "한 줌을 더 잠가" 당기면서 항해를 하는 것이 "한 짓 주고 가는 것"이다. 아딧줄을 이용해 "돛을 널고, 또 당겨 주면서" 배가 충분히 견딜 만큼 바람을 돛폭에 담아서 항해하면 10노트 정도의 속도가 나온다고 한다. 그래서 뒷바람 항해에서는 "한 짓 주고 가는 것이 배를 제일 잘 모는" 방법으로 간주된다. '한 짓 주고가기'는 앞항에서 살펴본 "한 주먹 주어라, 늘어주고 가라, 돛을 널고 간다."라는 기술과 통한다. 이 방법들은 뒷바람 항해시에 돛폭에 바람을 덜 담기 위한 기술이라는 점에서 비슷하며, 각 상황에 맞게 세부적으로 적용하기 위해 표현을 달리 하는 것이라고 할 수 있다. 뒷바람 항해가 위험성이 높은 고난도의 항해술이므로 그 지식과 기술이 구체적으로 세분화돼 있음을 보여준다.

5. 전통항해술과 전통지식의 전승의미

지금까지 옹기배 사공 신연호의 사례를 중심으로 항해의 적절성과 관련된 민속기후학적 지식과 바람에 대한 인지체계, 바람의 상태에 적응하고 대응하기 위해 사용해온 항해술과 거기에 담긴 전통지식에 대해 살펴보았다.

전통항해술은 자연의 힘이나 인력 위주로 운용되는 항해술이다. 그러므로 날씨 변화와 조류 및 물때에 대한 지식이 중요하며, 특히 바람의 상태를 예민하게 포착하고 그것에 부합하는 세부적인 돛 조작 기술이 중요하다. 바람의 방향에 따른 항해술을 보면 뒷바람과 맞바람 항해 기술이 부각된다. 뒷바람 항해는 '갈림배질'과 '헛배질'이라는 상반된 방법이 있을 정도로 고난도의 항해술이 필요했다. 그리고 맞바람의 경우 바람을 거슬러 간다는 공통점이 있지만 원거리 항해시와 입항시 단거리 항해 방법이 다르다. 원거리 항해시에는 목적지를 향해 여러 번 방향 전환을 하며 갈지자로 항해하는 '된장실'을 하지만, 포구 입항시에는 연거푸 방향 전환을 하고 일사분란하게 치와 돛을 조작하는 '하친배질'을 했다. 하치기를 할 때에는 제주도 애월읍·함덕의 한라산 맞바람, 마산·강진만의 좁다란 만, 김해 입구의 낙동강 하구 등처럼 주변 환경의 조건을 잘 숙지하는 것이 중요하다고 말한다. 이처럼 신 사공이 구술한 '옹구배술어'와 거기에 담긴 전통지식은 실제 항해의 조건과 결부돼 있어서 구체적이고 상황적이다. 상황의 맥락을 두루 담고 있다는 점에서 무형유산의 복합적인 의미와 생활 지식 특유의 생동감을 보여준다. 그만큼 각별하고 소중한 의미가 있음을 말해준다.

한편 20세기 중후반 이후 전통배가 사라지고 관련 직업군이 소멸하면서 전통항해술이 사용되지 않게 되었다. 이와 관련된 문제의식을 새롭게 환기할 필요가 있다. 지금은 첨단 장비를 탑재한 배가 항해하는 시대다. 규모도 수백 톤에서 수천 톤에 이르는 배들이 많다. 요즘의 선박은 위성 항법장치를 이용한 첨단 기능을 자랑한다. 근세기 배의 역사가 '동력화 - 기계화 - 대형화 - 첨단화'를 지향해왔으므로, 그것을 기준으로 본다면 날씨를 예측하고 바람을 이용해서 항해를 하는 방식은 원시적인 것으로 여길 수 있다. 이미 지나쳐온 지난 시대의 유물이거나 불편하고 불완전하고 비과학적인 것으로 취급할 수도 있다. 그러나 옛날 배와 요즘 배를 단순 비교하는 것은 별 의미가 없다. 또한 배의 역사를 단선적인 진화 과정으로 파악할 수 있는지도 의문이다. 전통항해술은 진화에 실패한 폐기물이 아니다. 첨단 항해술을 이용하는 시대에도 여전히 대형 사고가 빈발한다. 이런 까닭에 지나친 과학주의에 매몰되기보다는 전통적으로 축적해온 민속지식의 전승의미를 새롭게 들여다 볼 필요가 있다.

전통항해술은 긴 기간 사용되고 공유돼온 무형문화유산이다. 하지만 그동안 그 가치나 의미를 제대로 헤아리지 못했다. 그동안 무형문화유산의 개념을 기능·음악·연극·제의·연희 등의 범주로만 제한하다 보니, 전통항해술처럼 예능 분야가 아닌 것은 관심 밖에 두는 경우가 많았다. 그러나 최근 무형문화유산의 보전·진흥을 위한 무형문화법이 새로 제정되고[24] 기존의 범주 외에 '한의약, 농경·어로 등에 관한 전통지식'과 '구전 전통 및 표현' 등이 포함되면서 새로운 국면이 조성되었다. 이런 변화는 유네스코 무형문화유산협약에 나오는 다섯 가지 영역(구전 전통과 표현물 / 공연예술 / 사

---

24 「무형문화재 보전 및 진흥에 관한 법률」(법률 제13248호, 시행 2016.3.28)

회적 관습, 의례, 축제 행사 / 자연과 우주에 대한 지식과 관습 / 전통 공예기술)을 염두에 둔 것이었다. 이렇게 '자연과 우주에 대한 지식과 관습'[25]이 주목받으면서 전통항해술과 전통지식의 중요성을 새롭게 환기할 수 있는 계기가 마련되었다.

전통지식을 주목하는 것은 '야생의 사고'에 대한 동경과 무관하지 않지만 그것이 핵심이 될 수는 없다.[26] 전통항해술 또는 전통지식에 대한 공부는 무지에 대한 반성을 동반한다. 그것은 현대사회가 떠받드는 과학기술과 표준화된 고급지식에 대한 맹종을 반성하는 것이기도 하다. 전통지식은 근대의 경험 속에서 효용성이 없는 것으로 간주되어 폐기되고 방치되었다. 그것이 무엇인지 알아볼 겨를도 없이 뒷전으로 밀쳐 두었다. '과학적인' 것이 아니라는 이유로 구시대의 것으로 취급하는 경우가 많았다. 더욱이 최첨단 장비를 갖춘 대형 선박들이 바다를 누비는 시대에 바람을 이용해서 항해하던 시절의 지식은, 구닥다리이거나 낭만적인 회고로 여겨지곤 한다. 그러나 전통항해술은 지금은 사용하지 않지만 그렇다고 불필요한 지식이 아니다. 우리 시대가 구가해 온 번영이 첨단 기술을 이용해서 자연을 수탈적으로 이용해서 얻은 것이고, 그 결과 자원 고갈에 봉착해서 악순환의 침체를 면치 못하고 미래의 지속가능성을 잃어버렸나는 사실을 목도한다면 대립적인 지식 쟁취 구도의 평가 방식을 굳이 따를 필요가 없다. 전통지식을 쓸모없는 구지식으로 취급하기보다 그것을 너무 쉽게 폐기한 과정을 새롭게 성찰할 필요가 있다.

물론 상황이 바뀌긴 했다. 근래 전통지식 또는 토착지식에 대한 논의가 풍성해진

---

25 자연과 우주에 관한 지식과 관습에는 공동체가 자연 환경과 상호작용을 하는 과정에서 발전시킨 지식, 방법, 기술, 관습, 표상 등이 있다. 우주에 대한 사유 방식은 언어, 구전 전통, 특정 장소에 대한 애착, 기억, 영성, 세계관 등을 통해 표출된다(유네스코 「무형문화유산협약」, 아태무형유산센터(http://www.ichcap.org/kor).

26 '야생적 사고의 산책(Cahier Sauvage)'은 인류가 "신화라는 양식을 이용해서 우주 안에서의 자신들의 위치나 자연의 질서, 인생의 의미 등에 대해 깊은 철학적 사고를 해왔음"을 주목한다. 또한 "신화는 아무리 환상적인 상황을 상상하고 있을 때라 할지라도, 현실 세계에 대한 강렬한 관심과 현실 세계를 지적으로 이해하고 싶어 하는 욕구를 상실한 적이 없다."고 말한다. '카이에 소바주'는 야생의 사고에 대한 가치와 지향점을 새롭게 제시하고 있다는 점에서 관심을 모은다(나카자와 신이지, 김옥희 옮김,『신화, 인류 최고의 철학』, 동아시아, 2005, 10쪽).

느낌을 준다. 전통지식이, 오랜 역사와 전통 속에서 축적된 지적 활동과 기술 혁신 및 창작을 의미하는 것이며, 그것이 바이오산업, 의약산업, 한의학, 농업, 생명과학 분야에서 신제품 개발의 중요한 원천이 된다는 점과 기술적인 가치와 경제적인 잠재성에 대한 인식이 높아지면서 보호 정책의 필요성이 대두되었다. 특히 세계무역기구(World Trade Organization, WTO), 세계지적소유권기구(World Intellectual Property Organization, WIPO), 생물다양성협약(Convention on Biological Diversity, CBD) 등을 중심으로 전통지식에 대한 재산권 보호 방안 도입 문제를 활발하게 논의해왔다.[27] 이런 경향을 반영하듯 최근 들어 유전자원, 민속식물 등의 전통지식 보호와 관련된 논의가 활발하게 이루어졌으며,[28] 그 활용 및 에코 페미니즘적인 접근도 있었다.[29] 그것을 개괄해보면, 전통지식의 의미를 지적 재산권 또는 경제적 잠재성 등의 쓰임새와 관련해서 주목해온 것을 볼 수 있다.

한편 근본적으로 전통지식은 경제적 효과나 재산권 여부 때문에 중요도가 결정되는 것은 아니다. 전통지식 전반에 대한 조사 연구를 소홀히 하면서 쓰임새를 강조하는 것은 주객을 전도시키는 일이다. 특히 전통항해술처럼 자료 수집·기록화가 안 된 분야의 경우 그것부터 온전하게 해야 한다. 돛단배를 응용한 한국형 범선, 레포츠, 레저 산업 등과 같은 2차적 활용은 그 다음이어도 상관없다. 전통지식의 생태적·민속적 의미를 종합적으로 탐색하고 그 토대에서 응용 및 활용의 측면까지 연계하는 작업이 지속적으로 이루어질 필요가 있다.

글쓴이는 이 글에서 전통항해술과 거기에 담긴 전통지식의 의미를 집중적으로 탐색했다. 이와 관련하여 최근 토착지식 또는 민속지식의 가치를 다룬 연구들이 있으므로

---

27 정명현, 「전통지식의 국제적 보호방안에 관한 고찰-WTO와 WIPO의 쟁점을 중심으로」, 『국제경제법연구』 10, 한국국제경제법학회, 2012, 131~132쪽.

28 강석훈·이지은, 「전통지식 발굴조사 방법론 구축과 지식재산권 연계 방안」, 『문화정책논총』 26, 한국문화관광연구원, 2012; 조재신, 김범남, 「전통지식·유전자원에 대한 국제적 논의동향 및 저작권과 특허권에 의한 보호 전략」, 『법학논총』 35, 전남대 법학연구소, 2015; 손지영, 「나고야의정서와 한국의 유전자원 관련 전통지식 보호 전략」, 『지식재산연구』 11, 한국지식재산연구원, 2016.

29 정명철·유수영, 「농촌마을 민속지식 발굴과 활용의 실제」, 『민속연구』 31, 안동대민속학연구소, 2015; 김효정, 「여성농민의 토착지식에 기반한 '토종씨앗지키기' 운동의 특성과 과제」, 『농촌사회』 21, 한국농촌사회학회, 2011; 황희숙, 「토착지식과 생태운동」, 『철학논집』 40, 서강대 철학연구소, 2015.

그 의미를 확장하고 공유할 필요가 있다.[30] 또한 전통항해술에 대한 연구가 별로 없으므로 근본적인 문제를 환기해야 한다. 전통지식의 장기지속적인 의미를 천착하는 관점이 중요하다. 전통지식은 쓰임새 이전에 그것의 문화적 가치와 의미가 중요하다. 특히 전통항해술처럼 생활 속에서 재구성된 지식은 그 자체의 의미를 포착하는 것이 중요하다. 앞에서 자세히 살핀 것처럼, 전통항해술은 긴 기간 자연에 적응하고 대응하면서 축적해온, 특히 항해자들이 변화무쌍한 바다에서 생존을 건 항해를 하면서 탐구하고 공유해온 전통생태지식이다. 거기에 담긴 민속 분류체계를 색다르게 주목할 필요가 있다. 이 글에서 집중적으로 살핀 바람의 방향성과 공간 인지 표현 및 바람의 성질에 대응된 구체적이고 상황적인 항해술은 자연과 우주에 대한 전승지식의 색다른 층위를 잘 보여준다. 그 중요성을 새롭게 환기할 필요가 있다. 전통항해술은 공동체가 공유해온 민속지식으로서, 한자어나 외래어가 아닌 우리말 고유의 생동감이 담겨 있으며, 때론 상상력과 시적인 표현이 가득한 언어적 구성물이다. 이것은 구비문학의 문학적 표현과 또 다른 생활언어의 특징이며, 이 글에서 탐구한 '옹구배 술어'의 개성적인 면모라고 할 수 있다. 그리고 외부에서 유입된 규격화된 지식이 아닌 전승집단이 각기 구축해온 문화다양성의 표지이기도 하다. 이런 점에서 전통항해술은 민속 전승의 다양성과 개성을 보여주는 각별한 무형유산이라고 할 수 있다. 그것을 색다르게 주목하고 앞으로 사례 연구를 확장·심화하고 다른 사례들과 비교할 필요가 있다.

---

30 김재호, 「무형문화유산으로서의 전통농업지식의 가치와 보존의 필요성」, 『민속학 연구』 24, 국립민속박물관, 2009; 주강현, 「언어생태전략과 민속지식의 문화다양성」, 『역사민속학』 32, 한국역사민속학회, 2010; 박경용, 「죽방렴과 주낙 어업의 자연·우주 전통지식」, 『한국학연구』 38, 고려대 한국학연구소, 2011; 조숙정, 「조기의 민족어류학적 접근 : 서해어민의 토착지식에 관한 연구」, 『한국문화인류학』, 한국문화인류학회, 2012; 배영동, 「분류적 인지의 민속지식 연구의 가능성과 의의」, 『비교민속학』 57, 비교민속학회, 2015; 김재호, 「옹기 장인들의 불에 대한 민속지식과 민속분류」, 『민속연구』 31, 안동대 민속학연구소, 2015.

제2장

생태환경에 대한 적응과 어로활동
-가거도의 멸치잡이 민속지

1. 전통지식과 어로활동을 주목하는 이유

　기후·토지·식수·산림·바다 등의 자연조건은 인간이 살아가는 데 필요한 갖가지 생태환경을 구성한다. 어느 곳이나 마찬가지지만 사람들은 생존에 필요한 여러 조건을 고려해서 그것에 적응하며 살아간다. 인간은 날 것 그대로의 자연을 직접 접하기보다 갖가지 도구와 장치를 매개로 자연을 조정한다. 하지만 그것마저도 자연의 거대하고 지속적인 체계에 적응된 형태로 자리잡기 마련이다. 그만큼 자연의 힘이 절대적이고 크다고 할 수 있다.

　인간이 마주하는 생태환경은 복합적이며, 주요 조건에 따라 그 특성이 달라지기도 한다. 이 글에서 다루는 섬사람들의 생태환경은, 바다와 그것을 매개로 한 여러 조건들로 구성돼 있다. 물론 바다 역시 균질적이지 않으므로 각각의 상황에 따라 조금씩 다른 면모를 띠기 마련이다. 육지 쪽 어촌인가 섬지역의 어촌인가 또는 근해에 자리한 섬인가 먼 바다에 있는 섬인가에 따라 바다에 대한 의존도와 비중이 달라질 수 있다. 쉽게 짐작할 수 있지만 먼 바다에 자리한 섬이라면 바다와의 관계가 절대적일 수밖에 없고, 그에 따른 적응 기제가 각별하게 부각된다. 그러므로 먼 바다 섬지역의 사례를 통해 섬사람들의 적응 기제를 더 구체적으로 살펴볼 수 있을 것이다. 이 글에서 먼 바다에 자리한 가거도의 사례를 살피는 이유가 여기에 있다.

바다에서 생업을 꾸려가는 사람들은 바다의 상태를 잘 파악하는 것이 생존을 위해 절대적으로 중요하다. 바다는 시시각각으로 변화무쌍하게 변하기 때문에 예측하지 못한 상황에 놓이기 쉽다. 또한 예측한다 할지라도 속수무책으로 불가항력의 위험에 노출되기도 한다. 외부인에게 바다는 단순한 완상의 대상이거나 휴양 또는 레저 공간 정도로 간주되지만, 그곳에 깃들어 사는 주민들에게는 직접적인 실체로서 수용되기 마련이다. 어업이 포괄하는 바다가 그 실체라고 할 수 있다. 어업은 바다의 안정된 상태와 불안정한 상태를 민감하게 포착하고 그에 적응하는 과정을 담고 있다. 어업은 예측하기 어려운 기후 변화와 조류의 흐름 및 주기 등에 영향을 많이 받기 때문에 바다의 상태에 잘 적응해야 하는 생계양식이다. 이런 까닭에 도서·해양문화에는 해양생태에 대한 섬세한 인지체계와 경험적·토착적 지식이 풍부하게 담겨 있다.[1]

〈그림 1〉 가거도의 관문 대리 전경

---

1   이경엽, 「바다·삶·무속 : 바다의 의례적 재현과 의미화」, 『한국무속학』 26, 한국무속학회, 2013, 190쪽.

〈그림 2〉 가거도의 밭(가거도 2구 항리, 2005). 바닷가 절벽 위의 일부 완만한 경사지에 조성된 소규모 경작지가 전부다.

　우리나라 서남단에 자리한 가거도는 원해 도서 특유의 생태조건을 보여준다. 가거도는 목포에서 145㎞ 떨어져 있으며, 대흑산도에서 남서쪽으로 70㎞ 지점에 있다. 2009년 기준으로 인구는 494명(남 280명, 여 214명)이고, 세대수는 290세대이다. 대부분의 주민들이 섬 남쪽의 1구(대리)에 거주하며 북쪽의 동서 해안에 자리한 2구(항리), 3구(대풍리)에도 일부 주민들이 살고 있다. 면적은 9.09㎢이고, 해안선 길이는 22㎞이다. 최고봉은 섬의 북쪽에 있는 독실산(639m)이며 섬 전체가 급경사의 산지로 돼 있다. 해안선은 비교적 단조로우며 남쪽 해안의 모래해안을 제외하면 해식애가 발달한 암석해안이 대부분이다.[2] 이런 조건이므로 완만한 경사의 일부 경작지를 제외하면 농사지을 공간이 매우 좁다. 바다에 대한 의존도가 절대적인 이유가 여기에 있다.

　가거도 주민들은 대부분 어업에 종사한다. 산지를 개간해서 밭농사를 짓기도 하지만 소규모에 그칠 뿐이다. 한때 독실산에서 후박나무를 채취해서 약재로 팔기도 하고, 대규모 방파제 공사가 있을 때는 건설회사에 취업하고 공사장에서 일하기도 했으나 그것은 대부분 상황적인 생계였다. 가거도 사람들이 지속적으로 종사해온 생업은 어업이다. 봄부터 여름 사이에는 김·톳·미역·우뭇가사리를 채취하고 가을에는 멸치잡이를 했다. 주민들은 이것을 육지의 생업에 빗대서, 전자가 보리농사에 해당하고 후자가 벼농사에 해당한다고 말한다. 해초 채취를 보리농사에 비유하고 멸치잡이를 벼농

2　한국민족문화백과대사전(http://100.daum.net/encyclopedia/view/14XXE0030378).

사에 비유하는 데서 보듯이 가거도 사람들은 전적으로 바다에 의존해서 살아왔다.

이 글에서는 가거도 사람들이 생태환경에 적응하면서 축적해온 전통지식과 어로활동에 대해 살피고자 한다. 전통지식은 생활 속에서 생성된 것이고 세대를 이어 집적해온 것이므로 맥락 속에서 존재하기 마련이다. 또한 그것이 텍스트 형태로 정리돼 있지 않기 때문에 제삼자는 그 전반의 실체를 파악하기 매우 어렵다. 예를 들어 바다나 바람의 성질에 대한 설명은 따로 독립돼 있는 것이 아니라, 일상 대화 속에서 주민들끼리 전달되거나 공유된다. 그것도 특별한 표지 없이 일상적인 언어로 표현된다. 이런 까닭에 연구자가 그것을 포착하기 위해서는 어떤 상황성을 언어적 표현으로 재구성하는 과정이 필요하다.

가거도 사람들의 생태환경에 대한 적응 방식과 전통지식의 여러 면모를 살펴보는 것은 중요한 의미가 있다. 선행 연구 중에서 나승만의 작업이 두드러진다.[3] 가거도 멸치잡이소리에 대한 기존의 현상적인 접근과 달리 나승만은 입체적이고 깊이 있는 연구를 수행했다. 한편 거기서 다뤄진 내용들은 당시 글쓴이가 현지조사에 동행하며 공유했던 것이기도 해서, 글쓴이가 여기서 다루는 내용과 비슷한 부분이 있다. 이런 점을 의식하되 이 글에서는 어로활동에 담긴 적응 기제와 전통지식, 어로 적절성의 문제에 초점을 맞추고자 한다. 가거도 주민들이 생활 속에서 축적해온 전통지식은 섬민속에 담긴 생태문화적 특징을 잘 보여준다. 그리고 주민들이 자연을 어떻게 문화화해왔는지를 보여준다. 전통지식과 어로활동을 연계해서 주목하는 이유가 이유에 있다.

이 글은 두 차례에 걸쳐 이루어진 현지조사 결과를 토대로 작성되었다.[4] 2005년에는 주민들과 배를 타고 다니며 해안선을 답사하고 어로활동에 대한 여러 가지 사항들을 공부할 수 있었다. 그리고 당제, 고기부르기, 산다이, 민요 등 문화적 전통 전반

---

3 나승만, 「가거도 멸치잡이 뱃노래의 민속지」, 『한국민요학』 22, 한국민요학회, 2008; 『가거도 멸치잡이노래』, 전라남도·국립민속박물관, 2011.

4 〈1차 현지조사〉 ◦ 날자 : 2005.7.26.~28. ◦ 제보자 : 최옥연(남, 86), 김명후(남, 80), 김창대(남, 62), 최호길(남,60) 〈2차 현지조사〉 ◦ 날자 : 2012.2.9~11. ◦ 제보자 : 고홍산(남, 76), 김창대(남, 69), 최귀엽(여, 73).

에 대해 취재를 했다. 이 글은 그 과정에서 파악된 내용을 중심으로 기술하였다. 연구주제의 특성을 고려해 제보자의 구술 표현을 가능하면 충실히 살리고자 했다. 연구의 진행과정으로 볼 때 이 글은 가거도 어민들의 멸치잡이 민속지라고 할 수 있을 것이다.

2. 생태환경에 대한 인지와 전통지식

1) 바람과 파도에 대한 경험적 지식

가거도 사람들이 자연의 힘 중에서 가장 위협적이라고 여기는 것은 바람이다. 바람은 바다에서 조업을 하거나 항해를 할 때 가장 중요한 변수가 된다. 선박이 대형화되고 기계화된 요즘에도 마찬가지지만, 예전에 어선이 동력화되기 전에는 바람은 훨씬 더 절대적인 것이었다. 순풍일 경우 운항에 도움을 주지만 풍랑을 일으키는 거친 바람은 거대한 재난을 불러오기도 한다. 이런 까닭에 가거도 사람들은 바람의 방향이나 강도에 대해 구체적으로 인지해왔다. 그리고 그것은 별도의 학습이 아니라 수차례의 경험에서 축적된 것이었다. 가거도 사람들은 예기치 않은 폭풍을 만나 조난을 당하고 바다에서 불귀의 객이 된 사건들을 수없이 접하며 살아왔다.[5] 가거도에서 3년마다 한 번씩 무주고혼을 위해 성대한 규모로 별신굿을 했던 것은 이런 사정과 관련 있다.[6] 바람의 힘을 예사롭게 여기지 않고 세밀하게 관찰하고 계절별로 방향별로 이름을 부여하고 그 속성을 지식화해서 전승해온 배경을 짐작케 해준다.

---

5 1960년대에 가거도 답사를 갔던 한상복 교수는, 1952년 12월 28일에 명절을 앞두고 조업에 나섰던 10여 척의 배 중에서 2척과 그 배에 탄 14명이 폭풍을 만난 불귀의 객이 된 사례, 그리고 1955년 1월 10일에 식량을 바꾸러 만재도에 가던 배 선원들(5명)이 풍랑을 만나 죽었던 사례를 들어 바다와 바람의 무서움을 전한 바 있다. 한상복, 「소흑산·가거도 기행」, 『신사조』 제2권 17호(통권18호), 신사조사, 1963, 186쪽.
6 이경엽, 「서해안 무속수륙재의 성격과 연행양상」, 『한국민속학』 51, 한국민속학회, 2010, 267쪽.

가거도 사람들은 방위별로 바람의 명칭을 부여해서 그 속성에 대해 설명한다.

동·서·남·북 각 방위별 바람 명칭이 있고 각각의 사이에서 부는 바람에도 명칭이 있다. 북풍은 하늬바람, 서풍은 늦바람, 남풍은 마파람, 동풍은 샛바람이라고 하며, 방위에 따라 더 세분화된 이름을 사용하고 있다. 각 방향의 바람은 계절별로 달라지며 그 영향 정도도 똑같지 않다.

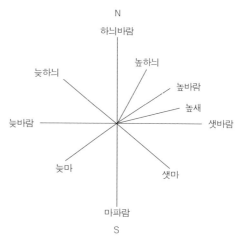

〈그림 3〉 가거도 사람들의 바람 명칭

가거도를 중심으로 어디에서 오느냐가 중요하다. 가거도 바람 방향은 북쪽 위에서 내려오는 바람이 북풍으로 하늬바람, 남쪽에서 올라오는 바람은 마파람, 동쪽에서 샛바람, 서쪽에서 오는 바람은 늦마라고 한다. 늦마에 올라서서 오는 바람을 갈바람이라고 한다. 북풍은 1월달에 많이 분다. 북풍은 높바람도 오고 하늬바람도 오고 늦하늬바람도 오고. 방향이 다 다르다. 높바람은 바로 북쪽에서 온다. 북풍은 불어도 여기(대리)는 조용하다. 늦하늬바람은 늦대풍이라고도 한다. 음력으로 섣달, 정월에 심하게 분다. 윗바람에는 여기는 조용하다. 1구로 배들이 피난온다. 서쪽은 늦대풍이다. 서쪽에서는 별 바람이 없다. 늦대풍은 합쳐서 다닌다. 눈허고 합쳐서. 늦하느도 두어번 오고. 늦대풍에 눈이 훨씬 많이 온다. 가거도에서 제일 무서운 바람은 높새이다. 높새는 북동풍이다. 음력으로 7월부터 9월 사이에 온다. 높새바람이 불어오는 방향은 대리로 막 닿는다. 7월, 8월, 9월이 가거도로 봐서는 제일 무섭다. 가거도에서 제일 무서운 바람은 높새바람이고 다음으로 샛바람이다. 바로 동에서 분다. 샛바람은 5월 6일 7월 사이에 잘 분다. 샛바람에는 놀한다고 한다. 놀이 심해지고 비도 많이 온다. 높새바람에 폭풍을 찌고 오믄 큰 파도에는 흑산도로 간다. 음력으로 6, 7, 8월에 많이 난다.[7]

북풍(하늬바람)은 겨울철에 주로 부는데 가거도의 제일 큰 마을인 대리의 경우 남향이고 뒤에 큰 산이 막고 있어서 직접적인 피해를 주지 않는다고 한다. 그렇지만 북풍에 노출된 항리나 대풍리에서는 큰 피해를 당하기 때문에 선박들을 1구(대리)로 대피시킨다고 한다. 겨울철 북풍은 매서운 추위를 동반하는 바람이다. 예전 노인들이 "정이월 높바람에 돌 끝마다 눈물 흐른다."고 했는데, 이는 정이월 바닷물이 너무 차서 돌이나 바위도 눈물 흘릴 정도라는 뜻으로 사용되는 말이라고 한다.[8] 음력 1~3월에 갯바위에서 김 채취를 하던 전통 속에서 형성된 언술인 것으로 보인다.

가거도 사람들에게 가장 큰 영향을 주는 바람은 높새바람과 샛바람이다. 특히 높새바람은 마을로 바로 들이닥치기 때문에 '가거도에서 제일 무서운 바람'이라고 인식된다. 그래서 샛바람이 부는 시기(5~7월)와 높새바람이 부는 시기(7~9월)는 각별하게 긴장할 수밖에 없다. 큰 파도가 예상될 경우 선박을 육지로 끌어올려서 피해를 막고자 했는데 가거도 특유의 〈배발올리는 소리〉[9]는 이런 배경에서 전승돼온 것이다. 이와 같이 가거도 사람들은 바람의 성질에 대해 세부적으로 파악하고 있다. 특히 높새바람과 샛바람을 무서운 바람으로 거론하는 데서 보듯이 북~동쪽 바람에 대해 주민들의 관심이 쏠려 있다. 바람 인지의 방향성을 보여준다고 할 수 있다.

태풍이 불면 큰 파도가 일어나는데, 그것을 '놀한다'고 말한다. 가거도에는 음력 6~8월에 태풍이 많이 닥친다. 태풍 때문에 큰 피해를 입을 때가 많은데, 그 피해를 입은 사람 또는 배를 들먹이며 그 일을 되새기는 표현이 있다.

> 여기에는 '아무개 추새한다.'는 속담이 있다. 아무개가 죽었다는 말이다. '천식이배 추새한다.' 배가 어장 나가서 등대 밑에서 죽고, 8월 20일 경이다. 그때 바람 불고 파도치는 것을

---

7   2005.7.28. 흑산면 가거도 대리 최옥연(남, 86) 씨와 대담.
8   가거도의 겨울바다는 12월까지 따뜻하지만 1,2월이 되면 차진다고 한다. 높바람의 영향 때문이며, 돌이나 바위도 눈물 흘릴 정도로 매섭다고 말한다.
9   배의 양옆 바닥에 장정들이 드러누운 채로 발로 배를 들어 올리면, 배 뒤쪽에서는 배를 밀고 배 앞에서는 밧줄로 배를 끌어당기면서 부르는 소리다.

'장군네 배 추새한다.'고 한다. 8월 며칠이 제사일 것이다. 여기서는 '누구배 추새한다.'고 한다.

2005.7.28. 흑산면 가거도 대리 김명후(남, 80) 씨와 대담

언젠가 큰 파도에 휩쓸려 누가 죽었던 일이 있었던 그 시기가 돌아오면 큰 파도가 생기곤 하는데, 그것을 두고 "아무개 추새한다." 또는 "아무개 (배) 치수한다."고 말한다. '추새' 또는 '치수'는 특정 시기에 예사롭지 않은 파도가 일어나서 누군가 죽었다는 것을 표현하는 말이다. '치수한다.'는 말은, "아무개가 죽은 날맹이로(날처럼) 놀(큰 파도)이 많다."는 뜻으로 풀이되곤 한다. 그날 있었던 사고를 되새기는 표현으로 사용되는 것이다. 그러므로 '추새한다' 또는 '치수한다'는 말에는 그 사건에 대한 집단의 조의弔意가 담겨 있으며, 그 시기에 똑같은 사고가 되풀이 되지 않게끔 경계하는 의미가 담겨 있는 것으로 보인다.

그리고 매년 특정 시기에 생기는 파도에 대해서도 '추새한다'는 표현을 쓴다. 음력 10월 보름에 이는 파도를 '보름 추새'라고 한다. 그때가 되면 거의 예외없이 파도가 치기 때문에 "꿔다 해도 보름 추새한다."고 했으며, 이 날에는 배 타고 나가지 않고 쉬는 것을 불문율처럼 여겼다고 한다.

2) 민속기후학적 지식

자연환경에 대한 경험적 인지는 생계 활동과 밀접한 관련이 있다. 그것을 잘 보여주는 사례가 날씨 예측이다. 지역이나 직종에 관계없이 날씨가 생계활동에 영향을 미치기 마련이지만, 어부들의 경우 특히 날씨가 더 중요하기 때문에 날씨 변화를 예민하게 관찰한다. 근래에는 기상대에서 제공하는 일기 예보를 지침으로 삼지만, 그렇다고 노인들이 알고 있는 민속기후학적 일기 예측이 무시되지는 않는다. 민속기후학은 기상청의 일기 예보와 달리 외부에서 제공된 것이 아니라 경험을 통해 축적해온 전통 지식이다. 정보의 정확도나 구체성 여부에 대한 평가가 달라질 수 있지만, 그와 상관없이 생활 속에서 작용해온 민속적인 기능을 무시할 수 없다. 또한 과학 지식이 완벽

하지 않으므로 보완 지식으로 활용될 수도 있다.

가거도 사람들은 예로부터 '3일 천기天氣' 보는 지식을 중시했다. 이 지식은 해가 뜰 때의 상태를 인지하는 데 바탕을 두고 있다. 즉 해가 물밑에서 솟아오를 때 유달리 색깔이 붉고 주변의 구름에 색깔 변화가 심하면 날씨가 궂어진다고 판단하는 것이다. 예전에는 반드시 이 3일 천기를 보고 나서야 바다에 나갔을 정도로 민속기후학에 대한 의존도가 높았다.[10]

가거도 노인들의 기후 예지는 해가 뜨고 해가 질 때 나타나는 색깔 변화를 보고 이루어졌다. 대표적인 표현들을 들면 다음과 같다.[11]

일출 시간에 해를 보고 예측

날씨 보는 것이 해뜰 때, 해질 때 그 변화를 보고 "아! 날씨가 구지겠다, 어쩌겠다. 비가 오겠다." 그런 것을 짐작하죠. 일출 시간도 해가 뜰 때도 날씨가 좋을라믄 해가 곱게 뜹니다. 빛이. 근데 해가 뜰 때에 햇빛이 그렇게 붉게 검게 "아이고 날 구지겠다."그라고 바람이 많이 불고 또 그럴 때는 이걸 인자 뭐라고 하더라 할아버지나 우리 아버지들한테 하신 얘기 듣고 하는 것입니다마는.

해질녘 바다에 떨어지는 해를 보고 예측

해가 질 때 물에 떨어질 때. 그 때 날씨가 앞으로 좋을라믄 물 밑에 딱 떨어져 들어갈 때 그 빛이 좀 노리끼끼 하니 곱고. 만일에 그 불빛이 그 빛이 붉고 붉음시롱 검거나 그런다 그러믄는 날이 곧 궂죠.

겨울철 해가 '쓰래를 달고' 들어가면 날이 궂다.

겨울철에는 해가 내려갈 때 해 옆에다가 푸런 요런 것을 하나 달아요. 그걸 보고 쓰래 달

---

10 조경만, 「흑산 사람들의 삶과 민간신앙」, 『도서문화』 6, 목포대 도서문화연구소, 1988, 144쪽.
11 2005.7.28. 흑산면 가거도 대리 김명후(남, 80)와 대담.

았다고 하는데. 옆에가 달려있어. 붙어있어. [뭐 달았다고요?] 쓰래 달았다고. 아이고 저 해지
는데 쓰래 단 것이 날 굿겠다고. 할아버지들 그렇게 말씀하서. 그 쓰래가 인자 푸른 색깔이고
배에다가는 붉고 그래서 붉게 하다가도 또 이놈이 갈리지 않습니까? 그 때 날이 쉽게 빨리
좋아질라면 이것이 빛이 노래지는데 만일에 붉게 하면서 검어지머는 아이고 날이 길게 구지
겄다.

제보자 김명후는 어린 시절부터 멸치잡이를 익혔으며 평생을 바닷일을 하며 살아온
분이다. 그는 '할아버지나 우리 아버지들한테' 들은 대로 일기 예측을 한다고 말한다.
그가 전하는 '3일 천기'는 해가 뜨고 질 때 햇빛과 구름의 색깔을 보고 판단하는 것이
기본을 이룬다. 해와 구름 색깔이 '노랑색으로 고우면' 날씨가 좋고 붉은색에서 검은
색으로 변하면 날이 굿다고 예측했다고 한다. 그리고 겨울철에는 특이하게 해 옆에
쓸개처럼 푸른 빛깔의 구름이 있으면 '쓰래 달았다.'고 하고서 날이 굿을 것이라고 예
측했다고 한다.

태풍에 대한 경험적인 예측도 있다. 현지조사에서는 두 가지에 대한 설명을 들을
수 있었다. 하나는 마을 앞 자갈밭에서 일어나는 파도를 보는 것이고, 다른 하나는 구
름이 흘러가는 방향을 보고 예측하는 것이다.

자갈밭에서 일어나는 '뉘'와 '골루끼' 하는 것을 보고 태풍 예측

바다는 잔잔하지만 '가새는 뉘가 밀었다 올라갔다'하면 저 오키나와 남쪽에 몇 십 마일
밑에가 있어도 태풍이 생기믄 여기서 가새 파도가 여기에 자갈밭에 파도가 이렇게 밀었다
당겼다 합니다. 그럼 아 태풍불고 있구나 예측했지요. 그래서. [그러니까 바람이 현재 불고
있지는 않아도.] 예. 바다는 잔잔한데 가에서만, 바다는 잔잔하니 좋아요. 그런데 가새를 이렇
게 '뉘'가 밀어서 올라갔다 내려갔다 그렇게 곱게 합니다. [바람도 안 불고 바다는 잔잔한 편
인데 짝지에서 뉘가 오르락 내리락 한다고 그것이 많이 올랐다 내렸다 한다고요?] 네. 그래서
그것보고 여기 어르신늘이 하시기를 '골루끼 한다.' 그러면, 옛날에 여가 전부 자갈이거든요.
자갈밭인디. 그런데 공사를 해서 다 덮어져 불었지. 그런데 파도가 그렇게 왔다갔다 그러면

누런 물이 누런 황토물이 저쪽에서 저기서 흘러서 저 바깥 저 섬 있는 데까지 나가면 "아이고, 태풍이 크게 오겠다고." 그렇게 하시고. [누런 황토물이라는게 육지 쪽에 흙물을 쓸어가는 거에요?] 저쪽 이쪽에선 안 가도. 꼭 저쪽에서 그렇게 황토물을 쓸어나가요.

구름이 반대 방향으로 흘러가는 '걸'['거실이']을 보고서 태풍 예측

구름이 일반 이 바람 가는 구름하고 또 그 우에서 반대로 가는 구름이 있어요. 그 그것보고 옛날 어르신들은 '걸'이라고 그러드만요. '걸' 그 구름은 동쪽으로나 동북으로 이렇게 들어가면 날씨가 좋아요. 그런데 그 구름이 서쪽으로 나가면 "아이고 태풍이 온다." 그러십니다. [일반 구름보고 걸이라고 하는 게 아니라 바람 반대 방향으로 가는 구름을 보고서 걸이라고 하나요.] 그래서 옛날 말로 '걸'이라고도 하고 '거실이'라고 하고 그럽디다. [걸 또는 거실이?] 바람을 이렇게 거실러간다고 '거실이'라고도 하고 '걸'이라고도 하고. 그것을 보고 그것이 서쪽으로 그 구름이 좀 쎄게 가면 여지없이 태풍이 크게 옵니다. 그란께 그것이 동으로나 동북으로 들어가면 날씨가 좋은데. 서쪽으로 나가면 날씨가 나빠진다는 것을 이야기 한 것이지요. [실제경험으로도] 지금도 그렇습니다. 만약에 태풍이 올라면 저쪽에서 요쪽으로 거실이 구름이. 그것도 바람이 쎄게 올라면 그것이 빨리 가고 슬슬가면 그렇게 어느 정도 오고. [일반 구름보다 더 높은가요? 그 거실이는? 더 높게 흘러가요?] 네. 더 높습디다. [색깔은요?] 색깔은 하얗고.

첫 번째 인용은 자갈밭의 '뉘'(파도)를 보고 태풍을 예측했다는 설명이다. 가거도 대리 앞에는 자갈밭이 길게 펼쳐져 있었는데 거기에서 '뉘'가 일어나는 것을 보고서 먼 바다에서 태풍이 시작됐음을 알 수 있었다고 한다. 바람이 불지 않고 바다가 잔잔한데도 자갈밭에서는 파도가 오르락내리락 하는 경우가 있는데, 그것을 두고서 '골루끼 한다.'고 표현했으며 태풍의 예조로 여겼다는 것이다. 그리고 파도가 오가면서 누런 황토물이 마을 앞 섬 쪽으로 흘러 나가면 "태풍 크게 오겠다."고 예측했다는 것이다.

두 번째 인용은 구름의 방향을 보고서 태풍을 예측한다는 설명이다. 일반 구름과 달리 위쪽 층위에서 아래의 바람 방향과 반대로 흘러가는 구름이 있는데 그것을 '걸'

또는 '거실이'라고 하며, 바람과 반대로 거슬러 간다는 뜻이라고 풀이한다. 그 '거실이'가 서쪽 방향으로 세게 흘러가면 '여지없이 태풍이 크게 온다.'고 말한다.

이상에서 살펴본 민속기후학적 일기 예측은 오랜 경험 속에서 축적된 전통지식이다. 가거도 노인들은 해가 지고 뜰 때의 빛깔이나 상태, 구름이 엇갈리는 현상, 갯가 파도의 변화 등을 관찰하고서, 예사롭지 않은 징후로 여기고서 날씨가 '궂고/좋고'를 판단하는 근거로 삼았다고 한다. 날씨가 좋을지 안 좋을지를 예측하는 것은 경험적인 자연 인지라고 할 수 있다. 바다에서는 일기 변화를 잘 예측하는 것이 중요하므로 민속기후학에 대한 의존도가 높았다고 한다.

3. 멸치잡이에 나타난 생태적 적응성

1) 물때와 어로의 생태적 시간관

어업에서 가장 기본이 되는 지식은 바닷물의 이동과 관련된 시간 개념이다. 바다를 터전으로 살아가는 사람들은 바다에 대해 세분화된 인지체계를 갖고 있다. 일반인에게 바다는 늘 비슷해 보이지만 어민들은 하루하루 시각마다 각각 다르게 인지하며 바닷물의 변화에 따른 지식을 토대로 생업 활동의 주기나 일정을 조절해간다. 어민들은 이것을 '물때'라고 부른다. 바닷물의 상태를 주기별·날자별로 구분해서 인지하고 '물때'라는 이름으로 지식화하고 있는 것이다.

물때는 바다를 무대로 살아가는 사람들의 생태적 시간이다. 생태적 시간이란 자연환경의 변화과정에 의해서 결정되는 시간 개념이다.[12] 시계가 제공한 시간 개념으로 자연을 설명하는 것이 아니라, 자연 자체의 변화를 문화적으로 의미화한 것이라고 할

---

12 전경수, 「섬사람들의 풍속과 삶」, 『한국의 기층문화』, 한길사, 1987, 125~126쪽; 조경만, 「흑산사람들의 삶과 민간신앙」, 1988, 142~144쪽.

수 있다. 어민들은 바닷물의 이동에 따라 명칭을 붙이고 그 주기에 따라 시간의 흐름을 분할해서 설명한다. 지역에 따라 물때 명칭이 조금 다르다. 대개 '한물', '두물' 식으로 부르지만, 전북에서는 "한마－두마－서마……열마－한객기－대객기－아침조금－한조금－무심"이라고 하며, 충청도 위쪽으로는 'ㅇㅇ매'라는 이름을 사용하고 있다. 이것으로 보아 물때 명칭이 지역적으로 달리 사용되고 있음을 알 수 있다. 그리고 그것이 일정하게 권역화되어 있다. 물때 명칭에 따라 대체적인 권역을 그려본다면, 신안·진도 등지의 '물권', 완도·고흥·여수 등지의 '무새권', 영광·전북 부안·고군산도 등지의 '마권', 충청·경기의 '매권'으로 나누어 볼 수 있다. 그리고 서해안과 남해안의 조수간만의 차에 의해서 해남 땅끝[갈두]·완도 생일·금일을 분기점으로 해서 동서의 음력 날짜에 하루 편차가 나타난다.[13] 즉, 해남 갈두 서쪽에서는 음력 1일과 16일을 일곱물로 지칭하는 '일곱물식'을 사용하고 그 동쪽에서는 여덟물로 지칭하는 '여덟물식'을 사용하고 있는 것이다. 그리고 해당 지역의 조건에 따라 중시하는 어로 형태가 있으므로 이와 관련된 물때 주기의 인지 정도에서 차이를 보이기도 한다.[14] 물때가 어업활동의 실질적인 지식이자, 어로의 적절성을 가늠하는 어업력漁業曆의 기능을 하고 있음을 보여준다.

가거도 사람들은 다른 지역 어민들과 마찬가지로 물때에 대한 지식을 중요시한다. '초아흐레(9일)·스무나흘(24일) 무수'를 기준으로 15일 간의 물때 이름을 부여하는 것은 다른 지역과 비슷하다. 하지만 똑같지는 않다. 다른 지역에선 '무수' 대신에 '(한)조금'이라고 하는데 가거도를 비롯한 흑산군도에서는 '무수'란 명칭이 사용된다. 주민들에 의하면, '무수'란 '물이 쓰지도 않고 들지도 않는, 물이 어리게 들고 어리게 쓰는' 때라고 한다. 다시 말하면 조수 이동이 별로 없는, 물이 '쉬는 것[休]'을 뜻한다고 할

13　해역별 조수간만의 차에 한 인식은 오래 전부터 있었던 것으로 보인다. 『동국문헌비고』(권22 附潮汛조)에 "우리나라에는 오직 서해와 남해에만 조석이 있다. 영암의 갈두산 동쪽에는 조석이 다르다. 영남의 김해에 이르러서는 (조석이) 더욱 미약해 진다. 울산 이북의 동해에는 (조석이) 없다. / 我國惟西南海有潮汐 而至靈巖之葛頭山東有異 至嶺南之金海邈微 蔚山以北東海全無焉"라고 적고 있다(이건식, 「조선시대 조수 구분 계열어의 의미 대립 체계」, 『한민족어문학』 64집, 235쪽 재인용).
14　이경엽, 「갯벌지역의 어로활동과 어로신앙」, 『도서문화』 33, 목포대 도서문화연구원, 2009, 234~235쪽.

수 있다. 이 날을 분기점으로 15일 간의 물 때 이름이 배치된다.[15]

〈표 1〉 가거도 사람들의 물때와 어로활동

날짜	25 10	26 11	27 12	28 13	29 14	30 15	1 16	2 17	3 18	4 19	5 20	6 21	7 22	8 23	9 24
명칭	한물	두물	서물	너물	다섯물	여섯물	일곱물	여덜물	아홉물	열물	첫객기	두객기	한조금	두조금	무수
구분			잔사리		사리						씬조금				진조금
주요 어로	←———— 멸치잡이 ————→ ————————— 주낙 ——→　　　　　　　　← 주낙 ————————— ——————— 미역, 톳 채취 ——→　　← 미역, 톳 채취 ——————— ————— 김 채취 →　　　　　　　　← 김 채취 ————————— ————— 물질 →　　　　　　　　　　← 물질 ——————————

물때를 구분할 때 흔히 사리와 조금이라는 말을 사용한다. 물이 많이 들고 나는 '사리'와 물의 이동이 별로 없는 '조금'으로 구분하는 것이다. 이것이 물때 계산의 기본이 된다. 사리를 '산짐'이라고도 표현하며 물이 살아난 때라고 말한다. 그런데 가거도 사람들은 각각을 더 세분해서 사리의 경우 '잔사리'·'사리' 또는 '잔산짐'·'산짐'이라고 한다. '잔사리' 또는 '잔산짐'이란, 사리가 시작될 때(세물·네물)는 물이 그다지 세게 흐르지 않는 '어린' 사리[산짐]이므로 그렇게 부른다고 말한다. 그리고 조금의 경우 '진조금'·'씬조금'으로 구분하는데, '진조금'은 '물이 잔잔하게 세게 가지 않는 조금'이란 뜻이고 '씬조금'은 '객기 때 물이 세게 많이 빠져 나가는 조금'이라고 한다.

물때 명칭에 '물이 살아나고 죽는다.'는 생사生死의 표현이 담겨 있다는 점이 주목된다. 무수를 지나 물의 물이 세기가 빨라지면 사리 곧, '물이 살아나는 때'라고 말한다. 사리를 살아나는 것[生]이라고 여기는 것은, 『동국문헌비고』, 『만기요람』등에서 차자표기 '생이生伊' 또는 '슬이'라고 표기한 데서도 확인되며, 사리는 곧 '살−[生]'의 명사형이라고 할 수 있다.[16] 또한 물이 살아나기 시작하는 세물 무렵을 '잔사리' 곧 '어린

15　물때 명칭 중에서 두객기와 두조금은 각각 '마지막객기', '마지막조금'이라고도 한다.
16　이건식, 앞의 논문, 246쪽.

사리'라고 말하는 데서 보듯이 살아나는 정도에 대해 세분화해서 인지하고 있다. 그리고 조수의 기세가 꺾여 지는 것을 '객기'라고 하며, 그 정도에 따라서 '첫객기', '두객기'라고 표현한다. 또한 물의 세기가 잦아드는 것은 조금[少]이라고 하며[17] 그 정도에 따라 '한[大]조금', '두조금'이라고 지칭한다. 그리고 물의 이동이 거의 없어서 '물이 쉬는[休]' 무수(무쉬)에 이르게 된다. 이처럼 어민들의 물때 명칭은 살아나는 것[生]에서 꺾이고 잦아들고 쉬는[休] 일련의 과정으로 이루어져 있다. 그리고 각각의 정도에 대해, '어린', '처음'·'마지막', '큰[大]'·'마지막', '첫번째'·'두번째', '진'·'쎈' 등으로 세분해서 인지하고 있음을 확인할 수 있다. 이는 조수의 변화를 성장 또는 삶과 죽음으로 이해하고 있음을 보여준다. 또한 그것이 바닷물의 물리적 현상 자체에 대한 설명에 그치는 것이 아니라 삶과 죽음의 순환으로 이해하고 있음을 말해준다. 물이 살아나는 '어린 사리' 때부터 물고기의 움직임이 활발해진다는 어민들의 관찰도 여기에 한 몫을 했을 것이다. 이와 같이 물의 이동을 생멸의 과정으로 보는 관념은 물때가 지닌 생태적 시간관과 연관돼 있는 것으로 보인다.

한편 물때 명칭이나 구분은 그 자체로 따로 존재하기보다는 어로와 밀접한 관련이 있다. 가거도에서 사리와 조금 때에 주요 어로활동이 이루어지기 때문에 그 기간을 더 세분해서 인지하는 것이라고 할 수 있다. 가거도 사람들은 사리 무렵에 멸치잡이를 하고 조금 무렵에는 주낙·해초 채취·물질 등을 했다. 이는 물때의 특성과 어로 방식이 긴밀하게 연결된 데서 비롯된다.

해초 채취 시기는 일정하지 않다. 이는 해초의 서식 위치와 연관 있다. 가거도의 갯바위에 서식하는 패류와 해초의 위치를 위에서부터 보면, 보찰·굴통·고개비·김·합자·톳·미역 순이다. 김은 물이 넘나드는 갯바위 위쪽에 서식하니까 조금에 작업하는 것이 좋다고 한다. 이에 비해 톳과 미역은 김보다 아래에 서식하며 물이 썰

---

17 조금은 한자어 조감(潮減)에서 기원한 것이 아니라 17세기 자료에 나타나는 '죠곰[少許]'에서 기원한 것으로 해석된다. '조금'은 '소(少)'를 뜻하는 고유어 '쪽－[少]에서 비롯된 것이며 '죠곰〉조곰〉조금'의 변화를 거쳐 형성된 것으로 설명된다(이건식, 앞의 논문, 243쪽).

左 〈그림 4〉 가거도 갯바위에서 자라는 해산물(위로부터 보찰, 굴통, 고개비, 합자, 톳)
右 〈그림 5〉 수면 위에서 자라는 고개비와 톳. 톳 아래 물속에서는 미역이 자란다. 썰물에 드러나는 미역은 '난미역(낫미역)'이라고
　　하며 낫으로 채취한다. 물 속에서 자라는 '물엣미역'은 무레꾼이 물질을 해서 베어낸다.

을 때 작업하기 용이하다고 한다. 특히 미역은 서식하는 상하 폭이 더 넓고 간조시에
드러나는 질 좋은 '난미역(낫미역)'[18]을 채취하기 위해서는 사리 때 작업하는 것이 좋다
고 한다. 김과 달리 작업 일정이 길어질 수 있는 것은 이 때문이다. 물질은 물의 이동
이 많아서 '물이 뜹뜹'해지는 사리 때는 하기 어렵고, 물이 맑은 조금 때에 주로 한다
고 말한다. 물때에 맞춰 각 어로의 적절성을 판단하고 있음을 알 수 있다.

　물때에 따라 물이 들고 나는 시간이 달라지기도 한다. 사리 때라면 주로 저녁 늦게
나 아침 일찍 물이 쓰고, 조금 때라면 낮에 쓰는 경우가 많다고 한다. 가거도에서 조
수간만의 차이는 '센사리'라면 2m 정도 되고 조금 때는 1발 미만인데, 갯바위에 서식
하는 해초나 패류 등을 채취하기 위해 물때의 흐름을 잘 파악하는 것이 중요하다고
말한다. 특히 채취 어로의 경우 개별적으로 하는 것이 아니라 마을 단위로 공동 작업

18　썰물에 수면 밖으로 나오는 미역이어서 '난미역'이라고 한다. '낫으로 긁어 매는 미역', 즉 낫을 이용해
　　서 채취하는 미역이어서 '낫미역'이라고 말하는 이도 있다. 간조시에도 물속에 있는 미역은 수경(물안
　　경)을 쓰고 물속에 들어가서 채취하는데 이 미역을 '물엣미역'이라고 한다.

을 하기 때문에 물때에 맞춘 작업 시간이 곧 사회적 활동을 조율하는 기준이 되는 것을 볼 수 있다.

이것을 더 자세히 알아보기 위해 해초 채취와 관련된 공동체 활동을 살펴보기로 한다. 가거도 3개 마을은 각각의 해안선을 갖고 있으며 그것을 공유 자산으로 활용한다. 이를 각각 대리똠·항리똠·대풍리똠이라고 한다. 대리의 경우 인구가 많기 때문에 동구·서구로 구분돼 있다.[19] '똠' 별로 각기 작업을 총괄하는 금장禁長이 있다. 작업 단위는 배 한 척 당 6~7가구씩 조를 짜서 운영한다. 금장은 선주들과 일정을 잡아서 해초 종류에 맞춰 시기별로 김계(음력 1~3월), 톳계(음력 3~5월), 미역계(음력 4~5월)를 운영한다. 이 중에서 특히 중요시 했던 미역의 사례를 살펴보면, 한 가구당 1명씩 나와 배 한 척당 6~7명이 타고서 정해진 구역으로 가서 작업을 하게 된다. 그리고 채취한 미역을 배에 싣고 돌아와서 일한 사람의 숫자에 맞춰 '짓'을 나눈다. 예를 들어 7명이 작업을 했다면 총 열 짓으로 나누고서 선주 몫으로 세 짓(선주의 집짓 1짓 이외에 뱃짓 1짓, 식사비 몫의 공짓 1짓)을 제하고 나머지 일곱 짓을 참여 가구가 분배하게 된다. 이처럼 똠에 참여해서 해초를 채취하는 것은 주민생활의 가장 기본적인 단위가 되기 때문에 가입비(입어료)를 내야 참여할 수 있다. 또한 독립 가옥이 있는 사람은 '원호'라고 하고 샛방살이하는 사람은 '외호'[반호]라고 해서 자격을 구분한다. '원호'가 아닐 경우 절반 몫밖에 챙길 수 없으므로 사정이 허락되면 가옥을 지어서 독립하는 경우가 많았다고 한다. 이처럼 똠에 참여하는 것이 생계를 기본을 이룰 정도로 중요시 되었다고 한다.

이상에서 본 대로 가거도 사람들은 물때라는 생태적 시간에 맞춰 여러 형태의 어업에 종사해왔다. 계절로 본다면 봄부터 여름 사이에는 김·톳·미역·우뭇가사리를 채취하며, 가을에는 멸치잡이를 했다. 주민들은 이것을 육지의 생업에 빗대서, 전자가 보리농사에 해당하고 후자가 벼농사에 해당한다고 말한다. 그만큼 전적으로 바다에 의존해서 살고 있다는 뜻이다. 이처럼 어로의 비중이 절대적인 만큼 주민들의 삶은

---

19 동구에서 관할하는 해안은 안면, 대국홀도, 소국홀도 등이며, 서구의 해안은 밧면, 개린여, 검은여, 구렁여 등이다. 이것을 해년마다 교차해서 관리한다.

물때라는 생태적 시간과 불가분의 관계를 맺고 있다. 이것은 개별적인 생업만이 아니라 공동체 단위로 이루어지는 해초 채취에서도 마찬가지다. 이런 까닭에 물때는 사회적 활동을 유지하고 공유하는 시간표이기도 하다. 이렇게 볼 때 물때는 어로력이자 생업력이라고 할 수 있을 것이다.

2) 멸치의 생태에 적응된 어로활동

(1) 멸치의 생태에 대한 기록과 구술

가거도에서는 전통적으로 멸치잡이를 매우 중시했으며 육지의 벼농사처럼 비중있게 여겼다. 해방 무렵 가거도에 330호 정도가 살 때 멸치잡이 배가 22척이 있었다고 한다. 이로 보아 평균 15호당 1척의 멸치잡이 배가 있었던 셈이다. 실제 배 한 척에 12명 정도가 탄다는 점을 생각하면 상당수의 주민이 멸치잡이와 직접 연관돼 있었음을 알 수 있다.

멸치는 청어목 멸치과에 속하는, 연안 회유어洄游魚로서 우리나라의 전 연인에 분포하며 대표적인 다획성 물고기다. 정약전의 『자산어보』에 멸치에 대한 설명이 나온다.

> 몸이 매우 작고, 큰 놈은 서너 치, 빛깔은 청백색이다. 6월 초에 연안에 나타나 서리 내릴 때(霜降)에 물러간다. 성질은 밝은 빛을 좋아한다. 밤에 어부들은 불을 밝혀 가지고 멸치를 유인하여, 함정(窪窟)에 이르면 손그물(匡網)로 떠서 잡는다. 이 물고기로는 국이나 젓갈를 만들며, 말려서 포도 만든다. 때로는 말려 가지고 고기잡이의 미끼로 사용하기도 한다. 가거도에서 잡히는 놈은 몸이 매우 끌 뿐만 아니라 이곳에서는 겨울철에도 잡힌다. 그러나 관동(關東)에서 잡히는 상품보다는 못하다.[20]

『자산어보』에서는 멸치잡이의 시기, 멸치의 성질, 어로방식 능에 대해서 언급하고

---

20   정약전 지음, 정문기 옮김, 『자산어보』, 지식산업사, 1974, 65쪽.

있다. 여기에 언급된 내용은 흑산도와 관련된 것이지만 가거도의 사례와 크게 다르지 않는 것으로 보인다. 『자산어보』의 설명은 가거도 노인들의 제보와 거의 일치한다. 이는 정약전이 『자산어보』를 기술할 때 흑산도에서 어업에 밝은 주민의 도움을 받았다는 사실을 떠올리면 자연스러운 현상이라고 할 수 있다. 정약전은 자신의 제보자 장창대에 대해 "초목과 어조魚鳥 가운데 들리는 것과 보이는 것을 모두 세밀하게 관찰하고 깊이 생각하여 그 성질을 이해하고 있었다."고 밝히고서, "(그와) 함께 묵으면서 물고기 연구를 계속했다."고 말한 바 있다.[21] 이로 볼 때 장창대는 글쓴이가 인용하는 가거도 현지의 제보자들과 마찬가지로 생태환경과 어류에 대한 전통지식이 풍부한 사람이라는 것을 알 수 있다.

『자산어보』에 언급돼 있는 것처럼 흑산군도의 전통적인 멸치잡이는 '밝은 빛을 좋아'하는 멸치의 성질을 이용해 '밤에 어부들이 불을 밝혀 멸치를 유인'해서 잡는다. 멸치의 생태에 적응된 어로 형태라는 것을 알 수 있다. 그 전모를 살펴보기로 한다. 이를 통해 가거도 멸치잡이에 담긴 생태적 적응 양상을 구체적으로 파악할 수 있을 것이다.

가거도의 노인들은 멸치에 대해 구체적이고 실질적인 정보를 파악하고 있다. 멸치의 생태를 잘 알아야 포획에 유리하기 때문일 것이다.

> 멸치를 여기서는 멜이라고 한다. 세 질로 구분한다. 제일 작은 것 잔 멜, 다음은 중질, 큰 놈은 굵은 멜이라고 한다. 잔 멜은 4센치, 굵은 멜은 9센치고 중질은 그 중간이다. 멸치는 1년생이라고 한다. 1년이 지나면 밑으로 갈아 앉아서 다른 먹이가 된다. 멸치는 떼로 몰려다닌다. 멸치 먹이는 자하다. 하얗고 새비처럼 생긴 잘잘한 것이다. 자하가 홀떡홀떡 뛰면 여기 멜 들어오것다고 한다. 5미리정도다. 멸치는 맑은 물을 좋아한다. 뜰뜰한 특진 물에는 잘 안 나온다. 상어, 모두리가 멸치를 먹으러 들어온다. 멸치는 짚이 다니는 것은 10m. 해로 끌어올린다. 굴에서 기차가 나오듯이 구름떼로 나온다. 물을 솟구치고 나온다.

---

21   위의 책, iv쪽.

멸치잡이는 음력 6월에 시작된다. 멸치가 가거도에 나타나는 이유는 막다른 골목이라고 하드라. 동해안에서 시작해 와서 여기가 종착역이다. 동해안에서 산란해서 여수로 해서 여기가 멸치 종점이다. 더 내려가면 고기밥으로 끝난다. 동해안이 제일 먼저 시작. 여수는 1달 앞선다. 동해안은 여수보다 1달 더 앞서고.

멸치는 물때 따라 다닌다. 흘러 가다가 후미로 들어가다가 한다. 물 흐름을 따라 다닌다. 멸치 잡으러 갈 때는 물때를 보고 다닌다. 물때 따라서 썰물질 때는 다 좋다. 섬에 부닥쳐오기 때문에 다 좋다. 밀물 때도 다 좋다. 멸을 잡으면 옛날에는 알이 있었다. 가거도에서 산란은 하지 않는다. 섬이 적어서 붙어 있을 곳이 없다. 와가지고 섬에서 돌고, 동해안에서 나서 부산 앞을 지나 여수, 완도, 추자, 조도, 흑산도를 거쳐 온다.[22]

제보자는 평생 멸치잡이를 해온 분답게 멸치의 종류, 멸치의 성질, 멸치의 먹이, 멸치를 먹이로 삼는 고기, 회유로 등에 걸쳐서 상세한 설명을 한다. 사전에 언급된 설명보다 더 구체적이며 생생하다. 특히 어로 방식에 대한 설명은 경험에서 비롯된 것이기에 구체적인 시공간과 연계돼 있다. 요컨대 멸치의 생태에 구체적으로 적응돼 있음을 보여준다.

(2) 멸치잡이의 적기와 적시
① 멸치잡이의 적기 : '겉썬물'이 흐르는 음력 6~8

가거도 멸치잡이는 음력 6월부터 8월 사이에 이루어진다. 그리고 음력 10월에서 이듬해 3,4월까지는 주낙을 한다. 이와 같은 어로 시기는 어민들의 선택에 의한 것이 아니라 물고기의 생태에 의한 것이다. 어민들은 그에 걸맞게 어로 시기의 적절성을 가늠해서 조정할 뿐이다. 멸치잡이의 적기와 관련해서 가거도 어민들은 '겉썬물'이 세게 흐르는 시기를 거론한다.

---

22 2015.7.28. 흑산면 가거도 대리 최옥연(남, 86) 면담.

겉썬물이 세면 멸치가 많이 나고 딴 고기도 많이 나요. 대체적으로 겉썰물이 세면 멸치가 많이 나요. 4년 전에는 엄청났어요. 글고 올해 좀 나요. 겉썰물이 세면 멸치가 많이 난다 그랬거든요. [겉썰물이 무슨 뜻인가요?] 위에 물이 먼저 빠지는 것, 저 밑에는 물이 뜨고 위에는 세고 이것을 겉썰물이라고 하는데, 음력 6,7,8월 사이에 겉썰물이 옵니다. 그래서 그때가 지나면 멸치가 없고. 겉썰물이 세면 멸이 잘 나고. [겉썰물은 세고 밑에 있는 물이 약한 것을 어떻게 알지요?] 겉물은 세고 밑에 있는 물이 약한 것을 알아보는 것은 밀물이 올라가야 하는데 밀물 기가 없다. 밀물 기가 올라가는 물인데 썰물 때문에 못 올라가고 내려와 버려요. [밀물 기가 세야 고기가 밀려 올텐데요?] 여기는 그렇지 않아요. 겉썰물이 세야 고기가 많이 잡여요. 밀물이 세야 고기가 많이 들어 올 텐데 여기는 썰물이 세요. 밑에 밀물이 빠져나가지 못하고. 썰물이 3시간, 밑물이 3시간. 이렇게 3시간, 3시간씩 나눠져야 하는데 썰물은 4시간 밑물은 3시간 가고. 그런 상황에 있는 것이에요.[23]

멸치잡이의 적기는 음력 6월~8월이다. 이때는 '겉썬물'이 오는 시기라고 한다. '겉썬물'이란, 바다 물밑은 약하게 흐르는데 위로는 썰물이 세게 흐르는 것을 말한다. 이처럼 밑에는 뜨고 위로는 썰물이 세게 흐르는 '겉썬물'이 셀 때 고기가 많이 들어온다고 한다. 그리고 이렇게 겉썬물이 오는 음력 6~8월 사이가 멸치잡이의 적기라고 표현한다. 이로 보아 겉썬물은 계절적인 특징을 담고 있는 말이란 것을 알 수 있다. 자연의 변화를 통해 어로의 적기를 구분하고 있음을 보여준다.

② 멸치잡이에 적합한 물때 - 물이 센 사리, 달밤
어민들은 언제 멸치잡이가 적합한지, 어떤 물때가 좋은지 구체적으로 설명한다.

멸치잡이는 네물부터 여덟물까지가 좋다. 네물부터 여덟물 때까지 물이 왔다갔다하는 것을 고기들이 좋아한다. 멸 자체가 물이 셀 때 동작이 빠르다. 멸치는 잔잔하면 뜨지 않는다.

---

23   2015.7.28. 흑산면 가거도 대리 최옥연(남, 86) 면담.

물때도 달 밝은 물때가 좋다. 멸치떼가 보름 달밤에는 모여 있고, 그믐 무렵에는 흩어져있다. 그믐밤보다는 달밤에 하는 것이 제일 좋다. 그믐밤에는 멸치가 흩어져 있고 물속 밑에 있다. 달밤에는 뭉쳐 있다. 멸치가 물을 톡톡 치고 논다. 반짝반짝 물 위에 뜨고 논다. 달 있을 때는 멸치가 만조까지 난다.[24]

멸치잡이는 물때로 보아 네물부터 여덟물 사이에 주로 이루어진다. 어민들의 표현에 의하면, "물이 아주 뜰 때, 안 가고 벙벙할 때", 다시 말해 물의 이동이 별로 없을 때는 고기가 별로 나지 않는다고 한다. 그렇지만 물이 세게 흐를 때는 멸치가 많이 움직인다고 한다. 또한 달이 밝을 때가 더 좋다고 한다. 그믐 무렵에는 멸치가 흩어져 있고, 달이 좋은 보름 무렵에는 멸치가 뭉쳐져 있기 때문에 그믐밤(금밤)보다는 달밤에 더 많이 잡을 수 있다고 한다. 그믐에도 달이 지고 뜨는 시간대에 멸치가 나오지만 달밤만 못하다고 한다. 달이 뜨고 지는 변화와 멸치잡이가 밀접한 관련이 있음을 보여준다.

③ 밤에 멸치의 성질을 이용해서 소리를 지르고 불을 켜서 잡는다
 -"불 켜면 백산 벌어진다."
가거도의 멸치잡이는 밤에 이루어진다. 그 이유도 멸치의 생태와 관련 있다.

(가) 수온이 딱 적합하면 야푸게 뜨고 수온이 차면 깊이 들어갑니다. 멸치떼를 낮에 여기서 많이 보거든요. 그리고 많이 노면 그걸 보고 "와 오늘 저녁에 멸치 많이 잡겠다." 그런데 저녁에 가면 멸치가 없어요. 수온이 차니까 해가 지면 깊이 가라앉아버려요. 해가 뜨면은 태양빛을 받아서 올라와서 뛰고 놀고 그럽니다.[낮에 잡을 수는 있어요?] 여기서는 못 잡는데 규모가 커야죠. 저 여수나 충무 저 쪽으로 가면 낮에 안 잡습디까. 그 사람들은 규모가 커서 바닥에다 그물 싣고 댕기다가 멸치떼 만나면 싹 돌려놓고 밑을 따 훔쳐. 그렇게 규모가 큽니

---

24   2005.7.26 흑산면 대리 김명후(80세), 김창배(62세) 면담.

다. 여기서는 그렇게 할 수가 없지요.

(나) 멸치 성질이란 것이 참 이상한 거죠. 멸치 떼를 만나면 어쨌든 막 배를 패고 악을 써줘야 멸치떼가 더 튑니다. 악을 안 써주면 안튀어요. 놀래가꼬 그 불 밑으로 막 달라들어. [멸치는 불을 좋아하나요?] 불을 좋아하지. 그래서 멸치 떼를 우리가 만나서 인자 뭐 소리치고 합디까 어쨌든 소리를 쳐줘야 좋아라하고 튑니다. 물이 죽을 때는 멸치가 깊이 있고, 사리에는 달이 있을 때는 위에서 막 뛰어요. 불켜면 백산 벌어져요. 달밤에 불을 켜면 물 위에서 후덕후덕 백산 벌어지지라. 멸치가 뭉쳐서 하얗게 보이니까.

첫 번째 인용은 멸치잡이가 밤에 이루어지는 이유에 대한 설명이다. 낮에는 멸치떼가 수면에서 노는 모습이 보이지만 해가 지면 물속으로 들어가서 보이지 않는다고 한다. 수온이 내려가면 멸치가 물속으로 들어가기 때문이다. 이것을 보면 낮에도 조업이 가능할 것으로 보이지만 그렇지 않다. 낮에는 멸치떼가 넓게 분산돼 있으므로 대규모의 선단 형태를 갖춰야 조업이 가능하다고 말한다. 가거도의 여건과 맞지 않다는 것이다. 그래서 가거도 어민들은 밤에 멸치의 성질을 이용한 멸치잡이를 한다. 사람들의 편의 때문이 아니라 멸치의 생태에 적응돼 있음을 보여준다.

두 번째 인용은 불을 좋아하는 속성을 이용해서 조업을 하는 것에 대한 설명이다. 물속에 있는 멸치를 유인하기 위해 불을 밝혀서 수면으로 집결시킨 후 소리를 질러 멸치몰이를 하면 멸치가 뛰어오른다고 한다. 특히 달밤에 불을 밝혀 유인하면 멸치떼가 하얗게 바다에 가득하다고 한다. 그것을 '백산 벌어진다.'고 표현한다.

④ "참바지에서 썬물로 바뀌는 웃썬물에 멸을 몬다."
어민들은 멸치가 많이 잡히는 시간대가 있다고 말한다. 그 역시 물때와 관련 있다.

아무 때나 멸치가 항상 나오는 게 아니고 멸치가 나올 물때를 기다렸다가, 저 쩍밭에 물이 잠기는 만조, 쩍밭이 보였다가 보이지 않을 때, 만조에서 썬물 막 질 때, 웃썬물 초썬물이지요. 물이 다 들고 물이 썬물로 인자 돌라할 때 그때가 좋습니다. 달이 좋을 때 웃썬물이 서면 최고지요. 새벽 물때는 물 쓰도록 나버립니다.

제보자의 구술을 보면 밀물과 썰물에 대한 명칭이 나온다. 가거도 사람들은 물의 이동이나 정도를 지칭하는 토착적인 이름을 사용하고 있다. 대표적인 사례를 먼저 들기로 한다.

〈표 2〉바닷물의 이동과 상태에 대한 표현

명칭	상태
참바지	물이 가득 들었을 때. 만조
가새	물이 다 썼을 때
초들이	밀물이 들기 시작할 때, 밀물이 시작되는 시간대
초썬물	참바지에서 썰물로 바뀔 때, 처음 시작되는 썰물
웃썬물	밀물과 썰물이 교대될 때, 수면은 썰물로 돌아서나 물속은 아직 밀물이 지속되는 시간대. 초썬물과 비슷한 의미로 사용됨

위의 인용에 나온 것처럼 멸치가 많이 나오는 시간은 밀물에서 썰물로 교대되는 때다. 그것을 '초썬물'이라고 한다. 또한 수면에서 썰물이 시작된다고 해서 '웃썬물'이라고 한다. 해안가 쩍밭(조개무지)이 물에 잠겨 보이지 않을 때가 곧 '참바지'인데, 그때까지 기다렸다가 초썬물로 바뀌는 시점을 기준으로 삼아 불을 켜고 멸치잡이를 시작한다고 말한다. 참바지에서 썰물이 시작되는 '초썬물', 곧 '웃썬물'에 멸치의 활동이 활발해지기 때문이라고 한다. 멸치잡이의 적시를 바닷물의 상태를 보고 구체적으로 인지하고 있음을 보여준다.

(3) 멸치잡이의 적지와 적소

가거도에는 곳곳에 멸치잡이 어장이 있다. 주민들은 특정 공간을 멸치잡이의 적지로 파악하고 있다.

① '훈수물' 고이는 곳에서 멸치가 많이 난다.

멸치는 물이 세게 흘러가는 곳을 좋아한다고 한다. 어민들은 그런 지점을 잘 알고서 그곳에서 멸치잡이를 한다.

> 물이 왔다갔다 하는 것을 고기들이 좋아해요. 물이 쎄게 갈수록, 그것을 훈수물이라고 해요. 바위를 감아서 고이는 것을 훈수물이라고. 물이 쎄게 갈 때 트럭으로 뜰 만큼 멸치가 많은데 물이 쎄게 갈 때 플랑크톤이 많이 터서 그렇지 않을까 싶어요. 훈수물에 고기가 많아요. 훈수물이면 고기가 100%라고 해도 되요. 그만큼 많아요. 멸 자체가 물이 셀 때 동작이 빠르고 물이 느리면 동작이 느리죠. 성질을 이용한 것이니까 조용히 가면 멸이 일어나지 않아요. 멸을 탓다하면, 멸을 발견하면 그것들이 부딪힌 데 배를 대면 고기가 더 폭발해 버려요. 물 위까지 높이 솟아나요. 멸치는 잔잔하면 뜨지 않고. 그렇게 치는 날이면 게들이 좋아해요. 게들이 잔치 납니다. 멸치는 배에 부딪치거나 하면 위로 뛰지요. 멸치떼를 발견하면 악을 쓰고 배를 때리고 그래야 멸치가 솟구쳐서 잡히게 됩니다. 그런 소리를 하지 않으면 멸치가 잘 안 잡혀요.

세게 흐르는 물이 바위에 감겨서 고이는 물을 '훈수물'이라고 한다. 훈수물이 지는 곳이 좋은 어장으로 꼽힌다. 가거도 북쪽 국흘도의 칼바위 너머에 있는 망생이가 특히 훈수물이 지는 대표적인 곳이다. 밀물 때와 썰물 때 조류가 바위에 부딪치면서 소용돌이치면서 뒤섞이는 현상이 나타난다. 체도만 해도 물이 바위에 부딪치면서 역수가 빠질 데가

〈그림 6〉 가거도의 해안. '막개안'의 오른쪽으로 썰물이 내려오면 왼쪽 개안에 훈수물(고는물)이 들어 멸치가 많이 든다.

없어서 물발이 죽지만 망생이 부근은 훈수물이 고이는 곳이어서 '이쪽 저쪽을 다 보면서' 멸치를 잡을 수 있다고 한다. 그래서 이 어장에서는 사리가 아닌 조금에도 조업이 가능하므로 다른 곳에 비해 서너 배 정도 멸치를 더 잡을 수 있다고 한다.

② 멸치잡이의 적소, '개창'·'옥지'·'웅덩이 굴'[窟窟]

외부인에게 가거도 해안은 바위와 절벽으로 이루어진 비슷비슷한 풍경으로 보일지 모르지만, 주민들은 각각에 이름을 붙여서 구분하고 있다. 곳곳이 고기잡이를 하고 해초를 채취하는 곳이므로 그 곳에 대해 구체적으로 인지하는 것이라고 할 수 있다.

> 지도가 있다면 가거도 지도에서 2구, 대리 쪽. 용바위개 있고, 구역개, 아랫몰둥개가 물도 잘 내리고 좋은 데다. 몰둥개 여기서 멸을 잘 잡는다. 요 자갈밭은 첫짝지, 복대네밭밑에는 첫짝지 넘으면 있고, 장갑살, 진짝지 근방이 좋고, 아홉골래미도 좋고. 빈주바우는 물이 싸서 안 좋고. 3구 지나서 초서 넘어서 새새골이 좋다. 멸이 잘 난다. 사기미도 한 앵기면, 물이 갈라지는 등대밑 갈라리취 바깥으로 나가고 대봉쪽으로 가고. 개 이름은 등대밑에 작별이 있다. 갈라리취를 넘이오면 작별이라고 있다. 보리달아맨데라고 있다. 그곳도 좋다. 무인도에 갔다가 바람이 시면 보리달아맨데 여기다 펐다가. 2구 앞에 강살개미가 멸 잘나고. 2구 앞이 전체적으로 좋다. 맨넘이 좋고 낚시질 잘 되고. 납낚어도 잘 되고. 섬등개도 잘 잡는다. 상나무밭밑이 잘 잡는다. 짝지 앞 섬등개쪽이 물이 훈수진 데여서 잘 잡는다. 짝지 앞 내려오면 하늦개 그 근방도 잘 잡히고. 낭여, 부성개. 하늘개 넘으면 오구녁, 진무넙 바위가 있어 멸이 있어도 못 들어간다. 작은넙, 큰넙. 진무넙 밑에 오구녁 있고, 건넙짝지, 작은넙, 마반밑은 유명하고, 잘 잡히고, 석순이 빠진데. 샛개도 잘 잡힌다. 석순이 빠진데 넘으면 지둥뿌리. 엿못개가 있고 신녀 빠진여가 있다. 신녀라는 부인이 거기서 빠져서 갔는갑드라우. 장군바위 내려오믄 돛단바위, 돛단바위 넘어서 큰여. 큰개 개안, 녹섬. 막개구석. 모락개는 모락이라는 풀이 잘 지슨디. 마을 앞은 너든이라고 한다. 굴섬오믄 끝나다. 장군봉 보고 굴섬이라고 한다. 망촛개가 멸 잘 잡힌 디다.

가거도 지도를 펼쳐놓고 멸치잡이 어장을 짚어달라고 했을 때 제보자가 거론한 지역이다. 어디가 어째서 좋고 어째서 좋지 못한지, 어디가 멸이 많이 나오는 곳인지 구분해서 설명하고 있다. 적지에 대해 구체적으로 인지하고 있음을 보여준다. 가거도 해안의 땅이름은 바위나 지형의 생김새에서 따온 것도 있지만, 그곳에서 있었던 사건이나 생업에 얽힌 이름도 있다. 예를 들어 '석순이 빠진 데', '신녀 빠진 여'는 석순이와 신녀가 빠져 죽은 곳이라는 뜻이 있다고 한다. 그리고 '복대네 밭 밑'이나 '보리 달아맨 데'는 산기슭에 자리한 작은 밭을 표지로 삼아 붙인 명칭이라고 한다.

주민들이 꼽는 멸치잡이의 적소適所는 '개창'이다. 개창은 해식 동굴처럼 침식 작용에 의해서 생긴 공간을 말한다. 이 개창으로 멸치를 유인하거나 몰아서 그물로 떠서 잡는다. 그런데 멸치를 무조건 육지 쪽으로 몬다고 해서 멸치를 잡을 수 있는 것이 아니다.

으스름하니 올라오는 곳이 있어요. 바위가 팽한 데 (배를) 대면 멸이 많이 흩어져버려요. 바위가 요렇게 생긴 데를 가면 멸을 많이 떠 냅니다. 할아버지 말씀이 옥지라고 그러드만요. 오목하게 생긴 그것을.

평생 멸치잡이를 해온 노인의 설명이다. 두 손으로 감싼 것처럼 오목하니 생긴 바위를 '옥지'라고 하며, 그렇게 '오목하니 생긴 개안개창'으로 멸치를 몰았을 때 멸치가 흩어지지 않으므로 좋다고 한다. 개창의 바위가 평평하면 고기가 흩어져 버리고, '으스름하니 위로 경사가 있고 오목해야 멸이 가다가 솟구쳐 오르니까' 좋다고 설명한다.

〈그림 7〉 횃불과 챗그물을 이용한 멸치잡이의 재현
나승만, 『가거도 멸치잡이노래』, 88쪽

주민들은 멸치잡이의 적소로 오목한 경사가 있는 개창 또는 옥지를 꼽는다. 이 개창은 정약전이 『자산어보』에서 "밤에 어부들은 불을 밝혀 가지고 멸치를 유인하여, 함정窪窟에 이르면 손그물匡網로 떠서 잡는다."라고 했던 함정[窪窟]과 같은 것으로 보인다. '웅덩이 굴[窪窟]'은 바위 절벽에 있는 움푹 파인 공간이라고 할 수 있으므로 주민들이 말하는 '개창'과 동일한 것으로 여겨진다.

(4) 멸치잡이 배, 선원, 도구, 기술
① 멸치잡이 배와 선원

예전 가거도 남자들은 열대여섯 살이 되면 으레 배를 탈 정도로 선원이 되는 것을 당연시 여겼다. 대리 마을의 경우 1940년대에 220가구에 어장선이 16척이 있었으므로 배 한 척당 15가구를 먹여 살린다고 할 정도로 멸치잡이의 비중이 컸다.

멸치잡이 배는 몇 번의 변화를 거친 것으로 전한다. 노인들은 전통적인 배를 '목선'이라고 지칭한다. 일명 '가거도배'라고 불리는 배가 그것이다. '목선'은 배 밑바닥이 평평한 '평저선형平底船形'이다. 20세기 중반 이후로는 일제 강점기에 널리 퍼진 '쌈판배'가 일반화되었다. '쌈판'은 뱃머리가 뭉뚝하고 바닥이 평평한 '목선'과 달리 뱃머리가 뾰족하고 바닥도 평평하지 않다. 어구 역시 변화가 있었다. 노인들은 멸치잡이에서 제일 중요시 되는 '불'의 변화가 많았다고 말한다. 노인들이 기억하는 가장 오래된 형태는 횃대를 이용해 멸치를 잡는 방식이다. 뒤이어 '카바이트'[25] 불이 1960년대 중반까지 사용되었으며, 1965년 이후 지금의 전등이 도입되었다고 한다. 요즘은 1500와트 전등을 밝혀 멸치를 잡지만 전통적으로 사용하던 홰잽이라는 말을 지금도 사용하고 있다.

---

[25] 카바이드(carbide)는 탄소와 금속 원소의 화합물이다. 카바이드에 물을 가하면 밝은 빛을 내며 타는 아세틸렌가스가 발생한다.

가. '뱃동무가 서낭이다.'

같은 배를 타는 선원들을 '뱃동무'라고 부른다. 대개 선주의 이름을 따서 '아무개네 뱃동무'라고 하는데 이를 테면 '몽산이네 뱃동무'라고 한다면 이는 최몽산 씨네 배를 타는 동무라는 뜻이다.

> 집안 식구들을 남의 배에 줄 수가 없지. [아까워서요?] 그럼요. 그래서 어쨌든 '동무가 서낭'이라고 했습니다. 멸치잡을 때는 '서낭이 선원'이라고 했어요. 저 선원이 좋아야 어쩌던지 힘차게 가서 멸 잡을 때도 더 잘 잡고 그러거든요.   김명후

멸배는 주로 '형제 간'에 많이 탔다고 한다. 친형제가 함께 타기도 하고 숙부와 조카가 함께 타는 경우도 많았다고 한다. 멸치잡이가 주된 생업이고 비중이 컸음을 보여준다. 뱃동무와 관련해서 "동무가 서낭"이고 "서낭이 선원"이라는 말이 있다. 서낭이란 배를 수호해주는 존재인데 뱃동무를 그 서낭에 빗대는 표현이어서 관심을 끈다. 이 말은, 배를 지켜주는 서낭처럼 뱃동무가 서로 의지하고 힘을 주는 존재라는 점을 강조한 표현이라고 할 수 있다.

나. 선원들의 금기와 '등장'

예전에는 선원들이 지켜야할 금기가 많았다. 집안에 산고가 들거나 상을 당한 사람은 배에 탈 수 없었고,[26] 개고기를 먹거나 뱀에 물리거나 뱀을 죽인 사람도 배에 타서는 안 된다고 했다. 특히 개를 가렸고 뱀은 부정 탄다고 여겨서 거론하지 않고 '긴 것'이라고 불렀다고 한다. 그리고 배 한 가운데서 소변보는 것을 금했다고 한다. 그

---

26 집안에서 출산했거나 초상이 나서 승선하지 못한 선원에게는 피치 못할 사정을 고려해서 멸치를 배분했다고 한다. 무조건적인 금기가 아니라 사회적 보완 장치가 있었음을 알 수 있다. "선원들 중에서 누가 산고가 들었다거나. 산고 든 것이 아주 멸치 잡는 데는 지장이 많았습니다. 그렇게 그 사람은 집에서 산고가 들면 배를 안 왔어요. 삼칠일이 다 지나도록 그래도 그 멸치 잡아가지고 오면 멸 양은 다 줘요."(김명후)

이유는 배 중앙에 서낭을 모신 자리가 있으므로[27] 그 위에서 소변보는 것을 불경이라고 여겼기 때문이다. 또한 배에 모신 서낭이 여서낭이므로 배에 여자가 타는 것도 절대 금했다고 한다.

가거도에는 금기와 관련된 '등장'이라는 특이한 선원 의례가 있었다.

> 딴 배는 많이 잡았는데 이 배는 못 잡았어. 그러면 확실히 뭔 변고가 있대요. 멸치떼를 몰고 가에 들어갔어도 다 들어가면 그냥 흐지부지 없어져요. 그라믄 이게 무슨 변고가 있다 하고, 옛날에 '등장'이라고 선원들이 내려가서 전부 목욕하고 배에 올라가서 전부 엎져 있어요. 서낭 앞으로 둘르고. 그라고 한 분이 그것을 이렇게 서낭한테 절을 하고 인자 뭘 빌대요. [실제 보셨어요? 그렇게.] 예 우리도 그대로 따라서 해봤죠. [등장이라는 말의 뜻이 뭐예요?] 글쎄요 등장이라고 그럽디다. 뭔 뜻인지는 모르는데.
>
> 김명후

'등장'이란, 고기를 못 잡을 경우 변고 때문에 그러는 것으로 여겨 배서낭에게 올리는 의례다. 여기서 말하는 변고는 금기 위반을 의미한다. 이 경우 선원들이 모두 바다에 들어가 목욕을 하고 서낭 앞에 엎드려 변고를 고했다고 한다. 본래 등장等狀은, 여러 사람이 연명連名하여 관부官府에 올리는 소장訴狀이나 청원서·진정서를 말한다. 그것처럼 선원들이 서낭에게 잘못을 아뢰고 사정을 헤아려 달라고 진정하는 것을 등장이라고 말하고 있다. 용어를 차용한 것이라고 할 수 있다. 이와 같은 '등장'은, 표면적으로는 금기 위반에 대처하는 의례지만 다른 한편으로는 재난을 예방하고 선원들을 단합시키는 통합 의례의 기능을 갖고 있었던 것으로 여겨진다.

② 멸배의 도구와 기술

멸배의 선원을 흔히 12명이라고 하지만 고정된 것은 아니었다. '목선'이라면 12~15

---

[27] 배서낭은 배의 한가운데에 자리한 '멍에'에 모셨다. 추석과 섣달 그믐에 고사를 지낸 뒤에 한지를 개서 멍에에 묶어 서낭의 신체로 모셨다고 한다.

명, '쌈판'은 10명이 탔다. 20세기 중반에 사용되던 목선의 선원 구성을 보면 다음과
같다.

  ○ 홰잽이 1명 – 횃불을 밝혀 멸치를 유인하고 모는 사람. 몽둥이잽이와 나란히 앉아서 배
를 치휘한다. 멸배에서 가장 중요한 역할로 간주된다.
  ○ 몽둥이잽이 1명 – 몽둥이로 뱃전을 두드리며 배를 지휘하는 사람. 몽둥이잽이는 멸치를
몰 때 발을 구르면서 몽둥이로 배를 때리는 역할을 한다. 배 선미에 단단한 동백나무를 두툼
하게 덧붙여놓은 '몽둥이 자리'가 있었다. 몽둥이잽이는 거기를 두드리며 멸치를 몬다.
  ○ 어간노 6명 – 배의 고물(선미)에서 노를 짓는 사람. 노 하나를 양쪽에서 마주보고 세 명
씩 짓는다. 어간노를 짓는 고참을 '노웅지'라고 하며, 두 번째는 '중착', 세 번째는 '놋궁뎅이'
라고 한다. '쌈판'으로 배가 바뀌면서 '밑노'라는 명칭으로 바뀌었다.
  ○ 젙노 4명 – 배의 측면[곁]에서 노를 짓는 사람. 2개의 노를 2명씩 짓는다.

여러 역할 중에서 홰잽이[불잽이]의 역할이 가장 중시된다.

  멸치를 몰아가지고 그물 쪽으로 불을 돌려요. 한번 돌려서 멸치가 다 들어가는 것이 아니
고 또 모여 있으믄 집어 넣고 그물을 걷고. 한 세 번 정도 해요. 세 번 정도 돌리면 배가
그득 차요. 불이 돌아가고 그쪽이 환하니까 그리 다 가 붙어요. 늦게 하면 멸치들이 다 나가
버려. 앞의 불잽이가 어장을 하는 거여. 선장이제. 요령이 가장 뛰어나야제. 그물 끌어 올리
는 것도 멸치 성질을 이용하는 것이여. 불대잡이는 앞에서 어장이 해요. 중간에 떠 있는 것은
안 나오니까. 안 되면 불을 딱 껐다가 불을 갑자기 확 켜면 멸치들이 솟구쳐요. 앞의 불대잡
이가 멸치잡이에서는 총지휘관이제.   2005.7.27 김명후(남, 80세), 최옥연(남, 86세)

  위의 설명처럼 불을 좋아하는 멸치의 생태를 이용해서 멸치잡이를 하기 때문에 멸
치를 유인하는 홰잽이[불대잽이]가 선장 역할을 한다. 사실상 불대잽이가 '어장을 하는
총지휘관'이라고 할 정도로 비중이 있었다. 이런 까닭에 분배를 할 때 불잽이에게는

다른 선원의 두 배에 해당하는 두 짓을 분배했다.

멸치잡이 배는 기동성이 중요하므로 노꾼의 숫자가 많은 편이다. 노꾼 중에서 "'노옹지'에게는 손사리를 주었다."고 한다. '손사리'란 '손 사례'란 뜻으로 풀이하는데, 배의 고물에 자리한 어간노의 끝에서 노를 젓는 사람이 힘을 많이 쓰기 때문에 고생이 많다고 해서 분배할 때 조금 더 얹어서 주었다고 한다.

가. 노꾼의 역할 변화

노꾼들은 노를 저을 때에는 어간노와 젙노의 노를 잡지만, 개창으로 멸치를 몰고 유인할 때에는 노를 걸쳐 놓고 살대나 그물을 잡는다. 살대잡이는 '압잽이'와 '왼귀땡이'로 역할이 구분된다. 앞잽이는 개창 구석으로 멸치를 몰고 들어갈 때 배를 보호하기 위해 양 쪽에서 살대로 갯바위를 견제하는 일을 한다. 왼귀땡이는 멸을 그물로 몰아주는 역할을 한다. 그리고 그물을 다루는 역할도 노꾼들이 한다. 앞장대잽이는 그물을 물 속에 짚어넣는 역할을 하며, 채잽이는 챗그물을 쑤셔주는 역할을 하며, 2~3명이 그물살잽이를 한다.

나. 왱이그물과 챗그물

노인들이 기억하는 멸치잡이 그물 중에서 가장 오래된 형태가 '왱이그물'이다. 20세기 중반 이후에는 '챗그물'이 사용되었다.

옛날에는 쇠로 하지 않고 왱이(앵이)그물이라고 그것으로 만들어가지고 앵이그물 생김새는 뒤가 동그랗고 손잽이가 달리고 앞에서 줄을 당기고 앞에 줄이 달리고 뒤가 그물 차대기가 두발 정도로 달린다. 테의 폭은 한발 반이나 된다. 약 2미터 된다. 갓 그물 테는 뽈뚝나무나 부드럽고 잘 휘어지고 잘 부러지지 않는 나무로 만든다. 장부자락의 길이는 한발 반, 약 2미터. 멸이 한나 담기면 당기고. 그물쌀 장부자락은 한 사람이다. 장부자락 잡은 사람은 상부질 하는 사람이라고 한다. 장부자락에 줄을 매는데 앞줄이라고 한다. 혼자 잡는다. 줄잡는 사람은 줄잽이. 멸을 개구석에 들어가면 사람 3명이서 한다. 장부질, 줄잽이, 그물질 하는 사람 그물쌀을 쳐 올린다.

왱이그물은 직경 2m 가량되는 둥근 테에 그물을 매단 것이다. 그물 테는 잘 부러지지 않는 뿔뚝나무로 만들었다. 그물 테에 2m 가량되는 손잡이[장부자래]를 매달고 다른 쪽에는 줄을 매달아서 고기를 들어올린다. 왱이그물에는 장부질하는 사람, 줄잽이, 그물질하는 사람 등 3명이 달라 붙는다.

『한국수산지』를 보면 흑산도 멸치잡이의 원형 그물을 소개하고 있다. 여기서 다루는 가거도 왱이그물과 같은 것으로 보인다.

> 야간에 관솔이나 잡목을 태워 횃불을 밝히고 멸치 떼를 유인하여 해변가에 다다르면 한 사람이 배에서 내려 이를 떠올린다. 이때 배 안에 있는 사람들은 큰 소리를 지르거나 삿대로 수면을 쳐서 멸치가 도망가는 것을 막는다. 또 때로는 좁은 장소로 몰아넣어 배에서 그물로 떠올려 잡았다.
> 어구는 '와이테-(ワイテ-)'(圓形網). 소나무 가지를 불로 휘어서 직경4, 5자의 테를 만들고 거기에 그물을 달아매고 떡갈나무 자루를 달아 붙인 것이었다.[28]

『한국수산지』에서는 원형망을 일러 '와이테-(ワイテ-)'라고 기록하고 있다. '와이ワイ'가 무엇을 말하는지 불분명하지만 둥그렇게 휘어 만든 테를 지칭하는 것으로 짐작된다. 정약전이 『자산어보』에서 언급한 '광망[匡網]' 역시 같은 것으로 보인다. 이로 보아 둥근 테에 그물을 매달아 사용하는 왱이그물이 가거도에서 오랜 동안 사용돼온 그물이라는 것을 알 수 있다.

챗그물은 '채' 모양의 테두리에 매단 그물을 말한다. 챗그물은 20세기 중반 이후 도입되었다. 왱이그물에 비해 어망이 더 커서 당시 혁신적인 방식으로 여겨졌다.

---

28 농공상부수산국, 『한국수산지』 3, 1908, 344~345쪽.

여기서 부르기는 챗그물이라고 불렀지요. 여기 사람은 치라고 안했어요. 채라고 그랬제. 배 한쪽에다 크게 달았습니다. 그래 가지고 멸떼를 만나고 하면 줄로 땡겨서 잡아 내거든. 그물을 끄트리까지 잡아 내거든. 이렇게 노면 이쪽에선 장대로 매가지고 지피 쑤셔넣어요. 지피 쑤셔 넣어줘야 고기가 깊은 놈까지 들어가제. 그런 식으로 해서 해가 돌려오면 참 멍청 하면서도 영리한 고기가 그물로 막 좋다고 뛰고 들어와요. [그물은 얼마나 깊어요?] 그물은 한 우리 질로 깊은데 쑤셔 놓으면 두질 들어갈 것입니다.

가거도에서는 곡식 따위를 까불러 골라내는 도구인 '키'를 채라고 부르는데, 키처럼 생긴 테두리에 그물을 달고 손잡이를 매달아놓은 그물을 '챗그물'이라고 한다. 챗그물 은 배의 우측에 설치한다. 챗그물에는 그물을 물속에 집어넣는 '앞장대잽이', 그물을 잡아 당기는 '그물살잽이'(2~3명), 챗그물을 쑤시는 '채잽이'가 달라붙어 조업을 한다. 왱이그물과 챗그물이 그물 테두리의 형태에 따른 명칭이라면, 조업 위치에 따른 이 름도 있다. 배를 개안으로 몰아가서 멸치를 잡는 것이 일반적이지만, 바다 가운데에 서 그물질을 하기도 하는데 이를 두고 '딴그물'이라고 한다.

3) 어로와 소리의 유기적인 조화

(1) 노젓기와 노젓는소리의 일치
멸치잡이는 멸치를 개창으로 몰고 가서 불을 비춰 그물로 들어올리는 방식이므로 배 를 기동성 있게 움직이는 일이 중요하다. 노꾼들의 숫자가 많은 이유가 여기에 있다.

어간노는 6(8)명이 젓는다. 젓노가 둘이서 양 쪽에 둘이서 4명. 어간노를 젓는 고참은 노 웅지, 두 번째 사람은 중착, 놋궁뎅이 3(4)명이 마주보고 총 6(8)명이 젓는다. 양쪽에 노가 있는데 같이 땡겼다 하지 않으면 배가 흔들려버린다. 서로 방향이 맞아야 한다. 깊이 등을 맞대고 젓는다. 땡길 때 땡기고 밀때 밀고 한다. 젙노는 2(3)명이 젓고 같이 저어주어야 한다. 밑노는 키 역할을 한다. 소리를 할 수 있는 사람들이 하는데 밑노 사공이 소리를 하고, 샛소

리는 중간에 소리로 나오는 박자가 정확하다. 노 젓는 소리는 박자가 정확하다. 노래는 노
젓는 박자에서 소리가 나온다. 가거도 멸치잡이 노래는 모든 소리가 어느 곳에서 나오더라도
소절이 맞다. 옛날에는 샛소리는 없었다. 가거도 멸치잡이소리는 어느 때 사방에서 나오더라
도 엉겨있는 것 같으면서도 전부 소리가 맞아 간다.　　　　　2005.7.28. 최옥연(남, 86세)

　배의 이물에 자리한 어간노[밑노]는 6명 또는 8명이 젓는다. 그리고 배의 양 측면에
는 '곁노'가 있는데 각각 2명 또는 3명씩 젓는다. 어간노는 젓는 사람이 많으므로 젓
는 속도가 빠르고, 곁노는 숫자가 적으므로 어간노에 비해 느려서 '거북이 날갯짓'하
는 속도였다고 한다. 어간노는 마주 보고 저으며, 곁노는 등을 맞대고 젓는다. 노를
저을 때는 동작을 맞추는 것이 중요하다. 특히 등을 맞대고 젓는 곁노의 경우 당기고
미는 동작을 일치되지 않으면 배가 흔들리기 때문에 서로 방향을 맞추는 것이 중요하
다고 말한다.
　가거도 멸치잡이소리 중에서 노젓는소리가 가장 특징적이다. 어장으로 나가면서 부
르는 〈놋소리〉, 빠르게 부르는 〈잦은 놋소리〉, 개창에서 배를 돌려 나올 때 부르는
〈배돌리는 소리〉, 돌아올 때 부르는 〈놋소리〉, 거스르는 물을 탈 때 부르는 〈역수타
는 소리〉 등 여러 가지 놋소리가 있다. 멸치잡이의 특성상 배의 기동성이 중요하다는
사실을 그대로 보여준다.
　제보자는 노젓는 박자에서 소리가 나오기 때문에 "노젓는 소리의 박자가 정확하
다."고 말한다. 어간노1개와 곁노2개가 각각의 동작에 맞춰 노를 젓고 그 동작에 맞춰
노젓는 소리를 부르기 때문에 "모든 소리가 어느 곳에서 나오더라도 소절이 맞고, 엉
겨있는 것 같으면서도 전부 소리가 맞아"가는 특징을 보이는 것이다. 일과 노래가
유기적으로 연계돼 있음을 보여준다.
　앞소리는 어간노의 '중착'을 잡은 사람이 메기는 것이 일반적이지만 고정적이지는
않다. 상황에 따라 메길 만한 사람이 주도적으로 이끌어가면 다른 이들이 뒷소리를
받았다. 그리고 앞소리와 뒷소리 중간에서 누군가 자유롭게 자기가 하고 싶은 소리를
질러내는 것이 샛소리다. 샛소리는 즉흥적으로 내지르는 소리이므로 정형화 된 것이

아닌데 무형문화재로 지정된 이후 특징적으로 강조되면서 지금처럼 정형화 돼 있다.

(2) 일의 동작·호흡과 일치된 소리 연행

멸치잡이 소리 중에서 특징적인 소리를 들면, 먼저 〈멸치모는 소리〉가 있다. 이 소리는 멸치를 포획 장소인 개창으로 유도할 때 부른다. 앞에서 상세하게 살펴본 대로 멸치를 모는 것은 밤에 불을 좋아하고 소리에 민감하게 반응하는 멸치의 생태적 습성을 이용해서 이루어진다. 그래서 홰잽이가 불을 밝혀서 유인하고, 몽둥이잽이가 몽둥이로 뱃전을 두드리면서 멸치를 개창으로 몰고 들어간다. 이 때 불리는 소리가 〈멸치모는 소리〉다. 이 소리는 "불붙여라!~/ 멸이다~/ 에요! / 에하자!" 등의 구호를 되풀이하면서 연행된다. 멸치떼의 움직임과 그것을 쫓고 모는 동작이 그래도 소리로 발화되고 있음을 보여준다. 멸치를 포획할 때 부르는 〈왱이그물소리〉도 마찬가지다. 그물질을 할 때에는 "멜이다 / 위~ / 그물 놔라 / 배돌아간다 / 자자자자 / 어야 / 어야 / 어야"라는 구호같은 소리를 주고받는다. 이 소리는 개창에서 〈멸치모는 소리〉와 연계해서 반복적으로 되풀이 된다. 일의 현장에서 자연스럽게 표출되는 일의 호흡과 동작을 그대로 노래로 연행하는 것이라고 할 수 있다.

〈술비소리〉는 챗그물로 멸치를 퍼 올릴 때 부르는 소리다. 20세기 중반 이후 왱이그물 대신에 챗그물을 사용하면서 도입된 소리라고 할 수 있다. 챗그물은 왱이그물에 비해 어망이 더 커서 멸치를 더 포획할 수 있다. 멸치를 개창으로 몰아서 잡는다는 점에서는 왱이그물과 유사하지만, 챗그물의 경우 포획한 멸치를 배로 옮길 때 쪽받이를 이용하여 배로 퍼 싣는다는 점이 다르다.

  담아서 잡아댕겨서 이쪽에다가 몰아붙이거든. 가에 있던 놈들은 뜨드로 몇 번 뜹니다. 그래서 소리 하는 말이 그물 찢어질라. 그만 퍼실러라. 너무 많이하면 그물이 찢어져요. 그물 찢어질라. 그만 퍼실러라. 그때가 재미있죠. 잡아가지고 술비소리하고 퍼올리면 삐친 것도 하나도 없어요.

  김명후

〈술비소리〉를 부르면서 고기를 퍼 올릴 때의 상황을 설명한 말이다. 〈술비소리〉는 쪽받이로 챗그물에서 멸치를 배로 옮겨 실을 때 부른다. 쪽받이에 줄을 매달아 두 사람이 쪽받이질을 하면서 앞소리와 뒷소리를 주고받고 해잽이나 몽둥이잽이가 간헐적으로 개입하면서 소리를 부른다. 위에서 제보자가 말하듯이 〈술비소리〉는 즐거움을 동반한 소리다. 풍어가 안겨주는 신명을 표현하기 때문으로 보인다. 그래서 "뻗친 것도 하나도 없는"(하나도 힘들지 않은) 재미 있는 상황이었다고 한다.

이상에서 본 대로 멸치잡이소리는 일의 각 과정과 유기적으로 연결돼 있다. 그것은 일의 과정에서 노래가 필요하기 때문에 저절로 그리 되었을 것이다. 일과 노래의 유기적 연관성은 자연에 적응해온 일의 생태성을 그대로 보여준다. 어로와 노래가 지닌 생태문화적 의미를 환기시켜 준다.

4. 전통지식과 어로 적절성의 의미

요즘의 어법은 첨단 장비를 장착한 어선들이 어군을 쫓아다니면서 고기를 포획하는 방식이 일반적이다. 과거와 달리 어로 구역이 확장돼 있고 자연 조건의 제한도 덜 받고 규모도 대형화돼 있다. 이에 비해 앞에서 살펴본 가거도 멸치잡이는 어로구역이나 시기가 한정돼 있고 투입된 인원에 비해 어획고나 경제적 효율성이 높지 않다. 그래서 하찮게 여기기 쉽다. 한편 장기지속성을 기준으로 봤을 때 요즘 일반화돼 있는 첨단 대형 어업의 성과를 앞내세우는 것은 일면적인 평가에 그칠 뿐이다. 지금과 같은 약탈적인 조업 방식은 대안이 되지 않는다. 선순환적인 구조가 와해되고 지속가능성이 없기 때문이다.

전통적인 어로와 요즘의 어로를 단순하게 대비하는 곤란하다. 예전 방식을 단순 대입해서 대안으로 삼자는 취지가 아니다. 그보다는 문화적인 의미를 새롭게 읽어내고 의미화하는 것이 중요하다. 전통지식은 긴 기간 자연을 문화화하는 과정에서 축적해왔다. 자연을 조종하고 그것에 개입하기보다 수용하고 또 대를 이어 전승하면서 지식화한 것이다. 이 전통지식을 활용한 어로활동은 생태문화적으로 각별한 의미가 있다. 가거도의 멸치잡이는 처음부터 끝까지 멸치의 생태에 적응된 형태다. 멸치잡이에서 가장 중시하는 것은 어로활동의 적절성이다. 적기와 적시에, 적지에 적소에서 하는 것이 중요하므로 그와 관련된 지식들을 토대로 공동체가 소통하고 그 적절성의 의미를 공유해왔다. '적절성'은 생태환경의 변화를 수용하고 그것에 적응하는 방식으로 구축되며, 자연환경의 조건과 생태지속성을 최우선적으로 여기는 관점이다. 이것은 기술을 중시하고 생산량의 고과를 높이 평가하는 현대인의 삶에서는 보기 힘든 방식이다. '적절성'은 장기지속성을 가능하게 하는 생태적 지식이고 지혜라는 점에서 소중하다. 그 의미를 색다르게 주목할 필요가 있을 것이다.

제3장

자연에 대한 적응과 민속생태학적 환경 인지
- 완도 생일 사람들의 사례

1. 머리말

섬사람들의 생활문화에는 자연에 대한 적응과 전유 과정이 반영되어 있다. 섬사람들은 섬이라는 특수한 자연환경 속에서 생계 활동을 지속하기 위해 남다른 적응 기제를 작동해왔다. 이는 내륙과 달리 토지자원이 한정돼 있고 바다의 영향을 직접적으로 받는다는 도서적 조건과 관련 있다. 이런 여건 때문에 한편으로는 섬 특유의 제약 조건에서 벗어나기 위해서, 또 다른 측면에서는 남다른 조건을 활용하기 위해서 자연환경에 대한 적응 기제를 구체화한 것이라고 할 수 있다.

여기서는 완도군 생일도의 사례를 중심으로 자연에 대한 적응 양상과 민속생태학적 환경 인지에 대해 살펴보려고 한다. 생일도는 면 단위의 규모를 갖춘 섬이고 양식어업이 활성화돼 있는 곳이다. 생일 사람들의 생업을 보면 인근 섬들과 마찬가지로 농사를 짓기도 하지만 바다에 대한 의존도가 높은 편이다. 그리고 면 단위의 규모를 갖추고 있으므로 마을들이 서로 연계된 종합적인 양상을 살필 수 있다. 이런 점에서 남해안에 자리한 비슷한 환경의 여러 도서들과 통하는 일반 사례로 간주할 만하다. 이 글에서는 생일 사람들이 전승하고 있는 바다에 대한 생태적 인지와 종교적인 공간 인식에 대해 주목하고자 한다.

생일 사람들은 마을마다 배타적 전유 공간으로서 해안에 대한 명확한 구획 의식을 갖고 있다. '주비'·'주배'·'지배'(이하 주비) 등으로 불리는 공동체의 어로구역에는 곳곳마다 명칭이 있고, 그곳에는 상당한 구속력을 갖춘 공동체적 규약이 작동하고 있다. 주민들은 곳곳의 공간에 세분화된 명칭을 부여하여 인지하고 있으며, 해산물의 생태적 특성에 따른 어로 형태를 유지하며 이와 연관된 공동체적 규약을 운영하면서 어로 작업을 하고 있다. 또한 생계 활동뿐만 아니라 당제나 갯제·용왕제와 같은 민속신앙의 영역에서도 도서적인 환경 인지가 나타난다. 육지부와 차이를 보이는 연행시기나 연행방식 등은 도서적 환경 인지와 연관되어 있다. 특히 해산물의 풍작을 비는 갯제나 '유황제'에서 '개를 부른다'고 표현하는 데서 보듯이 특정화된 공간 인식을 보이기도 한다.

여기서 살펴보는 주민들의 환경 인지는 범주화된 지식이다. 주민들이 이름을 부여해서 구분하고 있는 해안이나 공간은 지도에 표기되어 있지 않으며 특별한 표지가 있는 것도 아니다. 어로활동과 신앙 생활에서 나타나는 시공간 인식은 자연환경 그 자체가 아니다. 민속생활 속에서 보이는 환경 인지는 주민들의 내재적 토착지식으로 전승돼온 것이다. 외지인들에게는 단순한 해안과 갯바위 정도로만 인식되는 자연물이 주민들에게는 세분화되어 인지되고 있고 유의미한 표지로서 존재한다.

주민들의 민속생활 속에서 환경은 자연환경 자체가 아니라 인지적 환경으로 범주화된다. 인류학자 라파포트는 환경을 조작적 환경operational environment과 인지적 환경cognized environment으로 구분한 바 있다. 이 구분은 인지적 환경을 강조한 생태학적 접근을 보여준다. 인지적 환경은 한 인간 집단에 의해 의미 있는 범주들로 배열되는 현상들의 총체로 간주될 수 있다.[1] 그러므로 이에 대한 민속지를 기술하려면 현지 주민들의 민속과학적 분류에 따라 그들 자신이 해석하는 것으로서의 환경을 서술해야 한

---

[1] 전경수, 「환경·문화·인간 – 생태인류학의 논의들」, 『생태계 위기와 한국의 환경문제』, 도서출판 따님, 1999, 182쪽.

다. 서구 과학의 범주에 따라 생태계의 요소들을 분류하는 작업으로는 주민들의 토착지식을 포착할 수 없다. 곧, 생태인류학과 민속과학의 공통 기반인 민속생태학적 관점을 통해 새로운 민속지를 작성할 수 있는 것이다.[2]

구체적인 양상을 살펴보기 위해 실시한 현지조사 내력을 보면 다음과 같다. 이 글은 애초에 1~4차 조사를 토대로 발표했던 논문[3]을 상당 부분 가져오고 최근 발광대놀이[4] 조사를 하면서 새로 확인한 몇 가지 사항을 보완한 것임을 밝힌다.

○1차 조사 : 2001년 7월 9일~11일(생일도 민속 전반),

○2차~3차 조사 : 2002년 2월 11일~13일(덕우도 설, 당제 조사), 3차 조사 : 2002년 2월 17일~19일(덕우도 갯제, 파방굿 조사)

○4차 조사 : 2003년 7월 14일~16일(생일도 민속 전반). 5차 조사 : 2004년 1월 30일(생일도 서성리 당제 조사)

○6차~8차 조사 : 2016년 7월 10일, 2017년 10월 3일, 2017년 11월 22일(생일도 발광대놀이 조사)

이 글에서는 생일 사람들의 생활 속에 수용된 자연의 의미화 과정을 살피고자 한다. 민속문화와 자연환경과의 관계에 대한 민속지적 분석을 목표로 하고 있다. 하지만 이론적 고찰이 아닌 주민들의 환경 인지에 대한 민속지적 기술을 하고 약간의 해석을 하는 데 중점을 두기로 한다. 이 작업 역시 대단히 포괄적이고 광범위하다. 또한 주민들의 토착지식은 무의식적 지식으로 내재되어 있으므로 포착하기 어렵다. 그러므로 장기 지속적인 연구가 이루어질 때 성과를 거둘 수 있다. 비교적 여러 차례에 걸

---

2 전경수, 위의 논문, 182쪽. 한편 아직까지 이에 대한 방법론이 명확하게 정립되어 있지는 않은 것 같다. 이 글에서 주민들의 토착지식을 파악하기 위한 수단으로 민속생태학을 받아들였지만 이에 대한 방법론적 검토가 충분히 이루어지지 않은 점은 한계라고 할 수 있다.
3 이경엽, 「생일 사람들의 민속생활과 민속생태환경적 환경 인지」, 『도서문화』 22, 목포대 도서문화연구소, 2005.
4 이경엽・송기태・한은선, 『생일도 발광대놀이』, 민속원, 2017.

쳐 현지연구를 수행했지만 시론적 수준을 크게 벗어나지 못한 것은 이런 문제와 관련이 있다. 이런 한계를 인식하고 생일 사람들의 공동체 생활에 나타난 민속생태학적 환경 인지에 대해 살펴보고자 한다.

2. 마을별 어장 구획에 타나난 생태환경 인지

1) 생태환경에 대한 인지체계

생일면의 총면적은 15.02㎢로 완도군 전체 면적(391.81㎢)의 3.8%를 차지하며, 관내 12개 읍·면 중 11번째로 좁다. 토지 이용 구성비를 보면 전체 면적 중에서 임야가 11.84㎢(79%)이고 전田이 1.6㎢(10.6%), 답이 0.7㎢(4.7%)으로서, 관내에서 보길면(전 9.8%, 답 2.3%) 다음으로 적다.[5] 전체 면적이 넓은 편이 아니고 농경지 비율 또한 적다고 할 수 있다.

생일면의 주요 산으로는, 유서리에 있는 백운산白雲山(482.6m)과 용출리와 금곡리 중간에 위치한 암산(347m)과 굴전리 북측의 왕택골(일명 물방골 : 299m), 금곡리 뒷산(222m)이 있다. 크지 않은 섬인데도 산이 많은 편이어서 섬 전체가 산악형 지형이며, 섬의 북쪽과 남서쪽에 약간의 농경지가 있다. 하지만 농경지의 대부분은 산지를 개간한 계단식 논이며 천수답이어서 농사에 유리한 편이 아니다.

마을 주변에 조성되어 있는 계단식 농경지는 토지 확보를 위해 치열하게 살아온 주민들의 고단한 삶을 상징적으로 보여준다. 금곡리와 유촌리, 서성리, 굴전리 주변에 자리한 논들은 모두 계단식 논들이다. 경사도를 따라 큰 돌들을 직각으로 쌓아 만든 계단식 논은 토지를 조금이라도 더 확보하고자 노력해온 결과라고 할 수 있다. 1970년 이전까지만 해도 이곳에서 논밭은 특별하게 중요시 되었다. 특히 금곡리는 생일면

---

5   신순호, 「생일지역의 사회구조」, 『도서지역의 주민과 사회』, 경인문화사, 2001, 625~626쪽.

〈그림 1〉 생일도 발광대놀이 공연 장면 2017.11.22. 광대들이 모심는 동작을 흉내내면서 상사소리를 부른다.

에서 논이 많은 편에 속해 주변 마을 사람들의 부러움을 샀으며, 70년대까지도 '금곡으로 얻어 먹으러 다녔다.'는 말이 있을 정도로 '부촌'으로 인식되었다. 금곡 마을 북동쪽 산재목 부근에 있는 큰 산탯골과 작은 산탯골 사이로 빽빽이 들어차 있는 계단식 논들이 지금은 폐경지가 됐지만, 과거에는 특별한 토지 자원으로 여겨졌음을 알 수 있다.

생일도가 섬이지만 농업에 대한 관심이 적지 않았다는 사실은, 발광대놀이에서도 확인된다. 생일도 서성리와 금곡리에서는 예전에 당제를 모시고 마을축제를 할 때 발에 광대[탈]을 씌우고 노는 놀이를 연행하곤 했는데 이 놀이에서 핵심이 되는 부분은 〈상사소리〉다. 근래에 이 발광대놀이를 재현해서 실연하고 있다. 〈상사소리〉를 연행할 때에는 광대들이 모심는 흉내를 내면서 상사소리를 부른다. 농경지가 넓지는 않았지만 농업 역시 주민들의 중요한 생업 활동이었음을 보여준다.

한편 마을마다 약간씩의 차이가 있지만 토지자원이 부족하므로 농업보다는 해양생태계에 대한 의존도가 전통적으로 높은 편이다. 7월 현지조사 기간에 본 풍경 중에서 가장 인상적인 것은 대규모로 이루어지는 다시마 채취와 건조였다. 생일도에서는 마

〈그림 2〉 밭에서 다시마를 건조하는 모습

을 주변의 밭들을 경작하지 않고 다시마 건조장으로 이용하는 것을 흔하게 볼 수 있는데, 바다에 대한 의존도가 절대적으로 높다는 것을 보여준다. 이것은 양식이 일반화된 최근의 양상이지만 토지자원보다 해양자원을 중요시 여겨온 전통적 생계활동의 연장선상에 놓여 있다고 볼 수 있을 것이다.

생일 사람들은 약간의 농업을 제외하고는 대부분 어로활동을 통해 생계를 유지해왔다. 이런 까닭에 해양생태계와 어로에 대해서 관심이 많다. 생태환경에 대한 인지체계로서 어민들에게 가장 기본이 되는 것은 바닷물의 이동과 관련된 시간 개념이다. 바다를 터진으로 살아가는 사람들은 바닷물의 변화에 대한 지식을 토대로 생업 활동의 주기나 일정을 조절해 간다. 어민들은 이것을 '물때'라고 부르며 이것을 바탕으로 어로활동의 적절성을 가늠한다.

물때는 섬사람들의 생태적 시간이다. 생태적 시간이란 자연환경의 변화과정에 의해서 결정되는 시간 개념이다.[6] 섬사람들은 바닷물의 이동에 따라 명칭을 붙이고 그 주기의 순환 속에서 한 달을 분할하고 있다. 물때는 물론 생일만의 독특한 것이 아니라 섬사람들이라면 공통적으로 공유하는 것이다. 그러나 물때 이름이 지역마다 약간씩 다르고 생태환경에 따라 어로형태가 다르게 나타나므로 개별 사례들을 살펴볼 필요가 있다.

---

6   전경수, 「섬사람들의 풍속과 삶」, 『한국의 기층문화』, 한길사, 1987, 125~126쪽.
     조경만, 「흑산사람들의 삶과 민간신앙」, 『도서문화』 6집, 목포대 도서문화연구소, 1988, 142~144쪽.

〈표 1〉 생일 사람들의 물때

명칭	한무새	두무새	서무새	너무새	다섯무새	여섯무새	일곱무새	여덜무새	아홉무새	열무새	열한무새	열두무새	대객기	아침조금	한조금
날짜	9 24	10 25	11 26	12 27	13 28	14 29	15 30	16 1	17 2	18 3	19 4	20 5	21 6	22 7	23 8

　생일 사람들은 'ㅇ무새'와 'ㅇ물'이란 명칭을 혼용하고 있다. 하지만 인근 지역인 신안 등지에서 안 쓰는 'ㅇ무새'라는 이름이 일반화되어 있으므로 '무새권'으로 분류할 수 있다. 참고로 위도를 비롯한 전북 서해안에서는 'ㅇ마'라고 하고, 충청도 서해안 위쪽으로는 'ㅇ매'라고 한다. 물때 명칭에 따라 대체적인 권역을 그려본다면, 신안·진도 등지의 '물권', 완도·고흥·여수 등지의 '무새권', 영광·부안·고군산도 등지의 '마권', 충청·경기의 '매권'으로 나누어 볼 수 있다.[7]

　생일 사람들은 '초야드레(8일) 한조금' 또는 '스무사흘(23일) 한조금'을 기준으로 보름 주기의 물때를 구분한다. 또한 '보름 일곱물', '그믐 일곱물', '초사흘(3일) 열물', '열야드레(18일) 열물'이란 표현 등으로 물때를 생활화하고 있다. 이런 기준에 의해 첫 번째 물때는 9일이 한무새(한물)가 되고, 두 번째 물때는 24일이 한무새가 된다. 한편 이것은 인근 신안·진도 등지보다 하루씩 늦춰진 진행이므로 주목할 필요가 있다. 신안·진도 등지에서는 음력일로 보아 1일, 16일이 일곱물인데 비해 생일에서는 여덟물이어서 하루가 늦다. 초하루를 기준으로 본다면 '일곱물때식'과 '여덟물때식'으로 구분되는데, 이처럼 물때 일이 달라지는 분기점이 현지조사 결과 완도 생일도·금당도·평일도인 것으로 파악된다. 이 지점을 경계로 하여 동·서부의 물때 날짜가 달라지고 있는 것이다. 그러므로 생일의 경우 '여덟물때식'으로 인지되는 물때라는 점에서 다른 지역과 구분된다고 할 수 있다.

　물때 인식에서 '사리'와 '조금'을 구분하는 것은 여느 지역과 마찬가지다. 조금은 열두물부터 두물까지를 지칭하고 사리는 서물을 지나 물의 세기가 빨라지는 때라고 한

7　이경엽, 「서남해지역 민속문화의 특성과 활용 방향」, 『한국민속학』 제37호, 한국민속학회, 2003, 162쪽.

다. 한편 한달 두 번의 사리를 달의 유무를 기준으로 삼아 '산짐신사리'와 '객기신사리'로 구분하고 있어 관심을 끈다. 산짐신사리는 달 없을 때의 사리이고 객기신사리는 달이 있을 때의 사리라고 하는데, 물의 세기에서 차이가 난다고 설명한다. 산짐신사리는 서무샛날부터 물의 세기가 분명히 감지되는데, 객기신사리는 다섯무새까지도 물이 별로 안 세다고 한다. 이것은 보름 주기의 물때를 더 구체적으로 인지하는 구분법이라고 할 수 있다.

조금과 사리 구분은 어로 작업의 적절성 규정과 연관되어 있다. 자연산 해조류 채취는 물이 많이 들고 나야 채취 작업이 용이하므로 대개 사리 무렵에 이루어진다. 조류의 흐름을 이용해 어로 작업을 하는 낭장망, 덤장 등도 사리에 작업을 한다. 이에 비해 해녀들의 물질은 사리 때는 물이 탁하고 어두우므로 부적절하다고 하여 대개 조금 무렵에 이루어진다. 물질의 경우 여름에는 '열두물~여덟물', 겨울에는 '아침조금~너물' 사이에 이루어진다.

주민들은 또한 계절에 따라 밤물과 낮물의 차이를 인지하고 있다. 봄에는 밤물이 많이 들고, 가을이 되면 낮물이 밤물보다 더 들고 난다고 하는데, 바닷물의 이동에 대한 구체적 인지를 하고 있음을 알 수 있다. 그리고 바닷물의 이동만이 아니라 파도와 그 세기에 대한 인지를 하고 있다. 생일 사람들은 파도가 치는 것을 보고 '노부리 친다.' 또는 '노부리 한다.'고 말한다. "바닷가에 노부리 하던가?"라는 말은 "파도가 심하냐?"는 뜻으로 사용된다.[8]

한편 해녀들의 경우 물의 색깔에 대한 표현을 갖고 있다. 물이 맑을 때는 '청물 들

---

8 이와 관련해 보길도의 사례를 참고할 필요가 있다. 보길도에는 파도와 관련된 '놀', '뉘', '뉏결', '물결' 등의 방언이 있다. '놀' : 너울의 방언형으로 바다 가운데에서 태풍 등으로 밀려온 큰 파도를 뜻하며 '나부리'라고 하는 사람도 있다. 태풍이 불어 파도가 세게 일어나면 '참말로 놀 매게(세게)'라고 말한다. '뉘' : 잔잔한 물결, 주로 바닷가에 부딪치는 것을 일컫는다. '허칸 뉘(하얀 뉘)가 일어난다.'와 같은 표현이 있다. '뉏결' : 물결이 일어나는 경우를 뜻한다. '물결' : 뉘보다는 크고 놀보다는 작은 것을 뜻한다. 주로 바다 가운데에서 일어나는 경우를 뜻한다. 물결, 뉘, 뉏결은 놀과는 달리 서로 의미나 쓰임이 겹치기도 하지만 세밀한 차이에 대해 구체적으로 인지하고 있음을 보여준다(김웅배, 「〈어부사시사〉의 언어와 보길도 방언의 상관성」, 『도서문화』 8집, 목포대 도서문화연구소, 1991, 49쪽).

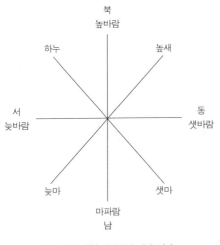

북
높바람

하누   높새

서   동
늦바람   샛바람

늦마   샛마

마파람
남

〈그림 3〉 생일 사람들의 바람 인지

왔다.'고 하며, 물이 어두울 때는 '물이 깜깜하다.'고 한다. 이런 표현은 시야가 확보되어야 수중에서 작업이 유리하므로 물색에 대한 구분이 필요하다는 사정과 관련 있다.

해녀들이 물속의 지형에 대해 인지하는 것도 이런 이유와 관련 있다. 해녀들은 물 속에 잠겨 있는 바위를 '여뚱'이라고 하고, 물 속의 평지를 '넙반지'라고 한다. 전복은 여뚱 밑에서 많이 서식한다고 하는데, 능숙한 해녀들은 수중 지형과 해산물의 생태를 잘 알고 물질을 한다.[9]

생일 사람들의 바람 명칭에는 다른 지역과 비슷하면서도 다른 부분이 있다. 대개 서풍과 북풍에 대한 명칭에서 혼선이 있는데, 생일에서는 서풍을 늦바람이라고 하고 북풍을 높바람, 북서풍을 하누라고 한다. 그리고 생일 내에서도 약간 다른 부분이 나타나기도 하는데 부속섬인 덕우도에서는 서남풍을 갈마라고 한다.

계절별로 영향을 미치는 바람이 다르다고 한다. 봄·여름에는 늦마, 샛마, 마파람이 주로 불며, 가을에는 하누, 높하누 바람이 주로 불며, 겨울에는 높바람, 높새바람, 높하누바람이 주로 분다고 한다. 바람은 주민들의 생활에 직접적인 영향을 미친다. 예를 들어 용출리의 경우 동남쪽으로 열려 있어서 샛바람의 피해를 많이 입기 때문에 이에 대한 대응 장치를 마련하고 있다. 마을 앞 바닷가에 팽나무와 소나무가 우거진 방풍림이 형성되어 있는데, 샛바람의 피해를 막기 위해 조성된 것이다. '불등산'이라

---

9   덕우도에는 '지방해녀' 5명이 있다. 과거에는 제주해녀들이 들어와 작업을 했으나, 그들이 정착하여 자리를 잡기도 하고 그들에게 물질을 배운 '지방해녀'들이 활동을 하고 있다. 제보자 이경자 씨는 제주 출신의 해녀로서 현지 주민과 결혼하여 정착하였다. 2003년 2월 17일. 생일면 덕우도 현지조사. 제보자 : 이경자(여, 45).

고 불리는 이 방풍림은 함부로 손대지 못하게 하며 매년 식목을 해서 관리하고 있다. 또한 주민들은, "태풍이 항상 북동으로 시작해서 남으로 돌아 서쪽에서 끝난다."와 같이 태풍의 방향에 대한 경험 지식을 갖고 있다.

그리고 바람의 종류나 천기의 상태에 따라 기후를 예지하는 경우도 있다. "샛바람이 불면 비가 오고, 하누바람·높하누바람에는 비가 안 온다."고 하는 것은 날씨에 대한 경험적인 인지라고 할 수 있다. 그리고 전날 석양녘의 노을을 보고 이튿날의 날씨를 점치기도 한다. 노을을 '북새'라고 하는데 그 상태를 보고 날씨를 점친다. "지금 북새헌 것이 날 궂것네(지금 북새하는 것을 보니 날이 좋지 않겠다)."라는 표현처럼 노을이 금방 사라지면 이튿날 날씨가 좋지 않다고 해석한다. 그리고 달을 보고 기후를 예지하기도 한다. 달이 누우면 얼마 안 있어 비가 올 것이라고 해석한다.

2) 주비활동과 어장 구획

생일 사람들은 마을 단위로 공동 어로 구역에서 채취 어로를 하는 어업공동체를 운영하고 있다. 대부분의 도서지역이 그렇듯이 생일도도 토지자원이 부족하므로 해양생태계에 대한 의존도가 크다. 제1종 공동어장이라고 부르는 어로 구역은 마을 총유의 해양자원으로서 전통적으로 중요시 여겨졌다. 생일 사람들은 마을마다 주비, 주배 또는 장내라고 부르는 공동 어로 구역을 획정하여 공동 채취 활동을 하고 있다.

주비란 마을별로 구획된 해안구역을 지칭한다. 공동 어장은 마을 간에 배타성을 갖고 있으며 마을 내에서는 몇 개의 구역으로 나눠 채취권을 순환하는 방식으로 운영된다. 주비란, 마을 가구를 몇 개의 구역으로 나누고 해안 구역도 몇 개의 구역으로 나눠, 각 구역이 해안 구역 하나씩의 채취권을 점유하게 하는 공동체적 채취 관행이다. 주비에는 주비장이 있어서 해산물 채취의 적기를 판정하고 작업을 지휘하며 인원 파악과 수익금 분배를 관리한다. 주비의 중요성에 걸맞게 주비장의 역할은 마을 일반 일에까지 미치기도 하는데, 서성리같은 경우 어촌계 운영이나 마을 당제에서 주도적인 역할을 수행하고 있음을 보여준다.

주비 활동을 통해 톳, 새모(진포), 가사리(병포) 등과 같은 자연산 해초를 채취한다. 해초의 생태에 따라 채취 시기가 약간 다르고 채취 자원의 분배 방식도 차이를 보인다.

〈표 2〉 자연산 해초류 공동 채취 일정(음력)과 분배 방식

	1	2	3	4	5	6	7	8	9	10	11	12	채취 시기, 방식	건조, 분배 방식
김	—	—	-									—	사리, 갈퀴	생김 분배
미역		—	—	—	—								사리, 낫	공동 건조, 건조 후 분배
톳				—	—								사리, 낫	공동 건조, 판매금 분배
진포					—								사리, 맨손	공동 건조, 판매금 분배
병포					—								조금, 맨손	공동 건조, 판매금 분배

해초류의 생태를 보면, 병포가 간조대의 가장 위에서 서식하고, 진포·김이 그 다음 깊이, 톳과 미역이 그 다음 깊은 곳에서 서식한다. 병포를 조금 무렵에 채취할 수 있는 것은 물이 조금만 나도 물 밖으로 드러나기 때문이다. 하지만 대부분 썰물이 되어야 채취할 수 있으므로 사리 때에 작업을 한다. 채취 날자가 정해지면 주비원들이 모여 물이 나기 시작하는 해안에 나가 작업을 한다. 물이 들어오면 작업할 수 없으므로 3시간 정도 후에 끝마치고 돌아온다.

위의 해초류 외에 천초, 은행초, 앵초 등은 가격이 낮기 때문에 공동 채취를 하지 않는다. 김의 경우 지금은 수익성이 없다고 하여 채취하지 않고 있고, 톳·미역 등은 4, 5년 전부터 안 하고 있다. 현재는 진포와 병포가 수익성이 있어 주로 채취되고 있다. 하지만 물량이 많지 않기 때문에 작업 일수가 많지 않다. 이렇게 되면서 자연산 해초류 생산과 관련된 주비 활동이 예전만 못하게 되었다. 하지만 주비에 소속되어 있을 때만이 양식권을 얻을 수 있고 일반 생계 활동에서 일정한 권리를 행사할 수 있으므로 주비 활동 자체를 소홀히 하지는 않는다.

이와 같은 주비 운영은 도서지역 특유의 공동체적 자원 전유 방식 중의 하나다. 주

비 활동은 도서적 환경에서 살아온 주민들의 특징적인 생계 활동을 보여준다. 공동체적 채취 관행은 한정된 자원에 개별 가구가 임의적으로 접근하여 남획하는 것을 통제하는 기능을 한다. 또한 주비의 모든 가구가 골고루 자원을 전유하도록 하는 기능이 있다. 그리고 한꺼번에 많은 인력이 협동하여 채취 적기를 놓치지 않도록 하는 기능도 발휘한다.[10]

생일도에서 주비 운영이 언제부터 이루어졌는지 알 수 없으나 주민들은 입도 이후 지속된 전통이라고 여기고 있다. "섬에서 해초는 육지에서 농사처럼 대단히 중요하다."고 여기며, 주비 활동은 섬생활의 기본적인 요건이라고 설명한다. "섬에 살면서 개포에 안들면 무슨 의미가 있느냐. 개포에 들어야 주비원이 된다."라는 표현처럼 주비에 소속되어 있어야 섬에서의 생계활동이 가능하다고 말하고 있다.

전통적으로 공동 어장의 확보가 생계 유지와 밀접한 관련이 있다는 사실은 서성리 김두봉 씨가 소장하고 있는 고문서를 통해서도 확인해 볼 수 있다. 광무8년(甲辰, 1904년)에 작성된 「완문完文」[11]은 용출리 앞에 있는 도룡랑도의 소유를 둘러싸고 용출리와 서성리 간에 있었던 분쟁에 대한 판결을 담고 있다. 이 문서의 작성 시기로 보아 김・미역 양식과 같은 해산물의 상품 경제화가 본격화되기 이전에도 해양자원의 확보가 중요시되었음을 알 수 있다. 또한 용출리 앞 섬인데도 해산물 채취권이 서성리로 넘어간 데서 보듯이 세력이 우세한 마을이 어장을 선점해간 과정도 있었음을 볼 수 있다. 이와 관련해 용출리 주민들 중에는 '방죽등' 아래 해안선 일부를 옆마을 굴전리에 내준 것까지를 거론하면서 '멍청이들만 살았던 모양'이라고 자책하는 이도 있다.

생일면 각 마을의 주비는 마을마다 형태가 다르고, 시기적으로 약간씩의 변화를 보이기도 한다. 여러 사례에 대한 검토가 필요하다고 할 수 있다. 생일도 각 마을의 주비 현황을 그림으로 보면 다음과 같다.

---

10 조경만, 「금일지역 어민들의 생업과 공동체」, 『도서문화』 10, 목포대 도서문화연구소, 1992, 83~85쪽; 「자연환경과 인간생활」, 『교양환경론』, 도서출판 뜬님, 1999, 295쪽.
11 「完文」은 光武八年 甲辰三月에 작성된 문서다. 어장과 관련된 고문서가 많지 않으므로 자료적 가치가 크다고 할 수 있다. 2001년 7월 10일 생일면 서성리 현지조사. 제보자 : 김두봉(남, 65).

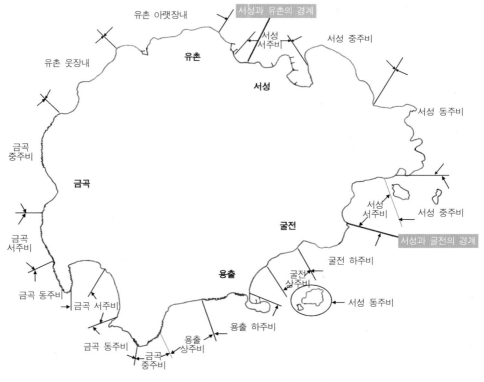

〈그림 4〉 생일도 각 마을의 주비 구획(2003년)

(1) 서성리

서성리는 앞에서 본 것처럼 용출리 앞의 도룡랑도(용출섬)와 유촌리 해안 일부의 채취권까지 확보하여 공동 어장 구역으로 운영하고 있다. 서성리의 현지 이름이 '큰몰'(큰마을)인데, 인구가 많고 해양자원이 많이 필요하다는 논리로 어장을 확대해왔음을 보여준다. 이와 연관된 역학 관계에 대해 탐구가 필요하다.

서성리에는 3개의 주비가 있다. 마을 가구를 동주비, 중주비, 서주비로 나누고 해안 구역을 '섬장내', '목섬장내', '순천구미장내'로 구획하여 각각 하나씩 채취권을 점유하고 있다. 2003년도에는 동주비 – 섬장내, 중주비 – 순천구미장내, 서주비 – 목섬장내로 정해져 운영되었다. 매년 해안을 바꿔가며 해초류를 채취한다.

각 주비마다 33호씩 소속되어 있다. 일의 성격에 따라 각 가구마다 1명 또는 2명씩 나와 작업을 한다. 불참하게 되면 수임금 분배에서 해당 일수를 빼며, 2명이 필요할 때 1명만이 나오게 되면 '온짓'이 아닌 '반짓'으로 간주하여 분배하게 된다.

주비에 가입하기 위해서는 입호금을 내고 승인을 받아야 한다. 장남은 부모의 것을 물려받고 차남은 결혼해 독립하게 되면 개포권을 얻게 된다. 개포권이란 주비 가입에 대한 권리다. 외지 사람들의 경우 거주 년수가 충족되고 더 많은 가입금을 내야 가입할 수 있다. 주비 입호는 민감하고 중요한 사안이므로 마을 회의의 결의를 거쳐 결정된다. 다음 마을회의록(음 1979년 정월 4일)에서 보듯이 김양식 권리와도 관련 있어 중요시되었다.

　* 80년도부터는 신입개포를 든 사람의 신입금을 일반미 3가마 시가에 신입금을 내도록 결정함.

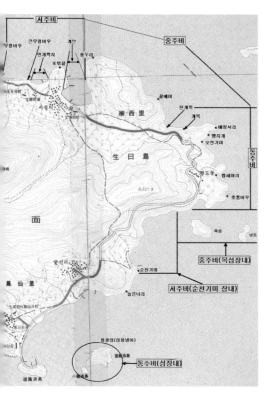

〈그림 5〉 서성리의 주비 구획과 세분화된 공간 인지

　* 객지인은 일반미 30가마 시가에 신입금을 내도록 결정함.

　* 79년도 개포신입자는 일반미 2가마 시가에 준하되, 정월총회가 경과시 건흥장소 구지 뽑을 때 금액을 가지고 온 것은 무효로 결정함.

주비에 참여하여 작업하는 것은 원칙적으로 성인 노동력을 기준으로 한다. 이에 따라 두레의 '진쇠례'에 해당하는 입사식을 거쳐 성인 품으로 인정받을 수 있었다. 과거에는 17세까지는 어른 품으로 인정하지 않았으므로 '반짓'으로 보았다. 나이가 되고 막걸리 한말을 내놓으면 '온짓'으로 인정해주었다. 또한 윗세대 때에는 들독을 들게 해서 못 들면 반짓으로 간주했고, 덩치가 작아도 들독을 들어 올리면 온짓으로 인정해주었다고 한다. 농경사회의 두레적 전통이 주비의 입사의례로 적용된 것이라고 할 수 있다.

주비는 생계활동의 기반이 되는 까닭에 배타적 어로 공간으로 전유되었다. 외지인의 입호 조건이 까다로운 것도 이와 관련 있고 마을 간의 구획이 철저하게 이루어지는 것도 이와 상관 있다. 이에 따라 그 구획과 관련된 해안구역에 대한 공간 인지가 세분화되어 있다.

어로 구역 곳곳에 명칭을 붙여 인지하고 있는 것은 해안의 구획과 좋은 어장 확보가 생업 활동에 절대적으로 중요하기 때문이다. 또한 단순한 갯바위나 해안이 아니라 노동의 공간이기에 이름이 필요했다고 할 수 있다. '섬장내', '목섬장내', '순천구미장내'라고 하여 세 구역을 나누고, 곳곳에 용두리끝, 꿀빼미, 작은 꿀빼미, 된개목, 개목, 썹새머리, 진개넘, 배장살이, 명지개, 명지포, 호랑바위, 딴목섬 등등의 이름을 붙인 것은 이런 이유에서다. 해초류 채취와 관련된 생활상의 필요에 의해, 지명을 통한 공간 인지가 대단히 세분화되어 있음을 볼 수 있다.

(2) 굴전리

굴전에는 상주비, 하주비 2개의 주비가 있다. 얼마 전까지는 각각 30여호씩 가입해서 활동했으나 인구가 줄어들어 지금은 15호 정도가 소속되어 있다(2003년 기준). 본래 상·하 구분은 동네 큰 길을 기준으로 이루어졌다. 하지만 분가에 따른 가입이나 이사 등이 있어 지금은 뒤섞여 있다. 분가에 의해 주비를 가입하게 되면 가족이 소속된 주비와 엇갈리도록 했다.

주비에 가입하는 것을 입호立戶라고 한다. 결혼을 하여 부모로부터 '저금'을 나게 되면 자연스럽게 '개포'(주비)에 들게 되는데, 이 경우 '신입호금'을 내고 가입하게 된다. 3년 전의 입호금은 150만원이었다(최근엔 입호하는 이가 없었다). 객지 사람이라면 이보다 더 많은 돈을 내야 가입할 수 있다. 한편 20여년 전에는 미역이 '돈'이 되던 때여서 '미역 열손값'과 같은 기준에 의해 입호금을 납부했다.

주비 활동은 주비장의 지휘를 받아 이루어진다. '방재등'-'봉두리끝'은 상주비의 작업 구역이고, '봉두리끝' - '높은너리끝'은 하주비의 작업 구역이다. 내년에는 구역을 바꿔서 작업하게 된다. 2003년 7월 15일 조사자가 마을을 방문했을 때, 톳·새모·가사리의 마지막 채취가 이루어지는 날이었는데, 상주비·하주비가 각각 바닷물이 빠지는 시간대에 맞춰 작업에 나가는 것을 볼 수 있었다. 공동으로 채취된 해초류는 건조해서 공동으로 팔아 그 수익금을 작업일수에 맞춰 호당 나눠 갖게 된다.

(3) 용출리

마을 규모가 100호가 넘었을 때는 50호씩 나눠서 상주비·하주비로 운영되었다. '끈끝'부터 '큰임금'까지가 하나의 주비고, '큰임금'부터 '발독살이'까지가 하나의 주비로 구획되었다. 그러나 인구가 줄어들면서 10여년 전부터는 주비를 나누지 않고 공동으로 운영하고 있다. 현재 55호 정도의 주민들이 하나의 주비 소속으로 공동 채취 어로를 하고 있다.

용출리 사람들은 공동 어장의 곳곳에 지명을 붙여 세분화시켜 인지하고 있다. 큰끝, 신짝지, 큰임금, 작은임금, 문용냉이, 발독살이, 마을짝지, 방주등, 비돌찍지와 같이 해안 곳곳에 이름을 붙여 인지하고 있다.

(4) 금곡리

금곡에는 '동지배', '서지배', '중시배'라는 3개의 주비가 있다. 주비별로 20여호 미만씩 가입해 있다. 가구수가 많았을 때는 그 숫자가 많았으나 인구가 줄어들면서 주비원 숫자가 줄어들었다. 1980년대 중반만 해도 100여호 되었으므로 주비당 25~30호 정도가 가입해 있었다.

주비 활동은 해초류 생산 시기에 이루어진다. 요즘에는 수익성이 있는 진포, 가사리를 주로 채취하므로 음력 5월~6월이 바쁠 때이다. 작업 시기는 대개 사리 때인 여섯물에서 아홉물 사이에 이루어진다. 물량에 따라 주비별로 두 패로 나뉘어 작업을 한다. 오후에 물이 나기 시작하니까 물때에 맞춰 작업을 하고 당일날 건조하여 판매할 수 있도록 준비한다.

2003년 7월 14일 조사자가 마을을 방문했을 때 주비원들이 공동으로 진포를 채취하고 건조하여 담고 있었다. 주비장은 매일 매일 작업에 참여한 사람의 명단을 노트에 적어 관리했다. 노트에는 최근 몇 년 동안의 채취 일정, 참여자 명단, 판매금, 분배금 등이 적혀 있었다. 이와 같이 엄밀하고 철저하게 관리되는 것을 통해 주비가 주민들의 생계 활동의 기반이 되고 있음을 볼 수 있다.

각 주비는 6개 구역을 각 2개씩 나누어 관리한다. 2003년도 주비별 어장을 보면 다음과 같다. 각 구역은 매년 순환하게 되는데, 동지배의 경우 2004년에는 ②로, 2005년에는 ③으로 옮겨 가며 작업하게 된다. 해수욕장이나 개펄의 경우 해초류가 자라지 않으므로 주비 구역에 포함되지 않는다. 음지라는 구역이 이에 해당된다.

〈그림 6〉 금곡리의 어장 구획과 세분화된 공간 인지

① 동주비 : 솜널~음지, 노랑바위~가사리바위

② 서주비 : 논밑~솜널, 가사리바위~작은청석금

③ 중주비 : 치끝~논밑, 작은청석금~큰끝

각 구역별로 해안과 바위, 자갈밭(짝지) 등에 이름을 붙여 인지하고 있다. 찌끝부터 논밑 사이를 집앞이라고 하는데, 마을 바로 앞의 해안을 지칭한다. 집앞이란 구역 이름은 덕우도에도 있는데, 마찬가지로 마을앞 해안이란 점에서 공통적이다. 각 구역 곳곳에는 여러 이름이 있어 세분화된 공간 인지를 보여준다. 매산밖에, 작은넓, 큰넓,

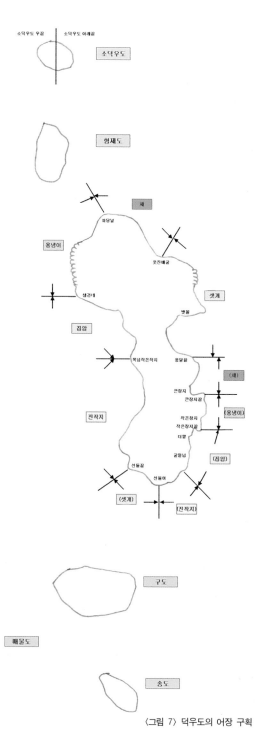

〈그림 7〉 덕우도의 어장 구획

솜널, 상넓바구, 낭끝, 무레지석, 음지, 낸나리, 칼바우, 작은청석금, 두텁리끝, 모랫개, 큰끝과 같이 지형 샘김새와 특징에 따라 이름을 붙여 놓고 있다. 이것은 해안이 단순한 자연환경이 아니라 의미 있는 공간으로 범주화된 인지 환경임을 말해준다.

(5) 덕우도리

덕우도는 독립된 섬에 하나의 마을만이 있으므로 주변 마을과의 경계 구획은 없다. 덕우도에는 10개의 주비가 있다. 다른 마을에 비해 주비 숫자가 많다는 것을 알 수 있다. 이는 본섬만이 아니라 주변의 무인도를 공동 어장으로 확보하고 있기 때문이다. 덕우도 본섬과 부속 도서는 다음처럼 구획되어 있다.

10개의 주비는 동1, 서1, 남1, 북1, 중1과 동2, 서2, 남2, 북2, 중2라는 이름으로 불린다. 전자는 독우도 본섬에서 운영되고 후자는 부속섬에서 운영된다. 본섬은 '집앞', '진작지', '용냉이', '채', '샛개'라는 5개 구역으로 구획되며, 동남부의 나머지 구역을 또한 5개로 나누어 5개 구역의 작업 범위 안에 포함시킨다. 해양 자원을 가능하면 균등히 구획하고자 하는 의도와 관련 있다. 그리고 부속도서는 소덕우도(웃개, 아랫개), 형제도, 구도, 매물도·송도로 구역화해서 5개 주비가 채취권을 점유한다.

각 주비는 6~7명의 주비원으로 구성된다. 주비원 숫자가 적은 데도 주비 수가 많은 것은 부속도서를 끼고 있고 그만큼 자원이 풍부하다는 것과 관련 있다. 각 주비는 매년 해안선을 바꾸어 가며 해초류를 채취한다. 예를 들어, 남1이라면 진작지(2001), 샛개(2002), 채(2003), 용냉이(2004), 집앞(2005) 순으로 이동하며, 북2라면 형제도(2001), 소덕우도웃개(2002), 구도(2003), 매물도(2004), 소덕우도아랫개(2005) 순으로 이동하게 된다.

덕우도는 10개 주비에 의해 해안구역이 구획화되어 있으므로 경계 지점이나 작업 구역에 대한 정확한 구분이 필요하다. 그러므로 어장 곳곳에 대한 명칭이 세분화되어 있다. 주민들은 해안을 구역화해서 파악하고 있다. 진작지는 선둘끝부터 작은짝지까지이며, 집앞은 작은 짝지로부터 중달끝까지이며, 용냉이는 중달끝부터 마당널까지다. 이어 마당널부터 웃진베굴까지는 채라고 하며, 웃진베굴부터 응달끝까지는 샛개라고 한다. 그리고 각 구역에는 곳곳을 지칭하는 이름들이 붙어 있다. 용냉이와 채, 샛개 구역에만 해도 방죽등 너메, 구선창, 마당널, 논알(논밑에), 간데호섬, 웃짐베굴, 웃짐베너메, 온몰끝과 같은 이름들이 있다. 이와 같이 평범해 보이는 해안 곳곳에 이름을 붙여 분별하고 있으며, 어장의 경계 구역에 대해서도 분명한 인지를 하고 있다. 해안이

〈그림 8〉 덕우도의 샛개와 응달 경계   〈그림 9〉 작은덕우도의 웃개·아랫개 경계

의미 있는 인지 환경으로 지식화되어 있음을 말해준다.

3. 공동체신앙에 나타난 공간 구성과 환경 인지

생일도에는 마을마다 당제가 전승되고 있다. 같은 섬 내의 당제이지만 지내는 시기가 다르고 진행 내용 역시 약간씩 차이가 있다. 마을 공동체의 자연적·문화적 조건에 따라 나름의 전승과정을 거치며 전승되어 왔기 때문일 것이다.

생일면 각 마을의 당제를 개괄해 보면 정초에 당제를 지내는 마을이 많음을 볼 수 있다. 일반적으로 볼 때 육지부에는 정월 보름형이 많고 도서지역에는 정초형이 많은데, 생일도의 경우도 여기서 크게 벗어나지 않는다. 한편 정초형 당제가 도서적 특징을 보이는 것은 본래부터 고정된 것이라기보다는 섬이라는 자연·생업적 환경에 적응된 형태라고 할 수 있다. 특히 금곡의 1월 6일이나 서성의 1월 8일처럼 똑같지 않고, 또 정월 보름에 당제를 지내는 마을이 있는 것으로 보아 생일지역 당제가 도서적 환경에 일정하게 적응하면서 전승되고 있음을 보여준다.[12]

〈표 3〉 생일면의 공동체신앙 개관

마을	명칭	일자(음)	신격	제장	제관	제의진행	제후행사	비고
서성	당제	1.8	당할머니 (마구할머니)	당집	당주1 12집사	산제 - 당제 - 12당산 헌석	마당볿이	줄다리기 (15일)
금곡	당제	1.6	당할머니	당, 사장나무	제관, 집사 3인	당 - 사장나무1, 2	마당볿이 (1.2~1.4) 줄당기기 (15일)	갯제(14일) 줄당기기 (15일)
유촌	당제	1.14	할머니 할아버지	웃사장 아랫사장	당주, 집사	당 - 개부르기 - 헌석	마당볿이	

---

12 이경엽, 「도서지역 당제의 전승환경과 생태학적 적응」, 『역사민속학』 10, 역사민속학회, 2000, 236~238쪽.

덕우도	도제 당제	섣달 그믐 1.1	최씨내외, 석가여래, 국수님, 지신	사장 당집	제관2	사장-당굿 등	마당볿이 파방굿	갯제(1.7) 도제(3.3) 도제(7.7)
굴전	당제	1.3	당주할머니	사장(중당)	제주1	사장제사	바당볿이	갯제(그믐)
용출	당제사	3.3 (←1.1)	당	당산나무	당주1	사장제사	마당볿이	갯제(1.14)

생일지역 공동체신앙의 도서적 특징과 관련하여 공간의 문제를 주목할 필요가 있다. 당제를 지내는 공간은 당산만이 아니라 마을 곳곳의 생활 공간까지 확장되어 있다. 서성리의 경우 산제-당제사를 지낸 후 바닷가와 샘 등을 다니며 헌석을 한다. 또한 유촌의 경우 당제사 후에 바닷가에 가서 '개'를 부른다. 그리고 위의 표에서 보듯이 공동체신앙은 당제 이외에 갯제도 있는데, 바다 제사라는 이름답게 바닷가에서 펼쳐진다. 이런 공간들은 의례적 의미를 지닌 인지 환경이라고 할 수 있다.

먼저 서성리의 당제 내용을 자세히 살펴보고, 각 마을 공동체신앙의 의례 공간 구성에 대해 알아보기로 한다.

1) 서성리 당제

서성리 당제는 산제-당제사-헌석 순으로 진행된다. 8일날 당에 올라가 9일 새벽 산제와 당제사를 지내고 헌석을 한 후 마당 볿이를 하고 파제를 한다. 그리고 10일에는 당제를 결산하는 마을회의를 한다. 이를 '하그닦는다'고 한다.

　○ 조사일자 : 2004.1.28~1.30.
　○ 당주 : 김석심(여 59세)
　○ 집사 : 이장석(남 64세), 이훈우(남 61세)

〈그림 10〉 서성리 당제의 제보자
뒤편에 당 건물이 보임

(1) 제당과 신격

동제의 명칭을 당제 또는 당할머니 제사라고 한다. 제당은 마을 동쪽 면사무소를 기점으로 조금 올라간 백운산 자락의 당숲이다. 당숲 안에는 제를 모시는 당집과 제물 준비를 하고 제를 지내기 위해 집사들이 기거하는 건물이 있다. 당집은 한 칸 슬라브지붕으로 된 건물이다. 예전에는 기와였으나 다시 개축을 하면서 슬라브지붕으로 지었다고 한다.

당제에서 모셔지는 분은 당할머니다. 당할머니를 마구할머니라고도 한다. 마구할머니는 말을 키우던 할머니였다고 한다. 이런 연유로 당집 안에 말 모양의 조각을 모시고 있다고 한다. 또한 백운산에 올라가 보면 말을 기르던 곳이 남아 있고 성처럼 돌이 쌓여있는데, 그것은 마구할머니가 치마에다 돌을 싸서 청산도로 건너가려고 하다가 치마에서 흘러내린 돌들의 흔적이라고 한다.[13]

(2) 당제의 준비

당제는 음력 정월 9일날 새벽 4시경에 지낸다. 당제의 준비는 음력 섣달 그믐날 마을회의에서 제관을 선정하는 것으로부터 시작된다. 당제를 지내는 사람을 당주, 집사라고 부른다. 당주는 제물 만드는 일을 담당하고 집사들은 제를 진행하는 역할을 한다. 당주는 1명을 선출하는데 '유고가 없고 생기복덕이 맞는 깨끗한 사람'으로 선정한다. 당주로 선정된 집을 당주집이라 하고 정월 초하루부터 금줄을 치고 치토(황토)를 놓아 잡인의 출입을 통제한다. 집사 역시 깨끗하고 유고가 없는 사람 중에서 생기복덕을 봐서 선정한다.

'당제모실 회의'는 이장, 어촌계장, 3명의 주비장이 모여서 한다. 주비장은 동·서·중 주비장이다. 당제모실 회의에서 당주와 집사가 결정이 되면 당사자를 찾아가 부탁을 한다. 올해 당주는 김석심(여, 59세), 집사는 이장석(남, 64세)·이훈우(남, 61세) 2명을 선정했다.

---

13 서성리의 '마구할머니'는 그 성격으로 볼 때 거인 여신 '마고 할머니'를 지칭하는 것으로 보인다.

당주집에는 왼새끼에 창지를 꽂아 금줄을 사립문에 치고, 영기를 사립문 양쪽에 세워놓는다. 그리고 치토(황토)를 양쪽으로 서너 곳에 놓아 잡귀와 잡인의 통행을 금한다. 그리고 큰샘으로 가서 물을 퍼내고 청소를 한 후 금줄을 치고 그곳 역시 치토를 놓는다.

제물은 당제 지내기 3일 전쯤 구입한다. 제물 구입은 마을 유지 중 깨끗한 사람이 해서 회관에 보관해 두었다가 당주가 제물 준비를 위해 당으로 올라갈 때 가져다 준다. 올해 제수는 당주가 직접 마량 장에서 3일 전에 봐왔다. 제물을 사러 갈 때는 목욕재계를 하고 가서 가게 주인에게 목록을 주고 그것에 맞게 받아온다. 물건값을 달라는 대로 주고 오지만 대부분 가게의 주인들은 제수라고 하면 자기 가게에 재수가 들어온다고 하여 더 좋은 것을 주고, 더 많이 주게 된다고 한다.

제물은 과일(사과, 배, 대추, 밤, 은행, 곶감 등)과 세 가지 과자, 고사리, 도라지, 숙주나물, 해초류 김, 생선 갈치, 동태를 사게 된다. 갈치와 동태는 당할머니 상에 진설할 때 사용되는 것은 아니다. 당할머니는 비린 생선과 육고기를 싫어하기 때문에 제상에 올리지 않는다고 한다. 제물에서 빠져서는 안 되는 것이 미역이다. 미역은 주비장들이 당제 지내기 며칠 전에 당주집에 베어다 준다. 미역은 생으로 사용하지 않으므로 당주는 미역을 깨끗하게 손질하여 말려서 쓴다. 예전에는 당할머니 제사를 모신 후가 아니면 갯가의 해초류를 베어다 먹을 수가 없었다. 만약 그 전에 해다 먹은 사람은 혈변을 보거나 배앓이를 했다고 한다.

(3) 당제의 진행

서성리 당제는 산제단(산제바위)에서의 산제, 당집의 당제사, 그리고 12당산 헌석[헌식] 순서로 진행된다. 산제단은, "당할머니 이전부터 존재한 분이기 때문에 산제를 먼저 지낸다"는 설명에서 보듯이 마을 형성 초기에 조성된 것으로 보인다. 당집이 자리한 당숲이 울창한 숲을 유지할 수 있었던 것은 신성 공간이기 때문이다. 당집은 70년대 후반 개신교 신도들에 의해 훼손된 후 개축되었는데, 이와 관련된 내용이 〈마을 회의록〉(1980년)[14]에 나와 있다.

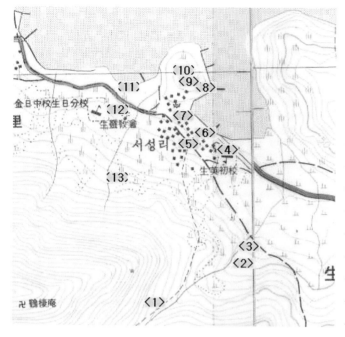

번호	명칭	관련 의례
<1>	산제단	산제
<2>	당집	당제, 매구
<3>	당 밑	헌식, 매구
<4>	등너매	헌식, 매구
<5>	어춘샘	헌식, 매구
<6>	바닷가	헌식, 매구
<7>	수협 앞	헌식, 매구
<8>	88선창	헌식, 매구
<9>	느티나무	지금은 하지 않음
<10>	또막끝	헌식, 매구
<11>	짝지	헌식, 매구
<12>	독샘	헌식, 매구
<13>	큰샘	헌식, 매구

〈그림 11〉 서성리 공동체신앙의 공간 구성

정월 아흐레 날 새벽 4시경 당제에 앞서 산제(산신제)를 먼저 지낸다. 당 위 북서쪽에 '산신바구'가 있는데 그 곳에서 산제를 지낸다. 집사는 당제를 지낼 제물에서 조금씩 덜어 함지박에 담고, 다른 한사람은 손전등을 들고 간다. 올해 산제는 두 명의 집사와 어촌계장이 지냈다. 산제를 먼저 지내는 것은 당할머니가 계시기 이전부터 존재한 분이기 때문이라고 한다.

산제 후에 당할머니 제사를 지낸다. 당주가 마련해 놓은 제물을 가지고 나오면 집사들은 제물을 들고 당으로 올라간다. 당주는 흰수건을 머리에 쓰고, 마스크로 입을 가려 말을 하지 않는다. 당집 안에서는 상 하나에 제물을 진설하고 메는 두 그릇을 올린

---

14 〈서성리 구정 정기총회 회의록〉(음력 1979년 정월 4일). 회의록을 보면 당각 수리건이 주요 의제로 다뤄지고, 여기서 교회당에 대한 책임 추궁을 해야 한다는 것과 후박나무를 팔아 건축비를 마련해 당을 수리하고 당 옆에 부속건물을 짓기로 한다는 내용이 의결되었음을 알 수 있다.

다. 당할머니와 당할아버지에게 드리는 메라고 한다.

당제를 지내는 순서는, 홀기 집사가 홀기를 들고 읽으면 다른 집사는 그대로 따라 하는 방법으로 한다. 홀기의 순서대로 당제를 지내고 나면 소지를 올린다. 맨 처음 마을의 평안과 풍어를 위해 올리고, 다음은 제물 준비를 하느라 고생한 당주, 집사, 마을 유지들 순으로 소지를

〈그림 12〉 짝지에서의 헌석과 매구

올린다. 올해는 조사자들의 소지까지 올려주었다.

소지를 한 다음 음복을 하고 집사가 당집을 나오면 헌석[헌식]을 하게 된다. 헌석은 따로 준비해둔 제물로 한다. 헌석하는 곳을 헌석 바탕이라고 하는데 여러 곳에 해야 하기 때문에 몇 년 전부터 사람을 사서 하고 있다. 헌석바탕은 12곳인데 현재는 9곳만 하고 있다. 하지 않는 3곳은 고물샘, 용홀래고랑가샘, 또박 끝과 선창 끝 팽나무 밑이다. 헌석을 하는 곳은 당 바로 밑에 있는 밭(〈3〉), 등너메(〈4〉), 마을 앞 바닷가(〈6〉), 어촌샘(〈5〉), 수협 앞(〈7〉), 팔팔선창(〈8〉), 느티나무(〈9〉), 짝지 느티나무(〈11〉), 독샘(〈12〉), 큰샘(〈13〉)이다. 헌석을 할 때는 짚을 열십자로 놓고 그 위에 밥과 갈치 3도막, 미역튀긴 것 등을 놓는다. 헌석을 하면서 매구를 친다.

매구꾼들이 당마당에서 함께 음식을 나눠 먹고 모닥불을 피우고 불을 쬐다 동이 터 오면 굿을 친다. 당집 앞에 모닥불을 돌면서 당할머니를 위해 한바탕 굿을 친다. 당할머니가 굿을 좋아하기 때문에 매구꾼이 오지 않으면 설쇠를 부른다고 한다. 올해는 아침 7시 26분 당집에서부터 시작되었다. 매구는 동이 터 올 때 시작해 헌석 바탕을 돌고 나면 점심 때가 된다고 하는데 이번에는 간략하게 쳐 2시간 정도가 소요되었다.

헌석굿을 치고 나서는 각 가정을 돌면서 굿을 치게 된다. 이를 마당밟이라고 한다. 지금은 원하는 가정만 쳐주고 있다. 마당밟이가 끝나는 10일날 마을 회의를 한다. 이를 "하그닦는다"고 하는데 이 곳에서 당제에 들어간 비용을 결산한다. 지출 비용이 나오면 호수대로 나눠서 갹출을 하게 된다.

서성리 당제에서 주목되는 점은 헌석을 하고 매구를 치는 12당산이다. 〈그림 11〉의 〈1〉,〈2〉,〈3〉 외에는 모두 마을 내의 생활 공간인데, 특히 바닷가와 샘이 많다는 것을 볼 수 있다. 〈그림 11〉의 〈5〉,〈6〉,〈7〉,〈8〉,〈11〉,〈12〉,〈13〉이 그곳이다. 이것은 바다에 드나들며 생업 활동을 하고, 물의 확보를 특별하게 중요하게 여기는 도서적 생태 환경과 일정한 관련이 있어 보인다. 흔히 12당산이란 공간 설정은 큰 마을의 당제에서 규모를 갖춘 체계적 의례 공간의 의미로 표현되기도 하고, 풍수적 해석과 관련되어 비보적 의미를 지닌 것으로 설명된다. 서성리의 경우 주민들의 별다른 설명이 없지만, 마을 수호의 의미를 지닌 의례 공간이라는 점은 분명하다. 그리고 그 공간이 도서적 생활과 밀접한 연관이 있다는 점에서 의례를 통해 의미화되어 있는, 인지 환경으로서 자리잡고 있음을 알 수 있다.

2) 유촌 당제

유촌 마을의 당제는 음력 정월 14일 오후에 연행된다. 당제에서 모셔지는 신격은 할아버지·할머니다. 당은 마을 뒤의 금곡으로 넘어가는 길가에 있는 느티나무(〈1〉)이며, 이외에 몇 군데의 공간에서 다양한 의례가 배풀어진다.

당제가 이루어지는 순서는, 당(〈1〉)에서의 당제사 - 솔죽내(〈2〉)에서의 개부르기다. 그리고 이어 큰죽내 잔등(〈3〉) - 널밖 팽나무(〈4〉) - 사장(〈5〉) 순으로 헌석을 하고 매구를 친다. 당제사 - 개부르기 - 헌석 순으로 공간 이동을 하고 있음을 볼 수 있다. 마을 공동체의 평안을 비는 당제사, 해산물의 풍작을 비는 개부르기 그리고 마을의 액을 막기 위한 헌석이 단계적으로 수행되고 있음을 알 수 있다.

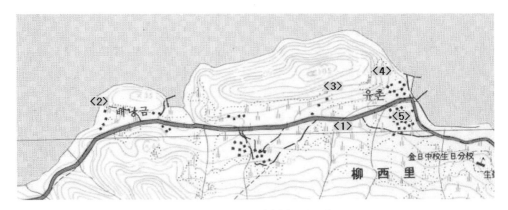

〈그림 13〉 유촌 공동체신앙의 공간 구성

이 중에서 특히 개부르기는 해안에서 해초류가 잘 자라게 해달라고 비는 의례라는 점에서 관심을 끈다. 개부르기는 '갯제'의 다른 이름인데 '개를 부른다'는 이름에서 보듯이 해산물의 풍작을 얻고자 하는 목적으로 이루어진다. 이 의례가 이루어지는 솔죽내라는 해안은 주비를 통해 어로 작업을 하는 생산 활동 공간이기도 한데, 의례 수행을 통해 종교적 풍요로움을 부르고 또 그것을 유입시키고자 하는 의례적 공간으로 의미화되어 있음을 알 수 있다.

3) 금곡 당제

금곡 당제는 음력 정월 6일 저녁 12시부터 이튿날 새벽 사이에 지낸다. 당제에서 모시는 신격은 당할머니다. 제단은 마을 위 소나무숲 속에 있는 큰 바위(〈1〉) 아래다. 당제를 지낼 제관은, 1월 3일 무렵 생기를 보아 '산고 안 들고 초상 안 당한 깨끗한 사람'으로 3명을 뽑는다. 제관으로 선정된 사람은 금기를 지키며 정결하게 제 지낼 준비를 해야 한다.

당제사를 모시는 6일날 저녁이 되면 정숙을 유지하기 위해 마을에서 소등을 한다. 제관들이 당산에 올라가 진설하고 술을 따르고 재배하고 소지를 올리는 순서로 제를 올린다.

〈그림 14〉 금곡 공동체신앙의 공간 구성

당제사가 끝난 후에는 서편 사장나무(〈2〉)와 동편 사장나무(〈3〉)에 헌석을 한다. 그리고 아침이 되면 유사집에 모여 아침을 먹고 당제 결산을 한다. 이를 파방공사라고 한다.

이와 같은 당제와 별도로 정월 보름에 갯제를 지냈다. 갯제는 해산물의 풍작을 기원하는 의례다. 갯제는 음지(〈5〉)라고 부르는 금곡해수욕장과 집앞(〈6〉)이라고 하는 해안에서 지낸다.

이 두 곳은 '개 부르는 곳'이라고 불려진다. 주민들은 개 부른다는 것을 해초가 잘 자라기를 기원한다는 뜻이라고 해석한다. 두 곳에서 갯제를 지내는 것은 마을의 해안 구역이 광활하다는 것과 관련 있어 보인다. 그리고 갯제에 대한 종교적 기대와 요구가 그만큼 크다는 것을 반영하고 있다. 정월 보름 갯제에서의 〈5〉와 〈6〉은 개를 부르는, 다시 말하면 해산물의 풍작을 비는 신성한 공간으로 의미화되어 있음을 볼 수 있다.

4. 맺음말

생일도의 사례를 중심으로 섬 주민들의 생태민속학적 환경인지에 대해 살펴보았다. 생일 사람들은 섬이라는 특수한 자연환경 속에서 살아왔으므로, 생계와 직접 관련이 있는 해양 환경에 대해 구체적으로 인지하고 지식화해서 공유해왔다. 결론삼아 요약하기로 한다.

주민들의 생태적 공간 인지는 지도에 표기되어 있지 않다. 어로활동과 공동체신앙에서 나타나는 시공간 인식은 자연환경 자체가 아니다. '주비' 활동에서 그것을 잘 볼 수 있다. 주비 활동은 한정된 자원을 균등하게 전유하도록 하고, 적기에 인력을 투입하여 해산물 채취를 원활하게 수행할 수 있도록 한다. 이와 같은 주비 활동과 관련하여 생일 사람들은, 공동체적 적응 원리에 입각하여 해안선을 구획하여 그 채취권을 순환시켜 전유하고 있다. 그리고 해초류 채취와 관련된 생활상의 필요에 의해 지명을 통한 세분화된 공간 인지를 하고 있다. 이것은 해안이 단순한 자연환경이 아니라 의미 있는 공간으로 범주화된 인지 환경임을 말해준다.

공동체신앙 속에 나타난 공간 구성은 주민 생활의 의례적 대응과 적응 과정을 담고 있다. 산제 - 당제사 - 헌석 순으로 진행되는 서성리 당제는 주민들의 삶터와 생활 공간을 의례적으로 포괄하고 있다. 그리고 바닷가와 샘을 중심으로 조성된 '헌석 바탕'은, 그곳이 도서적 환경 속에서 특별하게 의미화된 인지 환경이라는 것을 말해준다. 또한 유촌 당제의 당제사 - 개부르기 - 헌석의 흐름에서 보듯이 공동체신앙이 도서적 생활을 의례적 공간으로 재구성하고 있음을 보여준다. 그리고 유촌, 금곡의 '개 부르는 곳'은 풍요로움을 부르는 신성 공간의 의미를 지닌다. 이는 지면 관계로 다루지 않은 덕우도, 굴전, 용출리에서도 마찬가지다. 이와 같이 공동체신앙 속에서 '개 부르는' 해안은 의례 수행을 통해 종교적 풍요로움을 축원하고 또 그것을 유입시키고자 하는 의례적 공간으로 의미화되어 있다고 할 수 있다.

제4장

섬의 농업에 나타난 생태문화적 적응 양상
─청산도 구들장논의 사례

1. 청산도 구들장논을 주목하는 이유

농업은 자연환경의 영향을 직접적으로 받기 때문에 상황적인 양상을 띠기 마련이다. 비슷한 외양을 갖고 있는 수도작의 경우라도 토양이나 기후 조건에 따라 경작 기술이나 도구가 다르게 나타날 수 있다. 이는 일반적인 양상이지만 특수한 자연환경에서라면 그 정도 차가 훨씬 크게 나타난다. 특히 섬처럼 논농사에 제약 조건이 많은 곳은 그것에 적응된 형태로 특화돼 있는 것을 볼 수 있다. 이런 점을 주목해서 섬의 농업에 나타난 적응 기제를 구체적으로 탐색할 필요가 있다.

적응은 환경에 부응하고 대응하면서 삶의 적절성을 구축해가는 삶의 양식이다. 섬의 농업은 자연환경에 대한 전유 과정과 문화적 적응 양상을 잘 보여준다. 인간의 자연 전유는 장기 지속되면서 문화화되는 과정을 보여준다. 특히 자연조건의 제약이 심할 경우 부정적인 결과를 완화시키기 위해 자연환경을 더 적극적으로 조정하고 변형하면서 영속성을 유지하고자 한다.[1] 그리고 이 과정은 일회적이고 단발적인 것이 아

---

1   조경만, 「청산도의 농업환경과 문화적 적응에 관한 일고찰」, 『도서문화』 9, 목포대 도서문화연구소,

니라 지속적이고 체계적으로 이루어진다. 그러므로 적응의 관점에서 볼 때 자연은 순전한 물질 그 자체가 아니라 문화화된 물질성을 포함한다.[2] 예를 들어 이 글에서 다루는 청산도의 구들장논과 경작 작물은 농경에 의해 변용된 자연물이라고 할 수 있다. 이 자연물은 인간의 관여가 없이는 유지되거나 재생산될 수 없다. 근래 휴경지가 된 일부 구들장논이 논의 기능을 상실하고 잡초가 우거진 들판으로 바뀐 데서 보듯이, 구들장논은 인간이 지속적으로 개입하고 유지시켜온 문화적 자연물이라고 할 수 있다.

청산도 구들장논은 자연환경을 적극적으로 변형하고 조정한 사례에 속한다. 구들장논은 그 이름에서 보듯이 논의 바닥 일부에 온돌의 구들장처럼 생긴 넓적한 돌을 깔아 만든 논이다. 구들장논의 조성과 경작 기술은, 청산도의 토양조건상 돌이 많이 섞여 있고 수자원도 넉넉하지 않은 환경 속에서 이루어진 자연 전유 과정을 보여준다. 이런 점에서 구들장논은, 논농사에 제약이 많은 청산도의 독특한 토양 조건과 수자원 사정에 적극적으로 대응해서 이룬 문화적 적응물이라는 것을 말해준다. 그 부분을 각별하게 주목할 필요가 있다.

한편 '구들장논'은 주민들의 토착 용어가 아니다. 예전에는 현지에서 이 용어를 사용하지 않았다. 주민들에 의하면 '구들장논'이란 말은 1982년에 방송에서 처음 사용했다고 한다. 당시 방송국 기자가 호우 피해를 입은 청산도에 취재하러 왔다가, 허물어진 논바닥에 깔린 얇고 넓은 돌을 주목하면서 명명한 것으로 전한다. 현지에서는 '방돌'이란 말을 사용했지만 기자가 표준어로 바꿔 표현하면서 '구들장논'이라고 부르게 되었다고 한다.[3] 그런데 당시에는 아직 확실한 명명이 이루어지 않은 상태여서 그런지, '구들장'이 아니라 '구들방 논'이란 말이 사용되기도 했다. 1983년 제13회 남도문화제에 완도 대표로 출전했던 민속놀이 명칭이 '구들방 논 만들기'였던 데서 그런 사

1991, 106쪽.
2 조경만, 위의 논문, 109쪽.
3 2016.7.29~30. 1차 현지조사. 2016.9.3~4. 2차 현지조사. 제보자 : 유승표(남, 부흥리).

144 제2부 적응 : 생태환경에 대한 적응과 섬 생활

정을 짐작할 수 있다.[4] 구들장논이란 용어는 청산도 농업의 특이점을 보여주긴 하지만 온전한 설명을 담고 있지는 않다. 명칭에서 보듯이 구들장같은 돌을 논바닥에 까는 게 특징이긴 하지만 논 전체에 까는 게 아니라 논바닥 아래로 지나가는 수로 위에만 깐다는 점을 알아둬야 한다. 하지만 이미 '구들장논'이란 용어가 대외적으로 널리 알려져 있으므로 무시할 수 없다. 이런 점을 감안해서 소통의 효율성을 위해 글쓴이도 이 용어를 사용하고자 한다. 더불어 전통적으로 통용돼온 '수문배미'란 말도 상황에 맞게 사용하기로 한다.[5]

청산도 구들장논에 대한 연구는 2014년 세계농업유산 등재[6]를 전후해서 활발하게 이루어지고 있다. 선행 연구는 크게 보아 두 가지로 정리할 수 있다.

첫째는 도서지역의 문화적 성격을 보여주는 사례로 구들장논을 주목한 경우다. 대표적으로 소경만은 청산도의 수도작 농업을 자연환경에 대한 문화적 적응 차원에서 연구하였다.[7] 그는 계단식논 또는 구들장논이 열악한 자연환경을 인위적으로 재조정하는 과정에서 조성된 것으로 보고, 경작기반 조성과 경작기술, 노동력 동원의 특징 등을 집중적으로 다루었다. 구들장논에 대해 본격적으로 주목한 연구라는 점에서 각별한 의의가 있다.

두 번째는 농업유산 등재 및 무형문화유산 목록 조사와 관련해서 이루어진 연구다.

---

4   남도문화제 출전 종목을 해설한 부분에 '구들방'이란 말이 나온다. "'구들방 논만들기'는 임화규 씨가 1983년 청산동중 재직시에 학생 6~70명을 주축으로 재현시켜 제13회 남도문화제에 출전했다. 놀이 과정은 구들방 논만드는 것을 시작으로 논갈이, 아낙네들이 모를 심고 추수하는 과정으로 엮어진다. 이 놀이를 통해 청산면민들이 바다에 살면서 농업에 의존했던 생활상과 청산면 아낙네들의 근면성을 살펴볼 수 있는 토속민속이다."(전라남도, 『전남의 세시풍속』, 1988, 247~248쪽)
5   주민들은 '수문배미'란 말을 일반적으로 사용하고 있다. 이에 대해 주민들은, 관개 수리시설인 수문을 논 밑 지하에 만들어 관개를 하고 경작을 하기 때문에 '수문배미'란 이름을 붙인 것이라고 설명한다. 이외에 다른 용어인 '다랑치'는 비탈진 산골짜기에 층층이 계단식으로 만든 작은 논을 지칭하며, '옹살이'옹타리는 큰 배미 옆에 붙어 있는 작은 배미를 부르는 말이다. 이렇게 보면 수문배미가 '구들장논' 특유의 물 이용방식을 설명해주는 용어이고, 나머지 둘은 형태나 크기에 따른 명칭인 것을 알 수 있다.
6   2014년에 '청산도 구들장논'과 '제주 밭담'이 국제식량농업기구(FAO)에서 주관하는 세계중요농업유산으로 등재되었다.
7   조경만, 「청산도의 농업환경과 문화적 적응에 관한 일고찰」, 『도서문화』 9, 목포대 도서문화연구소, 1991.

(가) 완도군, 『청산도 구들장논의 농어업유산 선정을 위한 기초연구』, 2012.

(나) 조영재 외, 「청산도 구들장논의 분포와 물리적 구조에 관한 연구」, 『농촌계획』 18권 3호, 2012.

(다) 완도군, 『청산도 구들장논-세계중요농업유산 등재를 위한 학술용역』, 2013.

(라) 박홍철·오충현, 「청산도 구들장논의 관속식물상 및 생활형」, 『한국환경생태학회 학술대회논문집』 제24권 2호, 2014.

(마) 김재호, 「구들장논」, 『시조창 독서성 구들장논』, 국립무형유산원, 2014.

(바) 김재호, 「청산도 구들장논의 전통 수리 양상과 농경문화 특징」, 『남도민속연구』 29, 남도민속학회, 2014.

구들장논에 대한 관심은 농림수산식품부의 '국가농어업유산 제도' 시행과 더불어 본격화되었다. 이 제도에 의해 2013년에 청산도 구들장논과 제주 밭담이 국가중요농업유산 제1·2호로 지정되었다. 그리고 국제식량농업기구(FAO)의 세계중요농업유산(GIAHS, Globally Important Agricultural Heritage Systems)의 서류심사와 현장실사를 거쳐 구들장논과 밭담이 2014년에 세계중요농업유산으로 등재되었다. 위의 연구 목록은 구들장논이 농업유산으로 등재되는 과정 속에서 새롭게 관심을 끌게 되었음을 보여준다.

(마)는 무형문화유산으로서 구들장논을 주목한 작업이다. 이는 우리의 무형문화재 제도가 유네스코 인류무형문화협약의 내용을 일부 수용하면서 이전의 예능(공연·의식·연극)·기능 등에 국한하지 않고 무형유산의 범주에 '자연과 우주에 대한 지식 및 관습'을 포괄하면서 그 대상이 확대된 데 따른 것이다. 이 과정에서 구들장논의 사례를 주목했다. 무형유산의 관점에서도 구들장논을 논의의 대상으로 포함하고 있음을 보여준다.

지금까지 본 대로 청산도 구들장논은 섬지역 특유의 문화적 적응 양상을 보여주는 문화유산임을 알 수 있다.[8] 기존 연구에서도 이 문제를 주요 논제로 삼았을 만큼 긴요

---

8 물론 구들장논과 유사한 형식의 논이 청산도에만 있는 것은 아니다. 인근 생일도나 여서도에도 규모는

한 주제이므로 심화할 필요가 있다. 이 글에서는 선행 연구의 성과를 토대로 구들장논에 담긴 토착지식[전통지식]과 문화적 적응 양상을 탐색하고자 한다. 특히 구들장논의 조성 및 경작과 관련된 주민들의 구술 지식을 주목하고자 한다.[9] 그리고 경작기술 중에서 가장 특징적인 점이라고 할 수 있는 논갈이에 대해 다른 지역 사례와 비교해서 구들장논의 특징을 입체적으로 조명하고자 한다.

2. 청산도의 자연환경과 구들장논의 분포

구들장논의 조성 배경은 청산도 특유의 토양조건 및 물 사정과 연관 있다. 구들장논은 청산도 전역에 퍼져 있긴 하지만 특정 권역에 집중 분포한다. 그러므로 구들장논의 분포와 조성 조건의 연관성을 먼저 살펴볼 필요가 있다.

청산도는 해발 343.4m, 총면적 41.95㎢(5개 유인도), 해안선 길이 84.6㎞의 둥근 소라 모양으로 생긴 섬이다. 섬 북쪽에 좌로부터 우로 대선산(320m), 대성산(340m), 대봉산(379m)이 줄지어 있고, 남쪽으로는 좌로부터 우로 보적산(330m), 매봉산(384m)이 연달아 있다. 이처럼 150~390m의 산들이 섬 전체에 펼쳐져 있지만 매봉산의 동쪽·북쪽 사면이나 보적산의 서쪽 사면, 대봉산의 동북쪽 사면에 비교적 완만한 경사지가 있고, 그 구릉의 토지를 끼고서 마을들이 자리잡고 있다. 특히 대봉산과 매봉산 사이 섬의 중앙부에는 동쪽 바닷가까지 완만한 경사지를 중심으로 기다랗게 들판이 형성돼 있다. 이 중앙부 양쪽 산록에는 부흥리, 양지리, 상서리, 신흥리 등이 자리잡고 있고, 이곳을 일러 '동부통안'이라고 부른다.

작지만 흡사한 구조를 가진 논이 있다. 그러나 청산도의 경우 집중적으로 분포돼 있고 지속적인 전통이라는 점에서 각별한 농업문화유산이라고 할 수 있다.

9　청산도 현지조사는 2016년 7월과 9월에 두 차례 실시했다. 제보자 유승표(남, 79, 부흥리) 어르신은 평생 농사를 짓고 계신 분이고 구들장논에 대해 해박한 지식을 갖고 있다. 임화규(남, 양지리) 어르신은 교직 은퇴 후 농사를 짓고 계시며, 1983년 청산동중 재직시에 〈완도 구들방 논만들기〉를 연출해서 제13회 남도문화제에 출품한 적이 있다.

〈그림 1〉 동부통안 전경 2016

    청산도에서 가장 넓은 들판은 북쪽의 대성산, 대봉산의 남쪽 산록과 남쪽의 보적산, 매봉산의 북쪽 산록의 구릉지다. 이 구역은 해발 300m가 넘는 산들이 둘러싸고 있고 골이 깊어서 산에서 흘러내리는 수원이 풍부한 편이다. 각 골짜기의 개울물이 중흥천으로 합류하며 동쪽 바다에 이르기까지 기다란 들판을 적시며 흐른다. 이 일대를 동부통안이라고 부른다. 동부통안 중앙을 흐르는 중흥천 주변의 일부 경작지는 하천수를 이용할 수 있기 때문에 수리안전답이라고 할 수 있다. 하지만 여기서 다루는 구들장논은 중흥천으로 합류하기 이전의 작은 개울물 근처에 자리한 계단식 논이므로 수리불안전답이 대부분이다.

    완도군에서는 2012년부터 구들장논의 분포지역에 대한 조사를 실시했다. 초기에는 부흥리(9), 양지리(18), 상서리(30)의 총 57필지 약 4.9ha 정도라고 했으나,[10] 그보다 너넓은 지역에 구들장논이 있다는 주민들의 증언에 따라 추가 조사한 결과 부흥리 92필

---

10   완도군, 『청산도 구들장논 세계중요농업유산 등재를 위한 학술연구용역』, 2013, 16쪽.

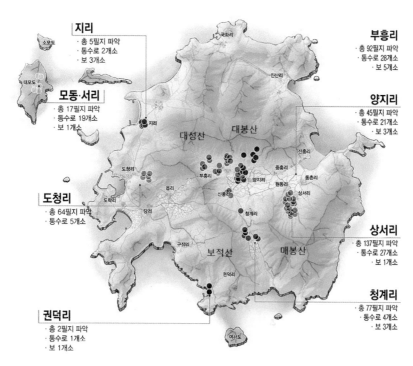

지리
· 총 5필지 파악
· 통수로 2개소
· 보 3개소

부흥리
· 총 92필지 파악
· 통수로 28개소
· 보 5개소

모동·서리
· 총 17필지 파악
· 통수로 19개소
· 보 1개소

양지리
· 총 45필지 파악
· 통수로 21개소
· 보 3개소

도청리
· 총 64필지 파악
· 통수로 5개소

상서리
· 총 137필지 파악
· 통수로 27개소
· 보 1개소

청계리
· 총 77필지 파악
· 통수로 4개소
· 보 3개소

권덕리
· 총 2필지 파악
· 통수로 1개소
· 보 1개소

소모도, 대모도, 지리, 국화리, 진산리, 신흥리, 중흥리, 동촌리, 대성산, 대봉산, 도청리, 읍리, 부흥리, 양지리, 원동리, 상서리, 도락리, 신풍리, 당리, 청계리, 구장리, 보적산, 매봉산, 권덕리, 여서도

〈그림 2〉 청산도 구들장논의 분포 http://gudeuljangnon.co.kr/

지, 양지리 45필지, 상서리 137필지, 총 274필지로 면적 약 6.9ha로 나타났다.[11] 구들 장논의 총면적이 상당히 넓고, 일정 구역을 중심으로 집중적으로 분포하고 있음을 알 수 있다.

분포지도에서 보듯이 구들장논은 동부통안에 있는 부흥리, 양지리, 상서리 등에 집 중돼 있다. 부흥리는 대성산 남쪽에 자리잡고 있다. 이 마을의 우측으로 대성산과 고 성산 골짜기에서 발원한 '냇고랑'이 흐르며 그 좌우에 계단식 논들이 자리잡고 있다. 부흥리 주민들은 냇고랑에 보를 설치해서 구들장논에 물을 댔다. 상서리의 구들장논 은 매봉산에서 발원한 상동천을 수원으로 삼고 있다. 마을 앞을 지나 중흥천으로 흘

---

11   청산도 구들장논 공식사이트(http://gudeuljangnon.co.kr/)

〈그림 3〉 부흥리 원경　　　　　　　　　　　　　　　　　〈그림 4〉 양지리 원경

러가는 상동천을 주민들은 '덜안냇고랑'이라고 부른다. 양지리는 대성산 남쪽에 자리
한 마을이다. 부흥리나 상서리와 달리 개울이 없는 까닭에 이 마을의 구들장논은 낮
은 지대에서 솟아나는 샘물을 수원으로 이용한다.

　구들장논 분포지역의 지형상의 특징을 들면 대개 산골짜기의 경사진 곳이며 개울
근처라는 점이다.

　　　지형을 보면, 깊은 골에다가 논을 많이 만들어놨더라 말이여. 등진 곳에 한 데가 별로 없
　　어. 등진 데를 깎다보면 밑에는 흙이 나올 수도 있겠지만. 골은 팔 수가 없다 말이여. 그러면
　　앞에다 제방을 요렇게 높이. 야피 쌓으면 논이 평수가 적을 것이고, 높이 쌓아야 평수가 많아
　　지기 때문에 높이 쌓다보면, 굵은 돌 처리도 되고 글 안 하면 그렇게 많은 돌 어디다 버릴
　　수도 없는 것이고. 그것이 조상들이 지혜롭다 그 말이여.　　　　　　2016. 부흥리 유승표

　제보자의 설명처럼 부흥리의 경우 특히 골짜기에 구들장논이 많이 자리 잡고 있는
데, 평수를 조금이라도 더 확보하기 위해 경사진 땅을 파면서 나온 돌들을 이용해 석
축을 높이 쌓아 올리는 방법으로 논을 조성했다고 말한다. 위의 구술처럼 청산도의

구들장논은 평평한 들판이 아니라 산골짜기 경사진 곳에 주로 분포하고 있다. 구들장논이 일반 전답보다 제약 조건이 많은 환경에 적극 대응한 결과라는 것을 말해준다.

〈그림 5〉 上: 부흥리 냇고랑 초입인 개오리골창에서 계곡(생막골) 안쪽까지 좌우에 조성된 계단식논이 구들장논이다.
　　　　 下: 구들장논의 아래쪽은 석축을 높게 쌓은 형태로 돼 있다. 토지 평수를 더 많이 확보하기 위한 노력과 관련 있다.

3. 구들장논의 구조와 관개 방식

청산도에 구들장논이 조성된 시기는 조선후기라고 추정된다. 그리고 구들장논을 만든 주체는 '입도조' 또는 그 이후 세대인 것으로 알려져 있다. 임진왜란 이후에 섬에 들어와 살기 시작한 이들을 흔히 입도조라고 하는데, 구전에 의하면 16세기 말부터 함양 박씨(부흥리), 초계 최씨(당리), 언양 김씨(상서리) 등이 청산도에 들어와 살기 시작했다고 한다.[12] 입도조들이 여러 마을에 정착하고 인구가 늘어나고 경작지가 확대되는 과정에서 구들장논이 만들어진 것으로 전한다.

앞에서 본 대로 경작지 조성과 토양 조건은 밀접한 관련이 있는데, 청산도의 경우 크고 작은 돌들이 많이 섞여 있고 또 사질토의 비율이 높아서 경작지 조성이 난제일 수밖에 없었다. 구들장논은 이와 같은 제약 조건을 해결하기 위한 특수한 방법으로 등장했다. 한정된 토지 공간 하에서 인구집단을 부양할 수밖에 없었기 때문에 경작지 조성의 제약 조건을 해결하기 위한 일종의 혁신으로서 구들장논이라는 노동집약적 경지 조성 방법을 도입한 것이다.[13] 입도조들의 전거주지는 강진·해남이 대부분이고 이외에 장흥·영남을 비롯한 전라도 연해지역인데[14] 여기에는 구들장논이 없다. 그러므로 이미 있던 것이 아니라 청산도에서 창안된 것이라고 할 수 있다. 다시 말하면 조선후기 이래로 청산도에 들어온 사람들이 전거주지에서처럼 농사를 지으며 살기 위해 섬 안쪽의 산과 구릉지에 정착하면서, 그곳의 조건에 적응하기 위해 기존의 지형 조건을 변형시키면서 만들어낸 농업 시스템이 바로 구들장논이라고 할 수 있는 것이다.

구들장논은 20세기 중반 이전까지 조성되었다고 한다. 주민 중에 1940년대에 구들장논이 만들어지는 것을 목격했다고 하는 증언도 있지만, 대개는 직접 논을 만든 게 아니라 폭우로 논이 허물어진 것을 복구하는 과정에서 구들장논의 조성 방법을 알게

---

12 이해준·김경옥, 「청산도의 역사문화적 배경」, 『도서문화』 9, 목포대 도서문화연구소, 1991, 9~11쪽.
13 조경만, 앞의 논문, 115쪽.
14 이해준·김경옥, 앞의 논문. 19쪽.

되었다고 말한다. 이것으로 본다면 구들장논은 17~8세기부터 시작해서 20세기 초중반까지 조성되었으며, 이후로는 새로 만들기보다는 개보수를 하면서 사용해왔다고 할 수 있다.

구들장논의 조성 방법은 주민들의 경험 지식으로 전승되고 있다.

(가) ① 땅을 팔 때 굵은 돌, 잔돌, 좀 나쁜 흙은 요쪽, 좋은 흙을 요쪽 각각 따로 모아났다가 ② 앞에다 뚝을 높이 쌓고 안에다 굵은 돌을 엉설엉설 쌓아 가지고 그 놈 욱에다가는 자갈층을 한번 싹 깔고, ③ 그 놈 욱에다가 밑보꿀을 싹 깔아갖고 발로 붋으면서 물을 잡어야제. 그래야 구먹에 잔돌도 들어가서 막혀주고 흙도 들어가서 막혀주고. 그래야 논이 만들어지제. 논이란 것은 물이 필요한 것이 아니요. 우리도 성천 나면 그렇게 헌단 말이요. 발로 붋으면은 돌은 밑으로 깔아 앉아서 막혀지고. ④ 완전히 마른 다음에 웃보꿀 싹 깔아가지고는 농사를 지었어. 그러니까 조상들이 얼마나 고생을 했겠냐 그래. ⑤ 논뚝은 돌로 쌓아가지고 이 놈 위에다가 흙을 한번 싹 발라준다 말이여. 떼를 떠다가 뚝 욱에다 요렇게 놓고 다시 흙으로 이렇게 덮놔야 떼가 살지. 떼만 놔두면은 몰라서 죽으니까. 떼가 보일둥말둥 발라놓으면 떼가 잘 산다 말이여. 논하고 논뚝하고는 요 정도나(20센티 정도) 될 거여. 논뚝, 흙을 덮는 부분은 밑보꿀보다는 약간 높아야 해. 논뚝은 수직으로, 3미터 이상 된 데는 2층, 3층 계단처럼 되기도, 빤듯이 쌓아보면은 성천날 염려가 있으니까.　　　　2016.7.31. 부흥리, 유승표

(나) ① 공간을 두고 독하고 사이에 방독같이 놔 가면서 쌓아 올려가지고 ② 그 다음에는 잡석으로 돌하고 흙하고 섞어진 것을 해서 ③ 그 욱에는 돌 있는 흙을 넣어 가지고 밑보꿀을 잡어. 밑보꿀은 왜 잡냐. 물이 빨리 밑으로 스며들지 내려가지 않도록 물을 잡어주는 거야. 작은 돌흙, 돌이 섞여 있는 자갈이 섞여 있는 흙을 2~30센치 정도로 깔아가지고 거기다가 물을 대. 물을 대면은 그 물을 따라서 괭이로 발로 이기면서 이렇게 다져가는 거야. 일일이 괭이로 발로 이겨서 물을 잡어. 전부를 잡어가지고는 물을 대서. 딱 물을 빼버리고는 말려. 굳어지게 깡깡하게 말려 가지고 ④ 그 욱으로 보꿀. 곡식을 지어 먹을 수 있는 좋은 흙, 그것이 보꿀이여. 보꿀을 한 25센치 정도로 깔죠 보꿀을. ⑤ 밑 보꿀 잡을 때 하는 일이 하나

더 있어. 뭣을 하느냐마는 논뚝을 해. 물이 밑으로 빠지지 않도록. 논 갓을 이렇게 뚝으로 한다 말이여. 밑에는 굵은 돌로 쌓아 왔지마는, 밑보꿀을 할라고 흙을 부었으면, 거기서부터는 논 두둑을 독을 잔독으로 쌓아. 큰 독은 안 되니까. 왜 그러냐면 쟁기질 하면 거기 걸리잖아. 그러니까 잔 돌로 쌓아가지고 한 30센티 정도 쌓요. 흙하고 돌하고 그 욱에다가 잔디를 깔아 가에다가. 깔아 놓으면은 이런 정도로 높지 않겠습니까. 이런 정도 한 30센티 정도 높아. 거깄다가 보꿀을 깔면은, 보꿀하고 논둑하고 사이가 한 15센치나 정도로 차이가 나. 그러면 보꿀 간 논에 물을 넣어 가지고 그리고 거기다가 모를 심어요.

2016.7.30. 양지리 임화규

두 제보자는 구들장논의 조성방법에 대해 거의 비슷한 내용을 언급하고 있다. 그 주요 내용을 간추리면 논둑 만들기, '밑보꿀' 잡기, '웃보꿀'[15] 덮기 등이다. 위의 구술을 과정별로 정리해보면 구들장논 조성 방법이 훨씬 더 분명하게 드러난다.

　① 땅을 파서 굵은 돌, 잔돌, 자갈이 섞인 흙, 고른 흙 등을 따로 모은다.
　② 논둑을 쌓고 둑 안에 먼저 굵은 돌을 얼기설기 깔고 그 위에 자갈층을 깐다.
　③ 밑보꿀을 잡는다(자갈 모래가 섞인 흙을 2~30cm 정도 깔고 물을 넣어 고르고 밟으면서 물 샐 틈이 없게 다지고 말린다).
　④ 웃보꿀을 덮는다(좋은 흙을 25cm 정도 깐다).
　⑤ 논둑은 밑보꿀 중간 부분 정도 높이부터 자갈·흙을 덮고 그 위에 잔디를 놓고 다시 흙을 덮는다. 논둑이 논바닥(웃보꿀)보다 20cm 정도 높아야 물이 넘치지 않는다.

구들장논의 조성 방법을 보면 물빠짐을 방지하기 위해 논바닥을 다지는 과정이 특

15　'보꿀'의 어원이 무엇인지 불확실하다. 보꿀이란 말이 독립적으로 사용되지는 않고, 구들장논에 까는 흙을 구분할 때 '웃보꿀', '밑보꿀'이라고 한다. 제보자에 따라서는 '보꿀' 또는 '보쿨'이라고 발음하는 이도 있다.

히 중요시된다. 맨 밑바닥에 굵고 큰 돌을 깐 다음에 '밑보꿀'을 잡는데, 이는 자갈·모래가 섞인 흙을 깔고 물을 넣어 밟으면서 물이 새지 않도록 논바닥을 다지는 것을 말한다. 이렇게 밑보꿀을 다진 다음 말린 땅 위로 고운 흙을 덮는 것을 '(웃)보꿀' 덮는다고 말한다. 이처럼 논바닥 만드는 과정이 중요시 되는 것은 청산도 특유의 토양 조건과 관련 있다.

> 웃보꿀 흙이 깻묵땅이다. 깻묵땅은 검은 땅이다. 부석부석하고 물이 잘 빠진다. 밑보꿀은 빌흙이다. 아주 황토도 아니도 적토도 아니고 반절반절한 그 정도 중간 흙이다. 검도 않고 아주 붉지도 않은 중간 정도 흙이다. 찰흙도 아니고, 아주 사질도 아니고 좋은 땅도 아니고 중간 정도의 땅. 자갈 모래가 많이 섞인 흙이다. 그러니까 조금만 깊이 파면 새기 마련이다. 독도 소금 섞어지고 황토 비슷한 그런 흙을 파다가, 그런 걸로 밑보꿀로 물을 잡고, 그 다음에 웃보꿀을 쪄 가지고 농사 지어 먹었다.　　　　　2016.7.31. 부흥리, 유승표

구들장논의 주 분포지역인 동부통안의 토질은 흙보다는 돌이 많고, 자갈이 섞인 사질토가 주를 이룬다. 주민들은 이 토질에 대해 '깻묵땅'과 '빌흙'이란 용어로 설명한다. 깻묵땅은 참기름을 짜고 남은 찌거기를 지칭하는 깻묵이란 이름 그대로 색깔이 검고 부석부석하고 물빠짐이 심하다고 한다. 그리고 빌흙은 검지도 붉지도 않고, 찰흙도 아니고 사질도 아니고 자갈 모래가 많이 섞인 땅이라고 한다. 제보자는 깻묵땅으로는 구들장논의 '웃보꿀'을 만들고 빌흙으로 '밑보꿀'을 만든다고 설명하고 있다. 토질에 대한 민속과학적 분류 지식에 토대를 두고 경작지를 조성하고 활용해왔음을 보여준다.

구들장논의 단면도를 보면 각 층이 확연히 구분된다.

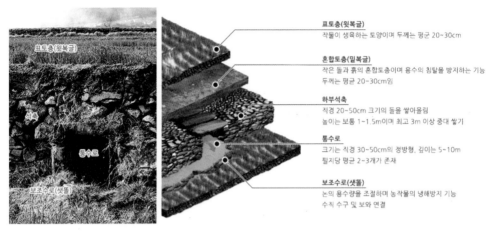

표토층(윗복굴)
작물이 생육하는 토양이며 두께는 평균 20~30cm

혼합토층(밑복굴)
작은 돌과 흙의 혼합토층이며 용수의 침탈을 방지하는 기능
두께는 평균 20~30cm임

하부석축
직경 20~50cm 크기의 돌을 쌓아올림
높이는 보통 1~1.5m이며 최고 3m 이상 중대 쌓기

통수로
크기는 직경 30~50cm의 정방형, 깊이는 5~10m
필지당 평균 2~3개가 존재

보조수로(샛돌)
논의 용수량을 조절하며 농작물의 냉해방지 기능
수직 수구 및 보와 연결

〈그림 6〉 구들장논의 단면 http://gudeuljangnon.co.kr/

　위 단면도에서 보듯이 맨 하단에 굵은 돌들이 깔려 있고, 그 위에 혼합토층인 밑보꿀이 있고, 그 위에 작물이 생육하는 웃보꿀[표토층]이 있다. 그리고 논둑을 보면 석축을 쌓되 밑보꿀 중간 높이부터는 흙을 덮고 잔디를 얹어서 물이 새지 않도록 했다. 물빠짐을 최대한 방지하기 위한 구조로 되어 있음을 알 수 있다.

　구들장논에서 특별한 구조물은 수문이다. 주민들이 전통적으로 구들장논을 부를 때 수문배미라고 하듯이 수문의 존재가 필수적이고 중요하다. 논의 맨 하단인 하부 석축 부분에 자리한 수문은 윗배미에서 아랫배미로 물을 흘려보내는 기능을 하거나 논에서 새는 물을 집수하는 기능을 한다. 굵은 돌을 양 옆에 두 줄로 세우고 그 위에 넓고 납작한 방돌[구들장]을 얹어 수로처럼 만든다. 위의 그림에 나오는 통수로가 그것이다. 제보자에 따라서는 그것을 '논굴뚝'이라고 한다. 구들장논이란 명칭도 수로의 덮개돌로 사용되는 돌이 구들장처럼 생겼다고 한 데서 붙인 것이니 그만큼 특별한 구조물이라고 할 수 있다.

　　육지는 찰흙으로 돼 있으니까 물이 잘 안 새잖애. 여기는 밑에가 돌이니까 물이 잘 새제.
　　그 물을 다시 잘 이용하기 위해서 배수로를 만든 것이 굴뚝이라. 그 물을 받아가지고 다시
　　수로를 만들어가지고 그 수로로 물이 합해져가지고 그 밑에 논에 물을 잡을 수 있도록 만든

것이 지금 현재 보이는 굴뚝이여. '논굴뚝'이라고 해. 논 어덕에다가, 수로를 논굴뚝이라고 해. (수문처럼 만들어 놓은 것을요?) 그렇제.…… 수문이 없다면 물이 논둑으로 넘어갈 것이 아닙니까. 논둑이 다 허물어지고 원 상태로 없어져 버리제. 물을 모아서 밑에 논에 쓰기도 하고, 위에 논이 허물어지지 않도록 보호하기 위해서 만들어진 것이여. 그것이 없으면 구들장 논이 안 돼불어.   양지리 임화규

구들장논은 물빠짐이 심하기 때문에 그 물을 모아서 수문을 통해 흘려보내 아랫논에서 이용할 수 있도록 만들었다. 또한 비가 많이 와서 물이 넘칠 경우 수문을 통해 물을 바로 흘려보낼 수 있도록 했다. 이런 점에서 수문은 구들장논의 핵심적인 관개시설이라고 할 수 있다. 수문은 논둑 하단에 설치돼 있다. 일반 논의 물꼬가 논두렁 위에 있다면, 구들장논은 비슷한 기능을 하는 수문이 논바닥 아래에 있다는 점이 특이하다고 할 수 있다. 수문은 논에 따라 3개가 있는 경우도 있고 2개나 1개인 경우도 있다. 3개인 경우 하나는 논 위쪽에서 흘러내려온 물길과 바로 연결돼 있고 다른 두 개는 물길과 상관없이 논에서 새는 물을 집수해서 아래로 흘려보내는 역할을 한다. 수문은 개수와 상관없이 새는 물을 집수하는 기능이 중요시된다.

구들장논에 관개를 하는 수리 방식은 보洑를 통해 관개하는 방식과 논 주변에 흐르는 물을 집수하는 방식이 있으며, 민속분류에 의하면 '봇물을 이용하는 논'과 '생수바지'로 구분할 수 있다.[16] 구들장논은 대부분 천수답이고 토질 때문에 물빠짐이 심하므로 대개 봇물과 주변의 물을 집수하는 두 가지 방식을 함께 이용하는 경우가 많은 편이다.

봇물 이용은 논의 고도에 맞춰 적정 지점에 보를 설치하고 수로로 연결해서 관개하는 방법으로 이루어졌다. 전통적으로 보 관리가 매우 중요했으며 '보잭인'이라는 구성원들이 조를 짜서 보를 관리하고 운영했다. 부흥리의 경우 보가 7개 있었으며 한 보

---

16 김재호, 「청산도 구들장논의 전통 수리 양상과 농경문화 특징」, 『남도민속연구』 29집, 남도민속학회, 51쪽.

마다 7~8집 정도가 참여했다. 봇물은 물빠짐이 심한 구들장논의 특성에 따라 세밀하게 관리되었으며, 비가 많이 올 때에는 유입량을 조절하기 위해 별도의 조치를 취하기도 했다.[17]

구들장논에는 물을 논으로 유입시키는 작은 도랑이 있는데 이를 '새돌'[샛돌]이라고 한다. 위의 논에서 수문을 통해 내려온 물은 곧바로 논으로 유입되는 것이 아니라 샛돌을 지나 논으로 들어갈 수 있도록 만들어져 있다. 이는 구들장논의 용수가 산에서 솟아나거나 흘러 내려오는 '생수'라는 점과 관련 있다. 생수는 일반적으로 차기 때문에 벼에 냉해를 입힐 수 있으므로 샛돌을 거치는 동안 물의 온도를 상승시키는 기능도 한다. 그리고 물이 많이 흐를 경우 샛돌을 거쳐 곧바로 수문으로 흘러내릴 수 있도록 한다. 이런 점에서 샛돌은 관개로이자 배수로라고 할 수 있다.

〈그림 7〉 두 논의 수리시설 비교. 수문과 샛돌이 있는 논(좌), 물꼬가 있는 논(우)

17　비가 많이 올 경우 많은 물이 논으로 유입되는 것을 막기 위해 바로 흘려 보내는 것을 "봇물 이뼌다."
　　고 말한다. 그리고 그렇게 하기 위해 논에 가는 것을 "봇물 이뼈러 간다." 또는 "봇물 이로 간다."고
　　말한다.

위 사진은 양지리에 있는 두 논의 수리 시설이다. 위에서 보았듯이 수문과 샛돌은 구들장논 특유의 관개 시설이다. 논둑 하단에 설치된 수문을 통해 흘러내려온 물이 샛돌을 거쳐 흘러가는 형태(좌)는 구들장논이며, 논둑 윗부분에 있는 물꼬를 통해 윗 논의 물이 곧바로 아래로 유입되는 형태(우)는 일반 논이다. 구들장논은 논 부근에서 흘러내리는 물을 집수해서 관개하는 방식을 보여준다. 오른쪽 사례는 용수를 지속적 이고 안정적으로 공급할 수 있는 시설을 갖추고 있을 때 적절한 관개 형태다. 이 논 을 포함한 주변 들판에서는 모터를 이용해 물을 끌어와서 고무관을 통해 논에 물을 공급하는 방식으로 경작하고 있다.

아래의 사진은 수문을 통해 내려온 물을 논으로 공급하는 관개 시설의 모습이다. 왼쪽 사진은 윗논 수문(1)에서 흘러내려온 물이 샛돌(2)을 거쳐 논으로 유입되는 시설 을 보여준다. 오른쪽 사진은 논으로 유입되는 부분을 가까이서 찍은 것이다. 직사각 형의 돌(3)은 논으로 물을 대는 '물끼(귀?)'다. 논에 물이 필요하면 수문 입구 쪽으로 물 끼를 돌려 놓아서 물이 유입되도록 한다. 비가 많이 올 때에는 물끼를 막아서 곧바로 수문(4)을 통해 아래로 흘려보낼 수 있도록 터져 있다.

〈그림 8〉 논으로 물을 공급하는 관개 시설(좌). 제보자가 서 있는 자리 확대(우)

지금까지 살펴 본대로 구들장논은 논농사에 불리한 제약 조건을 해결하기 위한 적응 기제로 조성되었기 때문에 하부석축, 밑보꿀, 웃보꿀 등의 독특한 단면 구조를 갖고 있다. 그리고 논바닥 하부에 수문을 설치하고 그 위에 구들장을 깔아놓은 구조 역시 물빠짐이 심한 토양 조건과 관련 있다. 구들장논의 관개 시설은 봇물을 이용하는 방식과 생수를 집수하는 방식이 혼용되고 있으며, 수문과 샛돌은 구들장논 특유의 수리 시설이라는 점에서 관심을 모은다.

4. 구들장논의 경작 기술과 논갈이

구들장논은 일반 논과 다른 구조를 갖고 있기 때문에 그것에 맞게 경작 방식도 기술적으로 적응돼 있다. 앞에서 거론한 관개 시설이 환경적 제약 조건과 물빠짐이 심한 토양 조건에 적응된 형태라는 점을 살펴봤듯이 경작 기술도 색다른 부분이 있다. 그것을 잘 보여주는 것이 논갈이다. 구들장논의 경우 작물이 생육하는 토층이 20~30㎝밖에 되지 않기 때문에 일반 논갈이와 다를 수밖에 없다. 논갈이를 중심으로 구들장논특유의 경작기술을 살피기로 한다.

> 깊이를 계란 하나 높이로 갈면 깊이 간다고 했어. 계란 하나가 얼마나 되겠어. 요 정도 갈면 깊이 간다고 했어. 더 깊이 갈아버리면은, 밑보꿀이 일어나 버리면은 물이 다 새버리니까. 그렇께 얇피 갈 수밖에 없어. 그만치 토심이 얇었다 그 말이여. 저런 디서 경운기로 농사를 지을 때에는 쇠바퀴로 양쪽을 갈아가지고 하게 되어 있는디. 여기는 쇠바퀴를 못 채운다 그말이며. 고무바퀴로 농사 지은 디는 우리 대한민국에서도, 청산에서도 여기밖에 없어. 다른데는 다 쇠바퀴로 지은데, 여기서는 고무바퀴로. 그 원인은 조금씩 깊이 파도 물이 새 버리니까. 어쩔 수 없이 얇게 할 수밖에 없고.
> 부흥리, 유승표

위의 설명에서 보듯이 구들장논은 표토층이 깊지 않기 때문에 논을 깊게 갈 수가 없다. 계란 하나 깊이마저도 깊게 간다고 표현할 정도다. 그리고 1980년대부터는 소를 이용하지 않고 경운기를 이용해서 논갈이를 하는데,[18] 청산도에서는 쇠바퀴를 고무바퀴로 교체해서 사용하고 있다. 그 이유는 쇠바퀴를 사용하다가 조금만 깊게 파이면 밑보꿀에 구멍이 생겨서 물이 새버리기 때문이라고 한다. 이처럼 제약 조건이 있기 때문에 섬세하고 세분화된 작업 과정이 필요했다.

구들장논 논갈이의 특징을 살피기 위해 다른 지역 사례와 비교할 필요가 있다. 지역에 따라 경작 환경이 다르기 때문에 일률적으로 얘기하기 어렵겠지만, 남해안 지역의 일반적인 사례에 해당하는 고흥 한적마을의 논갈이를 들기로 한다. 이 비교를 통해 청산도의 특징을 파악할 수 있을 것이다.

한적마을의 논갈이는 음력 정월부터 시작해서 5월까지 4회에 걸쳐 진행된다. 논갈이의 순서는 '논 배따기 – 논 때리기 – 논 훌리기(2회)'의 순이다. 보통 20여일 간격으로 논갈이를 한다.[19]

〈표 1〉 고흥 한적마을의 논갈이 시기와 방식

시기	겨울	3월	4월	5월	5월
명칭	무살이	논 배따기	논 때리기	1차 논 훌리기	2차 논 훌리기
도구와 방식	논에 물대기	쟁기질	쟁기질	쟁기질 덩어리 깨기	써레질 쇠스랑으로 논 고르기

음력 정월이 되면 논갈이를 준비하는데 이때 첫 번째 하는 일이 논에 물을 대는 것이다. 이때 논에 물을 대는 것을 '무살이'라고 한다. 무살이를 하는 이유는 흙을 빨리 썩히기 위함이다. 지금처럼 퇴비나 거름이 흔하지 않을 때 산에서 상수리나무, 도토리나무, 참풀나무 등을 꺾어서 논에 뿌려놓고 썩혀서 거름으로 이용했다. 짚이 넉넉

---

18 청산도에서 경운기를 이용해서 경작하기 시작한 것은 1980년 무렵이다. 당시 청산도내에 7대의 경운기가 있었으며 '경운기협회'를 결성해서 친목을 나누는 행사를 했다고 한다.
19 이경엽 외, 『고흥한적들노래』, 민속원, 2008.

한 집에서는 짚을 깔아놓기도 한다. 첫 번째 논갈이를 '논 배딴다'라고 하고, 이날을 '논 배따는 날'이라고 한다. 초봄인 양력 3~4월에 소를 이용해 쟁기로 마른 땅을 갈아 엎는다. 땅을 갈아엎고 나서는 물을 담아놓아 땅이 물러지기를 기다린다. 두 번째 논 갈이는 '논 때리기'라고 한다. 그래서 두 번 논 갈았는가를 물어볼 때 "자네 논 때렸 는가?"라고 한다. 첫 번째 논갈이를 마치고 논에 받아놓았던 물이 마르면 두 번째 논 갈이를 한다. '논 때리기'를 할 때 중요한 것은 초벌 즉, '논 배딸 때' 갈았던 반대 방 향으로 논을 갈아엎는 것이다. 만약 초벌로 논을 갈았을 때 쟁기를 왼쪽으로 해서 땅 을 갈았다면, 두벌에서는 쟁기를 오른쪽으로 해서 갈아엎는 것이다. 쟁기의 방향을 바꿀 수 없을 경우에는 반대편 방향에서부터 논을 갈면 된다. 논을 갈고 나서 물을 담아놓는다. 세 번째 논갈이는 '논 홀리기'라고 한다. '논 홀리기'는 2회에 걸쳐서 한 다. 1차 홀리기는 논에 물을 뺀 상태에서 덩어리를 깨는 것이고, 2차 홀리기는 논에 물을 대놓고 덩어리를 깨는 것이다. 1차 홀리기를 할 때는 '논 때리기'를 했던 방향으 로 쟁기질을 하는데, 이때는 새로 땅을 파는 것이 아니라 이미 올라와있는 흙덩이들 가운데를 '무찔러서' 간다. 두 번에 걸쳐 논을 갈아서 흙의 덩어리가 약해져있는 상태 이기 때문에 가운데로 지나가기만 해도 흙덩이가 바글바글하게 깨진다. 2차 홀리기는 논에 물을 대놓고 쟁기질을 하고, 다시 써레질을 하는 것이다. 써레질까지 하고 나서 도 논이 골라지지 않으면 쇠스랑을 들고 논을 고른다.

이상에서 본 대로 한적마을의 논갈이는 네 번 정도 한다. 하지만 토질에 따라서 논갈이 횟수가 가감되기도 한다. '웃골'의 경우 자갈이 많이 섞인 땅이기 때문에 논 을 두어 번 갈고 홀리기를 하면 덩어리가 다 깨져서 모를 심을 수 있는 정도가 된다. 그러나 '간데골'과 같이 진흙으로 단단한 땅은 두 번을 갈고, 세 번을 홀려도 덩어리 가 깨지지 않기 때문에 다른 논에 비해 몇 차례 더 논을 갈고 홀려야 한다. 이처럼 한적마을에서는 적게는 2번 많게는 4~5회에 걸쳐 논갈이를 했다. 한적마을의 경우 토양의 조건에 따라 편차가 있긴 하지만, 논에 물을 대고 흙을 불린 후에 덩어리를 깨고 써레질을 하는 과정으로 진행되며, 특히 덩어리를 깨는 과정이 중요시되었음을 알 수 있다.

청산도의 논갈이는 앞서 본 대로 얕은 토층에 적응돼 있다. 이곳의 쟁기는 전반적으로 몸체가 작고 가볍다.[20] 이는 쟁기질을 깊게 하지 않는 것과 관련이 있다. 구들장논의 경운 작업은 횟수가 많고 그 과정이 세분화돼 있다는 점이 특징이다. 그리고 구들장논의 경우 일반적으로 논의 형태가 반듯하지 않아서 쟁기질이 까다롭다고 한다. 그 까다로움에 대해 "문서 놓고 논을 간다."라고 표현한다.

> S자 논으로 된 데가 많잖아요. 젤 가에 돌린 것 보고 윈 두둑이라고 하는데, 젤 적은 두둑 보고는 새끼 두둑해요. S자로 된 논은 새끼 두둑이 보통 두군데 세군데가 있어. 어디든지 가면 맨 마지막 남은 디가 작은 두둑인데 S자로 되다 보니까 여기도 새끼 두둑, 여쪽도 새끼 두둑이 몇 군데가 있제. 옛날에 이런 논은 "문서 놓고 간다."고 했어요. 설계도 놓고 집 짓는 식으로 논도 문서 놓고 갈아야 간다. 갈기가 그만큼 힘들다 그 말이여. 옛날 말로는 문서 놓고 간다 그랬어. 논갈기가 까다로우니까, 그런 논이 더러 있어요. 부흥리 유승표

1년 1작의 경우 7번 정도 쟁기질을 하고 써레질도 2회 정도 한다. 경운기를 이용하면서부터는 두 번 정도의 논갈이만 해도 되지만 이전까지는 여러 차례 논갈이를 했다. 청산도의 논갈이는 과정에 따라 각각의 이름이 있다. 그 이름은 대개 고유어 표현으로 돼 있으며 논에 물을 채우지 않고 하는 마른갈이와 물을 넣고서 하는 물갈이로 구분된다. 앞에서 본 고흥 한적보다 횟수나 과정이 복잡하다는 것을 알 수 있다.

〈표 2〉 청산도의 논갈이

과정	구분
① 껕불갈이 – ② 둑갈이 – ③ 거슬리기 – ④ 싸덮으기 –	마른갈이
⑤ 써레질 – ⑥ 중갈이 – ⑦ 무쟁기 – ⑧ 써레질, 미래질	물갈이

---

20 곽유석, 「청산도의 민속문화 – 생업도구를 중심으로」, 『도서문화』 9, 1991, 218쪽.

첫 번째 논갈이인 '껄불갈이'는 이른 봄에 하며, 이전 해에 나락을 베어내고 밑둥이 남은 상태의 묵은 땅을 가는 과정이다. '배미딴다'라고도 한다. 두 번째 쟁기질(두불)은 껄불갈이 후 보름 쯤 지나서 한다. 첫 번째 논갈이 때 만들어진 두둑을 가른다고 해서 둑갈이라고 부른다. 세 번째 쟁기질(세불)은 '거슬린다'고 한다. 쟁기질을 하면서 두둑의 절반은 이쪽으로 제치고 다른 절반은 반대편으로 제치면서 흙을 깨고 새 두둑을 만든다. 네 번째 쟁기질은 '싸덮으기'다. 봄에 벤 풀을 쌓아놓고 '하얗게 곰팡이가 피고 김이 풀풀 나는 뜬 거름'을 두둑 사이의 골에 깔아놓고 두둑의 절반씩을 다른 방향으로 제치면서 거름을 흙으로 덮는다. 그렇게 두둑의 흙으로 거름을 덮는다고 해서 '싸덮으기'라고 한다. 여기까지가 마른갈이다.

이어지는 논갈이는 논에 물을 대놓고 하는 물갈이다. 물을 넣은 후 먼저 써레질을 한다. 그리고 두 두둑을 합하는 쟁기질을 한다. 그것을 중갈이라고 한다. 중갈이를 하면서 논두렁을 만든다. 이어서 그 두둑을 절반으로 나눠 가는 것을 무쟁기라고 한다. 그리고 써레로 평탄 작업을 하고 마지막으로 미래질을 하고 모심기를 한다. 미래질은 흙이 높은 부분을 평평하게 만드는 과정이다. 흙이 높은 부분에 마른 땅이 생기면 쥐가 그곳을 근거지로 삼아서 벼를 갉아먹기 때문에 쥐 피해를 막기 위해 평평하게 만드는 작업을 섬세하게 했다고 한다.

이상에서 보듯이 청산도 구들장논의 논갈이는 절차가 복잡하고 세분화 되어 있다. 앞서 제시한 고흥 한적의 논갈이와 비교해 볼 때 논을 가는 횟수도 많고 더 섬세하게 이루어지는 것을 볼 수 있다. 이것은 여러 번의 쟁기질을 통해 흙을 부드럽게 해서 물빠짐을 최소화하기 위한 것과 관련이 있다. 이것으로 볼 때 논갈이 역시 제약 조건을 해결하기 위한 기술적 적응이라고 할 수 있다. 구들장논을 경작하는 과정이 일반 논보다 복잡하고 노동집약적인 형태를 띠고 있음을 알 수 있다.

5. 구들장논의 생태문화적 의미

　구들장논은 세계적으로 널리 퍼져 있는 계단식 논의 일종이다. 계단식 논은 우리나라에서도 산간 및 도서지역에서 어렵지 않게 볼 수 있다. 그러나 구들장논은 일반 계단식논과 외양이 비슷하지만 다른 점들이 있다. 구들장논은 논농사에 제약이 많은 청산도의 자연환경에 적극적으로 대응해서 이룬 문화적 적응물이라는 점이 남다르다. 구들장논은 논의 구조와 경작기술 등이 독특하다. 하단에 크고 작은 돌을 깔고, 그 위에 자갈과 모래흙이 섞인 밑보꿀을 깔고 그 위에 웃보꿀을 덮어서 만든 단면 구조는 자연환경을 적극적으로 변형·조정하면서 경작지를 조성했음을 보여준다. 그리고 물빠짐이 심하고 용수가 넉넉하지 않은 환경에 대응하기 위해 지하에 수로를 만들고 구들장을 깔아서 만든 수문은 다른 데서 보기 힘든 독창적인 수리시설이기도 하다. 또한 논 인근의 물을 집수해서 다른 논과 연결하는 수문 시설과 개울 물을 논의 고도에 따라 관개하기 위해서 설치한 보 시설은, 한정된 자원을 공유하기 위해서 만들어 운영해온 것이기도 하다. 이처럼 구들장논은 청산도 사람들의 역사와 삶 속에서 성립된 문화적 전통이라는 점에서 남다른 문화유산이라고 할 수 있다.

　청산도 구들장논은 2013년에 국가중요농업유산 제1호로 지정되었다. 그리고 2014년에 국제식량농업기구FAO의 세계중요농업유산GIAHS으로 등재되었다. 구들장논이 생태적으로 중요한 농경문화유산이라는 것을 공인받았다고 할 수 있다. 이런 평가에서 보듯이 구들장논은 생태문화적으로 중요한 의미가 있다. 구들장논은 자연을 적극적으로 변형시킨 사례에 속한다. 그러면서 다른 한편으로 제약 조건을 수용하고 그것에 적응해온 과정과 내력을 보여준다. 구들장논은 생태문화적 다양성을 보존한다는 측면에서 그리고 자연과 마을의 유기적인 연결 고리 역할을 한다는 점에서 특별한 가치가 있다. 구들장논은 주변산림과 논을 연결하는 생태통로Eco-corridor로서 다양한 생물종이 서식할 수 있는 환경을 만들어 준다. 그리고 계단식 구조는 단조로운 지형을 층층이 구조화하여 생물서식처를 제공하며, 물이 부족한 섬에서 인공습지로서의 역할을 수행한다. 이와 같은 생태 체계는 자연과 조화를 이루면서 적응해온 도서지역 농업문화유산의 생태적 가치를 보여준다는 점에서 각별하다고 할 수 있다.

구들장논은 '현재 사용되고 있는' 문화유산이다. 그러나 노동집약적인 경작 방식이어서 유지하는 데 어려움이 있다. 근래 젊은 노동력이 줄어든 까닭에 곳곳에 경작하지 않고 묵힌 논들이 늘어나고 있다. 이에 따라 구들장논을 보존하고 지속하는 일이 중요한 과제가 되었다. 이와 관련해서 청산도 현지에서는 '구들장논 보존협의회'를 구성해서 구들장논 브랜드 사업이나 구들장논 오너제, 체험 프로그램 등을 운영하고 있다. 이와 같은 활동은 농업문화유산의 보존 관리에 그치지 않고, 자연과 생태, 전통과 문화 그리고 주민들의 삶이 상생하는 방향을 지향하고 있으므로[21] 구들장논의 지속가능성에 대한 기대를 갖게 해준다. 구들장논의 생태문화적 의미를 공유하고 확산시킬 수 있는 사회적 기반을 조성하는 것이 과제가 될 것이다. 외부의 지원도 필요하겠지만 지역사회에서 그것을 주도할 수 있는 역량을 키워나가는 것이 중요한 과제라고 할 수 있다.

---

21   청산도 구들장논 공식 사이트(http://gudeuljangnon.co.kr/)

제1장

도서지역의 사회문화적 네트워크와 교류
－다도해를 중심으로

1. 다도해의 사회적 네트워크를 살피는 이유

　수많은 섬이 일정 구역에 산재해 있는 해역을 다도해多島海라고 말한다 한국의 남서
해안에는 총 2,300여 개의 크고 작은 섬들이 흩어져 있는데, 일정 구역에 운집해 있는
섬의 숫자로 볼 때 가히 세계적이라고 할 만하다. 한국의 다도해는 생태적으로, 문화
적으로 특별하게 주목받고 있다. 긴 해안선과 드넓은 갯벌 그리고 수많은 섬들은 생
태적인 보고라고 할 만하다. 신안 다도해지역이 유네스코 생물권보전지역으로 지정된
것을 통해 그 가치와 의미를 짐작해볼 수 있다.[1]

　섬이란 본래 바다에 의해 격리되고, 또 바다를 통해 외부와 연결되므로 양면적인

1　생물권보전지역은 우수한 경관, 다양한 생태계, 고유한 생물종다양성 등 생물다양성과 문화다양성의
　측면에서 세계적으로 보전가치가 있는 지역을 유네스코에서 지정하는 것이다. 신안 다도해 생물권보
　전지역에는 흑산, 홍도 등 국립공원과, 장도 람사르 보호습지, 증도 갯벌도립공원, 태평염전 등이 포함
　돼 있다. 이 지역은 뛰어난 경관을 자랑하는 리아스식 해안과 후박, 동백나무 등 다양한 온대식생과
　염생식물 군락지를 보유하고 있으며 동북아 이동 철새의 75%(337종)가 쉬어가는 중간 기착지로 널리
　알려져 있다. 홍선기, 「유네스코 신안다도해 생물권 보전지역」, 『섬과 바다의 문화읽기』, 민속원,
　2012, 305~308쪽 참고.

특성이 있다. 격리된 부분을 강조한다면 도서지역이 고립돼 있다고 느낄 것이다. 하지만 이는 상대적인 것일 뿐 절대적이지 않다. 그런데도 흔히 도서지역을 단절되고 정체된 사회로 이해하거나, 막연하게 전통이 잔존하는 지역으로 간주하는 경우가 많다. 이와 다르게 뱃길을 통해 외부와 연결된다는 점을 강조하면 개방성을 얘기할 수 있다. 실제 해로를 이용한 국제 관계나 교류의 사례들 통해 해양문화의 개방성을 언급하는 논의도 있다. 하지만 이 경우도 그 지역과 실질적으로 긴밀하게 연관된 사례가 아니라면 일반론에 그칠 뿐이다. 다도해의 문화적 특성을 규명하기 위해서는 기존의 논의 구도와 다른 새로운 접근이 필요하다. 외부인의 활동상이 아닌 현지인의 입장을 중심에 놓고 접근해야 한다. 국가나 제도권의 사실들을 염두에 두되 현지 주민들의 활동상이 주된 사례로 다뤄져야 한다. 국제 교류나 국가 단위의 사건이나 영웅들의 활동상을 근거로 지역을 논하는 것은 한계가 있다. 그 경우 대개 다도해의 섬들이 경유지 정도로 다뤄지고 말기 때문이다.

흔히 다도해의 문화적 특징을 거론할 때 육지에 비해 고형의 문화가 많이 남아 있다는 점을 지적한다. 단절된 곳이므로 육지에서 사라진 문화가 많이 남아 있다고 여기는 것이다. 또한 섬이라는 특수성 때문에 무속이 성하고 마을굿도 풍성하다고 생각하는 이들도 있다. 이런 견해는 도서지역을 고립되고 정체된 곳이라고 여기는 관점과 통한다. 실제로는 도시에 오히려 무당과 굿당이 많은데도 관념적으로 섬을 특화하는 것이다. 그리고 진도 다시래기와 같은 축제식 상·장례풍속을 근거로 도서문화의 토속성을 거론하기도 한다. 지금도 진도나 신안 등지에 가면 상가에서 노래하고 춤을 추며 굿을 하는 것을 볼 수 있는데, 이런 모습은 『수서』 「고려전」의 "初終哭泣 葬則鼓舞作樂以送之"라는 기록과 흡사하므로, 노래와 춤이 동반된 축제식 상·장례 풍속이 고풍스러운 것은 분명하다. 하지만 풍속은 오래됐지만 그 구성 내용은 시대에 따라 달라지는 것이므로 무조건 과거로 소급하는 것은 맞지 않다. 기존 연구에서 밝혀졌듯이 진도 다시래기는 19세기를 전후해 지금의 모습을 갖추게 된 것으로 추정되며, 공연 내용을 보면 외부에서 유입된 요소들이 적지 않다는 것을 알게 된다.[2] 이처럼 다도해의 민속을 볼 때 막연히 오래된 것으로만 다뤄서는 안 되고 외래적인 영향이나 교류의 문제를 간과해서는 안 된다는 것을 확인하게 된다.

다도해의 문화적 전통과 그 실상을 파악하기 위해서는 주민들이 만들어온 다양한 네트워크를 주목할 필요가 있다. 다도해 주민들은 도서적 환경에 적응하고 생업활동을 하기 위해 개발한 다양한 네트워크를 갖고 있다. 국제 무역이나 국가 단위의 네트워크가 아니더라도, 주민들은 일상생활과 어로활동, 교역활동 등의 영역에서 구축해온 대내외의 다양한 연결망을 갖고 있다. 공식적인 행정 라인과 연결된 경우도 없지 않으나 대부분은 주민들의 일상과 생업활동 속에서 작동돼왔다.[3] 그 양상을 탐색해볼 필요가 있다. 구체적인 자료를 통해 실증적인 양상을 살펴보기로 한다.

이 글에서 다루는 민속 현상은 20세기 중반 이전의 상황과 관련 있다. 인용하는 자료로 본다면 대체로 19세기에서 20세기 초중반까지의 상황을 보여준다고 할 수 있다. 한편 특정 시기의 자료를 다루지만 민속생활의 지속성을 감안한다면 해당 시기에 국한된다고 할 수는 없다. 현대적인 교통 체계가 구축되기 전의 양상을 충실히 파악한다면, 그 변화과정이나 지역별 비교 연구도 시도할 수 있을 것으로 기대한다.

2. 일상의 나룻배 네트워크

근래에 연륙교와 연도교가 건설되고 간척이 되면서 다도해의 자연 환경이 많이 바뀌고 있다. 그래서 쉽게 섬에 드나들 수 있는 여건이 조성되었다고 할 수 있다. 하지만 이런 변화 이전에도 교통로가 있었다. 여객선을 이용한 근대적인 해상 운송 이전

2　이경엽, 『진도다시래기』, 국립문화재연구소, 2004; 이경엽, 『상례놀이의 문화사』, 민속원, 2017.
3　국제적인 인물이나 유명 인사들이 오가던 바닷길이 있고 관리들이 이용하던 길들도 있다. '소정방의 바닷길', '앤닌의 바닷길', '서긍의 바닷길', '『택리지』의 바닷길', '왕건의 바닷길', '삼별초의 바닷길' 등이 그것이다(강봉룡, 「섬과 바다에 새겨진 한국사」, 『섬과 바다의 문화읽기』, 2012, 24~29쪽). 이런 루트와 주민 주도 네트워크의 관련성을 다루는 것도 의미 있을 것이다. 하지만 둘의 성격이 다르고 주민 주도의 네트워크에 대한 연구가 없으므로 그것 자체에 충실할 필요가 있다.

에도 일상적인 영역에서 섬과 육지부, 섬과 섬 사이를 이어주는 네트워크가 있었다. 나룻배가 그것이다. 나룻배란 강이나 하천, 연안의 나루터를 오가며 사람이나 짐 등을 건네주는 배이다. 기존에 알려진 바로는 강의 좌우를 오가는 교통수단 정도로 여겼으나 도서지역에도 나룻배가 있었다.

나룻배는 섬과 섬 사이 또는 섬과 육지를 오가던 배다. 먼 바다에 외따로 떨어진 섬이라면 나룻배가 없지만 다도해처럼 여러 섬이 모여 있는 곳이라면, 특히 연안지역의 섬에서는 예외없이 나룻배가 있었다. 나룻배는 서로 연계돼 있으므로 권역을 이루기 마련이다. 섬의 크기에 따라, 그리고 부속 도서의 위치나 숫자에 따라 나룻배 권역이 달라질 수 있다. 소규모의 섬이라면 한 군데의 나루터로도 충분하지만, 규모가 크고 마을 수가 많고 또 바깥 세계와 연결되는 통로가 여러 개인 섬이라면 여러 군데에 나루가 설치돼 운영되었다.

나룻배 권역의 구체적인 사례를 살펴보기로 한다.

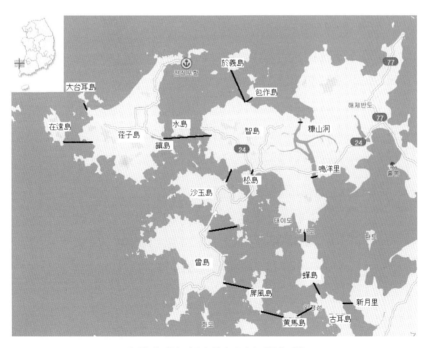

〈그림 1〉 신안 지도와 주변 도서의 나룻배 권역

〈그림 1〉은 신안군 지도智島 주변 섬들의 나룻배 권역을 나타낸 것이다. 지도는, 육지 쪽으로는 무안군 해제면 강산동, 명양리와 연결돼 있고 바다 쪽으로는 포작도, 어의도, 진도, 송도, 사옥도, 선도 등과 연결돼 있다. 또한 각 거점 섬들도 주변의 섬들과 나룻배로 연결돼 있다. 임자도는 태이도, 재원도와 연결돼 있고 진도를 통해 지도로 나갈 수 있다. 증도도 마찬가지로 부속도서와 이런 식으로 연결돼 있다. 이와 같이 지도를 중심으로 운영되던 나룻배 권역은 20세기 중반까지도 13개가 있었던 것으로 파악된다.[4] 이외에 병풍도 아래의 마산도, 대기점도, 소기점도, 소악도, 매화도 등까지 포함하면 더 많은 나룻배 권역이 있었을 것으로 추정된다.

섬 주민들은 나룻배를 이용해 인근 섬과 육지를 오갔다. 일터를 오가거나 친지를 방문하고 시장을 가고 행상을 다닐 때에도 나룻배를 이용했다. 이렇듯 나룻배 권역 내에서는 일상적인 교류가 빈번하게 이루어졌으므로 서로 비슷한 문화적 전통을 공유해왔다. 통혼권에 속하므로 이웃 섬까지 인척 관계나 사회적인 유대 관계가 확장돼 있는 경우가 많다. 이와 같은 나룻배 권은 개별 섬 단위에 국한되지 않은 권역 단위의 생활 네트워크에 해당한다고 할 수 있다.

나룻배는 외지의 여객선 회사에서 운영하는 것이 아니라 주민들이 공동으로 운영했다. 나룻배는 마을 공동 소유이거나 개인 소유인데, 이용하는 호수가 많아 뱃삯을 받는 것만으로 생계가 가능한 경우에는 사공이 개인 소유의 배를 갖고 운영했다. 나룻배는 정해진 구간을 왕복 운항하는데, 구간 거리가 멀 경우 정기적으로 왕복하고, 직선거리가 가까워 소리나 연기 등으로 의사소통이 가능한 곳은 수시로 왕복했다. 그리고 외양을 항해하는 나룻배는 바람의 영향을 받기 때문에 돛을 달고 다녔으며, 바람의 영향이 많지 않은 구간의 경우 돛 없이 노를 저어 운항하는 '너벅선'이라고 부르는 나룻배를 이용했다.[5]

지금까지 보았듯이 일상적인 영역에서 다도해의 각 섬은 나룻배로 촘촘하게 연결돼

---

4   고광민, 「나룻배와 나루터 이삭줍기 기행」, 『도서문화』 28집, 목포대학교 도서문화연구원, 2006, 340쪽.
5   고광민, 앞의 논문, 341~342쪽.

있었다. 수많은 섬이 흩어져 있는 다도해에는 해역 단위로 이런 나룻배 권역이 구축돼 있었다. 그래서 수많은 섬들이 흩어져 있지만 개별적으로 분산돼 있거나 고립돼 있지 않았다. 각 섬과 섬, 각 섬과 내륙의 나루로 연결돼 있는 나룻배는 다도해의 섬들을 연결하는 실핏줄과 같은 기능을 담당했다. 이런 점에서 나룻배 권역은 일상생활의 영역에서 운영되던 네트워크라고 할 수 있다.

3. 어로활동 네트워크

어로활동은 해양 생태환경에 대한 적응과 생존 전략이다. 그러므로 지속적이고 체계적으로 이루어진다. 어로활동은 채취와 고기잡이로 구분할 수 있고, 활동 영역으로 볼 때 인근 해역 어로와 원정 어로로 나눌 수 있다.

〈표 1〉 어로의 유형과 활동 양상

유형	활동 양상
채취어로	인근 해역 채취어로활동 / 원정 채취어로활동6[출가 해녀]
고기잡이	정치 어로활동 / 어선 어로활동(인근 해역 / 원정) – 낚시어로, 망어로

인근 해역 어로와 원정 어로는 계절별 변화에 따라 일정한 주기성을 갖는다. 먼 지역이라도 큰 어장이 형성될 시기에는 그곳에 가서 어로활동을 하며, 그렇지 않을 때

---

6 원정 채취어로는 제주도 해녀들의 사례가 대표적이다. 제주도 해녀들은 19세기 후반에 외지 어민들에 의해 어장이 침탈되고 수산 자원이 고갈되자 원정 어로에 나섰다. 동해안으로는 경북, 강원도, 함경도로 진출했고, 서해안으로는 황해도와 중국 발해만까지 진출했다. 또한 남해안의 흑산도, 완도, 진도, 부산, 거제도 등지로 나갔다. 그리고 일본 쪽으로는 대마도, 고치, 도쿄, 나가사키, 시즈오카 등지에 가서 물질을 했다(좌혜경 외, 『제주 해녀와 일본의 아마』, 민속원, 2004, 125~126쪽). 제주도 출가해녀들은 지금도 다도해를 비롯한 곳곳에서 활동하고 있다. 그들은 현지에서 장기 거주하며 제주도를 오가거나, 현지에서 결혼을 하고 정착해서 생활한다.

는 연근해에서 조업을 한다. 그 과정을 면밀히 살펴보면 원근 해역전체에 걸쳐 긴밀하게 연결돼 있는 네트워크를 발견할 수 있다.

　다도해 어민들은 계절별로 원근遠近 해역을 오가며 어로활동을 했다. 흑산군도에 자리한 다물도의 사례를 보기로 한다.

> 　漁業年中行事の概要を擧くれは則ち一,二,三月は南方苫島の外海に出て鰌釣お行ひ,四,五,六月は附近磯邊に於て海蘿及和布を採取し,七,八九月は北西方於靑島近海に出漁して鱶及鰌釣を爲し又內灣及外海に於て石首魚,鯖魚を營み且つ此時季に於て鰛を捕ふ,斯くして捕採物は此地に於て出買船に販賣し或は乾鹽藏品となし數人協同して各地方に行商し十二月頃に至りて歸村す.[7]

　위의 내용을 토대로 시기, 어장, 어법(어종)에 따른 어로활동 주기를 간추려 볼 수 있다.

〈표 2〉 흑산군도 다물도 사람들의 어로활동

시기	어장(지역)	어법 및 어종	기타
1월~3월	남방의 태도 외해	낚시, 가오리	
4월~5월	부근 기변(磯邊)	채취, 가시리·미역	
7월~9월	북서방의 어청도 근해	낚시, 상어·가오리	
	내만, 외해	낚시, 조기·청어·정어리	
~12월	각 지방		행상

　위의 표를 보면 다물도 어민들이 자신들의 거주 해역에 국한되지 않고, 흑산군도 최남단에서부터 북으로는 충청도 해역을 오가며 활동했음을 알 수 있다. 계절별로 인근 어장 어로와 원정 어로를 반복하며, 겨울철에는 각 지방을 다니며 행상을 했음을 볼 수 있다.

7　농상공수산국, 『한국수산지』 3권, 1910, 349~350쪽.

〈표 2〉는 다도해 여러 섬에서 볼 수 있는 패턴이다. 예를 들어 진도의 조도군도 어민들은 2월부터 5·6월까지 서해의 칠산도, 고군산도 등에 원정 어로를 다녀온 후 7월~10월에는 조도군도와 그 남쪽에서 조업 활동을 했다. 그리고 여수 거문도나 고흥 등지의 어민들은 봄이 되면 멀리 동해안의 울릉도로 가서 새 배를 만들고, 여름내 미역을 채취하고 고기를 잡다가 가을철에 북서풍이 불면 목재와 해조류, 말린 고기를 싣고 남하하면서 포구에 들러 물물교환을 하며 귀향했다. 그리고 가을에는 서해 쪽으로 가거나 인근 해역에서 조업을 했다.[8] 이와 같이 세부적인 내용에서는 섬마다 약간 차이가 있지만, 계절별로 원정 어로와 인근 해역 어로를 하면서 여러 지역과 교류활동을 해왔다. 이렇게 해서 관련 지역을 중심으로 한 다양한 어로활동 네트워크가 형성되었을 것으로 짐작된다.

원정 어로활동은 지속적이고 체계적으로 이루어졌다. 그것을 잘 보여주는 사례가 파시波市다. 파시는 해류를 따라 대단위 어군이 몰려들어 어장이 형성될 때 어선과 상선 그리고 각종 상인들이 모여들면서 만들어지는 바다의 시장을 말한다. 지금은 어족이 고갈되면서 파시가 형성되지 않지만 20세기 중반까지만 해도 다도해를 끼고 서해안 일대 여러 곳에서 파시가 형성되었다.

요시다 케이치가 그린 파시 위치도를 통해 전체적인 양상을 살필 수 있다.[9] 흑산도에서는 2~5월에 고래 파시, 2~3월에 조기 파시, 6~10월 고등어 파시가 형성되었다. 그리고 비금도에서는 3~6월에 강달어 파시, 자은도에서는 3~5월에 부서 파시, 임자도에서는 7~8월에 민어파시가 섰다. 〈그림 2〉에 나오는 여러 어장 중에서 칠산부터 그이북의 고군산군도, 녹도, 연평도 어장은 모두 조기 파시가 서던 곳이다. 칠산에서 3월에 시작된 조기잡이는 점차 북상해서 5월 경에는 연평도 근해에서 대단위 어장이 형성되었다.

---

8   이경엽, 「울릉도와 거문도 – 전라 남해안 어민들의 원정 어로활동」, 『2011 한국해양문화학자대회 자료집』, 목포대도서문화연구원, 2011.
9   吉田敬市, 「波市坪考 – 朝鮮に於ける移動漁村集落」, 『인문지리』 4-5통권17, 京都大學, 1954.

主要波市坪,

× 波市坪集落

0　　30㎞

鎭南浦　○平壤

海州半島　海州

龍湖島　龍湖

延平島　京城

仁川

鹿島　　群山

於靑島

古群山群島

蝟島

七山灘

木浦

大黑山島

羅老島

巨文島　対馬

済州島

〈그림 2〉 파시평과 파시평집락

파시 중에서 특히 지속적이고 장기적으로 이루어진 사례는 조기 파시다. 조기는 일정 시기에 대규모로 몰려왔으므로 가장 포괄적으로 영향을 미쳤다. 조기는 동중국해 쪽에서 서해로 올라오는 회유 어종이다. 쿠로시오 난류를 타고 산란을 위해 조기떼가 몰려들면 주요 길목과 산란장마다 어장이 형성되었다. 음력 3월에 칠산어장부터 시작해서 고군산군도, 녹도 쪽으로 북상하고 이어 5월 중순경에 연평도에 파시가 서고 평안도 용호도에 이르러 6월 중순 무렵에 종료되었다. 어부들은 어군을 따라 가며 조업활동을 했으므로 어장이 형성되는 곳마다 대규모가 파시가 섰다.

19세기 후반에 다도해를 관할하던 오횡묵吳宏黙(1833~?) 지도군수의 정무일지에 묘사된 칠산 파시 풍경을 보면 팔도에서 수천 척의 어선과 상선이 모여들어 활력이 넘쳤다는 것을 알 수 있다.

칠산바다 서쪽은 망망대해로서 해마다 고기가 많이 잡혀 팔도에서 수천 척의 배들이 이곳에 모여 고기를 사고팔며 오고 가는 거래액은 가히 수십만 냥에 이른다고 한다. 이때 가장 많이 잡히는 물고기는 조기로 팔도에서 모두 먹을 수 있었다.

『지도군총쇄록』, 1895년 5월 13일.

팔도의 배들이 모여들어 망을 설치한 자들이 수백 척이다. 상선의 왕래 역시 수천 척에 이른다.

『지도군총쇄록』, 1897년 2월 26일.

칠산어장을 낀 위도, 법성포 등지에는 대단위의 파시가 섰다. 1910년경 위도 치도리 파시의 현황을 통해 당시의 규모를 짐작해볼 수 있다. 오횡묵 군수가 봤던 때로부터 십수년이 지났고 일본인들이 진출해서 달라진 부분이 있겠지만 대체적인 풍경은 비슷했을 것으로 보인다. 위도에서는 한식에서 곡우 무렵까지 4~5주간 파시가 계속되었는데, 당시 어선이 1,100척(일본인 어선 400척, 한국인 어선 700척)이 집결하고 5,500여 명(일본인 2,000명, 한국인 3,500명)의 어부가 모여들었다. 또한 이들에게 일용품을 판매하는 상인과 음식점, 요리점 선구점 등이 들어서고, 유흥업에 종사하는 작부들도 수십 명이 이주해서 머물렀다. 또한 기존 마을 주변에 출신 지역에 따라 일본인촌, 제주촌, 충청촌 등이라고 부르는 새로운 촌락이 형성되었다.[10] 치도리 이외에도 여러 마을에서 파시가 섰으므로 주변까지 포함하면 그 규모가 대단했을 것으로 짐작된다.

파시는 여러 지역에서 모인 어부와 상인, 유흥업소 종사자 등이 집결하던 공간이다. 여러 지역과 업종 사람들이 교류하던 공간이므로 나름의 연결망이 작동되고 있었다. 출신 지역에 따라 촌락이 형성될 정도로 여러 지역 사람들이 모여 들었고, 현지 주민들과의 유대 관계도 조성되었다. 매년 주기적으로 파시에 집결했으므로 지속적인 관계망이 필요했다고 할 수 있다. 그것을 잘 보여주는 사례로, 위도 대리마을의 제당을 중수할 때(1900년) 작성된 추렴기에 나온 기부자 명단을 들 수 있다. 이 기록에는 현지 주민들 이외에 외지 사람들의 명단이 나온다. 이들의 출신은 황해도 옹진, 충남 아산·광천·서천, 전북 계화도·군산·부안·웅포·격포·고군산·김제·태인, 전남 지도·완도 추자도 등으로 다양하다.[11] 남쪽으로 추자도부터 북으로 황해도 옹진까지 출신 지역도 다양하다. 이들은 칠산파시에 모여든 상인과 어민들인 것으로 짐작된다. 기록 속에 '상선商船', '대소선大小船', '선船' 등이 언급되는 것으로 보아 파시 따라 위도에 찾아들던 외지의 상선과 어선 또는 어민들이 제당 중수에 참여했던 것으로 보인다. 이처럼 여러 지역 인사들이 마을 제당을 개축할 때 기부한 것에서 보

---

10 김일기, 「곰소만의 어업과 어촌 연구」, 서울대 박사학위논문, 1988, 112~114쪽.
11 서정원, 「위도 띠뱃놀이 '원당중수기(1900년)' 연구」, 『도서문화』 37집, 도서문화연구원, 2011, 99쪽.

듯이 어로활동을 매개로 긴밀한 네트워크가 형성돼 있었음을 알 수 있다.

어업활동은 계절별로 반복되는 주기성이 있으므로 그에 따른 네트워크도 지속성을 띠었을 것으로 보인다. 조기 파시를 통해 볼 수 있듯이 원정 어로는 해마다 주기적으로 반복된다. 그리고 시기에 따라 해역을 이동하며 연쇄적으로 교차하는 현상을 보여준다. 또한 일방향으로만 이루어지지 않고 양방향으로 이루어진다. 남쪽에서는 북쪽으로 올라가고 반대로 북에서는 남으로 내려오며, 또 동서를 서로 오가며 해역을 교차하면서 교류하는 특성을 보여준다. 그리고 어선이 모여들 때는 항상 상선이 동반하는 까닭에 생산과 교역이 함께 이루어졌다. 이와 같이 파시와 원정 어로활동이 활발하게 이루어지던 다도해 지역은 대단히 역동적인 네트워크를 갖고 있었다고 할 수 있다.

4. 교역활동 네트워크

교역은 생산자가 직접 나서는 사례도 있고 중간에서 상인이 매개하는 형태도 있다. 어느 경우든 물물교환 방식이 주를 이룬다. 전자는 어로활동의 연장선상에서 이루어지며, 염장 또는 건조한 어물을 어민들이 직접 교역하는 형태다. 전문적인 중개자의 개입은 생산지와 소비지의 거리가 멀거나, 현지에서 쉽게 구할 수 없는 물품을 매매할 경우에 나타난다.

다도해에서 전통적으로 교역을 주도하던 그룹은 어상배[상고선], 옹기배, 소금배, 객주 등을 들 수 있다. 이들은 취급 물품을 생산지에서 선적해서 각지로 다니면서 판매를 했다. 그리고 귀항 과정에서 물물교환으로 받은 물품을 다른 품목으로 되팔거나 화폐로 교환하는 방식으로 교역을 했다. 생산지를 기준으로 본다면, 수산물과 소금은 다도해의 섬과 연안지역이 출발지가 되며, 옹기는 연안이 출발지가 되며 섬은 소비지가 된다.

어상[상선]을 중심으로 다도해의 교역활동을 살펴보기로 한다. 〈표 2〉에서 봤던 흑산군도 다물도의 사례를 다시 보기로 한다. 다물도에서는 수산물을 출매선에 판매하기도 하고, 여러 사람이 협동해서 각 지방으로 다니면서 행상을 했다.[12] 이 방식은 다른 지역에도 마찬가지로 적용된다. 출매선出買船이란 섬을 찾아다니며 그 섬의 특산품을 구매하는 전문적인 상인을 말한다. 상선商船 또는 여상旅商으로 기록되기도 한다. 이들은 파시에 모여들던 상선과 달리 각 섬의 생산지를 찾아다니며 수산물을 구매하고 섬에서 구하기 어려운 물품이나 곡물 등을 판매했다. 한편 어민들이 직접 판매하는 경우도 있는데, 건조하거나 염장 처리한 어물을 갖고 내륙으로 다니면서 행상을 했다. 행상은 주로 여자들이 담당했다.

교역은 체계적인 네트워크를 기반으로 이루어진다. 다도해에서 전통적으로 이루어지던 사례를 들기로 한다.

ⓐ 〈三苫島〉

島民は全然漁業に衣食し…本島(三苫島)は古來牛耳島との往來頻繁にして生活物資は多く同島旅商の供給を仰けり 蓋し同島は物産に富ます隨て島民の多くは旅商に依りて生計を營むに由る.[13]

ⓑ 〈牛耳島〉

航海業の發達を來し島民中商船を以て周年大陸其他各島間に往來して商業を營むもの割合に多し…往來する場所は大陸にては 羅州, 靈巖, 海南, 法聖浦, 茁浦 等にして, 各島にては 三苫島, 大黑山群島, 羅州群島 等なり.[14]

ⓐ는 먼 바다에 자리한 삼태도에 대한 기록이며, ⓑ는 원해와 대륙의 중간에 위치한 우이도에 대한 기록이다. 삼태도와 우이도는 먼 거리에 있는 섬이지만 긴밀한 관

---

12 農商工水産局, 『韓國水産誌』 3卷, 1910, 350쪽.
13 위의 책, 350쪽.
14 위의 책, 352~353쪽.

계였다고 한다. 그것은 교역 네트워크에 의한 것이었다. 삼태도처럼 원해에 위치한 도서 주민들은 섬에 찾아온 우이도 상선에 어물을 판매하고, 상선이 제공하는 생활물품을 공급받았다. 그리고 우이도 상인들은 원해의 여러 섬과 대륙을 이어주는 중간 고리 역할을 했다. 우이도는 예부터 항해업이 발달해서 대륙과 각 섬을 오가며 교역을 해왔다. 그래서 "1년 내내 대륙과 각 섬 사이를 왕래하며 상업을 하는 사람이 상당히 많았다."고 한다. 표해록를 남긴 우이도 어상 문순득의 사례가 대표적이다. 문순득 일행은 1801년 겨울에 홍어를 사기 위해 흑산도 아래 삼태도로 가다가 조난을 당해 오키나와, 필리핀 등지를 다닌 후에 귀환했다. 그의 행적이 정약전에 의해 정리돼

〈그림 3〉 우이도의 어상 문순득은 홍어를 사러 나섰다가 표류를 경험했다. 그의 표류 여정이 담긴 책 『표해시말』을 펴고서 설명하는 후손 문채옥(2005.7.22)

『표해시말』이란 기록으로 남아 있다.

한편 교역의 네트워크는 두 꼭지점을 잇는 단선적인 것이 아니라 양쪽으로 벌려진 부챗살처럼 다각적이다. ⓑ의 기록을 간추린 아래 도면처럼, 다도해의 각 섬은 내륙 연안의 여러 포구와 긴밀하게 연결돼 있었다. 체계적인 교역 활동이 이루어졌음을 알 수 있다.

〈표 3〉 우이도 상선을 매개로 한 교역 네트워크

왕래지(각 섬)	상선	왕래지(대륙)
삼태도 대흑산군도 나주군도 등	우이도 어상	나주 영암 해남 법성포 줄포 등

교역의 내용에 따라 네트워크의 형태는 다양하게 나타난다. 다도해에서 널리 활동

했던 옹기배의 경우 옹기 판매를 전제로 한 교역을 했다. 옹기는 주로 해안가에 자리한 마을에서 제작되어 뱃길을 따라 유통되었다. 옹기배는 고기가 많이 잡히는 지역이나 면화 또는 쌀이 대량으로 유통되는 지역을 찾아다니며 교역을 했다.[15] 특정 지역에 국한하지 않고 물건이 많이 나오는 지역을 물색해서 옹기를 팔았다. 옹기배 역시 물물교환 방식이 많았는데, 예를 들어 고기가 많이 잡히는 쪽으로 출항한다면 먼저 옹기와 물고기를 교환하고, 그 물고기를 다른 곳으로 가져가서 곡물이나 화폐로 교환하는 식으로 교역을 했다. 경로 상에 자리한 여러 포구를 찾아다니며 연쇄적인 교역 활동을 했던 것이다.

다도해에서 이루어지던 교역활동은 생산활동과 긴밀한 관계가 있었다. 파시에 몰려들던 상선도 그렇고 섬마다 찾아다니던 여상도 마찬가지라고 할 수 있다. 그리고 연안 포구를 중심으로 대단위 교역활동이 이루어지기도 했다. 특히 어염 생산이 활발한 포구 어촌은 해당 지역 교역의 창구 역할을 담당하기도 했다. 그리고 그 규모가 클 경우 네트워크의 범위가 크게 확대되었다.

전국적인 교역 네트워크를 갖고 있던 전북 부안읍 대벌리大筏里의 사례를 보기로 한다. 대벌리는 계화도界火島 간척사업(1963~1976)이 실시되기 전에는 갯벌을 끼고 있는 어촌이었으나 지금은 농촌으로 탈바꿈한 마을이다. 예전에 이 마을은 염업이 대단히 성했으며, 칠산 바다를 끼고 있어서 어업 역시 발달했다. 이 마을에는 당제 기부 내역을 적어 놓은 「대벌당제大筏堂祭」(1897~1975)라는 문서가 전하는데, 거기에 전국 각 지역 기부자의 명단이 기록돼 있어 놀라움을 준다. 1897~1908년 사이의 외지 기부자 중 확인 가능한 행정구역을 정리하고 그 지역을 지도에 표시해보기로 한다.

15　국립해양문화재연구소, 『옹기배와 전통항해』, 2010, 140쪽.

소금 생산지 부안 대벌의 교역 네트워크
(당제 문서에 등장하는 외지 기부자, 1897~1908)

권역		지역
전라도	다도해	추자도, 보길도, 가거도, 잉도, 완도, 추도, 삼도, 위도, 낙월도, 송이도, 여수, 경도, 탄치(지도), 기좌, 무안 목항(목포), 무안 삼향, 광도, 비응도, 기좌도, 매화도, 영광 법성포, 군산
	인근 마을	교촌, 돈지, 신궁, 지비리, 궁안, 지지포, 송정리, 지산 월호, 농주동
	내륙	전주, 태인, 담양, 정읍, 김제
제주도		제주, 주원, 동면, 조천, 광평, 오조리, 애월
충청도		홍주, 황도, 율도, 보령, 청양, 강경
경기도		인천, 경성, 양주
황해도		해주
함경도		길주, 명천, 원산
평안도		평양
강원도		삼척
경상도		성주, 남해, 마산, 동래, 사천 팔호

〈그림 4〉 부안 대벌리의 교역 네트워크

　부안 대벌마을은 다도해 북쪽에 자리한 한 어촌일 뿐인데 교류 지역은 전국적이다. 문서 전체가 아닌 19세기 후반~20세기 초반 10년 정도의 내용인데도 간단치가 않다. 교류 지역을 일별해보면 우선 다도해의 각 섬이 가장 많다는 것을 알 수 있다. 그리고 서해안과 남해안의 연안 포구와 멀리는 경성(서울)과 황해도 및 평안도, 함경도 지역까지 등장한다. 또한 바다와 무관한 내륙 지역도 나온다.

　각 지역의 기부자들은 교역활동과 밀접한 관계가 있는 인사들로 보인다. 마을 주민 이외에 외지 인사들이 당제 기부에 적극 참여한 것은 실질적인 이해관계가 있기 때문으로 보인다. 당제 기금 모금을 위해 작성된 '단자單子'를 보면, "神其灵而 遠察海外 近護洞中 商船居民 無非賴此之神灵也 由是乎 船遇順風而利"라는 구절이 있다. 이걸로 볼 때 염업 및 어업과 관련해 어선과 상선 출입이 빈번했던 것으로 보이며, 문서에 나오는 각 지역 인사들은 외지 투자자나 상인인 것으로 추정된다. 이들이 현지 사업이 번창하기를 기원하고 주민들과의 원만한 관계를 유지하기 위해 당제에 기부를 한 것으로 보인다. 그리고 그것이 일회적이지 않고 매년 주기적으로 지속되는 것에서 볼 때 실질적인 네트워크에 토대를 두고 있음을 알 수 있다.[16]

이상의 사례를 통해 볼 때 다도해의 교역활동이 다각적이고 다층적으로 이루어졌음을 알 수 있다. 어업과 염업을 매개로 한 교역 네트워크가 잘 갖추어져 있고, 각 섬과 연근해 포구, 그리고 지역 간에 긴밀하고 지속적인 연결망이 구축돼 있었음을 알 수 있다. 그리고 규모가 큰 교역활동이 이루어질 경우 전국적인 네트워크가 작동했음을 알 수 있다. 다도해가 생산 및 교역 활동의 중심지였다고 말할 수 있다.

5. 네트워크에 토대를 둔 교류의 다양성

전통적으로 다도해에는 대내·외적으로 여러 경로의 연결망이 구축돼 있었다. 앞에서 살펴본 대로 다도해 사람들이 작동시켜온 네트워크는 크게 세 영역으로 나눠볼 수 있다. 일상생활·어로활동·교역활동의 네트워크를 통해 다도해의 섬들은 안팎의 다른 지역과 유기적으로 연결돼 있었다.

다도해의 각 섬은 흩어져 있지만 개별적으로 고립돼 있지 않고, 나룻배로 촘촘하게 연결돼 있었다. 각 섬과 섬, 각 섬과 내륙의 나루로 연결돼 있는 나룻배는 다도해의 섬들을 연결하는 실핏줄과 같은 기능을 담당했다. 나룻배 권역 내에서는 일상적인 교류가 이루어지고 서로 비슷한 문화적 전통을 공유해왔다. 통혼권에 속하므로 이웃 섬까지 인척 관계나 사회적인 유대 관계가 확장돼 있는 경우가 많다. 나룻배 권역은 개별 섬들을 이어주는 일상생활 영역의 네트워크에 해당한다고 할 수 있다.

다도해에는 어업활동을 중심으로 한 다양한 네트워크가 형성돼 있었다. 계절별로

---

16 대벌리의 당제 문서에 대해서 이 책의 4부 2장 「어촌의 경제적 배경과 마을굿의 변모」에서 자세히 다루었다.

원정 어로와 인근 해역 어로를 하면서 여러 지역과 교류활동을 해왔다. 대외적인 네트워크는 원정 어로활동을 중심으로 작동되었다. 파시 따라 위도에 찾아들던 외지의 상선과 어선·어민들이 제당 중수에 참여한 내용을 기록한 위도 대리의 「원당중수기」에서 그 정황을 볼 수 있다. 여러 지역 인사들이 마을 제당을 개축할 때 기부한 것에서 보듯이 어로활동을 매개로 긴밀한 네트워크가 형성돼 있었음을 알 수 있다. 원정 어로활동은 시기에 따라 연쇄적으로, 그리고 양방향에서 이루어졌다. 남쪽에서는 북쪽으로 올라가고 반대로 북에서는 남으로 내려오며, 또 동서를 서로 오가며 해역을 교차하면서 교류하는 특성을 보여준다. 그리고 어선이 모여들 때는 항상 상선이 동반하는 까닭에 생산과 교역이 함께 이루어졌다. 이와 같이 파시와 원정 어로활동이 활발하게 이루어지던 다도해 지역은 대단히 역동적인 네트워크를 갖고 있었다고 할 수 있다.

교역의 네트워크는 두 꼭지점을 잇는 단선적인 것이 아니라 양쪽으로 벌려진 부챗살처럼 다각적으로 이루어졌다. 우이도 어상의 사례를 통해 본 것처럼 다도해의 각 섬은 내륙 연안의 여러 포구와 긴밀하게 연결돼 있었다. 다도해에서 이루어지던 교역활동은 생산활동과 밀접한 관계가 있다. 파시에 몰려들던 상선, 섬마다 찾아다니던 여상, 옹기를 팔러다니던 옹기배 등에서 그것을 볼 수 있다. 또한 어염 생산이 활발한 포구 어촌은 교역의 창구 역할을 담당했으며, 그 규모가 클 경우 네트워크의 범위가 확장되었다. 부안읍 대벌리의 사례는 전국적인 교역 네트워크를 보여준다. 「대벌당제」 문서에서 보듯이 염업·어업과 관련해 출입하던 외지 상선·어선들이 마을 당제에 많은 금액을 기부했는데, 매년 주기적으로 지속되는 것에서 볼 때 실질적인 네트워크가 유지되고 있었음을 알 수 있다.

다도해의 사회문화적 네트워크를 토대로 문화적 다양성이 구축돼왔다고 할 수 있다. 다도해의 문화 전통을 보면, 지역성이 강한 문화와 더불어 다른 지역에서 유래된 문화들이 어우러져 있는 것을 발견하게 된다. 바다로 인해 격리돼 있지만 바다를 통해 외부와 소통하는 섬의 양면성에서 보듯이 도서·해양문화는 한 가지 측면만으로 제한되지 않는다. 특히 다도해처럼 무리지어 섬들이 모여 있는 곳은 고립이나 단절 현상이 두드러지지 않는다. 그리고 타 지역과의 교류를 통해 유입된 문화들이 주민들의 생활 속에 자연스럽게 수용돼 있다. 전래된 문화만이 아니라 여러 지역에서 들어온 것들이 합해져 다양성을 띠고 있는 것이다. 이와 같은 문화적 다양성의 배경에는, 다도해 사람들의 사회문화적 네트워크가 자리하고 있다고 생각된다.

다도해의 전승문화를 보면 다른 지역에서 유입되거나 전파된 것들이 적지 않다. 유래를 본다면 남도지역과 무관한 것들도 있다. 예를 들어 다도해의 어업노동요나 장례의식요에 황해도나 경기도풍의 노래가 전승되는 사례가 많이 있다. 농업노동요에 사당패 계열의 노래가 들어 있고, 풍물굿 속에 남사당놀이가 끼어 있는 사례도 있다. 지리적으로 멀리 떨어지고 또 계열이 다른 문화가 유입돼 있는 것이다. 이와 같이 다도해의 문화 전통 속에는 여러 지역에서 유래된 문화가 혼재돼 있다. 지역 내의 것만이 아니라 외래적인 것들이 유입되고 복합되면서 문화적 다양성을 만들어왔다고 할 수 있다.

다도해의 문화적 다양성은 타지역과의 교류에 의한 것이라고 할 수 있다. 다도해 사람들은 외부 세계와 단절된, 고립된 생활을 하지 않았다. 어업활동이나 교역을 통해 다른 지역과 교류를 해왔다. 그것이 지속적으로 펼쳐졌고, 외부인이 단순히 지나쳐 가는 경유지의 개념이 아니라 주민들이 주체가 돼서 소통해온 과정이므로 실질적으로 다양한 문화 교류를 낳았을 것으로 본다. 문화 교류는 포구를 통해 이루어졌다. 포구는 수산물의 집산, 가공, 판매 등이 종합적으로 이루어지는 공간이다. 인적·물적 교류가 잦았으므로 그에 따른 문화 교류도 활발하게 이루어졌다. 포구는 육지 쪽으로는 농촌 및 배후 장시와 연결되고 바다로는 해로를 통해 멀리 떨어진 지역과도 연결된다. 그러므로 더욱 안정적이고 지속적인 교류의 장을 제공할 수 있었다. 여기서 언급하는 문화 교류는 다름 아닌 포구와 뱃길을 매개로 해서 전파되고 유통되던 것이라고 할 수 있다. 교류와 문화다양성의 상관관계를 보여주는 사례라는 점에서 색다르게 주목할 필요가 있다.

제2장

남해안 어민들의 원거리 어로활동과 교류

1. 머리말

도서성島嶼性 또는 해양성海洋性을 탐구하고자 할 때 고려해야 할 것이 몇 가지 있다. 역사·문화적인 문제나 생태적인 조건을 다루되 어떤 관점에서 무엇을 주목할 것인지가 중요하다. 섬에 대한 관행적인 인식 태도를 극복하는 것도 필요하다. 섬이란 바다에 의해 격리돼 있지만 다른 한편으로 바다를 통해 외부와 연결되므로 양면적인 특성이 있다. 격리된 부분을 강조한다면 도서지역이 고립돼 있다고 느낄 것이다. 하지만 이는 상대적인 것일 뿐 절대적이지 않다. 다른 한편으로 개방적인 측면을 강조할 수 있는데, 실제 해로를 이용한 국제 관계나 교류의 사례를 통해 해양문화의 개방성을 언급하는 논의도 있다. 하지만 이 경우도 그 지역과 실질적으로 긴밀하게 연관된 사례가 아니라면 일반론에 그칠 뿐이다.

도서지역의 문화적 특성을 규명하기 위해서는 기존의 논의 구도와 다른 새로운 접근이 필요하다. 첫째, 섬과 주민들의 생활을 직접적으로 설명할 수 있는 자료를 근거로 해야 하며, 둘째, 외부인의 활동상이 아닌 현지인의 입장을 중심에 놓고 접근해야 한다. 국가나 제도권의 사실들을 염두에 두되 현지 주민들의 활동상이 주된 사례로 다뤄져야 한다. 국제 교류나 국가 단위의 사건이나 영웅들의 활동상을 근거로 지역을 논하는 것은 한계가 있다. 그 경우 대개 해당 섬들이 경유지 정도로 다뤄지고 말기 때문이다. 또한 중앙 정계에서 쫓겨나 유배온 사람들이 느끼는 고립의 상태를 주민들에게 그대로 적용하는 것은 적합하지 않다. 유배인은 당연히 고립무원의 단절 상태를 느끼겠지만 현지에서 생활하는 주민들은 섬과 바다가 삶의 터전이므로 그렇게 느낄 이유가 없다. 그러므로 유배지라는 점을 근거로 도서지역의 고립성을 말하는 것은 설득력이 별로 없다.

이런 점들을 염두에 두고, 이 글에서는 남해안 어민들의 원거리 어로활동에 대해 살펴보고자 한다. 어민들은 먼 거리까지 다니며 고기를 잡고 교역을 했으며, 그 과정에서 구축한 사회문화적 네트워크를 토대로 지속적이고 다양하게 활동해왔다. 그 동안 이런 문제를 별로 주목하지 않았으나 사례별 연구를 심화하고 그것을 종합적으로 정리할 필요가 있다.[1] 2011년 전국해양문화학자대회에서 「울릉도와 거문도」를 발표하고 먼 거리에 떨어진 두 지역이 전라도 남해안 어민들에 의해 긴밀하게 연결돼 있음을 밝힌 바 있다. 이번에는 그와 같은 일이 특정 지역에 국한되지 않고 일반화돼 있었다는 것을 말하고자 한다. 이를 통해 도서문화의 실상을 더 다채롭게 설명할 수 있을 것으로 기대한다.[2]

2. 어로활동의 유형

어로활동은 해양 생태환경에 대한 적응과 생존 전략이다. 그러므로 지속적이고 체계적으로 이루어진다. 어로활동은 채취와 고기잡이, 양식 등으로 구분할 수 있고, 활

---

1 이경엽, 「다도해의 문화적 다양성과 사회문화적 네트워크」, 『도서문화』 39집, 목포대 도서문화연구원, 2012.
2 이 글에서 다루는 사례는 어선이 대형화·기계화되기 이전 20세기 중반 무렵까지의 자료다. 원거리 어로활동이 기계화 이전부터 이루어지던 전통적인 방식이었음을 알 수 있다.

동 영역으로 볼 때 인근 해역 어로와 원거리 어로로 나눌 수 있다.

　　○ 채취 어로－패류·해조류 채취(인근 해역 채취활동 / 원거리 채취활동[출가 해녀])
　　○ 고기잡이－정치 어로활동 / 어선 어로활동(인근 해역 고기잡이 / 원거리 고기잡이)
　　○ 양식－패류·해조류·어류 양식(인근 해역 양식)

　채취 어로는 갯벌과 연안에서 다양하게 이루어진다. 일반적인 채취활동은 공동체가 관리하는 연안 해역에서 이루어진다. 간혹 이웃 섬까지 확대되는 사례도 있으나 그 경우라도 공동체에서 관할하는 구역 내에서 이루어진다. 원거리 채취어로는 전문 무레꾼들의 활동에서 찾을 수 있으며 제주도 출가 해녀들의 사례가 대표적이다. 제주도 해녀들은 19세기 후반에 외지 어민들에 의해 어장이 침탈되고 수산 자원이 고갈되자 원정 어로에 적극적으로 나섰다. 동해안으로는 경북, 강원도, 함경도로 진출했고, 서 해안으로는 황해도와 중국 발해만[3]까지 진출했다. 또한 남해안의 흑산도, 완도, 진도, 부산, 거제도 등지로 나갔다. 그리고 일본 쪽으로는 대마도, 고치, 도쿄, 나가사키, 시즈오카 등지에 가서 물질을 했다.[4] 제주도 출신 해녀들은 지금도 동해안과 다도해 곳곳에서 활동하고 있다. 그들은 현지에서 장기 거주하며 제주도를 오가거나, 현지에서 결혼을 하고 정착해서 생활한다.

　고기잡이는 일정 구역에 어구를 설치하는 형태와 어선을 이용하는 형태로 대별된다. 바다가 오염되고 어족이 고갈되면서 정치 어로의 비중이 많이 줄었으나 얼마 전까지도 연안 곳곳에서 다양한 정치 어로가 이루어졌다. 어선 어로활동은 낚시어로, 망어로로 나누어 볼 수 있다. 거주지 주변 해역뿐만 아니라 먼 거리에 있는 지역까지 진출하는 원정 어로활동이 있다.

3　조선왕조실록에 한반도 어민들이 발해만에 진출해서 활동한 사례들이 남아 있고, 현지 노인들을 통해 한반도 어민들의 활동 모습과 한반도와의 교류에 대한 구전을 들을 수 있다(이경엽 외, 『중국 발해만 의 해양민속』, 민속원, 2004).
4　좌혜경 외, 『제주 해녀와 일본의 아마』, 민속원, 2004, 125~126쪽.

양식이란 자연적인 조건을 극복하기 위해 시설물을 설치하거나 수산물의 성장 과정에 인위적인 단계를 투입하는 어로활동이다. 갯벌이나 수심이 깊지 않은 연안에서 주로 시행되지만 요 근래에는 양식 기술이 발달하면서 원해지역까지 확대되는 추세다. 양식도 거주 해역을 벗어나 원정 어로형태로 이루어지는 사례도 있다.

인근 해역 어로와 원정 어로는 계절별 변화에 따라 일정한 주기성을 갖는다. 먼 지역이라도 큰 어장이 형성될 시기에는 그곳에 가서 어로활동을 하며, 그렇지 않을 때는 연근해에서 조업을 한다. 그 과정을 면밀히 살펴보면 원근 해역 전체에 걸쳐 긴밀하게 연결돼 있는 네트워크를 발견할 수 있다.

어민들은 계절별로 원근遠近 해역을 오가며 어로활동을 했다. 흑산군도에 자리한 다물도의 사례를 보기로 한다.

漁業年中行事の概要を擧くれは則ち一, 二, 三月は南方苔島の外海に出て鱝釣お行ひ, 四, 五, 六月は附近磯邊に於て海蘿及和布を採取し, 七, 八九月は北西方於青島近海に出漁して鱏及鱝釣を爲し又內灣及外海に於て石首魚, 鯖魚を營み且つ此時季に於て鰮を捕ふ, 斯くして捕採物は此地に於て出買船に販賣し或は乾鹽藏品となし數人協同して各地方に行商し十二月頃に至りて歸村す.[5]

연중 어업활동의 개요를 들면, 1~3월은 남방 태도의 외해로 진출해서 낚시로 가오리를 잡고, 4~6월은 부근 해변에서 가사리·미역 등을 채취하고, 7~9월은 북서방 어청도 근해로 진출해서 상어·가오리를 낚시로 잡고 또 내만과 외해에서 조기·청어를 잡고 다른 한편으로 이 계절에 정어리를 잡는다. 이렇게 해서 포획한 물건은 다른 지역에서 온 출매선에 판매하고, 혹은 건조하고 염장한 물품은 여러 사람이 협동해서 각 지방에 행상을 나가고 12월경에 마치고 귀촌한다.

위의 내용을 토대로 시기, 어장, 어법(어종)에 따른 어로활동 주기를 간추려 보기로 한다.

---

5   농상공수산국, 『한국수산지』 3권, 1910, 349~350쪽.

〈표 1〉 흑산군도 다물도 사람들의 어로활동

시기	어장(지역)	어법 및 어종	기타
1월~3월	남방의 태도 외해	낚시, 가오리	
4월~5월	부근 기변(磯邊)	채취, 가사리 · 미역	
7월~9월	북서방의 어청도 근해	낚시, 상어 · 가오리	
	내만, 외해	낚시, 조기 · 청어 · 정어리	
~12월	각지방		행상

〈표 1〉에서 보듯이, 다물도 사람들은 계절별로 인근 어장 어로와 원정 어로를 반복했다. 1~3월에는 남쪽 태도 바깥 바다에서 가오리 낚시를 했으며, 4~5월에는 섬 주변 바닷가에서 가사리 · 미역 등을 채취했으며, 7~9월에는 어청도 부근에서 상어 · 가오리 낚시를 하거나, 내만 · 외해에서 조기 · 청어 · 정어리 등을 잡았다. 그리고 겨울이

〈그림 1〉 흑산해역에서 운용되던 전통한선 재현된 가거도 배

되면 각 지방을 다니며 건조·염장된 해물을 갖고 다니며 행상을 했다. 계절에 따라 행상을 했다. 계절에 따라 흑산군도 최남단에서부터 북으로는 충청도 해역을 오가며 활동했음을 알 수 있다. 이런 양상은 약간의 방식 차이가 있을 뿐 여러 지역에서 쉽게 볼 수 있다. 다음 장에서는 원거리 어로활동에 대해 더 자세히 살펴 보기로 한다.

3. 원거리 어로활동의 양상

영광 법성포나 위도 등지에서 민속조사를 하다보면 아랫녘 배 또는 웃녘 배들의 활동에 대해 들을 수 있다. 요즘엔 어장이 형성되지 않아 외지 배들이 예전처럼 많이 모이지 않지만 얼마 전만 해도 철 따라 각지에서 어선과 상선이 모여 들어 파시가 서고 교역이 이루어졌다. 위도 등지에서 웃녘이라고 하면 충청도 쪽을 말하고 아랫녘이라면 진도 조도, 고흥 나로도, 여수 초도, 경남 통영 등을 지칭한다. 각 지역 어선들이 남진 또는 북진 또는 서진하면서 다양하게 활동했음을 알 수 있다.

남해안 어민들은 한편으로는 서해안 쪽으로 나가기도 하고 경우에 따라서는 동해안으로 진출하기도 했다. 두 경우로 나누어 살펴보기로 한다.

1) 서해안으로 진출한 사례

여수 초도·거문도, 고흥 나로도, 진도 조도군도 등지의 어민들은 예로부터 서해안으로 진출해서 어로활동을 해왔다. 초도의 사례를 자세히 살펴보기로 한다. 19세부터 25년 정도 돛단배를 탔던 박기철 할아버지에 의하면 초도 세 마을에는 각기 20여 척 이상의 배가 있었으며 계절에 따라 여러 지역을 다니며 조업을 했다고 한다. 선단을 이루지 않고 개별적으로 조업을 했지만 계절별로 어군을 찾아 움직이는 것은 마찬가지라고 했다. 그를 통해 파악한 1940~60년대 초도 어민들의 어로활동을 간추려보기로 한다.[6]

〈표 2〉 여수 초도 어민들의 계절별 어로활동

시기	지역	어종	비고
정월 보름~2월	인근 해역	밴댕이, 병어, 새우	
2월 그믐	가거도	양풀, 조기	
3월 초순	칠발도, 우이도	조기, 민어, 복쟁이	
4월(곡우사리)	칠산도	조기	
5월(입하사리)	연평도	조기	
5월(소만사리)	칠발도	황석어	
6월~7월초	임자도 밖, 법성포	병어, 갈치, 조기, 장어	
7월 그믐	진도 울돌목(우수영)		귀항(배, 보리 구입)
8월~12월	조도군도, 여수, 부산, 울산	갈치	

박기철 어르신에 의하면 초도 어민들은 음력 2월 초에 조업을 나간 이후 7개월 정도 원정 어로에 나섰다가 8월이 돼서야 고향에 돌아왔다고 한다. 첫출어시에는 고사를 성대하게 지내고 또 주요 길목에서 어로 안전을 비는 고사를 지냈으며, 어장에 도착해서는 어군의 이동을 따라 조업을 했다. 초도 배들이 서해안 쪽으로 방향을 잡은 가장 큰 이유는 조기였다. 봄철에 산란을 하기 위해 서해안에 몰려드는 조기떼를 주 목표로 삼아 조업했으며, 더불어 다른 어종을 어획하면서 이동 어업을 했다. 주요 지점을 들면 '2월 그믐사리 소흑산도 → 곡우사리 칠산바다 → 입하사리 연평도 → 소만사리 칠발도'이다. 그리고 8월에 귀항 이후에는 남해안의 서쪽과 동쪽을 다니면서 갈치잡이를 했다.

초도 어민들이 서해안으로 원정 어로를 다니면서 거점으로 삼은 곳은 비금도 솔치였다. 봄어장을 찾아서 흑산군도 일대에서 조업을 하다가 조금 무렵이 되면 솔치로 입항해서 어구 손질을 하고 부식을 마련했으며, 이후로도 서해안을 오르내리다가 솔치에 들러 머물렀다고 한다. 그리고 현지 여인을 '각시 얻어' 살았으며 갖가지 일을 처리할 수 있어 고향이나 다름 없는 곳이라고 인식했다고 한다.

---

6   2010년 8월 20일~21일 여수시 초도 의성리. 박기철(남, 78세) 할아버지 면담.

여기 사람들은 비금으로 갔어. 비금은 가가 굉장히 넓거든. 고향이나 다름없어. 여기 오나 거기 가나 한가지야. 거기에 각시 얻은 사람 천지야. [비금 어느 마을입니까?] '솔치'라고 있어. 여기 사람이 가야 파시가 서고 얻어먹고 그란께 지그집으로 손님 많이 끌라고 그라제. 그란께 자연히 친해지지. 웬만한 집들, 할머니있는 집들은 빨래도 다 해주고 그랬는디.

…(중략)… 거기를 와야 연락도 되고 통화를 하지 거기는 배가 많이 모이기 때문에 지방에서 누가 와도 올라와. 올라온 사람이 연락을 해. 누가 어디 간다고 하더라 어쩌더라 그러면 거기에서 많이 선주들끼리 하기 때문에 의성리에서도 오고, 대동리에서도 오기 때문에 거기를 연락처로 해서 다 알아버리지. [동네일도 거기에서 소식을 다 듣겠네요?] 그렇지. 돈도 있으면 그 사람이 다 부쳐주고. 화폐 교환할 때도.

지금까지 살핀 대로 원정 어로활동은 어로와 교역활동이 유기적으로 연결돼 있었다. 원정 어로를 하는 어민들은 이동로를 따라 거점 지역을 중심으로 형성된 네트워크를 활용하면서 지속적인 활동을 할 수 있었다. 초도 어민들은 법성포, 줄포, 곰소, 군산 등지의 어상들과 연결돼 있었으며, 비금도 솔치를 전진기지 삼아 안정적인 원정 어로를 할 수 있었다. 앞으로 다른 지역 사례들을 입체적으로 파악하면 원정 어로활동의 양상을 구체화할 수 있을 것이다.

2) 동해안으로 진출한 사례

전라도 남해안 어민들이 동해안 쪽으로 진출한 것과 관련된 기록이 별로 없어서 상세한 내용을 알기 어렵지만, 다산 정약용(1762~1836)이 지은 「탐진어가」[7]에서 그것을 볼 수 있다. 「탐진어가」는 정약용이 신유교난辛酉敎難에 연루되어 강진康津에 유배되었을 때 지은 작품이다. 탐진은 강진의 옛이름이며, 「탐진어가」는 「탐진농가」, 「탐진촌

---

7   정약용, 「시・탐진어가 10장」, 『여유당전서 제1집・다산시문집 제4권』(민족문화추진회, 한국고전DB http://db.itkc.or.kr/).

요」와 함께 강진의 풍속과 민간의 생활을 노래한 탐진악부 작품에 속한다. 「탐진어가」
에는 어촌과 어민들의 생활상이 생생하게 그려져 있다. 7장에 칠산바다가 나오며 8장
에 울릉도가 나온다.

7장
종선이 떠나면서 북을 둥둥 울리고는 　　　　　　　　　　　　艅船初發鼓鼕鼕
지국총 지국총 들리느니 뱃노래라네 　　　　　　　　　　　　歌曲唯聞指掬蔥
수신사 아래 가서 모두가 엎드려서 　　　　　　　　　　　　齊到水神詞下伏
칠산바다 순풍을 맘속으로 비노라 　　　　　　　　　　　　黙祈吹順七山風
8장
어촌에선 모두가 낙지국을 즐겨 먹고 　　　　　　　　　　　　漁家都喫絡蹄羹
붉은 새우 녹색 맛살은 치지를 않는다 　　　　　　　　　　　　不數紅鰕與錄蟶
홍합이 연밥같이 작은 게 싫어서 　　　　　　　　　　　　澹菜憎如蓮子小
돛을 달고 동으로 울릉도를 간다네 　　　　　　　　　　　　治帆東向鬱陵行

7장을 보면 출항 전에 고사를 지내면서 칠산바다의 순풍을 비는 내용을 노래하고
있다. 그리고 8장에서는 '홍합이 연밥같이 작은 게 싫어서 돛을 달고 동으로 울릉도를
간다.'고 노래하고 있다. 이 구절에는 울릉도를 찾아 먼 곳까지 가는 이유가 설명돼
있다. 또한 뒤이어 9장과 10장에 나오는 '육방관속의 서슬', '날마다 어촌을 찾는 아전
들', '인정[뇌물] 두둑한 수영 방자놈' 등의 표현을 보면 원거리 어로가 관아의 착취와
어떤 연관성이 있을지도 모른다는 생각을 하게 된다.[8]

8　이는 초도 출신 김충석 전 여수시장이 노인들에게 들었다는 말 속에 '무서운 수영 군사들'이 등장하는
　　것과도 관련이 있을 것 같다. "울릉도까지 운이 좋아 계속 순풍을 만나면 10여일 안에 갈 때도 있다.
　　재수가 없으면 한 달이 넘을 수도 있고, 병으로 죽거나 폭풍을 만나면 몰살할 수도 있지만 제일 무서
　　운 것은 좌·우수영 군사들이라 했다." 김충석, 「독도문제 어떻게 풀어야 할까－울릉도 독도는 전라도
　　초도 거문도 사람들이 개척」, 2010, 8쪽.

남해안 어민들이 울릉도 일대에 진출한 것은 1882년에 검찰사 이규원李圭遠이 남긴 「울릉도검찰일기」에 상세히 기록돼 있다. 당시 주민 거주가 금지된 상태에서 연안 주민들이 들어가 고기잡이와 벌채, 약초 채취 등을 했는데, 전라도 남해안 어민들이 대부분이었다. 전라도 중에서도 흥양(지금의 고흥군, 여수시 삼산면), 낙안이 거론되며, 특히 오늘날 여수 삼산면에 속하는 삼도(거문도)와 초도 출신 비율이 높다는 점이 주목된다. 다른 지역 사람들이 약초 채취를 주로 한데 비해 전라도 출신들은 배를 짓고 미역을 채취하는(造船採藿) 일을 주로 했다.[9]

남해안 어민들은 봄철에 서풍을 이용해 멀리 울릉도로 가서 새 배를 만들고, 여름내 미역을 채취하고 전복을 잡다가 가을철에 북서풍이 불면 목재와 해조류, 말린 고기를 싣고 남하하면서 포구에 들러 물물교환을 했으며 서해안 쪽으로는 전라도 영광, 충청도 옥천, 서울 마포 등지까지 다니면서 교역을 했다고 한다. 한편 사례에 따라서는 10월 초에 울릉도에 갔다가 이듬해 8~9월에 오든가, 아니면 겨울을 보내고 2월 중순에 울릉도를 떠나오기도 했다고 한다.[10] 울릉도의 겨울은 눈이 많이 오고 춥긴 하지만 나무가 울창해서 배나 집지을 나무를 베다가 다듬고 할 일이 많았다고 한다. 여러 사례에서 보듯이 남해안 어민들의 울릉도 진출은 지속적이고 다양하게 이루어졌음을 알 수 있다.

4. 맺음말

정약용의 「탐진어가」에 서해안 칠산과 동해안 울릉도가 거론되듯이 남해안 어민들은 이른 시기부터 원거리 어로활동에 종사해왔다. 일군의 무리는 서해안으로 진출하

---

9   이경엽, 「울릉도와 거문도」, 『2011 한국해양문화학자대회 자료집』, 목포대도서문화연구원, 2011.
10   "제일 중요한 것은 바람인데 하늬바람(북서풍)이나 서마(남서풍)나 마파람(남풍)이 불어야 울릉도에 가기 좋고, 올 때는 샛바람(동풍)이나 높새바람(북동풍)이 불어야지" 김충석, 앞의 글, 8쪽.

〈그림 2〉 다산의 유배지 다산초당이 자리한 만덕산에서 내려다본 강진만 전경 2019년

고 또 다른 무리들은 동해안으로 진출했는데 그 형태가 조금 달랐다. 서해안에서는 계절별로 어군의 이동을 따라 다니며 조업을 했다. 이에 비해 동해안으로 간 사람들은 울릉도 한 곳에서 몇 달간 머물면서 미역이나 전북을 채취하고 벌목을 했다.

　거문도나 초도 등지에 가면 먼 곳까지 다니며 해양활동을 하던 앞 세대 선배들에 대한 구전이나 당사자의 경험담을 들을 수 있다. 지금은 과거에 비해 어선이 대형화되고 첨단화돼 있지만 원정 어로에 대한 '문화'를 접하기 어렵다. 훨씬 먼 곳까지 조업을 다니지만 수지타산을 맞추기 힘들다는 뉴스만 반복된다. 간혹 풍어를 전하기도 하지만 월동장에 머물던 어린 조기들을 잡아올린 것이어서 지속가능한 풍요라고 인정할 수 없다. 첨단화 이전 어족이 풍부하던 시절 원정 어로활동에서 볼 수 있던 문화적 생산력을 지금은 보기 힘들다. 전통적인 방식의 원거리 어로활동을 새삼 주목하는 이유다.

[참고자료] 탐진어가(耽津漁歌) 10장[11]

1장

계랑에 봄이 들면 뱀장어 물때 좋아	桂浪春水足鰻鱺
그를 잡으러 활배가 푸른 물결 헤쳐간다	樽取弓船漾碧漪
높새바람 불어오면 일제히 나갔다가	高鳥風高齊出港
마파람 세게 불면 그때가 올 때라네	馬兒風緊足歸時

2장

세 물때가 지나가고 네 물때가 돌아오면	三汛纔廻四汛來
까치파도 세게 일어 옛 어대가 파묻힌다	鵲澨波沒舊漁臺
어촌에 사람들은 복어만 좋다 하고	漁家只道江豚好
농어는 몽땅 털어 술과 바꿔 마신다네	盡放鱸魚博酒杯

3장

물에 비친 관솔불이 아침노을 흡사한데	松燈照水似朝霞
긴 통들이 차례로 모래톱에 꽂혀 있네	鱗次筒兒植淺沙
물속에 사람 그림자 비쳐들게 하지 말라	莫遣波心人影墮
적호상어 그를 보고 달려들까 두렵구나	怕他句引赤胡鯊

4장

추자도 장삿배가 고달도에 묵고 있는데	楸洲船到獺洲淹
제주산 갓 차양을 한 배 가득 싣고 왔다네	滿載耽羅竹帽簷
돈도 많고 장사도 잘한다고 하지마는	縱道錢多能善賈
간곳마다 거센 파도 마음 놓을 때 없으리	鯨波無處得安恬

5장

물머리에 옹기종기 모여있는 계집애들	兒女院院簇水頭
그 어미가 수영을 가르치는 날이라네	阿孃今日試新泅

---

11 다산시문집 제4권 시(詩), 한국고전DB http://db.itkc.or.kr/

| 그 중에서 오리처럼 물 속 헤엄치는 여자 | 就中那箇花鳧沒 |
| 남포 사는 신랑감이 혼수감을 보내왔다네 | 南浦新郎納綵紬 |

6장

작은 배 가죽신발 부두를 메웠는데	瓜皮革履滿回汀
올해에는 선첩을 선혜청에서 받는다네	船帖今年受惠廳
어부들 살기가 좋아졌다 말을 말라	莫道魚蠻生理好
종다래끼 하나도 그냥 둘 상공 아니란다	桑公不赦小筡箵

7장

종선이 떠나면서 북을 둥둥 울리고는	艍船初發鼓鼕鼕
지국총 지국총 들리느니 뱃노래라네	歌曲唯聞指掬蔥
수신사 아래 가서 모두가 엎드려서	齊到水神祠下伏
칠산바다 순풍을 맘속으로 비노라	黙祈吹順七山風

8장

어촌에선 모두가 낙지국을 즐겨 먹고	漁家都喫絡蹄羹
붉은 새우 녹색 맛살은 치지를 않는다	不數紅鰕與錄蟶
홍합이 연밥같이 작은 게 싫어서	澹菜憎如蓮子小
돛을 달고 동으로 울릉도를 간다네	治帆東向鬱陵行

9장

육방관속 서슬이 성주를 압도하고	搔閣嵯峨壓政軒
아전들이 날마다 어촌을 찾는다네	朱牌日日到漁村
선첩의 진짜 가짜 따질 것이 뭐라던가	休將帖子分眞贗
관이란게 원래부터 문 지키는 호랑인데	官裏由來虎守門

10장

궁복포 앞에는 나무가 배에 가득	弓福浦前柴滿船
황장목 한 그루면 그 값이 천금이라네	黃腸一樹値千錢
수영의 방자놈은 인정이 두둑하여	水營房子人情厚

수양버들 아래 가서 술에 취해 누워 있다　　　　　　　　　　　　醉臥南塘垂柳邊

(주)

弓船 : 배 위에다 그물을 장치한 배를 방언으로 활배[弓船]라고 하였음.

高鳥 : 새(鳥)는 을(乙)이고, 을은 동쪽을 말하므로 동북풍을 일러 높새바람(高鳥風)이라고 함.

馬兒風 : 말(馬)은 오(午)이므로 남풍을 일러 마파람(馬兒風)이라고 함.

鵲漊波 : 루(漊)는 큰 파도를 말하는데, 파도가 하얗게 일어 마치 까치 떼가 일어나는 것 같은 것을 일러 까치파도(鵲漊)라고 함.

赤胡鯊 : 상어 큰 놈을 신적호(新赤胡)라 하는데 그는 사람 그림자만 보면 뛰어 올라와 삼켜버린다고 함.

鯼船 : 자서(字書)에는 종(鯼)이란 글자가 없는데, 주교사(舟橋司)가 척씨(戚氏) 제도를 취하면서 종선이라는 명칭이 있었던 것이다. 지금의 조선(漕船)은 모두가 주교사에 소속된 배이기 때문에 종선이라고 한 것임.

絡蹄 : 낙제(絡締)란 장거(章擧 : 낙지)를 말한다. 여지승람(輿地勝覽)에 나와 있음.

黃腸 : 임금의 관을 만드는 데 쓰이는 소나무를 황장목이라고 함.

人情 : 풍속에 뇌물을 일러 인정이라고 함.

桑公 : 한(漢)의 상홍양(桑弘羊)을 말한 것. 상홍양은 무제(武帝) 때의 치속도위(治粟都尉)로서 평준법(平準法)을 실시하여 천하의 염철(鹽鐵)을 물샐틈없이 통제함으로써 국용(國用)을 풍요하게 만들었음(史記 卷三十).

선첩 : 균역법 시행 이후로는 아무리 작은 배라도 그 표첩(標帖)을 모두 선혜청(宣惠廳)에서 받게 되었음.

제3장

울릉도와 거문도
-남해안 어민들의 울릉도 진출 기록과 기억

1. 머리말

동해 끝에 자리한 울릉도와 남해 남단에 자리한 거문도는 거리상 상당히 멀리 떨어져 있으므로 언뜻 보면 직접적인 관련성을 생각하기 어렵다. 하지만 지리적으로 먼 두 지역이 남해안 어민들의 활동을 통해 서로 연결돼 있었다. 첨단 설비를 갖춘 21세기형 선박을 이용한 것이 아니라 20세기 이전의 전통항해술을 이용하던 풍선風船 시대의 이야기다. 두 지역을 오가던 주체는 남해안의 흥양현(현 여수시 삼산면, 고흥군), 강진현, 낙안현(현 순천시 서부, 보성군 동부) 사람들이었다. 이들의 활동상을 새롭게 들여다볼 필요가 있다.

남해안 지역 중에서 여수 삼산면 사람들이 울릉도와 그 인근 독도에 가장 빈번하게 진출했다. 삼산면은 거문도, 초도, 손죽도 등의 섬들로 이루어져 있다. 이 지역은 조선시대에 흥양현(현 고흥군)에 속해 있었다. 조선후기 이 지역 어민들은 인근 해역만이 아니라 먼 거리에 있는 해역까지 원정 어로활동을 하면서 생활해왔다. 그 대표적인 원정 구역이 울릉도와 독도였다. 이 글에서는 그에 대한 기록과 기억에 대해 살펴보고자 한다.

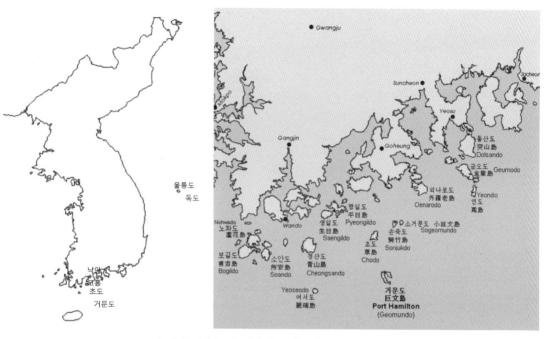

〈그림 1〉 남해안 고흥, 낙안, 초도, 거문도와 동해 울릉도, 독도 위치도(좌), 거문도 주변 일대(우)

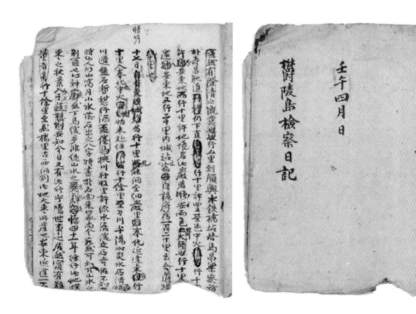

〈그림 2〉 울릉도검찰일기   출처 : 디지털울릉문화대전

남해안 어민들이 동해안 울릉도에 진출해서 활동했다는 것을 자세히 보여주는 기록이 있다. 1882년에 '울릉도검찰사' 이규원李圭遠(1823~1901)이 고종의 명을 받고 울릉도를 탐사하고 남긴 「울릉도검찰일기鬱陵島檢察日記」가 그것이다. 이 자료를 보면 당시 울릉도의 여러 상황이 기록돼 있는데, 거기에 남해안 어민들의 활동상이 담겨 있어 관심을 끈다. 그

〈그림 3〉 오징어잡이 배가 정박 중인 울릉항 전경(2011년).
울릉도는 강원도 묵호항에서 직선거리로 161km, 여객선으로 2시간 30분 거리에 있다.

리고 구술 자료를 통해서도 울릉도와 독도 관련 사실들을 접할 수 있다. 여수 거문도와 초도 등지를 답사하다 보면 현 주민들의 앞 세대 인사들이 울릉도에 가서 배를 만들고 목재와 해산물 등을 싣고 왔으며, 독도에서 가제를 잡았다는 구전을 들을 수 있다. 또 그와 관련된 증거들을 제시하면서 선대의 왕성한 해양활동을 증언하고 있다. 기록과 구전을 종합해서 살펴볼 필요가 있음을 보게 된다.

남해안 어민들이 오래 전부터 동해 먼 바다에 자리한 울릉도와 독도에 다니면서 활동했다는 사실은 그 자체로도 관심을 끌지만 일본이 독도 영유권을 주장하며 역사를 왜곡하는 것에 대응할 수 있는 자료가 된다는 점에서 특별하게 주목할 필요가 있다. 일본에서는, 자신들이 20세기를 전후해서 비어 있는 독도에 먼저 건너다니면서 활동했다고 주장하지만, 그보다 이른 시기부터 남해안 어민들이 출입했다는 사실을 본다면 일본의 주장이 허위라는 것을 금방 확인할 수 있다. 남해안 어민들의 활동상을 파악하는 것이 중요하다는 것을 알게 된다.

2. 「울릉도검찰일기」에 나타난 활동상

남해안 사람들이 멀리 울릉도까지 진출했다는 것을 보여주는 오래된 기록으로 정약용의 「탐진어가恥津漁歌」 10장[1]이 있다. 이 작품은 19세기 초에 강진에 유배를 온 다산이 어민들의 일상을 읊은 시다. 이 시에는 서해의 칠산바다와 동해의 울릉도가 등장한다. 특히 8장을 보면, "(어촌에선) 홍합이 연밥같이 작은 게 싫어서 돛을 달고 동으로 울릉도를 간다네澹菜憎如蓮子小 治帆東向鬱陵行"라고 하여 당시 탐진(지금의 강진) 지역 어민들이 울릉도까지 다니면서 활동했음을 구체적으로 언급하고 있다.

울릉도는 동해 먼 바다에 자리한 섬이다. 조선 정부에서는 울릉도에 대한 통치방식으로, 관부의 설치보다는 주민의 거주를 금하고 관리를 파견해서 불법거주자를 소환하는 수토정책搜討政策을 취하고 있었다. 하지만 정약용의 「탐진어가」에서 보듯이 수토정책이 실시되고 있었지만 어민들의 출입이 없지는 않았다. 한반도 연안지역 주민들이 고기잡이와 벌채, 약초 채취 등을 위해 울릉도에 들어가 사는 일이 많았고 심지어 일본인들의 불법 벌목이 성행하기도 했다. 이에 따라 울릉도 수토관은 1881년에 일본인들이 울릉도에 몰래 들어가 벌목하는 일을 정부에 보고했는데, 이에 따라 일본 정부에 항의 공문을 보내기도 하고 적극적인 대책을 세우기 위해 이규원을 검찰사로 파견해서 현지조사를 하게 했다.[2]

이규원은 1882년 4월 7일에 고종을 알현하고, 4월 30일에 울릉도에 도착한 후 11박 12일간 울릉도를 둘러보고 그 내용을 「울릉도검찰일기」에 남겨 놓았다. 이규원 일행은 육로와 해로를 이용해 울릉도를 탐사하고 울릉도의 형세와 그곳에서 생활하고 있는 사람들의 활동 모습을 날짜 별로 기록하고 있다.

이규원은 울릉도에 도착한 첫날 그곳에서 전라도 흥양 사람들을 만났다.

---

1 정약용, 「시·탐진어가 10장」, 『여유당전서 제1집·다산시문집 제4권』(민족문화추진회, 한국고전DB http://db.itkc.or.kr/)
2 김호동, 「이규원의 '울릉도 검찰' 활동의 허와 실」, 『대구사학』 71호, 대구사학회, 2003, 139~144쪽.

밤새도록 배를 몰아 4월 30일. 유시(오후 5~7시)경 울릉도 서쪽 소황토구미 포변에 도착하였습니다. 막을 치고 머물고 있는 사람이 있어 상세히 물으니 전라도 흥양 삼도사람 김재근으로 격졸 23명을 이끌고 造船採藿(배를 짓고 미역을 딴다) 한다고 하였습니다. 상륙하여 선막에서 숙박하였습니다.

竟夜行船 三十日酉時量 抵泊于島之西邊 地名小黃土邱尾 浦邊 有結幕留住人 故詳細探問則乃是全羅道興陽三島居 金載謹 率格卒二十三名 造船採藿云云 下陸止宿於船幕[3]

첫 번째 도착한 곳은 소황토구미였다. 그들은 이곳에서 막을 치고 머물고 있던 사람들을 만났다. 이들은 전라도 흥양의 삼도 사람 김재근과 격군 23명이었으며, 그들은 '조선채곽造船採藿' 즉 배를 만들고 미역을 따고 있었다고 한다.

위의 인용에서 보듯이 「울릉도검찰일기」에는 출신지역과 인원 그리고 그 활동 사항이 언급돼 있다. 관련 내용을 간추려 보기로 한다.

〈표 1〉 이규원이 울릉도에서 만난 사람들(1882년)

날자	장소	내용
4월 30일	소황토구미	전라도 흥양 三島 김재근이 格卒 23명을 이끌고 배를 짓고 미역을 채취함.
5월 2일	대황토구미	평해의 선상 최성서가 13명 이끌고 막을 치고 머물고 있음. 경주사람 7명은 막을 치고 약초를 채집. 영일 사람 2명 막을 치고 대나무를 베고 있음.
5월 3일	왜선창	전라도 낙안 사람 선상 이경칠이 격졸 20명, 흥양 초도 사람 김근서가 격졸 19명을 거느리고 막을 짓고 배를 만들고 있음.
	나리동	파주 거주 약초 상인 정이호
5월 4일	성인봉	함양 거주 약초 캐는 사람 전석규
	도방청포	왜인들이 벌목하고 있음.
5월 5일	하포변	전라도 흥양 삼도에 사는 이경화가 13명을 데리고 막을 치고 미역을 채취함.
	장작지포	흥양 초도 주민 김내언이 12명을 데리고 막을 치고 배를 만들고 있음.
5월 6일	통구미 가는 갯가	흥양 초도 주민 김내윤이 22명과 막을 치고 배를 만들고 있음.

3　「울릉도 검찰일기(啓草本)」(독도박물관 http://www.dokdomuseum.go.kr/ 역사민속자료실).

1882년 당시 울릉도에서 활동하던 사람들의 출신지역이 다양하다는 것을 볼 수 있다. 그들을 보면 조선인이 141명, 일본인은 78명이며, 조선인의 출신지역을 보면 전라도가 115명으로 압도적으로 많다는 것을 알 수 있다. 출신지역별로 활동상을 더 구체적으로 보기로 한다.

〈표 2〉출신지역별 활동사항

지역		인원	활동
전라도	흥양(삼도, 초도)	5명의 선주와 격졸 89명	미역 채취, 조선
	낙안	선주 1인과 격졸20명	조선
강원도	평해	선주 1인과 격졸13	조선
경상도	경주	7명	약초 채취
	영일	2명	대나무 채취
	함양	1명	약초 채취
경기도	파주	1명	약초 상인
왜(일본)	東海道, 南海道, 山陽道	일꾼 78명	벌목

　　지역별 인원을 보면 전라도 흥양興陽 사람들이 가장 많다. 흥양 삼도三島 출신으로는 김재근 외 23명, 이경화 외 13명이 있으며, 흥양 초도草島 출신으로는 김근서 외 19명, 김내언 외 19명, 김내윤 외 22명이 있었다. 그리고 전라도 낙안 출신으로 이경칠 외 21명이 있었다. 이외에 강원도 평해(현 경북 울진) 출신으로 최성서 외 14명이 있고, 기타 경상도와 경기지역 출신이 소수 있었음을 볼 수 있다.

　　출신지역에 따라 활동내용이 다른 점이 주목된다. 전라도 남해안 사람들은 '배를 짓고 미역을 채취하는造船採藿' 활동을 주로 했다. 이에 비해 타지역 사람들은 이와 다른 모습을 보여준다. 강원도 평해 사람들이 전라도 어민들과 유사하고 나머지는 대부분 약초 채취와 대나무 벌채를 했다. 그리고 일본인들은 집중적으로 벌목을 했던 것으로 파악된다. 이는 이규원이 고종에게 보고하는 발언 속에서도 그대로 확인된다.

임금께서 이르시기길, "우리나라 사람들이 많이 들어가 약재도 캐고 배도 만들던가?"라고 하니 이규원이 아뢰기를, "호남 사람들이 제일 많았습니다. 전부 다 배를 만들거나 미역과 전복을 따는 일들을 하였으며 그밖의 다른 도의 사람들은 모두 약재를 캐는 일을 위주로 하였습니다."라고 하였다.   「울릉도검찰일기」, 6월 5일

이렇듯이 울릉도에 진출한 사람들은 전라도 출신이 가장 많았으며, 이들은 타지역 사람들과 달리 목재 채취와 어로활동을 전담했다. 전라도 중에서도 오늘날 여수 삼산면에 속하는 초도와 삼도거문도 출신 비율이 가장 높다는 점이 주목된다. 이들은 선상船商·선주를 중심으로 조직을 이뤄서 활동했는데, 삼도는 두 팀, 초도는 세 팀이었으며 13명에서 24명까지 무리를 이뤄 작업을 했음을 알 수 있다. 이들은 막을 치고 생활하면서 배를 만들고 미역과 전복을 채취했다. 이들은 일정 기간 울릉도에 머물면서 어로활동을 하고 새로 건조한 배에 건조한 해산물을 싣고 고향으로 돌아갔던 것으로 파악된다.

3. 구전자료를 통해 본 활동상

남해안 어민들은 계절별로 공간을 달리하면서 어로활동을 해왔다. 어로활동은 채취와 고기잡이로 구분할 수 있고, 활동 영역으로 볼 때 인근 해역 어로와 원거리 어로로 나눌 수 있다. 어로활동은 계절별 변화에 따라 일정한 주기성을 갖는다. 먼 지역이라도 큰 어장이 형성될 시기에는 그곳에 가서 어로활동을 하며, 그렇지 않을 때는 연근해에서 조업을 한다. 예를 들어 진도의 조도군도 어민들은 2월부터 5·6월까지 서해의 칠산어장, 고군산도 등에 원정 어로를 다녀온 후 7월~10월에는 조도군도와 그 남쪽에서 조업 활동을 했다. 이렇듯 어로활동은 해양생태환경의 조건에 따라 주기적으로 이루어졌다.

남해안 어민들 중 일군의 무리는 서해안 쪽으로 가고 또 다른 무리들은 동해안 쪽

으로 진출했다. 그 형태는 조금 달랐다. 서해안 쪽이라면 어군의 이동에 의해 형성되는 대단위 어장과 파시를 따라 원정 어로를 나갔다. 여수 초도 어민들의 사례를 보면,[4] 먼저 음력 2월 그믐께 가거도 쪽으로 가서 2월 그믐사리를 보고, 이어 흑산도 위 다물도 부근에서 조업을 하다가 칠산바다로 가서 곡우사리를 보고, 황해도 연평어장으로 가서 입하사리를 보았다. 그리고 다시 남하해서 신안 비금도·칠발도로 내려와 소만사리를 보고 음력 7월에 고향으로 돌아왔다. 고향에 돌아온 이후에는 서쪽으로는 진도해역부터 동쪽으로는 부산 일대까지 남해안 곳곳에서 조업을 했다. 이렇듯이 봄과 여름은 서해안 쪽으로 진출해서 조기를 비롯한 민어·복어·깡달이 등을 잡았으며, 가을에는 남해안 서쪽과 동쪽을 다니면서 갈치잡이를 했다.

이와 달리 동해안 쪽으로 진출한 사람들은 울릉도를 목적지로 삼았으며 그곳에서 머물며 몇 달 동안 활동했다. 서해안과 달리 대규모 어장이나 파시를 따라 이동하지 않고 장소를 바꾸지 않고 봄과 여름에 한 곳(울릉도)에서 머물면서 새 배를 만들고 미역과 전복 채취 등을 했다.

거문도에는 과거에 앞세대 선배들이 울릉도 쪽으로 원정 어로를 다녔던 사실들을 기억하는 노인들이 많이 있다. 그들의 구술은 공동체가 공유하는 기억으로 전승되고 있다.

(가) 상고선같이 만들어. 채취선도 되지만 상고선같이 맨들어서. 여기서 얼로 가냐 하냐믄 부산 쟁기섶서리 울산 뒷 꼴랑지보고 쟁기섶서리라고 그래. 나도 알아. 우리 아버지가 "쟁기섶서리 넘어갈 때 파도가 쎄니라." 그래. 울릉도를 갈라믄 쟁기섶서리를 넘어. 그래가지고 가는데 4월 15일 갈바람 타고 가. 갈바람은 서풍이여. 동쪽이거든. 그 놈 타고 독섬이라고 있어. 그 섬 보고 배를 몰아간단 말이여. 그럼 하루만에 가는 거 아니여. 사흘 나흘 가. 4월에 갈바람이 잘 분단 말이여. 그럼 빨리 가지. 그럼 거기서 한 6개월 있어요. 배를 다시 만들어. [배를 하나 뭇고요. 미역도 따고요?] 그람 산물 다 해갖고 몰려놓지.[5]

---

4   2010년 7월 21일. 여수시 삼산면 초도 의성리 박ㅇ배(남, 78) 면담조사.

거문도 어민들이 울릉도 쪽으로 진출하는 시기는 서풍이 불어오는 봄이었다. 풍선을 이용해 먼 거리 항해를 하기 위해서는 바람을 잘 이용하는 것이 필수적이었다. 동쪽으로 가기 위해서는 서풍이나 남서풍을 이용했다. 거문도에서는 서풍을 갈바람이라고 하는데, 이른 봄부터 4~6월 사이에 불어온다. 그리고 5~6월 사이에 부는 남서풍을 갈마파람이라고 한다.[6] 이 바람을 이용해 동쪽으로 항해를 해서 '쟁기섭서리'라고 부르는 울산 부근을 지나 바람을 기다렸다가 울릉도와 독도로 갔다고 한다. 그리고 6개월 정도 울릉도에서 머물다가 가을에 북동 계절풍을 이용해 귀항했으며, 중간에 연안 포구에 들러 건조한 해산물을 팔기도 하고 곡물로 바꿔 싣고 고향으로 돌아왔다고 한다.

울릉도에 갈 때 사용하던 배는 일반 어선이 아니라 상고선商賈船 형태였던 것으로 전한다. 해산물을 채취한 후에는 귀환하면서 연안 여기저기를 들러 해산물을 팔고 곡식과 교환하기도 했으므로 상고선이 적합했다고 한다. 원거리 항해용이고 조업보다는 미역과 전복을 채취해서 실어나르는 기능이 강조됐던 것이다. 대개 헌 배를 가지고 갔다가 새 배를 무어서 가져 왔다고 한다. 또한 「울릉도검찰일기」에 '선상 아무개'라는 식으로 표기된 것으로 볼 때, 배를 새로 만들어 그것을 다른 선주에게 판매하기도 했던 것으로 짐작된다.

거문도 어민들이 울릉도에 갈 때에는 곡식을 싣고 갔다고 한다.

(나) 울릉도에서 '라섬'이라고 그래 전라도 '라', 라섬 사람들이 와야 쌀을 묵어. 경상도 사람은 거기 안 다녔어. 라섬사람들이 갈 때 쌀을 갖고 간다고, 그래가지고 채벌(벌목)해가지고 배 만들고, 거기 상나무같은 거, 그런거 갔고 도구통 만들고, 거기 미역 싹 다 갖고 와브러. 그래가지고 어디로 가냐믄 전라도 우로 해가지고 운능(?)으로, 운능이 어디냐믄 옥천, 영광, 마포 뭉두리라해. 2008년 8월 6일. 여수 삼산면 서도리 장촌 박종산(남, 73) 면담조사.

5 2008년 8월 6일. 나승만·이경엽·송기태 현지조사. 여수 삼산면 서도리 장촌 박종산(남, 73) 면담조사.
6 선영란 외, 「여수시의 민속자료」, 『여수시의 문화유적』, 조선대박물관, 2000, 481~482쪽.

울릉도 현지 주민들도 전라도 남해안 어민들의 활동에 대한 기억을 갖고 있다.

(다) 그때 라선(羅船)이라고 그러대요. 돛 달고 다니는 배. 거문도에서 사람들이 봄에 와갖고 배를 놔두고, 산에 올라가 나무 베어 뗏목배 그걸 만들어 가지고 봄내 미역을 했어요. 바다에 빡빡하게 있으니까.[7]

앞선 인용에서 보듯이 울릉도에서는, 전라도 사람들을 '라섬 사람들'이라고 했으며 그들이 타고 온 배를 '라선羅船'이라고 했다. 이들은 '라선'을 타고 울릉도에 들어와서 『울릉도검찰일기』에 기록된 것처럼 배를 만들고 미역을 채취하는 일('造船採藿')을 주로 했으며 이외에 전복을 채취하고 벌목을 했다. 그리고 그것을 가지고 서해안으로 갔는데, 전라도 영광, 충청도 옥천, 서울 마포까지 가서 다니면서 교역을 했다고 한다.

거문도 사람들은 울릉도를 거쳐 독도까지 진출했다고 한다.

(라) 독도를 독섬이라고 그래. 거기서 가제를 잡어, 가제란 것이 바위 우게 올라서 자는, 기름내서 촛불 쓴 거. 상어도 아니고 물개같은 그런 것인 모양이여. 거기서 기름 낸 거 가지고 초꼬지로 써.   2008년 8월 6일. 여수 삼산면 서도리 박종산 면담조사

위의 인용에는 '독도'의 어원과 관련된 언급이 나온다. 홀로 떨어진 섬이어서 독도獨島인 것이 아니라, 전라도 사투리로 돌을 '독'이라고 하는데, 바위로 이루어진 섬이어서 독섬이라고 불렀으며 그것이 독도라는 이름으로 굳어졌다고 한다. 독도에서는 '가제'(강치)라고 부르는 바다사자를 잡았다고 한다. 거문도 노인들은 "독섬 가제란 말은 독도의 물개를 말하는 것이여. 바위 위에 살어. 그거 잡아다가 기름으로 촛불을 썼어."라고 말한다. 이처럼 '가제'는 바다사자(강치)를 지칭하는 전라도 사투리인데, 독도

---

7   2009년 5월 24일 KBC 광주방송 창사특집 역사다큐 〈그 섬에 간 사람들〉. 울릉군 북면 천부1리 정대신 인터뷰 녹취.

에 '큰가제바우'와 '작은가제바우'라는 지명이 남아 있어서 눈길을 끈다. 이것은 전라도 어민들이 독도에 가서 어로활동을 했다는 것을 말해주는 증거로 삼을 만하다.

여수 삼산면 사람들의 울릉도 진출은 다양한 사연과 함께 기억되고 있다. 제보자 박종산 씨의 작은 아버지 이름이 '울도'였는데, 배목수 일을 하던 할아버지가 울릉도에 가서 그곳 여인과 살면서 얻은 아이여서 그 이름을 얻었다고 한다. 거문도에서는 울릉도를 '울도'라고 부르고 거기서 태어난 아이여서 울도라는 이름을 붙였다는 것이다. 또한 거문도에 있는 오래된 집 중에는 울릉도에서 생산되는 목재로 지은 집이 있으며, 빨래 다듬이돌도 단단한 울릉도 산 노간주나무로 만든 것이 남아 있다고 한다.[8] 울릉도에서는 일본 사람들과 접촉이 이루어지기도 했다고 한다.

> (마) 거기 다니면 옛날에는 일본 애들이나 해적들이 있어. 졸만한 것들 이런 것들을 거문도 사람들이 싹 조져부러. 그래블고 다 가르쳐. 그럼 훨씬 낫다고. 그래가지고 성종이 지그 할아버지 칼이 있어. 해적들이 일본 애들이여.
>
> 2008년 8월 6일. 여수 삼산면 서도리 박종산 면담조사

울릉도에 갈 때에는 호신용 무장을 했으며, 해적들을 만났을 때 무기를 갖춰 대응을 했다고 한다. 위의 구술에 나오는 '김성종 씨 부친'이나 '임동네' 등이 그렇게 세력을 갖춰 활동했던 대표적인 인사들이었다.

19세기 후반에 조선 정부에서 울릉도를 안정화할 때에 그곳을 드나들던 세력을 활용했던 것으로 보인다. 1883년에 울릉도 개척령이 내려지면서 이주 정책을 추진하는데, 강원도에서 7~8호, 경상도에서 10여호를 이주시키고, 이어 전라도에서 16호 54명을 이주시켰다.[9] 이때 전라도 출신자들이 많이 이주한 것은 이전 시기에 전라도 어민

---

8   초도에서도 이와 비슷한 이야기를 들을 수 있다. 초도 출신 김충석 전 여수시장에 의하면, 오래 전부터 초도 사람들이 울릉도·독도를 드나들면서 목재와 해산물 등을 채취해서 가져왔다고 하며, 초도 옛 집의 마루벽에 울릉도 나무가 사용되었다고 한다. 그리고 집안에 100년 이상된 울릉도 산 향나무 조각이 있는데 그것을 독도박물관에 기증했다고 한다.

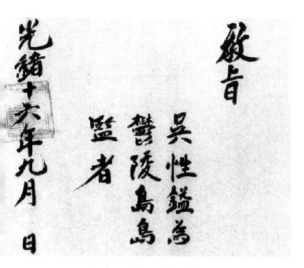

들이 많이 오갔던 것과 무관하지 않을 것이다. 그리고 이런 배경과 관련해서 거문도 출신 오성일이 광서 16년(1890)에 초대 울릉도감이 되었다고 한다. 그것을 보여주는 '吳性鎰爲鬱陵島島監者 光緖十六年 九月'이라는 교지가 전한다.

〈그림 4〉 울릉도 도감 오성일 교지 울릉도박물관 소장

(바) 울릉도 초대 도감이 오성일, 오도감이라고 있어. 도감이라고 하면 군수님이여, 이 동네 사람이여. 그 사람이 우리한테는 할아버지밖에 안돼. 그때 고종시대 때 이 사람들이 거기 가, 가서 일본놈들을 처벌하고 모다갖고 싸워. [거문도 사람들이 울릉도 가서?] 그럼, 일본놈들 채취하러 오믄 막 싸워. 그래서 오도감님이 울릉도 초대 도감이여. [일본사람들이 울릉도를 뭐하러 와요?] 지기도 채취하러 오지. 그런디 거의 이겨 우리 한국 사람들이 칼도 있고 그래. 그랬는데 한일합방이 될 때 국가가 약해질 무렵에 이 사람이 여기 와서 죽었네, 오도감님이, 그 후예가 여기 있어.

2008년 8월 6일. 여수 삼산면 서도리 박종산 면담조사.

오성일은 1854년 6월 8일 삼산면 서도리 675번지에서 태어났다고 한다.[10] 이것으로 본다면 그가 교지를 받은 광서 16년은 그의 나이 36세 때의 일이다. 오성일이 울릉도감이 된 것은 위의 구술에 나오듯이 일본 어민들에 맞서 싸우던 내력과 관련 있는 것으로 보인다. 그는 1896년에 고향 거문도로 돌아왔으며, 한일합방 무렵에 작고했다고 한다.

---

9 김호동, 앞의 논문, 150쪽.
10 삼산면지추진위원회, 『삼산면지』, 2000, 27쪽.

(사) 초대 도감이 오성일 어르신인데 묘를 다시 만들었어요. 옛날에 일본 놈들이 있을 때 만들어놨더라고 그래서 내가 면장함서 다시 세웠어요. [어디에 세웠습니까?] 이 뒤에. [그럼 그 분이 살던 집이 바로 여기 있습니까?] 그렇죠. 그것도 일본 놈들이 갖다 쓸어브렀어. 옛날 사람들은 자랑할 줄을 몰라. 나는 잘 할 줄 알어. 내가 직함이 '면장님께서 한 말씀 해주시오.' 그러면 지금 현대 감각에서 보면은, 그 바다 해양 쪽이여. 큰 바다에서 사는 사람들은 그러한 배포나 용기만 있는 게 아니고 그걸 헤쳐나갈 수 있는 기질적인 바탕이 있어요.

2008년 8월 6일. 여수 삼산면 서도리 박종산 면담조사.

위의 구술에서는 오성일 도감의 사후 이야기를 거론하고 있다. 제보자는 오성일의 행적을 자랑하고 기려야 한다고 말하고 있다. 거문도 사람들이 멀리까지 진출해서 활동했다는 사실을 널리 알려서 큰 바다에서 사는 사람들의 모험심과 해양정신을 고취할 필요가 있다고 말하고 있다.

울릉도와 거문도의 교류의 흔적은 거문도 사람들이 줄을 꼬면서 부르는 〈술비소리〉에도 남아 있다.

(아) 간다 간다 나는 간다
에이야아 술비야
울릉도로 나는 간다 에이야
아 술비야 …(중략)…
울릉도를 가서보면 에이야
아 술비야
좋은 나무 탐진 미역 에이야
아 술비야
구석구석에 많이 찼네 에이
야아 술비야[11]

〈그림 5〉 거문도 뱃노래가 전승되는 서도 장촌마을

<그림 6> 거문도항 전경 2011년

(자) 에헤 술비 에헤 술비

　　울고간다 울릉도야 에헤 술비

　　알고간다 아릿녘아 에헤 술비

　　이물에 있는 이사공아 에헤 술비

　　허릿대 밑에 화장아야 에헤 술비

　　술렁술렁 닻감어라 에헤 술비

　　범피중류 떠나가자 에헤 술비[12]

　(아)에는 '울릉도의 좋은 나무와 탐진(탐스런) 미역'이 나온다. 울릉도에서 나무를 베고 미역을 채취했으니 자연스럽게 그런 사설이 끼어 들어갔던 것으로 보인다. 그리고

11　위의 책, 26쪽.

12　2008년 8월 6일 여수시 삼산면 서도리. 정경용 창.

(자)에 나오는 "울고 간다 울릉도야 알고 간다 아릿녘아"라는 사설은 누가 어떤 상황에서 부르던 노래라는 내력이 전한다.[13] 울릉도와 교류와 많았으니 그와 관련된 애환이 있을 수밖에 없을 테고 자연스럽게 민요로 불려졌던 것으로 보인다. 울릉도를 오가던 경험과 기억이 민요 속에 수용돼 전하는 것이라고 할 수 있다.

4. 맺음말

지금까지 살펴본 것처럼 남해안 어민들은 동해 먼바다에 자리한 울릉도와 독도까지 진출해서 활동했다. 19세기 초에 다산 정약용이 남긴 「탐진어가」에 구체적인 정황이 기록돼 있으며, 1882년에 기록된 「울릉도검찰일기」에 상세한 내용이 전한다. 그것을 분석한 결과 당시 울릉도에서 활동하던 이들 상당수가 전라도 남해안 어민인 것을 알수 있다. 그들은 울릉도에서 6개월 정도 머물면서 주로 벌목을 하거나 새 배를 짓고 미역 채취를 했으며, 귀환 후에는 서해안 쪽으로 이동해서 전라도 영광, 충청도 옥천, 서울 마포 등지까지 다니며 교역을 했다고 한다. 남해안 사람들의 울릉도 진출과 관련된 증빙자료로, '울릉도감'을 지냈던 거문도 사람 오성일의 교지가 남아 있다. 이런 사정은 구전을 통해 다채롭게 전한다. 이 구전 속에는 울릉도와 더불어 독도 이야기도 포함돼 있다. 울릉도에 다니던 인물들과 그들의 활동상은 일상적인 구술을 통해 확인되며 〈술비소리〉로도 전승되고 있다.

거문도와 울릉도는 지리적으로 먼 거리에 자리잡고 있지만 동떨어져 있지 않았다. 남해안 어민들이 멀리 울릉도까지 진출한 것은 자신들의 거주지에서 나오는 산출이 부족했던 것과 관련 있을 것이다. 「탐진어가」에서 "홍합이 연밥같이 작은 게 싫어서"

---

13 "이것은 나로 해서 증조할머니가 직접 부른 노래여. 그 할매는 옛날 지그 서방이 울릉으로 갈 때 부른 노래인데, 서방은 죽어부렀어. 성한이 지그 할매가 '어이 나 숨이 가쁘게 말로만 함세.' 한 게 이것이여."(2008년 8월 6일. 여수 삼산면 서도리 박종산 면담조사)

울릉도로 간다는 표현도 이와 관련 있다. 그리고 거문도 주민들이 '울릉도에 좋은 목재가 많고, 거문도나 백도 등지의 미역이 부족해서' 울릉도에 갔다고 말하는 데서 그런 정황을 읽을 수 있다. 또한 조선시대에 지방 관리의 가렴주구와 과도한 세금 압박 때문에 원거리 활동을 감행했을지도 모른다. 이런 사회사적인 배경과 어업경제적인 배경을 탐색해야 온전하고 종합적인 논의에 이를 것이다. 이 글에서는 이에 대해서는 탐구하지 못했다. 과제로 남긴다.

제4장

섬으로 간 남사당의 행방과 도서지역의 상례놀이

1. 도서지역의 상례놀이, 유교적 엄숙주의와 다른 파격

상례놀이는 오래된 전통이다. 출상 전날 밤에 상두계원들이 빈 상여를 메고 상여소리를 부르고 춤을 추면서 노는 놀이는 전국적으로 있었다. 황해도에서는 이를 '생어돋음'이라 하고, 강원도·경기도에서는 '손모듬' 또는 '걸걸이'·'대마지'라고 한다. 또한 경상도에서는 '대돋음'이라고 하고, 전라도에서는 '상여어른다' 또는 '밤다래'·'대울림' 등으로 부른다. 상례놀이가 특정 지역에서만 전승되는 것이 아님을 알 수 있다. 하지만 이런 풍속은 20세기 급속한 사회문화적 변동을 거치면서 불과 수십 년 사이에 눈앞에서 사라졌으며 지금은 그 사실마저도 모를 정도가 되었다. 그래서 오래된 전통을 있는 그대로 보지 못하고 기이한 풍속으로 대하는 경우마저 있다. 이것을 생각해보면 굳이 서남해만으로 좁혀서 얘기할 바는 아니다. 하지만 지금은 서남해 도서지역에서 그 현장을 볼 수 있고, 관련 자료들이 남아 있으므로 그 맥락을 구체적으로 살펴볼 수 있다.

서남해지역의 상가에서는 술과 음식을 준비하여 문상객들을 대접하고 주민들은 그것을 먹으며 밤을 새워 논다. 또한 무당을 불러 굿을 하고, 노래와 춤을 추고 윷놀이를 하기도 한다. 그리고 이튿날 운상을 할 때는 상두계원들이 나서서 상여 행렬 앞에서 풍물을 치며 상여소리를 부르고 간다. 또한 마을 부녀자들이 조직한 호상계원들이 상여에 '길베'를 매달아 어깨에 메고 운상 행렬을 이끌고 가면서 상여소리를 부르고, 쉴 참에는 놀이판을 벌이고 춤을 추며 노래를 부르며 논다. 장례를 치르는 전 과정이 음악과 노래, 놀이로 이루어져 있음을 알 수 있다.

서남해지역에서 전승되는 상례놀이를 '다래' 또는 '달야'라고 하며 밤에 주로 한다고 해서 '밤다래' 또는 '밤달애'라고 한다. 지역에 따라서는 '밤다리', '다리', '달야', '다례'라고도 한다. '밤夜'자를 앞에 붙였을 경우 뒤에 오는 말이 경음화되어 '밤따래' 또는 '밤따리'라고 발음된다. 그러므로 서로 다른 것 같지만 '밤+다래(다리, 달애)'라고 할 수 있으므로 발음에서 약간의 차이가 있을 뿐 지칭하는 바가 다르지 않다.

밤다래(밤달애)의 어원이 무엇인지 분명하지 않다. 이와 관련하여 최덕원은 '밤달애'가 '밤夜'과 달래다의 고어인 '달애'의 복합어라고 해석하고 그 뜻을 '밤을 달래는 놀이'라고 풀이한 바 있다.[1] 그런데 의미상으로는 그럴 듯하지만, 전라도 방언에서는 '달래다'를 '달개다'라고 하지 '달애다'라고 하지 않으므로 '달애'가 '달래다'라는 뜻을 지닌 고어라고 할 수 있는지 의문이 남는다. 더 탐색이 필요하다.

상례놀이를 하게 되면 주민들끼리 놀기도 하지만 상가에 경제적 여유가 있을 때에는 놀이판이 확대된다. 이 경우 전문적인 연희자들이 초청되기도 한다. 진도에서 전승되는 다시래기와 신안 일대에서 전승되는 '밤다래 거사·사당놀이'가 그것이다. 또한 소리꾼을 초청해서 놀기도 하는데, 이 경우 육자배기나 단가 또는 판소리 같은 전문적인 소리를 연행하곤 한다.

---

1   최덕원, 「신안지방의 민속예술」, 『신안군의 문화유적』, 목포대학교 박물관, 1987, 458쪽.

〈그림 1〉 진도의 상례 풍경

도서지역의 상례놀이는 유교적 엄숙주의와 전혀 다른 모습을 보여준다. 흔히 상가에서는 슬퍼하고 애도해야 하며 또 엄숙해야 된다고 말한다. 그리고 엄숙하지 않은 행위는 무례한 것으로 취급하기도 한다. 그런 관점에서 보면 상가에서 굿판을 벌이고 장구치고 노래하며 춤을 추는 모습은 충격일 수도 있을 것이다. 하지만 유교의례가 유일한 기준이 될 수는 없다. 절차와 격식을 강조하는 유교식 상장례는 조선중기 이후에 향촌사회에 널리 퍼진 것일 뿐 본래부터의 유일한 전통은 아니다. 유교가 유입되기 이번부터 지속돼오던 다양한 전통이 남아 있기 마련이다. 상가에 가보면 애도의 분위기도 있지만 한편으로 술판이 만들어지고 한쪽에서는 윷놀이와 화투판이 벌어지는 것을 볼 수 있다. 그리고 도시의 장례식장에서도 밤샘하며 술 마시고 화투판을 벌이고 노는 것을 쉽게 볼 수 있다. 이와 같은 모습은 현대사회에서 갑자기 생겨난 것이 아니라, 오히려 전통이 약화된 현상에 해당된다. 요즘 들어 바쁜 일상에 쫓겨 살면서 장례가 약식화 되고, 관련 놀이가 장례식장의 화투판처럼 잔존화 되어 있지만 얼마 전만 해도 밤샘을 하면서 상주를 위로해 주고 놀아주는 전통은 일반적인 풍속이었다.

노래와 춤으로 죽은 이를 떠나보내는 송별축제는 진도, 신안, 완도, 해남 등지에서 전승되고 있다. 지금은 전승지역이 제한된 것처럼 보이지만 20세기 중후반까지도 전국 여러 곳에서 유사한 상장례놀이가 전승되었다. 그러므로 서남해지역의 송별 축제가 국지적이고 특이한 풍속이라고 할 수는 없다. 노래와 춤으로 펼치는 송별축제는 유교가 들어오기 이전부터 지속돼온 전통이다. 고대의 기록에 의하면, "처음과 끝에는 슬퍼하며 울지만, 장례를 하면 곧 북을 치고 춤추며 음악을 연주하며 죽은 이를 보낸다初終哭泣 葬卽鼓舞作樂以 送之"라고 적고 있다.[2] 이 기록은 진도를 비롯한 서남해지역에서 풍물을 치며 춤과 노래로써 운상하는 현재의 모습과 흡사하다. 또한 조선시대 기록에서는 "술과 음식을 장만하여 사람들을 널리 대접하고 무당굿을 하고 잡희를 벌이며 노는데 이를 오시娛屍라고 한다."[3]고 말하고 있다. 이외에도 여러 기록들에서 놀이와 춤으로 상장례를 치르는 것에 대한 내용들을 접할 수 있다.

조선시대 기록들을 검토해보면 상가에서 술과 음식으로 잔치를 베풀고 노래판을 성대하게 벌이고 놀았는데 이를 두고 지배계층과 민간의 평가가 달랐음을 발견할 수 있다. 상층에서는 유교식 예법에 근거해 민간의 장례풍속을 폐풍弊風이라고 하고, 민중들은 상층의 유교식 장례를 박장薄葬이라고 하면서 공방하기도 했다.[4] 민속이란 고정된 채로 지속되는 것이 아니라 관계 속에서 변화되면서 전승된다라는 것을 보여주는 사례라고 할 수 있다. 여하튼 이런 과정 속에서 지배계층이 주도하는 유교식 예법이

---

2   『수서』동이전 고려(고구려)전, "初終哭泣 葬卽鼓舞作樂以 送之"
3   ≪성종 099 09.12.14(신축)≫, 의정부에 어버이의 상에 노래하고 술마시는 풍속을 엄금하게 하다.
4   이경엽, 『진도 다시래기』, 국립문화재연구소, 2004, 22~32쪽.

널리 퍼지고 전래의 축제식 상장례놀이는 축소되는 과정을 거쳤으므로 지금은 위축된 상태로 전승되고 있음을 알 수 있다. 하지만 이런 전통이 문헌 소재의 옛 풍속이 아니라 현행 민속으로 전승되고 있음을 주목할 필요가 있다. 상례놀이가 특정 지역의 개별적인 현상이 아니라 보편적이고 오래된 장례 풍속이며, 민속 전승의 복합성과 변화상을 보여주는 사례라는 점을 눈여겨 볼 필요가 있다.

상례놀이는 공동체 구성원의 죽음을 조의하는 예술적인 조문弔問이기도 하다. 상례놀이에는 죽음으로부터 비롯된 상실과 슬픔을 노래와 춤으로써 극복하고, 활력의 에너지로 삶을 회복하려는 의지가 담겨 있다. 상례놀이는, 죽음을 개인이 겪는 개별적이고 고립된 현상으로 보지 않고 공동체의 일로 간주하며 사회적 관계 속에서 상실감을 치유하고자 하는 사회적 연행演行으로서 펼쳐진다. 마을 공동체에서는 유무형의 조직과 관행을 중심으로 죽음이 발생하는 처음부터 장례를 치르는 전 과정을 주관한다. 그리고 상황에 맞게 의례와 예술적인 연행을 결합시켜 상장례를 수행한다. 이런 점에서 본다면 송별축제는 죽음을 더 깊게 수용하면서 죽음으로부터 자유로워지고자 하는 집단적인 연행이라고 할 수 있다. 그렇게 함으로써 공동체 구성원들이 송별 이후, 다시 살아갈 삶에 대한 강한 긍정을 표방하는 것이라고 할 수 있다. 그러므로 송별축제에는 죽음이 가져온 상실의 아픔을 예술적인 연행과 사회적 관계 속에서 치유하고 현세적 삶을 긍정하는 민속철학이 담겨 있다고 할 수 있다.[5]

2. 도서지역 상례놀이에서 발견되는 남사당

도서지역 상례놀이를 보면 남사당과의 연관성이 눈에 띈다. 남사당은 유랑연희를 대표하는 존재이며[6] 전국을 무대로 활동했는데 그들의 연희가 도서지역에서 발견되기

---

5   이경엽, 『상례놀이의 문화사』, 민속원, 2016, 28쪽.
6   남사당패 이외에 사당패, 초란이패, 대광대패 등등이 있는데 여기서는 남사당이란 이름으로 통칭한다.

때문에 관심을 모은다. 어떻게 해서 육지의 남사당 연희가 도서지역 상례놀이 속에 끼어들게 된 것일까. 이 사례를 보면, 두 지역 간에 교류가 있었고 어떤 환경이 조성되면서 도서지역에 전파되고 수용되었음을 짐작케 한다. 섬 민속의 복합성과 지역 간의 관계성을 주목해야 한다는 것을 말해준다.

먼저 진도 다시래기를 살펴보기로 한다. 진도 다시래기는 다른 지역 상례놀이와 비슷한 점도 있지만 색다른 부분이 많다. 다시래기는 전승과정에서 남사당 연희를 수용함으로써 다른 지역 상례놀이와 다른 구성을 갖추게 되었다. 진도 다시래기는 ① 가상제놀이 ② 거사·사당놀이 ③ 상여놀이 ④ 가래놀이 ⑤ 여흥의 순으로 진행된다. 이것은 국가지정 무형문화재 제81호로 지정되어 있는 「진도 다시래기」의 절차다. 가상제놀이에서는 가짜 상주가 등장하여 놀이의 취지를 설명하고, 이어 거사·사당·중 등이 차례로 나와서 자신의 특기를 자랑한다. 거사·사당놀이에서는 거사(봉사)·사당(봉사처)·중의 삼각관계가 펼쳐지고 사당이 애를 낳는 장면이 전개된다. 상여놀이는 상두꾼들이 상여를 어깨에 메고 상여소리를 부르며 노는 대목이다. 가래놀이는 무덤을 만들고 가래질을 하는 가매장 의식을 연출한 내용이다. 여흥은 뒷놀이다. 이와 같은 놀이 중에서 ③, ④, ⑤는 다른 지역에서도 볼 수 있는 내용이며, ①과 ②가 다른 지역에 없는 진도 다시래기의 특징적인 부분이다. 특히 거사와 사당이라는 존재는 남다른 배역이라고 할 수 있는데, 이들에 의해 펼쳐지는 거사·사당놀이가 다시래기에서 가장 특징적인 부분이라고 할 수 있다.

다시래기와 남사당 연희의 관련성은 문화재본에서도 볼 수 있지만, 이본인 김양은본을 보면 그 친연성이 더 분명히 드러난다. 김양은본의 거사·사당놀이 중의 한 대목을 보면 다음과 같다.

남사당패는 특히 사당패와 친연성이 강한 편인데, 둘을 구분할 필요가 없을 때에는 남사당으로 통칭하기로 한다.

〈그림 2〉 조선시대의 거사·사당놀이(경국사 감로탱)와 진도다시래기 속 거사·사당놀이(김양은본)

사당 : (머리에 빈 손상을 이고 나오고 옆에 또 한 사당은 술병을 들고 나오면서 '사거리'

[사당과 거사의 노래] 앞토[앞소리]를 한다.[남자가 여장])

　　[앞토]　　　나는 간다 나는 간다

　　　　　　　정칠놈 따라서 내가 돌아간다.

거사 : (남자 바지 저고리를 입은 두 사람이 '사거리' 앞토를 받아 맞으면서 소고를 빙빙

돌려 치면서 앞으로 나가면 사당은 뒷걸음치면서 물러난다.)

　　[받음소리]　혜~서부렁 섭죽하니 새별 낭송

　　　　　　　구부렁 굽적하니 말굽 장단

사당·거사 : (가운데서 같이 놀면서 합창을 한다.)

　　[합창]　　　애라 혜 애헤헤 애헤야

　　　　　　　산안이로 고오~나

　위에 인용한 〈사거리〉는 경토리로 된 사당패소리다. 메기고-받고-제창하는 방식
으로 불린다. 사당이 먼저 앞소리를 부르면서 앞으로 나오면 거사가 뒤로 물러서고,
거사가 소고를 돌려 치고 앞으로 나오면서 '받음소리'를 하면 사당은 뒷걸음질 치면서
물러나는 방식으로 가무를 한다. 이와 같은 방식은 사당패의 전형적인 연행방식인데

프랑스 국립 박물관 '기메(Guimet)박물관'에 소장된 작품이다. 〈가두매점
(街頭賣占)〉이란 작품 이름으로 보아 길거리에서 관객들을 모은 뒤 점을 쳤
던 것 같다. 열일곱 명에 달하는 관객들이 원을 그리듯 앉거나 서서 사당패
놀음을 구경하고 있다. 몸을 뒤로 젖힌 채 갓을 무릎에 걸치고 흥취를 즐기
듯 구경하는 이도 있고, 활 쏘러 가다가 걸음을 멈춘 듯한 양반도 있고, 손
주를 업고 지팡이를 짚은 할머니도 있고, 삿갓 쓰고 보따리 짐을 메고 먼
길 온 듯한 여행객도 있다. 왼쪽에 선 총각은 오른팔에 닭 한마리를 끼고
서서 여사당에 푹 빠져 정신이 없다.

다시래기가 그것을 수용하고 있음을 보여준다.

　사당패의 연행 모습은 그림을 통해서도
확인할 수 있다. 조선시대 대표적인 풍속화
가인 김홍도(1745~1814)의 그림에 사당패의 공
연 모습이 있다. 이 그림에 묘사된 사당패
놀음을 보면, 사당은 미선尾扇[7]을 들고 거사
는 소고를 들고서 가무歌舞하는 장면을 그대
로 보여준다. 한 사당은 별감의 소매를 잡아
끌고 있고 다른 사당은 담뱃대를 문채 주머
니를 뒤적거리는 사내 앞에서 부채를 내밀

고 돈을 요구하고 있다. 사당을 마주하고 선 한 거사는 한쪽 다리를 번쩍 들어 올린
채 소고를 들어올리고서 힘차고 흥겨운 춤 동작을 보여준다. 또 다른 거사는 소고의
가장자리를 치면서 노래 반주를 하고 있는 듯한 모습을 연출하고 있다. 사당과 거사
가 마주보고 앞걸음치거나 뒷걸음치면서 가무를 하는 연행 장면을 보여주고 있다.

　사당패의 연행 장면을 묘사한 기록에서도 비슷한 모습을 찾을 수 있다.

7　손잡이가 있고 둥그렇게 생긴 부채. 공작 꼬리 모양처럼 생겼다고 해서 미선이라고 한다. 〈진도 다시
　래기노래〉에 "사당 마누라 미선(尾扇) 들고……"라고 묘사된 장면과도 통한다.

(가) "너희들 장기대로 염불이나 잘하여라." 사당의 거사 좋아라고, 거사들은 소고 치고, 사당의 절차대로 軟鷄寺黨이 먼저 나서 발림을 곱게 나고, "산천초목이 다 성림한데 구경가기 즐겁도다. 어야여, 장송은 낙락, 기러기 훨훨, 낙락장송이 다 떨어진다. 성황당 어리궁 뻐꾸기야 이 산으로 가며 어리궁 뻐꾹."

(나) 其輿行也에 男持小鼓ᄒᆞ야 列立舞場ᄒᆞ고 女子對立ᄒᆞ야 先出歌頭ᄒᆞ면 [時俗雜歌] 衆男이 齋聲繼唱ᄒᆞ야 且前且後ᄒᆞ며 且擊且唱ᄒᆞ야……[8]

(가)는 신재효본 「흥보가」중 박타령 부분에 나오는 사당패 모습이다. 거사는 소고를 치고 사당이 발림을 하면서 〈산천초목〉을 부르는 장면이다. 그리고 (나)는 이능화가 묘사한 사당패의 연행 모습이다. 여자(사당)가 앞으로 나오면서 '시속잡가'를 부르면 남자들(거사)이 소고를 들고 제창으로 받는 소리를 한다고 적고 있다. 이 묘사는 사당패의 연희 모습이 그려진 풍속화와도 통하는 설명이다. 그리고 이것은 앞에서 본 다시래기의 연행 모습과도 흡사하다. 연행 형태의 유사성을 통해 볼 때 다시래기가 사당패 연희를 수용했음을 알 수 있다.

도서지역의 상례놀이에 남사당 관련 연희가 있어서 눈길을 끈다. 언제 어떻게 남사당이 섬지역에 들어간 건지, 그들의 연희가 어떻게 주민들의 상례놀이 속에 수용된 건지 궁금해진다. 남사당이 섬으로 들어가고 밤다래와 만나게 된 내력을 탐색해보기로 한다. 이것을 통해 도서지역 상례놀이의 전승맥락을 새롭게 읽어낼 수 있을 것이다.

3. 남사당의 활동상과 도서지역의 남사당소리

남사당패는 조선후기에 전국을 떠돌며 공연을 하던 놀이패를 말한다. 유랑예인 집

---

8   이능화, 『조선해어야사』, 한남림, 1927, 141쪽.

단은 남사당 이외에 사당패·솟대쟁이패·대광대패·초란이패·절걸립패 등이 있는데, 가장 뒤늦게 생긴 남사당이 다른 패들을 승계하고 나중에까지 꾸준히 활동하면서 유랑 연희패를 대표하는 명칭이 되었다. 그러므로 여기서 남사당을 중심으로 설명하지만 남사당만을 특정하지는 않는다. 남사당이란 이름으로 유랑 연희패를 통칭하는 것이라고 할 수 있다.

유랑예인 집단은 조선시대에 들어와 본격적으로 활동했던 것으로 보인다. 물론 이전 시대에도 잡기雜技를 하거나 악기를 다루는 유랑예인들이 있었고, 양수척陽水尺이라고 하는 북방 유목민 출신의 예인들이 수초水草를 찾아 유랑하며 잡희를 하기도 했다.[9] 그렇지만 떠돌이 놀이패가 부쩍 늘어난 것은 조선시대에 들어와서 일이고, 여기에는 조선초기에 불교를 억압하면서 사원을 폐쇄하고 승려를 감원했던 배경이 크게 작용했다.

조선초기의 유랑예인 중에서 가장 주목되는 존재는 거사居士 또는 사장社長이다. 본래 거사란 불교에 귀의했지만 재가在家인 채로 불도佛道를 걷는 남자를 뜻하던 말인데, 불사 조성을 명목으로 물품을 모으고 염불이나 범패, 가무 등을 하고 다니는 남자를 칭하는 말로도 쓰이게 되었다. 사장 역시 연화승緣化僧·화주승化主僧을 지칭하는 말로 쓰였다. 용례를 보면 거사보다 빈도수가 더 많이 나타나며 거사 또는 도사로도 불린 것으로 나타난다.

이들에 대한 기록은 대개 부정적이다. 왕조실록을 보면, "원각사의 불유佛油를 모연募緣한다 일컫고, 혹은 낙산사를 영건營建하는 화주化主라고 일컬어, 여러 고을의 민간에게 폐를 끼치는"(세조 14년 5월 4일조) 집단이라는 표현이 자주 등장한다. 또한 "우민을 속이고 꾀어 모두 집을 버리고 귀의해서 생업을 잃고 몰려들어 남녀가 서로 반반씩 되니, 이름하기를 사장社長이라 해서 밤낮으로 함께 거처하여 간음을 행"(예종 1년 5월 9일조)한다고 말하고 있다. 곧, 생업을 버리고 절에 우거하면서 불사와 관련하여 금전을

---

9 윤광봉, 『조선후기의 연희』, 박이정, 1998, 274~282쪽; 전경욱, 「가면극과 그 놀이꾼의 역사적 전개」, 『고전희곡연구』 제1집, 2000, 79~280쪽.

모으고, 밤낮으로 남녀가 함께 거처하고 간음하면서 풍속을 어지럽히고, 중도 아니고 속인도 아닌 부정적인 존재라고 기록하고 있는 것이다.

　조선전기에 활동하던 거사 또는 사장은 '사당패'와 직접 연결되는 존재로 보인다. 물론 명칭은 구분된다. '사장'은, 여자를 따로 부르는 사당(社堂, 寺黨, 寺堂)이 아니라 무리 전부를 지칭하는 말이다. 그리고 '사당'은 원래 불가어佛家語로서 머리 깎지 않은 중乞士의 아내優婆尼를 말하므로[10] 사장과는 다른 존재다. 기록에서도 남녀를 구분하여, 남자는 거사라고 하고 여자는 사당社堂 또는 회사回寺[11]라고 부르고 있으므로 구분할 필요가 있다. 하지만 이름은 다르지만 불사佛事를 돕는다는 목적을 대외적으로 내세우고, 거사와 더불어 기예와 놀이를 펼치면서 활동하던 남녀 무리라는 점에서 내용상 통한다고 할 수 있다.

　흔히 사당패를 일러 여자만으로 구성된 떠돌이 놀이패로 보지만 그런 것 같지 않다. 또한 거사가 직접 기예를 담당하지 않고 사당에 기생하는 존재라고 했던 것도 맞지 않다. '남녀가 섞여 거처하며 간음하고 징과 북을 시끄럽게 두들기면서' 풍속을 해치고 있다고 비난하는 기록에서 보듯이 이들은 초기부터 가무와 기예를 하는 혼성 집단이었다. 사당패 연회를 그린 풍속화에서도 남녀가 함께 공연하는 것을 확인할 수 있다.

　사당패는 풍속을 어지럽히는 집단이라고 비난받았다. 대부분의 기록에서 이들은 폐단의 주인공이자 혁파의 대상으로 묘사된다. 한편 이처럼 비난받는 이면에는 이들의 활동이 그만큼 활발하고 민간에서 폭넓게 지지받던 분위기가 있었다는 것을 알 수 있다. 그리고 그런 기록이 조선후기까지 계속 나타나는 것으로 보아 사당패의 활동이 꾸준히 지속되었음을 알 수 있다.

―――

10　정약용, 김종권 역, 『아언각비』, 일지사, 1979, 251쪽(윤광봉, 『조선후기의 연희』, 박이정, 1998, 284쪽 재인용).

11　"남자는 거사가 되고 여자는 사당이라 칭하며 본분의 일을 일삼지 않고 승복을 걸치고…"(선조 40년 5월 4일조), "거사라는 남자들과 회사(절을 다니며 붙어사는 여인을 방언으로 回寺라 한다)라는 여인들은 모두가 농업에 종사하지 아니하고 마음대로 음탕한 짓을 하며 횡행하여 풍속을 그르치니, 법으로 금해야 합니다(중종 8년 10월 3일조)."와 같은 기록에서 남녀를 구분하고 있다.

다음 기록을 보면 사당패가 민간에서 어느 정도 지지받았는지 짐작할 수 있다.

그 형상을 보면 중도 아니고 속인도 아니며, 그 거처(居處)하는 것을 보면 절도 아니고 집도 아닙니다. 아침이면 시리(市利)를 속이고, 저녁이면 부처에 귀의(歸依)하여, 기이한 형태와 괴이한 형상으로 잡답(雜沓)하게 주선(周旋)하여, 징(鉦)을 울리고 북(鼓)을 치며, 파사(婆娑)하여 용약하므로, 가동(街童)과 거리의 부녀자가 돌아보며 흠모하니, 이목(耳目)으로 익숙하게 익혀서 당연하게 생각하고 다투어 서로 추창하여 붙습니다.

『성종실록』 성종 2년 6월 8일조

위의 기록에서는, 연희패가 특이한 복색을 갖추고 거리에서 징과 북을 치며 춤을 추는 것을 보고, 거리의 아이들과 부녀자들이 돌아보고 흠모한다라든가 남녀가 분주히 그것을 따른다고 표현하고 있다. 사당패가 대단히 인기를 끌었음을 보여준다. 그런데 이와 같은 상황이 지배계층에겐 대단히 부담스러웠던 것으로 보인다. 그래서 '작은 연고가 아닌', '뒷일이 두려운' 것으로 간주될 만큼 심각하게 받아들여졌다. 이런 까닭에 거듭 승려들을 규찰하고, 사장의 집을 헐고, 이들의 활동을 금지시킬 것을 요구하는 상소가 반복되었다. 하지만 사당패 활동을 금하게 하고 그에 따른 제재가 계속되지만 임란 이후 오히려 더 번창했다. 선조 때의 다음 기록에서 그런 정황을 읽을 수 있다.

10여년 전부터 인심이 흐려지고 사설(邪說)이 횡행해도 금하여 검칙하지 못하니, 어리석은 백성들이 미혹되어 남자는 거사가 되고 여자는 사당이라 칭하여 본분의 일을 일삼지 않고 승복을 걸치고 걸식하며 서로를 유인하여 그 무리들이 번성하고 있습니다. 그런데도 주현에서 금단하지 않으므로 평민의 절반이 떠돌아 다녀 도로에 줄을 잇고 산골짜기에 가득 차며 혹 자기들끼리 모이면 천백(千百)의 무리를 이루니 보기에 놀랐습니다.

『선조실록』 선조 40년 5월 4일조

임진왜란 이후 민간의 모습을 전하는 기록이다. 이 기록에서는 '남자는 거사가 되고 여자는 사당이라 칭하며 걸식하면서 번성하고 있다.'라고 말하고 있다. 이처럼 '사설邪說이 횡행해도 통제할 수 없을 만큼' 유랑하는 무리가 번성했던 이유는 조선후기의 사회 변동에서 찾을 수 있다. 흉년 때문에 걸식하게 되고, 광작廣作의 확대에 따라 일거리를 잃은 농민들이 늘어나고, 관가의 수탈을 피하기 위해 타처로 도망하는 사람, 상전의 통제를 벗어나기 위해 숨어 다니는 노비 등이 증가하면서 농촌사회가 급속도로 분화하면서 유랑민이 급증하였다. 이들 중에서 놀이패는 재주와 기예만으로 먹고 살기가 힘들었기 때문에 도적질·걸식·매음 등을 하기도 했다. 사당이 매음을 하고, 남사당이 남색을 팔았던 것도 이런 상황에서 비롯된 생활상이다. 이들은 때로는 수상한 무리, 도적의 무리, 역모 가담 세력 등으로 의심받기도 했다. 그렇지만 "사장의 성행이 요즘 더욱 심하고", "거사들이 음사를 베풀어 대중을 미혹시키는 폐단이 근래 더욱 극심"하다는 식의 표현처럼 조선후기 들어 사당패 무리가 더욱 늘어났다. 그래서 위의 인용문처럼 그들끼리 모이면 "천백의 무리를 이룬다."고 할 정도였다.

조선왕조실록에서는 사당패가 인기를 끈 이유로, "난리를 겪은 뒤 사람들이 더욱 괴이한 것을 좋아"(선조 35년 5월 5일조)한 것을 들고 있다. 그리고 놀이판이 벌어지면 "원근에서 노유老幼를 막론하고 풍문을 듣고 구름처럼 몰려들어 번번이 만 명을 헤아릴 정도"(선조 39년 6월 4일조)라고 말하고 있다. 이와 같이 놀이패가 성황을 누린 것은 임진왜란·병자호란을 겪고 난 후의 사회 분위기와 관련이 있다. 또한 장시의 번창과 같은 조선후기의 사회·경제적 배경이 작용했을 것이다. 그리고 이와 같은 상황이 유랑 놀이패의 분화와 확대를 가져왔을 것으로 보인다. 사당패, 남사당패, 솟대쟁이패, 대광대패, 초란이패, 걸립패, 중매구, 광대패, 각설이패, 풍각쟁이, 얘기장사 등[12]과 같은 떠돌이 놀이패들이 다양하게 활동하게 되는 환경이 조성되었던 것이다.

남사당패는 유랑 연희패 활동이 절정기에 이르던 조선후기에 성립되었다. 특히 사당패의 후속 집단으로 등장하면서 '남사당패'라는 이름을 갖게 되었다. 18~19세기 무

---

12 심우성, 『남사당패연구』, 동화출판공사, 1974, 201쪽.

렵 사당패는 지역에 근거지를 둔 패들이 생길 만큼 유행했는데, 사당패가 인기를 끌면서 기예를 갖춘 사당의 공급이 부족해지고, 그에 따라 사당으로 여장한 남자가 그 역할을 수행하면서 생겨난 것이 '남사당'이었다. 본래 '사당'은 공연 중에 '거사'라는 남자의 상대역을 하는 여자다. 그런데 그 역할을 남자가 한다고 해서 붙은 이름이 '남사당'이다. 거사와 사당이라는 남녀로 구성된 패거리가 남사당이라는 남자 중심의 패거리로 분화된 것이다. 물론 이렇게 남사당패가 등장했지만 사당패는 사당패대로 여전히 활동을 지속했다. 곧 사당패가 남사당패로 대체된 것이 아니라 분화 이후에도 병존하면서 영향을 주고받았던 것이다.

이 때문에 사당패와 남사당패는 어느 집단보다 친연성이 높다고 할 수 있다. 알려져 있는 것만으로 본다면 두 집단은 다른 종목을 갖고 있어서 상이한 부분이 많지만, 계통적으로는 가장 가깝다고 할 수 있다. 사당패의 연행 종목과 남사당패의 종목은 다른 면이 많아 보이나, 남사당패에는 유랑예인 집단의 여러 종목들이 통합되어 있으므로 공연 종목에서 차이를 보일 뿐 긴밀한 연관관계를 갖고 있다.

이제 이 글에서 색다르게 주목하는 도서지역의 '남사당소리' 또는 '사당패소리'에 대해 더 살펴보기로 하자. 사당패소리는 사당패만의 것이 아니라 남사당패의 예능 종목이기도 하다. 흔히 사당패의 연행 종목은 벅구춤·소리판·줄타기이고, 남사당패는 풍물·버나·살판·어름·덧뵈기·덜미라고 하지만 이를 고정적으로 볼 수는 없다. 특히 남사당패의 예능은 사당패가 남성 연희자 중심으로 재편되고, 다른 유랑패가 흡수 통합되면서 정립된 것이다. 남사당패의 성립 과정을 떠올려 볼 때 초기 남사당패의 연행 종목에 가무가 포함되었을 가능성이 높다. 남사당패는 조선후기에 사당패의 수요가 급증하여 사당 역할을 '남자 사당'이 하게 되면서, 그리고 거사·사당이라는 남녀로 구성된 패거리가 남자 중심으로 분화되면서 성립된 것이라고 했던 것처럼, 남사당패 성립 초기에는 남사당이 사당패식으로 가무를 하는 종목이 있었으며, 그것이 서남해지역에 전해지는 남사당소리와 연결된다고 생각한다. 신안에서는 '남사당'이라고 하는 남성 연희자들이 거사와 여장한 사당역을 하면서 가무를 한다. 이것은 남사당패에 의해 사당패의 연희가 승계되었음을 말해주는 예라고 할 수 있다. 이런 점을 고려하여 여기서는 유랑예인 집단의 소리를 통칭하여 '사당패소리'라고 부르며, 신안 남사당소리는 그것의 변이형 또는 지역 유형이라고 규정하고자 한다. 신안의 경우 '남사당'이 부른다는 점에서 특징적이지만 계통적으로 볼 때 사당패소리의 하나라고 볼 수 있을 것이다.

유랑예인들은 전국을 무대로 활동했다. 물론 한 집단이 전국을 전부 담당하지는 않았으며 지역마다 주요 거점을 중심으로 권역 단위의 활동을 했다. 이런 까닭에 지역마다 조금씩 다른 양상을 띠기도 했다. 예를 들어 경기도에서 활동하던 패라면 가면극이나 줄타기같은 종목이 중심이 되지만 호남에서는 가면극이 그다지 중요하지 않았고 사당패소리가 중심을 이루었다. 지역마다 개성이 조금씩 다른 연희패의 활동이 있었음을 알 수 있다.

4. 남사당이 섬으로 간 이유와 도서지역의 사회적 배경

유랑예인들이 전국적으로 활동을 했다고 하더라도 진도나 신안과 같은 도서지역에까지 유입되었는가에 대해 의문을 가질 수 있다. 그런데 섬에도 유랑연희패의 유입이 많았다. 그에 대한 기록이 있다. 1771년에 경남 남해에 유배를 갔던 유의양柳義養(1718 ~?)이 남긴 『남해문견록』의 한 대목이다.

남방 풍속이 괴이하여 여거사(女居士)들이 무리지어 다니며 놀음하여 동냥하는 것이 무수한지라 읍내 집집마다 다니며 북치며 염불소리하고 놀음하면, 마을 사람들이 굿을 보며 돈과 쌀을 낱낱이 주어 "염불을 더 하라."하여 아침부터 밤이 되도록 그치는 때가 없고, 그 거사(居士)가 지나가면, 또 다른 거사가 이어 와 연하여 그리하여 춘하추 삼절에는 그칠 때가 없다 하니, 읍내가 이러하면 외촌(外村)은 더 알 만하였다.

남방 풍쇽이 고이ᄒᆞ여 녀거ᄉᆞ(女居士)들이 무리 지어 ᄃᆞ니며 노름ᄒᆞ며 동녕ᄒᆞᄂᆞᆫ 거시 무수ᄒᆞᆫ디라. 읍ᄂᆡ 집마다 ᄃᆞ니며 북치며 념불소리ᄒᆞ고, 노름ᄒᆞ면 ᄆᆞ을 사름들이 구슬 보며 돈과 뿔을 늣늣치 주어 "념불을 더ᄒ라!"ᄒ여 죵일 달야ᄒ야 그치는 재 업고, 그 거시 디나가면, 또 달은 거시 니어와 년ᄒ여 츈하츄 삼졀의는 그칠 대 업다.[13]

조선후기에 섬 지역에서 거사와 여거사(사당)의 활동이 일상적이었음을 보여준다. 기록을 남긴 유의양은 "거사들이나 중·광대들이나, 요지경이나, 잔나비 같은 잡된 것들은 민가에 붙여두지 말라."고 말하고 그 근절 대책을 밝히고 있는데, 그만큼 이들의 활동이 활발했음을 반증해준다.

남사당(사당패)은 흥행을 목적으로 공연하던 놀이패다. 이들은 아래 인용에 나오듯이 돈벌이가 될 만한 곳을 찾아다니며 공연을 했다.

그림 4) 사당이 관객에게 돈을 달라고 요구하는 모습
『기산풍속도』 〈사당거사가 한량에게 돈을 달라고〉

우리나라 남쪽 지방에는 무당과 비슷하지만 무당은 아니고, 광대와 비슷하지만 광대도 아니고, 거지와 비슷하지만 거지도 아닌 자가 있다. 떼지어 다니면서 음란한 짓을 하고, 손에 부채 하나 들고 마당놀이를 하다가는 집집마다 돌아다니며 노래를 불러주고 사람들에게 먹거리를 해결한다. 사투리로 이들을 사당이라 한다. 우두머리를 거사라 하는데, 거사는 소고나 치고 염불 정도 하지만 사당은 노래나 춤만 잘 춘다고 되는 것이 아니라 남자를 녹이는 재주가 있어야 하는 것이다. 언제나 낮에 구경꾼들이 보건 말건 입술을 갖다대고 손을 잡아끌어서라도 돈을 찾아낸다.

國以南 有似巫非巫 似倡非倡 似丐非丐者 群行宣淫 手持一扇 逢場作戲 沿門唱曲 以謀人衣食 方言稱之曰社黨 稱其雄曰居士 居士只鳴小鼓念佛 社黨不專爲歌舞 以善

---

13 최강현 역주, 『후송 류의양 유배기 남해문견록』, 서울 : 신성출판사, 1999, 116쪽.

嬲纏男 子爲能 每白晝稠人之中 壁脣摻手 百計塞錢[14]

이옥李鈺(1773~1820)이 경남 합천 봉성(현 삼가면)에 유배를 갔을 때 보고 들은 것을 기록한 내용 중의 하나다. 이옥은 사당패에 대해 '떼지어 음란한 짓을 하고', '손에 부채 하나 들고 마당놀이하고 돌아다니며 노래를 불러주고 먹거리를 해결한다.'고 적고 있다. 또한 거사와 사당의 차이를 말하면서, 사당은 노래나 춤을 잘 출 뿐만 아니라 '남자를 녹이는 재주가' 있고, '입술을 갖다대고 손을 잡아끌어서라도 돈을 찾아낸다.'라고 말하고 있다. 이 표현은 기산풍속도에서 치마를 들어 올린 사당이 남자 관객에게 다가가서 돈을 달라고 요구하는 모습과도 흡사하다. 사당패가 흥행성을 중시하던 놀이패였음을 보여준다.

한편 사당패가 찾아들 만큼 도서지역에 어떤 활기가 있었을까. 섬이라면 교통이 불편하고 외진 곳인데 거기까지 유랑예인들이 들어갔을까. 흔히 섬이라고 하면 고립되고 폐쇄된 곳으로 생각하기 쉬우나 실상은 그렇지 않다. 역사적으로 섬을 유배지로 이용하는 경우가 많았으므로 고립과 단절을 먼저 떠올릴지 모르지만 그 이미지는 일부의 모습일 뿐 전부가 아니다. 조선후기의 서남해 도서지역은 유랑예인 집단이 유입되는 사회·문화적 배경을 지니고 있었다. 도서지역에까지 남사당패가 들어온 것은 당시 이 지역이 지닌 사회·문화적 활력과 관련 있다. 특히 조선후기에 새롭게 조성된 도서지역의 활력은 도서민속의 역동적 전개를 가능하게 한 새로운 환경이 되었다.[15]

유랑예인들은 떠돌이패의 속성상 돈벌이가 될 만한 곳을 찾아다닌다. 어업 생산력이 늘어나고 유통이 활발해짐에 따라 도서와 포구에는 경제적 활력이 조성되어 유랑예인들이 찾아드는 조건이 성숙되었다.

---

14 정용수 역주, 『18·19세기 성균관 상재생 이옥의 글 봉성에서』, 국학자료원, 2001, 50~53쪽.
15 이경엽, 「도서지역의 민속연희와 남사당노래 연구」, 『한국민속학』 제33집, 한국민속학회, 2001. 이 논문에서 글쓴이는 남사당 연구의 새로운 시각을 강조하고 사당패와 남사당패의 관계, 남사당패가 도서지역에 수용되는 사회·문화적 배경, 남사당노래의 정착 과정 등에 대해 다루었다.

서쪽 바다는 망망대해로서 해마다 고기가 많이 잡혀 팔도에서 수천 척의 배들이 이 곳에 모여 고기를 사고 팔며, 오고 가는 거래액은 가히 수십만 냥에 이른다고 한다. 이때 가장 많이 잡히는 고기는 조기로, 팔도에서 모두 먹을 수 있었다.[16]

지도군智島郡(지금의 신안군 지도읍) 군수였던 오횡묵(1833~?)이 1895년에 조기로 유명한 칠산파시의 풍경을 기술한 데서 보듯이, 수천 척의 고깃배와 상선들이 모여드는 도서 지역의 상황은 민속 전승의 새로운 환경이 되었다. "팔도에서 모두 먹을 수 있을"만큼 늘어난 어업 생산력과 "서울 저자와 같이 떠들썩한 소리가 가득한"포구에는 경제적 활력이 조성되어 유랑 연희패가 찾아드는 조건이 성숙되어 있었다. 또한 조세창漕稅倉이 자리한 포구를 중심으로 인적·물적 교류와 상업활동이 활발하게 이루어졌다. 다산 정약용이 포구에 유흥문화가 형성되는 것을 경계하고 사당優婆, 악공, 초란이 등의 접근을 금해야 한다[17]고 했던 것도 이와 관련이 있을 것이다.

그리고 당시 서남해 지역의 마을 공동체문화가 활성화되어 있던 상황도 남사당패의 유입과 연관이 있다. 완도 금당도의 동계책洞契册을 보면 '남사당'이 나온다. 임술년(1862)부터 정묘년(1927)까지의 지출 내력을 담고 있는 『동계책』[18]에는 남사당과 가객 관련 기록이 여섯 번 나온다.

庚辰(1880)　　　　男士當/ 歌客

丙戌(1886)　　　　男士當/ 神祭

壬辰(1892)　　　　男士當

丁酉(1897)　　　　男士當/ 歌客

壬寅(1902)　　　　海南 歌客

乙巳(1905)　　　　男士當/ 歌客

16　오횡묵, 『지도군총쇄록』, 1895년 5월 13일자(『도서문화연구소 자료총서』 ②, 1990).
17　다산연구회, 『역주 목민심서』 2권, 창작과 비평사, 1988, 258쪽.
18　『洞契册(下記)』 필사본.

이것으로 보아 마을 공동체 행사나 축제에서 남사당패의 공연이 지속적으로 이루어졌다는 것을 알 수 있다. 어떤 해는 남사당과 가객이 같이 나오고(3회), 어떤 해는 남사당만(2회), 어떤 해는 가객만(1회) 나온다. 가객이란 판소리 광대를 지칭하는 것으로 보이는데, 임인년에는 인근 해남 가객을 불러 소리판을 벌였던 것 같다. 이처럼 거듭 남사당과 가객을 불렀다면 이는 부정기적이지만 공동체의 연례적 행사와 관련이 있어 보인다. 병술년의 '신제神祭'는 이에 대한 실마리로 보여지는데, 짐작컨대 마을 공동체의 안녕과 풍년을 기원하는 당제나 수산물의 풍작을 기원하는 용왕제·수제水祭 등의 축제 공간에서 이들의 공연이 있지 않았을까 추정된다.

또 다른 사례로 신안군 도초도의 고란리 당제를 들 수 있다. 고란리는 20세기 초중반에 간척이 이루어지기 전에는 마을 앞까지 배들이 들어왔고 도초도의 중심지였던 곳이다. 이런 배경으로 인해 이 마을의 당제는 고을굿 규모로 크게 연행됐는데, 특히 매년 지내는 '소배랑'과 달리 3년마다 크게 지내는 '대배랑' 때에는 인근 지역 사람들까지 수백 명의 구경꾼과 각종 장사치가 모여들고 또 각 마을에서 걸궤풍물것를 차려와서 공연을 할 만큼 성황을 이루었다고 한다. 이렇듯 큰 축제가 벌어지던 고란리 당굿 마당에는 다양한 굿놀이와 함께 남사당패의 공연이 이루어졌다고 한다.

이와 같이 조선후기에 서남해 지역에는 유랑 연희패의 유입이 지속적으로 이루어졌다. 그리고 다시래기나 밤다래의 남사당 연희는 이와 같은 남사당패의 영향 속에서 현전하는 형태로 성립되었다. 도서지역의 사회·경제적 활력 및 공동체문화의 활성화에 따라 유입된 남사당패의 연희가 상례놀이 속에 끼어들어 자리잡게 되었던 것이다. 특히, 서남해지역의 상장례가 마을 공동체 단위에서 축제식으로 수행된다는 전통과 어울려 자연스럽게 수용되었던 것으로 판단된다.[19]

진도와 신안에 들어온 남사당패는 서로 다른 연희패였던 것으로 짐작된다. 앞에서 본 완도 금당도의 경우처럼 남사당패는 지속적으로 유입되었을 것이다. 그러므로 특정 집단으로 제한하기 어렵지만, 현전 자료로 본다면 진도와 신안에서 활동했던 유랑

---

19 이경엽, 「도서지역의 민속연희와 남사당노래 연구」, 243쪽.

남사당패가 동일 조직은 아니었던 것으로 보인다. 신안의 경우 연극적 요소가 약한 대신 노래가 풍부하고, 진도에는 신안에 없는 배역이 있고 상대적으로 연극적인 구성이 돋보인다. 이처럼 인접 지역의 남사당놀이가 약간 다른 부분이 있는 것은 서로 다른 남사당패의 유입에 의한 것이라고 판단된다.

남사당패는 전국적으로 활동했으므로 다른 패의 활동을 충분히 가정해 볼 수 있다. 사당패 관련 기록에서 그 정황을 추정해볼 수 있다. 남사당패가 사당패를 직접적으로 계승한 연희패이므로 그 활동 양상도 유사했을 것으로 짐작된다. 사당패는 지역적으로 일정한 근거지가 있어 여러 패들이 분산되어 활동했던 것으로 알려져 있다. 신재효가 정리한 판소리 〈흥보가〉에 '경기도 안성 청룡사, 경남 하동 목골, 전라도 함열 성불암, 창평 대주암, 함평 월량사'[20] 등이 거론되는데, 사당패가 각 지역에 근거를 두고 전국적으로 활동했음을 말해준다. 이것으로 볼 때 진도와 신안에 유입된 남사당패도 서로 다른 패였을 가능성이 높다. 서로 다른 패가 지속적으로 영향을 미친 결과 현전 자료처럼 상이한 부분들이 특징화되어 전승되는 것이라고 판단된다.

5. 상례놀이의 전승 기반과 남사당의 토착화

도서지역에 유랑예인 집단이 유입된 것은, 앞에서 보았던 파시나 포구의 유흥문화 그리고 공동체의 축제와 관련 있다. 물론 이런 배경은 매음 등과 관련된 유랑예인 집단의 또 다른 측면과 연결될 수도 있다. 떠돌이 놀이패를 통해 가무나 기예 공연뿐만 아니라 매음이 이루어졌을 가능성도 있기 때문이다. 유랑예인들이 경우에 따라 매음이나 걸식도 했다고 하므로 그것을 배제할 수 없다. 특히 뱃사람들이 많이 몰려

---

20 "小寺 문안이요. 소사 문안이요. 소사 등은 경기 안성 청룡사와 경남 하동 목골이며, 전라도 의론라면 함열의 성불암, 창평의 대주암, 담양 옥천 정읍 동막, 함평의 월량사, 여기 저기 있삽다가, 근래 흉년 살 수 없어 강남으로 갔삽더니……"(강한영 교주, 『신재효 판소리사설 여섯마당집』, 형설출판사, 1990, 232쪽).

드는 파시나 포구는 사당이 매음하고 남사당이 남색을 파는 좋은 조건이 되었을 수 있다. 그렇지만 유랑예인 집단은 기예와 재주를 파는 것이 주된 일이었으므로 공연의 비중이 당연히 컸을 것이다. 그러므로 주된 논의는 예능과 관련된 것으로 집중해야 한다.

한편 남사당패의 공연이 아무리 재미있고 특별한 것일지라도 단순한 감상물에 그친다면 수용자와의 관계가 긴밀하다고 할 수 없다. 또한 그 예능을 흉내 내서 배우는 것에 그친다면 답습 이상의 단계라고 말하기도 어렵다. 이런 단계라면 외래적인 것의 단순 수용에 머물게 될 것이다. 그런데 신안이나 진도의 남사당놀이는 떠돌이 연희패의 공연물 또는 전문 소리꾼의 것이 아니라 일반 주민들의 예능으로 전승되고 있다. 이 지역에서 말하는 '남사당'은 유랑하는 이들이 아니라 일반 주민 중에서 예능적인 능력이 있는 이를 가리키는 말로 바뀌어 있다. 그리고 이들이 남사당 연희를 전승했다. 외래의 연희가 토착화된 것이라고 할 수 있다. 이는 남사당 연희가 주민들의 생활과 밀접한 관련이 있는 전승 기반을 가졌기 때문에 가능했던 것으로 보인다.

신안의 남사당소리는 밤다래에서 연행되었다. 밤샘을 하며 노는 상가 마당에서 남사당소리가 주로 연행되었다.[21] 신안을 비롯한 도서지역에는 지금도 초상이 나면 마을 사람들이 상가에 모여 상주를 위로하기 위해 노래하고 춤을 추며 노는 축제적 전통이 있다. 그리고 상두계·호상계의 구성원 여부와 상관없이 마을 공동의 일로 간주하여 상가 일을 거들고 운상運喪을 하는 풍속이 있다. 이렇듯 공동 노동과 공동 놀이의 공동체적 유대 속에서 운상·의례·놀이 등이 이루어지는 것이다. 초상은 집안 단위의 일이지만 공동체적 유대가 강한 곳에서는 대개 마을 단위로 치러지는 게 일반적이다. 신안의 밤다래놀이와 진도의 다시래기 등은 이런 공동체적 기반 위에서 전승되고 있다.

---

21 얼마 전까지도 밤다래의 현장에서 남사당소리가 연행되었으나 지금은 대개 아리랑타령이나 대중가요가 불리고 춤판이 벌어진다. 간혹 고로들에 의해 남사당소리가 불리기도 하지만, 이 경우라도 '놀이'로서의 전승보다는 '노래' 가창에 그치는 경우가 많다. 남사당소리는 본래 소고춤이나 거사·사당의 동작 등이 함께 이루어지는 놀이였지만 지금은 놀이적인 측면은 약화되고 노래 부분만 기억되고 있다.

밤다래의 남사당 연희는 본래 소고를 들고 춤을 추는 몸동작이 수반되었지만, 현재는 놀이 부분은 약화되고 노래 중심으로 전승되고 있다. 내용으로 보아 ① '마당 어우르는 놀이', ② '주문가', ③ '거사·사당놀이', ④ '매화타령' ⑤ 잡가로 구성되어 있으며, 항상 같은 순서로 진행된다. 가창방식은 각기 다른데, ①과 ②는 선창자가 첫머리를 내면 나머지가 제창하는 방식으로 부르고, ③은 교환창, ④는 선후창 방식으로 부른다. 한편 ③과 ④도 선창자가 앞부분을 부르면 나머지가 제창하는 식으로 하기도 한다. ⑤는 독창이나 제창으로 부른다.

마당 어우르는 놀이는 그 이름에서 볼 수 있듯이 연행 현장의 분위기를 조성하기 위해 소고치고 노래를 부르며 노는 놀이다. 진도 다시래기(김양은본)의 바탕놀음과 비슷한 기능을 지닌 것으로 생각된다. 주문가는 이름에서 보듯이 주술종교적 기능과 상관 있어 보인다. 노랫말에 나오는 '당산', '나무북방'같은 말이나 달거리 형식으로 된 사설 구성이 그것을 말해준다.

거사·사당놀이는 거사와 사당으로 꾸민 두 패가 마주 보고 서서 교환창 방식으로 노래를 주고 받으며 소고춤을 추는 놀이다. 사당이 노래를 하면서 나오면 거사가 뒤로 물러서고, 거사가 소고 치고 노래하면서 나오면 사당이 물러서면서 노는 놀이다. 진도 다시래기(김양은본)의 거사·사당놀이와 흡사하다.

매화타령은, 후렴에 나오는 매화라는 말에서 따온 이름이다. 선후창 형식으로 되어 있으나 선입후제창先入後齊唱으로 많이 부르고 있다. 매화타령 후에 상여놀이가 있는데 상두꾼들이 빈 상여를 메고 마당을 도는 놀이다. 잡가는 매화타령 이후의 여흥 노래로서 타령류의 여러 노래를 총칭한 것이다. 그러므로 엄밀한 의미의 남사당소리는 아닌 셈이다. 개미타령, 다리타령, 신세타령, 단지타령, 시누타령, 이타령, 장모타령 등이 주로 불리는데 여흥의 목적에 걸맞게 해학과 과장된 상황 묘사 등이 주 내용으로 되어 있다.

신안 밤다래의 남사당놀이는 진도의 다시래기에 비해 연극적 구성이 약한 편이다. 대신 노래가 훨씬 다양하고 풍부하게 전승되고 있다. 그렇지만 상가 마당에서 노래하고 춤을 추며 놀이를 벌이는 것은 마찬가지이며, 성적인 사설이 많이 불려지는 것도 다시래기와 같은 맥락의 전승으로 이해된다.

지금까지 살펴본 남사당연희는 육지의 유랑연희가 섬으로 들어와 토착화된 것이다. 유입 초기에는 유랑하던 이들이 공연을 했을 것이지만, 나중에 주민들이 그것을 배워서 자신들의 민속으로 전승하게 된 것이라고 할 수 있다. 이것을 보여주는 것이 바로 '남사당'이란 명칭이다. 신안에서는 상가에서 노래를 잘 부르고 또 잘 노는 연희자를 남사당이라고 지칭한다. 이들은 외지에서 찾아와 정착한 사람들이 아니라[22] 그 마을에서 대를 이어 살아온 주민들이다. 일반적으로 말하는 유랑예인이 아니라 마을 내 연희자를 남사당이라고 부르고 있는 것이다. 남사당이란 상가에서 잘 놀던 마을의 연희자를 지칭하며 기량이 뛰어난 경우 인근 마을에까지 불려 다녔다고 한다. 이것을 통해 볼 때, 남사당패의 연희가 밤다래에서 재미있는 종목으로 자리잡게 되면서 수요가 그만큼 많아지게 되고, 그 과정에서 각 마을별로 남사당놀이를 연행하는 패들이 생겨났던 것이 아닌가 여겨진다. 비금도와 도초도 각 마을에 남사당 관련 구전이나 잘 놀던 연희자의 이름, 노래들이 골고루 남아 있다는 사실에서 그것을 유추할 수 있다.

이런 현상은 초상이 났을 경우 마을 자체적으로 공동 노동과 놀이를 통해 장례를 치르는 전통에서 본다면 자연스러운 것이다. 처음에는 유랑 연희패의 영향을 받았지만 상장례놀이의 전통이 있으므로 남사당 연희가 쉽게 수용될 수 있었고, 또 마을 공동체 단위로 모든 것을 해결하는 구조를 갖추고 있으므로 그것을 연행하는 연희자도 마을 자체적으로 조달할 수 있었던 것이다.

도서지역의 '남사당'은 직업적인 연희자를 지칭하지 않는다. 그들은 주로 농사를 짓고 살았다. 이처럼 그들의 생업은 따로 있고 다만 상가에서 잘 노는 연희자일 뿐이다. 주민 중에서 상례놀이의 연희자 역할을 하는 이들을 '남사당'이라고 부를 뿐인 것이다. 이 점은 풍물패의 상쇠나 설장구 또는 들노래·상여소리 등의 설소리꾼과 다르지 않다. 그리고 이름난 남사당의 경우 이웃 마을에 초청을 받아 가서 공연하는 경우도

---

22 남사당패의 일원이 도서지역에서 정착하려면 거주 조건이나 생업을 확보해야 한다. 진도에 정착했다는 '노랑쇠'의 사례가 없는 것은 아니나 소수였던 것으로 보인다.

있는데 이런 점도 유명한 상쇠·설장구꾼이 걸립을 위해 초청을 받고, 설소리꾼이 이웃 마을에 팔려 다니는 것과 비슷한 부분이다. 이런 점에서 볼 때 신안의 '남사당'은 토착화된 역할 명칭이라고 할 수 있을 것이다.

이와 같이 신안에서는 남사당 연희가 밤다래의 상례놀이 종목으로 정착하여 전승되고 있다. 이는 진도 다시래기의 경우도 마찬가지다. 다시래기를 연행했던 이들은 전문적인 연희자라기보다는 일반 주민이며 예술적인 역량이 뛰어난 경우 이웃 마을에 초상이 났을 때 초청을 받아 공연을 했다고 한다. 남사당 연희가 떠돌이패에 의해 공연되는 구경거리가 아니라 토박이들에 의해 연행되는 생활 연희로 자리잡은 것이다. 이는 밤다래라는 고정적인 전승 기반 위에서 지속적으로 연행되고 또 학습되면서 자연스럽게 마을의 민속으로 수용되었던 상황과 깊은 관련이 있을 것이다.

경제활동 : 어촌의 경제활동과
민속 전승의 배경

제1장

포구의 어업경제적 배경과 매개적 기능
- 서해안 포구를 중심으로

1. 포구에 대한 민속학적 관심

포구浦口는 배가 드나드는 개의 어귀이며 바다로 통하는 출입구다. 포구의 모습은 여러 가지다. 바다라는 생태적 조건이 복합적인 만큼, 포구 나름의 조건에 따라 포구 사람들의 생활방식과 내력이 다양하기 마련이다. 포구는 고기잡이의 현장이면서 해산물과 곡물 유통 및 각종 상업 활동이 이뤄지는 공간이다. 이와 같은 어업경제적 배경을 토대로 포구 특유의 활력이 특징적으로 나타난다.

포구는 문화적으로 의미 있는 공간인데도 관련 연구가 많지 않다. 선행 연구를 보면, 조선후기 상업의 발달과 관련해 포구의 상품유통이나 포구 수세收稅 및 포구 유통의 성격을 다룬 연구가 있다.[1] 이 연구에서는 조선후기 상업 중심지로 떠오른 포구의 유통 기능과 여객주인旅客主人의 역할 등에 초점을 맞추어 논의하고 있다. 하지만 조선후기 어촌의 성격이나 포구 사람들의 생활사에 대해서는 별다른 연구가 없다.

---

1   고동환, 「18 · 19세기 외방포구의 상품유통 발달」, 『한국사론』 13, 1985; 이영호, 「19세기 포구수세의 유형과 포구유통의 성격」, 『한국학보』 41, 일지사, 1985.

포구에 대한 주목할 만한 연구 성과로, 문화지리학적 관점에서 서해안 곰소만의 어업과 어촌을 다룬 김일기의 연구를 들 수 있다.[2] 그는 해양환경, 어로기술, 어물저장, 가공기술, 유통구조 등을 통해 곰소만 일대의 어업과 어촌의 변화 과정을 고찰했다. 이 연구를 통해 곰소만 일대 주요 포구의 성립과 전개 과정 및 성격 변화 등을 파악할 수 있다. 그리고 역사·민속학적 관점에서 제주도의 포구를 연구한 고광민의 작업이 있다.[3] 유·무형의 제주도 포구 자원을 꼼꼼하게 정리한 성과가 돋보인다. 이외에 파시를 중심으로 서해안의 특징적인 포구 양상을 주목한 연구들이 있다.[4] 파시에 대한 관심이 확대되고 있지만 본격적인 단계에 이르지는 못하고 있다.

최근 들어 해양문화 연구가 부각되면서 포구에 대한 관심도 늘고 있다. 그러므로 포구 연구는 해양문화에 대한 연구 경향과 관련해서 살펴볼 필요가 있다. 요즘 해양문화의 중요성을 강조하고 있는데 많은 경우 외향적 가치를 우선시하면서 국제성, 개방성, 개척성 등을 전면에 내세우는 경향이 있다. 이 경우 대개 고대의 해양사나 국제무역, 장보고·이순신과 같은 해양영웅의 활동을 강조한다. 최근 부각된 해양사 연구를 통해 해양과 연계된 역사적 사건이나 무역활동, 영웅들의 활동을 새롭게 조명하게되었다.[5] 한편 해양문화를 다루면서도 문화적 측면보다는 역사적 사건이나 영웅 중심의 외향적 가치에 치중하고 있으므로 본질을 되새겨볼 필요가 있다. 분야에 따라 주안점을 달리하겠지만, 민속학에서 해양문화를 다룰 때에는 주민들의 생업과 생활문화를 주목하게 된다. 해양문화의 지속적 전통은 주민들의 생활사에서 찾을 수 있을 것이다.

민속학에서 주목하는 해양문화는 바다를 매개로 성립되고 전승돼온 주민들의 생활

2 김일기, 「곰소만의 어업과 어촌연구」, 서울대대학원 박사논문, 1988.
3 고광민, 『제주도 포구 연구』, 도서출판 각, 2003.
4 최길성, 「파시의 민속학적 고찰」, 『중앙민속학』 3, 중앙대학교 한국민속학연구소, 1991; 김준, 「생태환경의 변화와 파시촌 어민의 적응 - 비금도 강달어 파시촌을 중심으로」, 『도서문화』 19, 목포대 도서문화연구소, 2002; 김준, 「파시의 해양문화사적 의미구조」, 『도서문화』 24, 2004; 이경엽, 「임자도의 파시와 파시 사람들」, 『도서문화』 24, 2004.
5 강봉룡, 『바다에 새겨진 한국사』, 한얼미디어, 2005.

양식이다. 해양문화는 도서적島嶼的 생태환경과 역사·문화적 배경 속에서 배태되었다. 그러므로 민속학에서는 해양생태계와 그것에 적응된 다양한 의식주 생활, 고기잡이, 어구漁具, 해양신앙, 어로민요 등을 주목하게 된다.

해양문화에 대한 학술조사와 연구는 그동안 꾸준히 추진되었다. 목포대 도서문화연구원처럼 도서·해양문화를 집중적으로 연구해온 기관도 있다.[6] 하지만 새로운 과제가 많은 상태이므로 비판적인 관점에서 여러 문제를 점검해야 한다. 우선, 개별 자료의 수집과 분석을 넘어선 포괄적인 논의가 이루어지지 못했다는 점을 지적할 수 있다. 최근 국립민속박물관에서 어촌민속지를 펴내고 도서문화연구원에서 8권짜리 한국의 해양문화 보고서[7]를 발간하면서 새로운 논의가 가능하게 되었다. 그러나 이런 성과에도 불구하고 아직까지 '도서민속론'또는 '해양민속론'을 구체화하지 못하고 있다.[8] 관련 연구를 보면 도서지역의 당제나 의례, 민요, 어로 등을 다룬 연구가 많지만 대부분 각각의 개별 논의에 그치고 있다. 물론 그 성과는 따로 인정해야 하지만 본격적인 '해양민속론'을 위해서는 진전된 논의가 필요하다. 앞으로 '섬과 바다'그리고 육지부와 도서부의 민속 전승에 대한 통합적인 논의가 필요하며, 민속 전승의 역사적 맥락과 도서성島嶼性 및 해양성에 대한 논의, 해역별 비교, 동아시아 차원의 비교와 해양문화 교류 양상 등이 본격적으로 다뤄져야 한다.[9]

포구 연구 역시, 개별 자료의 배경으로만 접근해왔기 때문에 문화 전승 단위로서의 구조적인 공간성을 포착하지 못했다. 더욱이 생산민속과 정신문화를 별개로 다루어왔

---

6 1983년 설립된 도서문화연구소(지금은 도서문화연구원)는 매년 섬조사를 실시하고 있고,『도서문화』라는 학술지를 매년 두 차례 발행하고 있다. 그리고 학술총서와 학술용역 보고서 등을 지속적으로 발간하고 있다.

7 국립민속박물관,『어촌민속지』경기·충남편, 1996; 국립민속박물관,『경남어촌민속지』, 2002;『한국의 해양문화』전8권, 해양수산부, 2002.

8 나승만 교수가 민속학 개론서에서 '해양민속의 세계'라는 항목을 만들어 기술한 것은 새로운 시도라고 할 수 있다. 나승만 외,『남도민속의 세계』(민속원, 2005) 참고.

9 목포대 도서문화연구원에서 한국학술진흥재단의 지원을 받아 "중국 발해만의 해양민속 조사 연구"(2003. 9~2004.8)와 "중국 주산군도의 해양민속 조사 연구"(2004.9~2006.8)를 수행했다. 관련 성과로『중국 발해만의 해양민속』(민속원, 2005),『중국의 섬과 민속』(민속원, 2006) 등이 있다.

기 때문에 포구의 공간성에 대한 논의가 제대로 이루어지지 못했다. 뿐만 아니라 무차별적인 개발과 생태환경의 변화로 인해 현장이 급속도로 해체되고 있는데도, 전통적인 자료만을 보고 문화변동의 다층성을 주목하지 못한 경향도 있었다. 연구사적인 성찰과 새로운 접근이 필요하다.

포구민속은 포구에서 성립되고, 포구를 매개로 해서 전승돼온 민속문화다. 포구라는 공간성이 포구민속의 특징을 이룬다. 포구는 별도의 제한된 구역이 아니라 바다를 통해 다른 곳과 연결되어 있는 출입구이며, 육지와 섬 그리고 포구와 포구를 이어주는 매개적 통로이다. 그러므로 포구민속은 특정 포구마을의 민속에 국한되는 것이 아니라, 포구를 통해 전파되고 교류해온 권역적 특징을 공유한다. 따라서 포구의 기능과 관련된 민속 전승의 특징을 주목할 필요가 있다.

포구는 어업 생산활동의 현장이면서 해산물, 곡물 등의 유통이 이루어지는 곳이다. 포구가 지닌 유통·매개 기능은 문화의 교류와 다양성을 낳은 배경이 되었다. 또한 육지부와 도서부의 문화적 교류를 유지해온 통로가 되었다. 그러므로 포구민속 연구에서는 포구의 공간적 특성과 관련된 문화의 존재방식을 해명하는 작업이 핵심 논제가 될 것이다.

이 글에서는 포구의 매개적 기능과 관련된 민속 전승의 특징을 주목하고자 한다. 이를 위해 포구의 일반적인 성격과 서해안 포구의 특징을 살펴보고, 포구의 매개적 기능과 연행민속 전승의 상관성에 대해 논의하고자 한다. 서해안 일대에서 전승되는 배치기, 산다이, 남사당 등은 지역 간의 교류 및 전파와 수용 과정을 보여준다. 포구의 문화교류 기능을 주목함으로써 도서지역 연행예술의 전승맥락을 파악할 수 있을 것이다. 이 논의를 통해 해양문화의 전파와 육지부·도서부 민속의 상관성을 구체적으로 파악할 수 있을 것으로 기대한다.

2. 포구의 어업경제적 배경과 특징

1) 포구의 어업경제적 배경

포구의 성격을 살피기 전에 먼저 포구와 관련 있는 나루津, 조운창漕運倉 또는 조세창漕稅倉, 수영水營, 수군진水軍鎭, 항구港口 등에 대해 알아볼 필요가 있다. 나루는 도선渡船이 드나드는 곳이며 일반적으로 강가나 바닷목에 설치되었다. 조운창은 세곡을 운송하기 위해 마련된 창고로서 조운로 이용에 용이한 포구 나루에 설치되었다. 수영 또는 수군진은 군사적 기능이 있는 관아로서 일반적으로 포구에 설치되었다. 이들은 각각 다른 이름으로 나타나기도 하지만 대체로 포구에 자리하고 있고, 큰 포구의 경우 모든 기능을 한꺼번에 포괄하기도 한다. 법성포와 같은 포구에서 그것을 볼 수 있다. 그리고 항구는 근대적 개념의 포구로서, 부두 따위의 설비를 갖춰 수륙교통의 거점 구실을 하는 곳이다.

포구는 어물이나 어염의 생산지로서 각종 배들이 드나드는 곳이다. 또한 수산물을 가공하고 판매하는 공간이며, 곡물이나 소금을 비롯한 상품 유통이 이뤄지는 곳이다. 그리고 상업 활동을 둘러싼 여각과 객주의 활동이 활발하게 이루어지던 곳이다. 전통 시대에는 바닷길이 중시되었으므로 조운창이 설치되고 군사적 목적의 방어 시설이 들어서기도 했다. 포구가 바닷길을 이용한 물자 유통의 거점이라는 것을 알 수 있다. 이런 기능으로 인해 주요 포구에 개항장이 들어서고, 일제 강점기에는 포구가 수탈의 현장이 되기도 했다. 일제가 조선에서 수탈한 수산물과 미곡 등은 인천, 군산, 줄포, 강경, 목포 등의 항·포구를 통해 일본으로 실려 갔다.

포구는 해양환경 및 입지 조건이 유리한 곳에 자리한다. 고광민이 제주도 포구의 유형을 입지 조건에 따라 나눈 것도 이런 조건과 관련 있다. 그에 의하면 제주도의 포구는 '만입형灣入型', '곶형串型', '빌레형型', '천변형川邊型', '복합형複合型', '애형崖型'으로 나눌 수 있다고 한다.[10]

포구는 규모에 따라 5일 시장 체계의 한 부분 역할을 하는 소포구, 5일시의 연결

고리가 되는 중소포구, 전국적인 시장과 연결되는 대포구로 구분할 수 있다.[11] 소포구의 경우 유통 기능보다 생산지로서의 기능이 중시되었으며, 경강포구京江浦口와 달리 외방포구外方浦口는 군사상의 방어 기능도 담당하였다. 그런데 19세기를 전후해 소포구에서도 상품 유통 기능이 확대되었다. 역사적으로 보면, 18세기 이전에는 대부분의 포구가 어염의 생산 및 유통, 군사상의 방어, 세곡 운송 등의 기능을 주로 맡았고, 큰 강 하구의 대포구들이 우선 상품 유통의 중심지로 발달했으며, 18세기말 19세기 초를 거치면서 소포구들도 상품 유통의 거점으로 자리잡았다.[12]

포구는 주변 환경과의 유기적 관계 속에서 성립되고 존속했다. 위에서 장시와의 관계에 따라 규모를 구분한 것도 이런 맥락에 따른 것이다. 한편 위의 시기 문제는 조선후기에 포구의 상업적 기능이 확대되는 상황에 대한 것이고, 어업 환경의 변화에 따라 포구의 양상은 더 구체화된다.

포구의 위상과 기능은, 생태환경·어업기술·저장기술·어물유통 등 어업경제적 배경의 변화에 따라 달라져왔다. 이 글에서 주목하는 서해안의 어촌 및 포구는 크게 세 시기의 변천을 겪어 왔다.[13]

(1) 내만(內灣) 어업 시대 : 어전(漁箭)과 주목망 등 정치 어구와 중선망(中船網)이 주요 어구 및 어선이었으며, 수산물 저장은 염장처리가 일반적이었고, 공물과 객주에 의해 거래가 되었다. 중심 포구가 내만 깊숙이 발달했다.

(2) 연안 어업 시대 : 일본의 영향으로 안강망 어선이 도입되면서 어선어업이 발달하고, 객주와 어업조합에 의해 어물거래가 활발하게 이루어졌다. 어로수역이 확대됨에 따라 어업과 어촌이 도서지방을 중심으로 발달하고, 포구취락의 기능도 내만 쪽에서 만 입구 쪽으로 이동했다.

---

10   고광민, 앞의 책, 327~383쪽.
11   이경호, 앞의 글, 107쪽.
12   고동환, 앞의 글, 240~243쪽.
13   김일기, 앞의 글, 3~4쪽.

(3) 근해 및 양식 어업 시대 : 어선의 동력화와 대형화에 따라 항만 건설이 이루어지고 어항 기능이 만 입구 쪽으로 이동했으며, 어로수역이 근해로 확대되었다. 내만과 연안에서 수산 자원이 고갈되고 양식 기술이 도입되어 양식 어업이 발달된 시기다.

위의 시기 구분은 전북 곰소만 일대의 어촌을 대상으로 한 것이지만, 서해안 일대에 포괄적으로 적용할 만하다. 어족 자원이 고갈되기 전만 해도 서해안 대부분의 포구가 활력을 유지했지만, 어선이 동력화되고 대형 항구의 기능이 확대되면서 기존의 포구는 급속도로 위축되는 과정을 거쳐 왔다. 해양 환경의 오염, 어족 자원의 고갈, 어선의 동력화·대형화는 원인과 결과의 악순환이기도 하다. 이런 변화에 따라 서해안의 포구는 변천해왔고 기능을 상실한 상당수의 포구는 한적한 어촌으로 변하기도 했다. 또한 새만금 개발과 같은 갯벌 매립과 간척 사업, 하구언 개발 등에 의해 상당수의 포구들이 기능을 완전히 상실하고 쇠락한 공간으로 변했다.

서해안 포구의 지속적인 전통은 조기 어업과 관련돼 있다. 1960~70년대까지 서해안의 주어업 형태는 조기잡이였으며 과거보다 축소되었지만 그 전통은 지금도 지속되고 있다. 서해안에는 여러 어종과 어업 형태가 있지만 뚜렷한 특징은 조기 어업문화에서 찾을 수 있다. 동해의 명태, 남해의 멸치와 함께 서해의 조기는 긴 기간 안정적인 어족 자원이었다. 서해안에는 천혜의 조기 산란장과 어장이 곳곳에 자리잡고 있고, 드넓은 갯벌과 산림을 끼고 있어 어염 생산에 유리한 곳이다. 또한 내륙 평야지역의 장시·읍내장 및 대도시의 어물 수요와 긴밀하게 연결되어 있어 나른 지역보다 많은 포구가 발달할 수 있었다.

서해안에서 전승되는 대표적인 풍어제 역시 조기잡이와 밀접한 관련이 있다. 충남 서산의 창리 영신제, 태안의 붕기 풍어굿, 서천 마량의 도둔리 당제, 전북 부안 위도의 원당제 등은 조기잡이의 배경 속에서 전승되었다. 또한 서해안 전역에서 임경업 장군이 조기잡이신으로 신앙되는 현상도 북쪽 조기잡이 권역의 특징 중의 하나다.

서해안의 포구를 조기잡이와 긴밀하게 연결지어 이해하고자 하는 것은 실상을 주목한 것이기도 하지만, 어로문화의 성격에 기초한 문화 교류의 특징을 살펴보기 위해서

다. 서해안 포구는 계절에 맞춰 회유해오는 조기의 생태에 맞춰 활성화되며, 그것이 토대가 되어 계절별·어종별 어로활동이 활발하게 이루어질 수 있었다. 이것에 대해 다음 장에서 더 자세히 살펴 보기로 한다.

2) 서해안 포구의 생태적 조건과 특징

서해에는 쿠로시오 난류가 아래에서 올라오며 북쪽에는 황해에 잔류하는 냉수괴가 별도로 존재한다. 쿠로시오 난류는 이른 봄에 서해로 흘러들어오는데 이 난류를 따라 회유 어종들이 들어와 산란하게 된다. 또한 서해는 간만의 차가 심하기 때문에 물의 세기가 매우 강하고 간조시에는 수km의 갯벌과 모래사장이 펼쳐지게 된다. 특히 강 어구에 발달한 낮은 수심의 갯벌은 천혜의 산란장으로 손꼽힌다. 이런 조건에 따른 서해안 어로의 특징은 조간대와 조류, 물때 등과 관련된 어업 형태라고 할 수 있다.[14]

어민들은 해양생태계에 대한 남다른 인지체계를 갖고서 어로활동의 적절성을 가늠한다. 생태환경에 대한 인지체계로서 어민들에게 가장 기본이 되는 것은, 바닷물의 이동과 관련된 '물때'라는 생태적 시간 개념이다.[15] 물때는 어로의 적절성을 가늠하게 하는 어업력漁業曆이며, 모든 생활의 지침이 되는 생활력生活曆의 기능을 지닌다.[16] 어민들은 사리와 조금이라는 각 상황에 적합한 어로 기술과 도구를 개발하여 전승해왔으며, 그에 맞추어 어로활동에 적절성을 부여해왔다. 사리를 중심으로 이루어지는 주요 어로활동은, 중선망, 주목망, 안강망, 어살, 개맥이, 덤장, 낭장망 등이다. 그리고 조금을 중심으로 이루어지는 활동은, 정선망, 유자망, 주낙 등이다. 전자의 경우, 대개 두매(두물)·세매(세물)부터 한개끼 무렵까지 조업을 하며, 후자는 대개끼 무렵부터 다섯물 무렵까지 조업을 한다. 이와 같이 서해안에서는 사리 기간 동안 대부분의 어로

---

14   한국원양어업협회, 『한국원양어업30년사』, 1990, 399쪽.
15   전경수, 「섬사람들의 풍속과 삶」, 『한국의 기층문화』, 한길사, 1987, 125~126쪽; 조경만, 「흑산사람들의 삶과 민간신앙」, 『도서문화』 6집, 목포대 도서문화연구소, 1988, 142~144쪽.
16   이경엽, 「서남해지역 민속문화의 특성과 활용 방향」, 『한국민속학』 제37호, 한국민속학회, 2003.

활동이 이루어진다. 조수간만의 차를 이용한 어로 방식의 다양화와 집중이라는 점에서 생태환경에 적응된 것임을 알 수 있다.

위에서 본 여러 방식 중에서 몇 가지를 제외하고는 모두 조기잡이와 관련 있다. 조기잡이는 서해의 해양생태계와 그것에 적응된 어로문화라는 점에서 특별한 의미가 있다. 조기는 남중국해 쪽에서 서해로 올라오는 회유 어종으로서, 조기가 올라오는 주요 길목과 산란장마다 대단위 어장이 형성되었다. 조기잡이는 조기가 산란을 하기 위해 모여드는 어장을 중심으로 이루어지며, 어민들은 해당 지역의 지형과 조세 등에 적합한 어로방식을 선택하여 조기를 잡아 왔다. 이와 같은 배경으로 인해 조기잡이는 서해의 생태환경에 적응된 어로기술이자 어로문화로서 지속적 전통이 되었다.

조기는 회유 어종이므로 그 이동로를 따라 어장이 형성된다.[17] 지금은 어족이 고갈되어 볼 수 없지만 조기의 회유는 1970년대까지도 지속적으로 이루어졌다. 동중국해에서 겨울을 난 조기가, 흑산도·홍도를 지나가는 음력 2월초에 첫어장이 형성되고, 조기의 북상에 따라 전라도, 충청도, 황해도, 평안도 곳곳에 조기어장이 들어선다. 3월 무렵에는 조기 떼가 전남 법성포 앞 안마도 어장에 들어서고, 위도를 끼고 있는 칠산어장에서 산란을 하는 기간 동안 대단위 조기어장이 들어선다. 또 다른 조기 어군은 북상하여 전북 고군산도와 충남 태안반도를 거치게 되며, 또 다른 조기 어군은 4·5월에 연평도 어장에 진입하여 이 곳에서 산란을 하는 기간 동안 대단위 어장이 형성되고 6월 말경에는 평안도 철산의 대화도 어장이 마지막으로 형성된다.

조기잡이는 큰 어장 중심으로 이루어지는 점이 특징이다. 칠산어장, 죽노어장, 연평도어장이 대표적인 조기어장이다. 그런데 이 어장은 다른 말로 파시라고 부를 수 있다. 일정 기간 동안 각 지역에서 대규모의 어선이 모여 들어 조업하면서 어선과 상선 사이에 어획물 매매가 이루어지는데, 이 때 거래가 이루어지는 어장을 파시라고 한다. 이 파시는 각 지역의 어선들이 일정 기간 동안 조업을 같이 하고 머무는 공간이라는 측면에서 해양문화 교류의 현장이라고 할 수 있다.[18]

---

17 주강현, 「서해안 조기잡이와 어업생산풍습」, 『역사민속학』 창간호, 1991, 70~72쪽.

〈그림 1〉 어선들이 드나드는 법성포 전경. 조기잡이의 거점 포구답게 상업이 번성했다. 지금은 조기잡이의 풍요가 사라졌지만 법성포 단오제(국가무형문화재 제123호), 굴비 생산과 유통 등 포구의 전통이 그대로 남아 있다. 2007.2.21.

　어장에서 잡힌 대부분의 조기는 객주의 상고선에 판매되거나 인근 포구로 운반되었다. 얼마 전만 해도 물고기는 염장 또는 건조를 해서 유통되는 것이 일반적이었다. 조기잡이철인 3월~5월은 장기 보관의 문제가 따르기 때문에 염장이나 건조를 위해 어장에서 곧바로 포구로 운송되었다. 서해안에는 널따란 갯벌과 풍부한 산림이 있어 일찍부터 질 좋은 소금이 생산되었는데, 포구에서는 그 소금을 이용해 조기를 염장 처리해 장기 저장하고 건조해서 유통시켰다.

　포구에서 가공된 굴비와 조기는 배후의 곡창지대와 장시를 통해 유통되었다. 유통 과정에는 객주의 역할이 크게 작용했다. 서해안 주요 포구에는 객주들이 활동하고 있었는데, 이들은 어민들에게 어로 자금을 대여해주고, 어획물을 독점 구입해서 어물 유

18　서해안의 파시와 연관된 해양문화의 교류 문제는 이경엽의 「서해안의 배치기소리와 조기잡이의 상관성」(『한국민요학』 15, 한국민요학회, 2004)에서 논의되었다.

통을 장악하고 있었다.[19] 후포後浦, 사포沙浦, 강경江景, 법성포法聖浦 등은 이런 배경에서 성장한 곰소만 일대의 대표적 포구들이다.[20] 이중에서 특히 법성포와 강경, 줄포 등지는 칠산어장을 끼고 있었으므로 긴 기간 동안 포구의 명성을 유지할 수 있었다.

봄부터 초여름까지 형성되는 조기잡이가 서해안 어업 전반의 특징을 이루는 것은 장기지속성에서 비롯된다. 서해안에서는 조기라는 안정적인 어업자원과 그것을 매개로 한 유통과 교류 과정을 통해 포구 기능이 활성화될 수 있었다. 그리고 그것을 토대로 어민들이 계절별·어종별로 다양한 어로활동을 전개할 수 있었다. 시기별로 주요 어장에서 조기잡이를 한 후에 6~9월 사이에 해역마다 개별 어장에서 새우잡이 하거나, 지역에 따라 여름과 가을에 민어잡이, 꽃게잡이를 한다. 조기잡이가 서해안 어촌의 기간 어업이라는 것을 알 수 있다. 여기서 서해안 포구의 특징을 조기잡이와 관련해서 주목한 것은 이런 이유에서다.

이상에서 본 대로 조기잡이는 주요 어장을 중심으로 활성화되었으며, 조기 파시는 서해안 전역에서 매년 주기적으로 운영되는 특징을 보여준다. 파시는 지역별로 시기를 달리해 연쇄적으로 형성되었으며, 인근 포구와 밀접한 관계를 유지하고 있었다. 포구에서는 어장에서 잡힌 조기를 수거해 저장하고 가공하여 유통시켰다. 포구가 물산의 집산과 상품 유통의 거점 역할을 할 수 있었던 것은, 지속적이고 연쇄적인 생산·가공·유통의 구조를 확보하고 있어서다. 조기라는 안정적인 어업자원을 토대로 삼아 계절별·어종별로 포구의 기능이 유지되고 확대되었다. 그리고 이와 같은 상품 유통의 기능은 곧 문화교류의 배경이 되었다. 이처럼 포구에서는 각 지역에서 모여드는 어선(어민)과 상선(상인)들이 교류했으며 그것을 토대로 타지역 문화가 전파되고 수용될 수 있었다고 할 수 있다.

---

19 이경엽, 「목포의 상업민속에 대한 현지연구 – 객주의 기능과 수산물 중개관행을 중심으로」, 『역사민속학』 7호, 한국역사민속학회, 1998, 182~183쪽.
20 김일기, 앞의 논문, 80쪽.

3. 포구의 매개적 기능과 문화 교류

포구의 매개적 기능은 연쇄적인 과정을 담고 있다. 바닷길로 연결되어 있는 포구는 인접 지역뿐만 아니라, 멀리 떨어진 지역과도 지속적인 교류를 해왔다. 또한 단일 포구에 한정되지 않고, 크고 작은 포구에서 문화적 유통이 활성화되었다. 조선후기의 기록에서 이와 관련된 사실들을 발견할 수 있는데, 당시 포구에서는 문물 유통이 활성화되고 타지역 뱃사람들이 모여들어 외래문화가 전파되고 수용될 수 있는 조건이 조성되었다. 다산 정약용이 포구에서 벌어지는 유랑 연희문화의 심각성을 거론[21]한 것은 이와 같은 포구의 새로운 환경을 반영한다.

포구의 문화적 활기는 중소 포구나 섬지역의 포구까지 일반적이었다. 예를 들어 남해안 순천의 해창海倉에는 조운선이 몰려들 때 경강 뱃사람들이 배를 대면서 '밤놀이'가 크게 벌어졌다고 한다. 조현범의 『강남악부』에 해창 포구의 '밤놀이'가 소개되어 있다. "경강京江 뱃사람들이 봄이면 강가에 배를 대었다. 세금을 싣고 갈 때가 되면 다투어 밤의 즐거움을 탐하여 강신江神을 경축하였다. 이것은 예삿일이었다."[22]는 구절을 통해 포구의 활기를 짐작해 볼 수 있다. 당시 해창이 조운선이 모여드는 주요 포구였고, 봄철 조운선이 몰려 들 때 굿놀이가 크게 벌어졌다는 것을 알 수 있다. 크게 알려지지 않은 포구의 사례에서도 관련 사실을 확인할 수 있듯이, 포구의 문화적 활성화는 일반적이었다.

서해안 일대에서 특징적으로 전승되는 배치기와 산다이, 남사당은 이 글에서 주목하고 있는 포구의 매개적 기능과 관련이 있다. 여기서 거론하는 연행민속 사례들은 필자의 기존 연구에서 개별적으로 다룬 바가 있지만 포구의 기능과 연결해 볼 때 전승 맥락이 더 구체화된다. 배치기의 경우 해양문화의 전파와 수용의 문제를 보여주며, 산다이와 남사당은 유흥·유랑문화의 전파와 수용 양상을 짐작하게 해준다. 이 사례

---

21 각주 35번 참고.
22 순천대 남도문화연구소, 『국역강남악부』, 1991, 217쪽.

들을 통해 바다를 통한 문화 교류와 육지부·도서부의 문화적 상관성을 해명할 수 있을 것이다.

1) 배치기의 전파와 수용

〈배치기소리〉는 서해안 전역에서 전승되고 있는 민요다. 선행 연구에서 보듯이 배치기는 조기잡이와 밀접한 관련이 있다.[23] 배치기는 이물량, 에밀량, 봉죽타령, 봉기타령 등으로도 불린다. 출어 전에 풍어를 기원하면서 굿마당에서 부르는 노래이며, 만선하여 돌아오는 선상에서 그리고 귀항하여 선주집 마당에서 한데 어울려 춤추며 부르는 노래다.

배치기소리는 서해안 전역에 퍼져 있다. 북으로는 평안도부터 남쪽으로 전남의 조도군도, 가거도까지 퍼져 있다. 배치기는 전형적인 서도소리의 특징을 갖고 있음에도 황해도에 고정되지 않고 널리 분포하고 있다. 배치기의 본적이 황해도라는 것은 어민들이 더 잘 안다. 황해도 어장에 고기잡이하러 다니거나 그곳을 오간 사람들과 접촉하는 과정에서 배치기를 배웠다고 말하는 사례를 쉽게 볼 수 있다. 그리고 지역별 차이를 구분하여 설명하는 경우도 있다. 예를 들어 오랜 동안 서해안에서 어로활동을 해온 충남 녹도의 이인규 씨는, "지역별로 빠르기와 맛이 다른데, 본고장 사람들이 하는 것보다 남도의 배치기는 유치하더라."고 해석하고 있다.[24] 배치기의 전파와 관련된 어민들의 경험적 지식이 상당히 구체적임을 알 수 있다.

배치기의 전파는 파시와 포구의 매개 역할에 의해 이루어졌다. 조기파시가 매년 주기적으로 반복되면서 그곳에 몰려든 어부들에 의해 배치기가 각 지역에 전파되었던 것이다. 조기 회유 시기에 맞춰 형성된 서해안 곳곳의 어장은 조기잡이 어선들이 모여드는 곳이어서 자연스럽게 문화적 교류가 이루어졌다. 배치기는 이러한 교류 양상

---

23 이경엽, 「서해안의 배치기소리와 조기잡이의 상관성」, 『한국민요학』 15, 한국민요학회, 2004.
24 2006년 6월 2일~3일 충남 보령시 오천면 녹도리 현지조사. 제보자 이인규(남, 80).

〈그림 2〉 연평도 임경업 장군 사당에서 축원하는 김금화 만신
2008.3.11.

을 구체적으로 보여주는 표지 중의 하나다. 배치기의 사례를 통해 포구를 둘러싼 해양문화 교류의 한 양상을 볼 수 있다.[25]

배치기는 조기잡이 민요 중에서 특별한 위상을 지닌 노래다. 배치기는 조기잡이의 원형적 권위를 지니고 있는 임경업 장군에게 풍어를 축원하는 노래다. 임경업은 조기잡이법을 최초로 알려주었다고 하며 그것이 계기가 되어 조기잡이신으로 숭배되었다는 인물이다. 배치기가 지닌 풍어 기원과 그 성취 표현은 어민들에게 각별하게 수용될 수 있는 조건이라고 할 수 있다.

이런 문화적 배경과 권위로 인해 배치기소리가 조기잡이권인 서해안 전역에 전파될 수 있었다. 각 지역에 나름의 풍어굿이 있고 풍장소리가 있지만 연평도 임경업 장군을 모시는 풍어굿의 권위는 절대적인 의미가 있다. 조기잡이신이라는 지위가 핵심으로 작용했다고 할 수 있다.[26] 그리고 배치기는 그것과 등가적인 의미를 지닌 것으로 받아들여졌다. 배치기가 풍어를 의미하는 문화적 상징으로 해석되었던 것이다. 배치기소리의 수용과 전승에는 배치기소리가 지니고 있는 풍어 기원의 원형적 기대감이 반영되어 있다. 그것이 있어 서해안 전역에 걸쳐 전파되고 수용될 수 있었던 것이다.

---

25 이경엽, 앞의 논문, 237~241쪽.
26 배치기소리의 전파와 더불어 조기잡이신인 임경업 장군을 모신 당도 널리 퍼지게 되었다. 한편 임경업 장군당의 분포는 충청도 이남까지 내려오지는 않는다. 현재까지 알려진 바로는 임경업 당의 하한선은 충남 서산 창리당이다. 배치기소리의 분포 권역보다 좁은 셈이다. 공동체신앙의 분포와 민요의 분포가 일치하지 않음을 알 수 있다. 해양수산부, 『한국의 해양문화(서해해역편)』, 2003, 403~404쪽.

배치기소리의 전파에는 파시라는 교류 과정이 중요하게 작용했다. 앞에서 본 조기파시의 이동은 북쪽 어선들의 남하와 남쪽 어선들의 북상이 복합적으로 이루어지는 과정이었다. 황해도 어선들의 칠산파시 이동과 남쪽 어선들의 연평파시 이동, 그리고 그 접촉 과정 속에서 배연신굿·배치기의 연행과 전파가 이루어졌던 것이다. 그리고 그것이 매년 조업철마다 지속적으로 반복되면서 널리 퍼지게 되었다.

〈그림 3〉 연평도 풍어굿에서 배치기를 하는 모습
2008.3.11

파시 및 포구를 통한 지속적 교류로 인해 황해도 배치기소리로 대표되는 조기잡이 민속이 서해안 전역으로 전파되었다. 특히 풍어 기원의 원형적 의미를 지니고 있는 배치기는 더욱 각별하게 수용되었다. 배치기소리는 조기잡이신이라는 절대적 권위와 연결되어 있으므로 폭넓게 수용되었다고 할 수 있다. 그리고 그것이 조기파시와 같은 지속적이고 연쇄적인 교류 과정 속에서 전파되었기 때문에 서해안 각 지역에서 전승되는 민요로 자리잡았다고 할 수 있다.

2) 산다이의 전파와 수용

산다이는 서해안 도서지역에서 전승되고 있는 노래판이자 놀이판이다. 산다이를 주체에 따라 구분한다면 두 종류가 있다. 하나는 파시와 포구에서 술집 기생과 외지 뱃사람들이 어울려 노는 것이고, 다른 하나는 주민들끼리 어울려 노는 것이다. 그것을 각각 '포구 산다이'와 '마을 산다이'라고 구분할 수 있다. 그런데 뱃사람들의 산다이와

주민들의 산다이는 공존한다. 칠산파시로 유명한 위도나 부근의 송이도 그리고 흑산
도, 임자도 등에는 포구 산다이와 주민들의 산다이가 각각 있다.

　포구 산다이와 마을 산다이는 어떤 관계가 있는가? 먼저, 주민들이 포구에서 산다
이를 배워 마을에서 했을 가능성을 생각해 볼 수 있다. 주민 중에는 산다이가 일본말
이라고 말하는 경우가 있는데, 그대로라면 산다이가 일제 강점기에 포구나 파시를 통
해 전파되었다는 말이 된다. 그러나 이는 실상과 다르다. 1936년에 나온 『조선의 향
토오락』에 의하면 전라도 여러 지역 민속놀이로 '산대희山臺戱'라는 이름이 보인다.[27]
이 산대희는 특별한 형식 없이 산과 들에서 이루어진 일종의 '산놀이'다. 서해안의 산
다이는 이 책에 나오는 산대희와 관련 있는 것으로 보인다. 또한 송파산대놀이, 양주
별산대놀이라는 가면극에서 보듯이 산대라는 명칭은 전통적인 것이기도 하다. 서해안
의 산다이는 일본어가 아니라 전통연희의 산대 또는 『조선의 향토오락』에 나오는 산
대와 통한다.

　산다이는 서남해 전역에서 전승되고 있다. 포구나 파시만이 아니라 대부분의 지역
에서 전승된다. 대개 산다이는 명절이나 놀이판에서 어울려 노래부르고 춤추고 노는
것을 지칭한다. 또한 신안 가거도나 우이도 등지에서는 마을에서 노는 것만이 아니
라, 여자들이 산에 일하러 가서 부르는 노래 자체를 산다이라고 한다. 그리고 보길
도[28]나 추자도[29] 등지에서는 장례와 관련해 벌어지는 놀이판을 산다이라고 말하기도
한다. 산다이가 여러 가지 형태로 전승되고 있음을 말해준다. 이렇게 보면 포구 산다
이는 산다이의 여러 양상 중의 하나라고 할 수 있다. 파시·포구에서 산다이가 비롯
되었다고 말할 수는 없는 것이다.

　한편 산다이가 포구에서 생겼다고 단선적으로 말하기는 어렵지만, 포구 산다이가 마
을 산다이에 일정한 영향을 준 것은 분명해 보인다. 실제 파시가 서던 지역에서 산다이

27　조선총독부, 『朝鮮の鄕土娛樂』, 1941, 151쪽.
28　나승만, 『노래를 지키는 사람들』, 민속원, 1999, 262~268쪽.
29　전경수, 「死者를 위한 의례적 윤간 : 추자도의 산다위」, 『한국문화인류학』 24, 한국문화인류학회, 1992,
　　301~322쪽.

전승이 활발한 측면이 있으므로, 산다이의 성립 문제와 별도로 전파와 영향 관계를 생각해 볼 수 있다. 특히 마을 산다이에 미친 노래의 영향을 주목할 필요가 있다.

포구 산다이와 마을 산다이는 전승 기반이 같지 않지만 비슷한 놀이적 정서를 공유하고 있다. 이는 포구 산다이의 영향 때문으로 보인다. 포구 산다이는 어로주기 및 뱃사람들의 휴식·유흥과 관련 있고, 마을 산다이는 명절이나 장례 등 마을생활과 관련이 있다. 그래서 연행의 계기가 다른 것처럼 보인다. 하지만 서남해 일대는 장례의 경우마저도 축제식으로 치르는 전통이 있을 만큼 놀이적 분위기가 남다르다. 이렇듯 마을 산다이가 술자리를 펼치고 노래와 춤을 추며 노는 유흥성이 강하다보니, 자연스럽게 포구 산다이에서 활성화되어 있는 방식을 수용한 것으로 추정된다.

포구는 오락적인 분위기가 발달한 공간이므로, 그곳에서 불려지는 노래들은 대체로 유흥의 정서가 강한 것들이다. 포구 산다이에서는 사랑과 이별 및 통속적인 정서를 담은 노래들이 많이 불려졌다. 그래서 포구라는 공간을 통해 청춘가, 창부타령, 아리랑 등이 폭넓게 전파되었다. 주민들의 산다이판에서 통속성이 강한 민요가 널리 불려지는 것은 포구 산다이의 영향으로 보인다. 주민들의 생활 속에서 오랜 동안 전승돼온 노동요나 의식요, 유희요 등에는 통속적인 정서가 그리 많지 않다. 노동요나 의식요는 장르적 특성 때문에 그럴 것이고 유희요도 대체로 토착적 정서를 유지하고 있다. 서남해 지역의 대표적 유희요인 강강술래, 둥당애타령 등은 놀이적 신명이 두드러지지만, 통속적 정서와는 거리가 멀다. 그런데 산다이판의 노래는 대부분이 통속성이 부각된다. 포구를 통해 확대되고 재생산된 통속적인 민요늘이 주민들에게 수용되어 마을 산다이에서 널리 불려지게 된 것이라고 할 수 있다.[30]

포구가 외지인 또는 떠돌이들이 찾아드는 공간이지만, 별개의 공간이 아니므로 토착민들과 교류할 수밖에 없었다. 그리고 포구에서는 당대 인기 있는 유흥문화가 생성되고 유포되었으므로 마을 산다이는 직접적으로 그 영향을 받았다. 현재 도서 연안지역에서 전승되는 산다이는 포구와의 관계만으로 제한하기 어려울 만큼 상당히 보편적

---

30   나승만·이경엽, 『산다이, 청춘들의 노래와 연애생활사』, 민속원, 2017, 148쪽.

〈그림 4〉 법성포 단오제에 초청된 남사당연희단이 남사당놀이를 공연하는 모습(2011년). 조선시대에도 포구에서는 남사당연희가 빈번하게 연행되곤 했다.

이다. 하지만 산다이판의 민요들은 다른 민요들과 달리 유흥의 정서가 특징으로 드러나는데, 이것은 포구를 통해 확대되고 재생산된 것이라고 할 수 있다.[31] 이와 같이 산다이의 주요 특징이 포구의 문화적 매개 기능에 토대를 두고 성립되었을 것으로 추정된다.

3) 남사당의 전파와 수용

남사당패 또는 사당패는 떠돌아다니며 연희활동을 하던 집단이다.[32] 그런데 서남해 도서지역에 유랑연희와 관련 있는 민속들이 전승되고 있어 관심을 끈다. 신안 밤다래

---

31   이경엽, 「임자도의 파시와 파시 사람들」, 『도서문화』 24집, 목포대 도서문화연구소, 2004, 377쪽.
32   남사당패는 남자 위주의 집단이고 사당패는 사당이 중심이 된 여자 위주의 집단이다. 연희패의 성격이
     나 종목에서 서로 구분되지만, 이 글에서는 남사당으로 통칭하고자 한다. 이 문제에 대해서는 이경엽
     의 「도서지역의 민속연희와 남사당노래 연구」(『한국민속학』 33집, 한국민속학회, 2001, 229~236쪽)를
     참고.

의 남사당놀이와 진도 다시래기가 그것이다. 도서지역에 남사당 관련 연희가 수용되어 전승되고 있는 것은 기존 연구에서 논증되었듯이 포구의 매개적 기능과 관련 있는 것으로 보인다.[33]

유랑예인들은 떠돌이패의 속성상 돈벌이가 될 만한 곳을 찾아다닌다. 조선후기에 어업 생산력이 늘어나고 유통이 활발해짐에 따라 포구에는 경제적 활력이 조성되어 유랑예인들이 찾아드는 조건이 성숙되었다. 칠산파시 관련 기록에서 볼 수 있듯이, 수천 척의 고깃배와 상선들이 모여드는 포구의 상황은 민속 전승의 새로운 환경이 되었다. "팔도에서 모두 먹을 수 있을"만큼 늘어난 어업 생산력과 "서울 저자와 같이 떠들썩한 소리가 가득한"[34] 파시와 포구는 떠돌이 놀이패가 들어와 활동할 수 있는 좋은 조건이 되었을 것이다.

포구와 유랑예인의 관계에 대해서는 조선후기의 기록에서 구체적으로 확인된다. 다산 정약용은 포구에서 잡류의 활동을 경계했는데 그것이 유랑예인과 관련된 것이어서 주목된다. 그는 포구에 조창租倉을 열거나 배가 정박하여 머물 때 잡류의 접근을 금해야 한다고 하면서 우파優婆(사당), 창기娼妓, 주파酒婆(주모), 화랑花郞(광대), 악공樂工, 뇌자傀子(초란이), 마조馬弔(투전), 도사屠肆(소나 돼지 잡는 일) 등 팔반잡류八般雜流를 거론했다.[35] 여기서 특히 우파는 방언으로

〈그림 5〉 **조선후기 사당패 연희 장면** 경국사 감로탱, 1887

33 이경엽, 「도서지역의 민속연희와 남사당노래 연구」, 『한국민속학』 33집, 한국민속학회, 2001, 241쪽.
34 『신증동국여지승람』 제36권, 영광군, 산천조.
35 다산연구회, 『역주 목민심서』 2권, 창작과 비평사, 1988, 258쪽.

사당舍堂을 말한다고 주註를 달았는데, 사당을 첫번째 거론하고, 창기·광대·악공·뇌자 등의 연희패를 연속 거론한 것으로 보아 조선후기에 유랑예인들의 활동이 포구의 번성과 함께 활발하게 이루어졌음을 알게 해준다.

포구는 상업 중심지 역할과 함께 문화가 전파되고 교류할 수 있는 환경을 조성했다. 포구는 유랑연희가 도서지역에 유입되는 과정에서 매개 역할을 했던 것으로 보인다. 그리고 그렇게 도서지역에 유입된 연희가 도서지역 나름의 조건과 연결되면서 주민들에게 수용되었다고 할 수 있다.

조선후기에 도서지역 마을 공동체문화가 활성화되어 있던 상황은 남사당의 유입 배경이 되었다. 완도 금당도의 동계책을 보면, 동계의 지출 항목에 남사당男士黨이 여러 번 기록되어 있다. 임술년(1862)부터 정묘년(1927)까지의 기록에 남사당이 5회(1880년, 1886년, 1892년, 1897년, (1902년), 1905년) 나온다. 남사당 항목이 5년~8년 간격으로 나오는 것을 볼 수 있다.[36] 이것으로 보아 마을 공동체 행사나 축제에서 남사당 연희가 지속적으로 공연되었음을 알게 된다.[37]

또 다른 예로 신안 도초도 고란리의 당굿을 들 수 있다. 고란리는 간척 이전에는 일대에서 가장 큰 포구였는데 3년마다 '대배랑'또는 '별신'이라고 부르는 축제를 했다고 한다. 고로들에 의하면, 별신이 벌어지면 장사치들이 모여들고 온갖 굿과 놀이가 펼쳐졌으며, 당굿 마당에 남사당이 와서 공연을 했다고 말한다.[38] 유랑연희가 포구를 통해 도서지역에 전파되는 과정을 보여주는 사례라고 할 수 있다.

---

36 1902년에는 '해남가객'이 나오는데 이 때는 남사당 대신 판소리꾼을 초청했던 것으로 보인다.
37 이경엽, 「도서지역의 민속연희와 남사당노래 연구」, 『한국민속학』 33집, 한국민속학회, 2001; 이경엽, 「남사당노래의 전승과 민속의 창조적 수용」, 『민속학연구』 8호, 국립민속박물관, 2001.
38 이경엽, 「도서지역의 민속연희와 남사당노래 연구」, 245쪽.

〈그림 6〉 신안 비금도 밤다래의 거사사당놀이(좌), 진도 다시래기(김양은본)의 거사사당놀이(우)

　도서지역에 유입된 남사당 연희는 이후, 주민들의 장례놀이 속에 끼어 들었다. 신안의 밤다래 남사당놀이와 진도 다시래기 등에서 이와 같은 전승 맥락을 찾을 수 있다. 남사당 연희는 서남해 지역의 장례가 마을 공동체 단위로 축제식으로 수행된다는 전통과 어울려 자연스럽게 수용되었던 것으로 판단된다. 신안 도초도나 비금도 등지에서는 상가에서 잘 노는 사람을 남사당이라고 부른다. 이때의 남사당은 유랑 연희자가 아니라 주민들 중에서 노래 잘 하고 잘 노는 연희자를 지칭한다. 들노래나 상여소리의 설소리꾼이나 농악대 상쇠의 역할처럼 장례놀이를 잘 하는 사람을 남사당이라고 부른다. 이들 남사당은 상가 마당에서 '거사·사당놀이'와 '매화타령' 등을 하며 장기를 자랑했다. 외래의 연희가 주민들의 민속 속에 수용되어 토착화되었음을 말해준다.[39]

　서남해의 남사당 연희는 포구를 매개로 해서 전파된 것이다. 육지부의 연희가 포구를 통해 도서지역에 전파되어 그 지역 장례풍속 놀이의 하나로 자리잡게 된 것이다. 육지부와 도서지역 남사당 연희의 상관성은 포구의 매개적 기능에 따른 것이라고 할 수 있다. 남사당 연희는 도서지역과 육지부 민속의 상관성을 보여준다. 그리고 포구가 그 매개 역할을 했음을 잘 보여준다.

39　이경엽, 위의 글, 243쪽.

4. 포구민속 연구의 가능성

지금까지 포구의 매개적 기능과 관련된 민속 전승의 특징을 고찰했다. 먼저 포구의 어업경제적 배경을 정리하고 서해안 포구의 특징을 살펴보았다. 그리고 포구의 매개적 기능과 연행민속 전승의 상관성에 대해 살펴보았다. 필자의 기존 연구에서 논증된 부분을 개괄적으로 정리하고 이 글에서 문제 삼는 포구의 기능과 관련해서 맥락화하는 방향으로 설명했다. 주요 논의를 요약하고 포구민속 연구의 가능성을 되짚고자 한다.

서해안의 포구를 조기잡이와 관련시켜 본 것은 실상을 이해하기 위해서다. 서해안에서는 조기잡이가 중요하고 지속적인 전통이었으므로 그것을 토대로 복합적인 요소들이 유지되고 확대될 수 있었다. 법성포를 비롯한 서해안의 여러 포구에서 그런 양상을 볼 수 있다. 포구는 고기잡이와 수산물 유통의 거점이므로 철따라 파시가 들어섰으며, 인접 포구와 배후 장시 등과 밀접한 관계를 유지해왔다. 또한 포구의 일반적 기능을 토대로 진성과 조운창이 설치되어 거점 포구의 역할을 수행했다. 이런 점에서 조기잡이가 서해안 포구의 특성을 유지해온 주요 조건이라고 할 수 있다. 그리고 서해안에서 전승되는 당제나 풍어제, 어로민요의 물적 기반을 보면 대부분 조기잡이와 관련이 있다. 서해안 포구의 매개적 기능을 살펴보기 위해 조기잡이와 관련된 특징을 살펴본 것은 이런 이유 때문이다.

포구는 여러 문화가 유통되고 교류하는 공간이다. 그 공간을 매개로 해서 배치기와 같은 황해도 민요가 서해안 전역에 전파되었다. 또한 산다이처럼 통속성 짙은 민요와 놀이 방식을 확대함으로써, 그것이 주민들의 민요에 특징적으로 수용될 수 있는 조건을 제공했다. 주민들의 산다이판에서 유흥성이 강한 민요가 널리 불려지게 된 것은, 포구를 통해 확대되고 재생산된 노래들이 주민들에게 수용된 결과라고 할 수 있다. 그리고 서해안 남부 일대에서 전승되고 있는 남사당은 포구를 매개로 해서 전파된 연희다. 육지부와 도서지역 남사당 연희의 상관성은 포구의 매개적 기능에 따른 것이라고 할 수 있다. 남사당 연희는 도서지역과 육지부 민속의 상관성을 보여준다. 그리고 포구가 그 매개 역할을 했음을 잘 보여준다.

한편 포구의 매개적 기능은 단순한 유통 과정을 말하지 않는다. 배치기, 산다이, 남사당은 현지의 민속 전승 체계와 관계 속에서 변용되고 수용되었다. 남사당의 사례에서 그것을 잘 볼 수 있다. 또한 포구는 이질적인 문화들을 매개하는 공간이므로 거시적인 관점에서 교류의 문제를 통합해갈 필요가 있다. 이 글에서 보았듯이 포구 연구를 통해 해양문화의 전파 과정과 육지부·도서부의 민속 전승에 대한 통합적인 논의가 가능해진다. 이런 점에서 포구민속 연구는 더 확대되고 심화되어야 한다.

포구민속 연구의 주요 과제들을 들면, 포구 사람들의 생활사와 사회민속적 접근이 필요하다. 뱃사람과 선주의 관계, 선상생활, 뱃사람들의 생애사에 대한 연구가 이뤄져야 한다. 또한 포구는 어로기술의 유입 통로이므로, 해양환경 및 시장환경의 변화와 관련된 포구 사람들의 생산민속에 대해 종합적으로 살펴봐야 한다. 그리고 이 논문에서 주목했던 포구의 공간성과 관련된 연구를 심화해야 한다. 포구라는 사회문화적 공간의 특수성을 해명하고 주민들의 삶과 민속 전승의 맥락을 온전히 해명하는 방향으로 이뤄져야 한다.

그리고 포구민속의 균형된 연구를 위해 해양문화와 관련된 총체적 연구가 필요하다. 총체적 연구는, 해양문화의 보편적이고 근원적인 특성에 대한 탐구와 더불어 연구 지역의 위상과 역할에 대한 구체적인 이해를 목표로 한다. 육지부와 다른 생태 조건은 해양문화의 보편성과 연관되지만, 더불어 해역이나 권역마다 상이성이 있으므로 다양성을 낳는 배경이 된다. 해양문화사를 보면 바닷길을 통한 지속적 교류 전통을 볼 수 있다. 바다는 육지와 달리 물리적 단절이 없이 연결되어 있다. 영역이 광대할 뿐만 아니라 인접지역과 자연스럽게 연결되어 있다. 고대로부터 국제적인 교역로가 형성되어 문물 교류가 활발하게 이루어졌던 것은 이런 배경에서다. 이런 점을 고려해, 총체적 연구는 연구지역의 생태문화적 특성을 파악하는 과정과 함께 거시적 관점에서 해당 지역의 위상을 자리매김하는 연구를 지향한다. 특히 포구는 유·무형의 생산 활동과 교류 활동의 거점이므로 해역 단위의 비교 연구가 주요 과제가 된다. 앞으로 연구할 부분이다.

제2장

어촌의 경제적 배경과 마을굿의 변모
─당제 문서를 통해본 칠산 해역의 두 사례

1. 칠산 해역의 두 사례를 주목하는 이유

　마을굿은 마을 공동체에서 주관하며 주민들이 주체가 되어 수행한다. 그 소요 경비 역시 공동체 내에서 분담하는 방식이 일반적이다. 주민들의 안녕과 풍요를 비는 행사이므로 마을 주민들이 주도하는 것이 당연하며, 그 비용도 공동체 내에서 해결하는 것이 자연스럽다. 마을굿 비용은, 호구나 인구수에 따라 갹출하는 방법이 많은 편이며 경우에 따라 마을 제답에서 나온 소출로 충당하기도 한다. 물론 그 방식이 항상 고정적이지는 않다. 어떤 경우 타지역 사람들이 마을굿의 기부자로 등장하기도 한다. 이것은 농촌보다는 어촌에서 특징적으로 발견되는 현상이다. 이 글에서 다루는 사례도 이와 관련 있다. 어업 경제의 특징과 마을굿 전승의 관련성을 주목할 필요가 있다.

　마을굿은 공동체의 경제적 배경, 즉 생업활동과 불가분의 관계가 있다. 마을굿의 규모뿐만 아니라 성쇠 여부도 이와 관련이 있다. 그러므로 의례 담당자의 생계 활동과 관련된 측면만이 아니라, 의례를 둘러싸고 일어나는 지식과 재화의 교환 및 그것의 사회적 지속성, 경제적 기반과의 관련성을 주목할 필요가 있다. 하지만 마을굿과 경제적 배경의 상관성을 따지는 연구는 별로 없는 편이다. 생각처럼 쉽지 않은 주제이고 적절한 자료를 확보하기 어렵기 때문에 실증적인 연구가 많지 않다고 할 수 있다.

이 글에서는 칠산 해역의 두 사례를 분석하기로 한다. 전북 부안의 대벌과 위도의 사례를 중심으로 경제적 기반의 변화와 마을굿 전승의 상관성을 구체적으로 살펴보기로 한다. 이 사례들은 각기 당제 문서가 남아 있어서 실증적인 분석이 가능하다는 공통점이 있다. 두 마을의 당제 문서는 20세기를 전후한 시기부터 20세기 중반기에 걸쳐 작성된 것들이다. 시기적인 편차가 약간 있지만 어촌 마을굿의 근래 변화상을 보여준다는 점에서 분석 대상으로 삼을 만하다. 그리고 서해안의 복합성을 대표한다고 말하기는 어렵지만 몇 가지 조건적인 전형성을 갖고 있다고 판단된다. 서해안은 해안선의 굴곡이 심한 리아스식 해안이고 갯벌이 널따랗게 형성된 지형이 많다. 서해안의 어촌은 내만·연안·도서지역의 여러 환경에 따라 다양한 면모를 띠고 있다. 또한 생태환경의 변화에 따라 포구의 기능이 축소 또는 확대되면서 다양한 변모를 겪기도 한다. 이 글에서 다루는 두 마을은 각각 연안지역과 도서지역의 특징적인 조건들을 잘 보여주는 사례라는 점에서 의미가 있다. 여기서는 두 어촌의 경제적 배경에 대해 주목하고자 한다. 그리고 생태환경의 변화와 그에 따른 경제적 배경이 바뀌면서 마을굿이 변모되는 과정을 살펴보기로 한다.

2. 어촌 마을굿의 경제적 기반

1) 부안 대벌리 당제

전북 부안읍 서북쪽에 자리한 대벌리는, 계화도 간척사업(1963~1976)이 실시되기 전에는 갯벌을 끼고 있는 어촌이었으나 지금은 농촌으로 탈바꿈한 마을이다. 대벌大筏은 조선시대 부안 염소방鹽所坊의 중심 마을이었다. 지명에서 보이는 '벌筏'은 소금을 굽는 벌막(筏幕, 鹽幕)을 뜻한다. 『세종실록지리지』「부안현 조」에 "현의 서쪽에 염창鹽倉과 염소鹽所가 있고, 공사염간公私鹽干이 모두 13명인데, 봄·가을에 바치는 소금이

1127석 남짓하다."고 부안의 염소방에 대해 비교적 자세하게 기록하고 있다. 그런가 하면 이 마을 동북쪽에 염창산이 있고, 염창산 아래에 자리한 마을이 창북리인데, 이 또한 조선시대에 나라의 소금창고가 이 산에 있어 소금 '염鹽'자, 창고 '창倉'자를 써서 '염창산鹽倉山'이고, 마을 이름도 창고 '창'자를 써서 '창북리倉北里'인데 언제부터인가 '昌北里'라고 쓰고 있다. 이것으로 볼 때 대벌리 일대가 소금 생산지였음을 알 수 있다.[1]

부안지방의 소금 생산은 화염이 주된 것이었으며 하서면 언둑길 일대 계화 대벌리 일대가 주 생산지였다. 천일염은 해방 후에 퍼진 것이므로 이전 시기에는 화염 생산이 일반적이었다. 부안의 특산물인 곰소젓갈, 상서된장, 개암죽염과 같은 발효식품은 지역에서 생산되는 질 좋은 소금이 있어서 가능했다. 이런 점에서 대벌리 일대에서 생산되던 소금은 부안의 특징적인 전통이라고 할 수 있다.

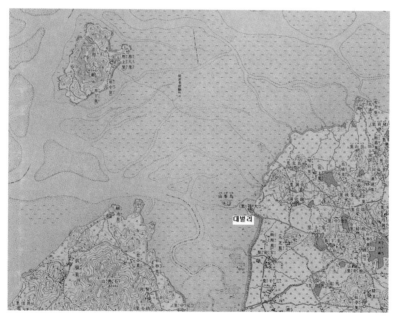

〈그림 1〉 부안군 대벌리 지형도(1918)

1   김형주, 「대벌리 당산제와 제의놀이의 특성」, 『비교민속학』 3집, 비교민속학회, 1988, 104~104쪽; 김형 주, 『부안이야기』, 도서출판 밝, 2003.

〈그림 1〉에서 보듯이 예전의 대벌리는 바다와 드넓은 갯벌을 끼고 있는 어촌이었다. 앞에서 본 대로 소금 생산의 거점이었으며, 이외에 인근에 칠산어장이 있으므로 어업이 성했을 것으로 보인다. 그리고 상선이나 화물선이 드나드는 포구가 있어서 소금, 어물, 곡물들을 운송했을 것으로 추정된다.

이 마을에는 1897년부터 1975년 마지막 당제를 지내고 폐지했을 때까지의 80년 간의 기부 내력이 담긴 문서가 남아 있다. 「대벌당제大筏堂祭」[2]가 그것이다. 이 문서에는 매년 시주자와 물품, 주소, 성명, 시주 금액 등이 기록돼 있다. 이 자료를 통해 대벌리 마을굿의 경제적 배경과 그 변화 양상을 살펴볼 수 있다.

문서 앞부분에 축문과 단자單子가 기록돼 있다. 단자에는 당제의 필요성과 재정의 어려움, 주민들의 협조를 구하는 내용이 담겨 있다.

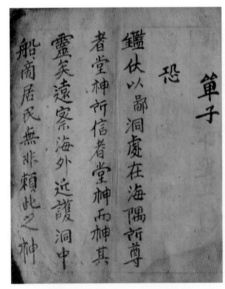

〈그림 2〉 대벌당제 표지(우)와 단자 앞부분(좌)

---

2   이 책자는 부안의 역사학자 김형주 선생님이 소장하고 있다. 그분이 전하는 말에 의하면, 답사 중에 이 책자를 불사르려고 하는 것을 목격하고 극적으로 건져냈다고 한다. 이 때문인지 책에 그을린 흔적이 남아 있다. 이 마을의 당제는 1970년대 중반에 중단되었고 당제에 대한 주민들의 기억도 상세하지 않다. 그러므로 당제 문서에 집중해서 접근하기로 한다.

恐

鑑伏以鄙洞處 在海隅所 尊者堂神 所信者堂神而 神其灵而 遠察海外 近護洞中 商船居民
無非賴此之神灵也 由是乎 船遇順風而利 以之則民安其堵而 災小則 不可不致誠供享而 年來
洞財耗乏故 廉仰單 伏惟 念願 (하략)…

丁酉十二月 日 尊位 金君化 勤單

　단자의 내용을 통해 당제의 성격과 그 경제적 배경을 헤아려볼 수 있다. 위 기록을
보면 바닷가에 자리 잡은 마을의 위치와 당신에 대해 말하고, "멀리로는 바다 밖까지
살펴주고 가까이는 마을을 돌보니 상선거민商船居民이 그 영험함을 믿는다."고 하고서,
"배는 순풍을 만나 큰 이익을 얻고 마을이 편안해지니 재앙이 적도록 치성을 드리는
것이다."라고 밝히고 있다. 그리고 이어 재정이 어려워 단자를 올리게 되었으니 허무
맹랑한 일이라고 하지 말고 조금씩 보태주기 바란다는 당부를 하고 있다. 단자의 내
용 중에서 특히 '상선거민이 영험함을 믿는다'는 것과 '순풍을 만나 큰 이익을 얻는다'
는 표현 속에서 소금, 어물, 곡물 등을 싣고 나르는 일의 비중이 높았음을 짐작할 수
있다. 대벌리가 어염 생산지만이 아니라 포구로서도 중요한 기능을 담당하던 마을이
었음을 추정할 수 있다.

　그리고 물품과 금품을 기부한 이들에 대한 자세한 기록이 나온다. 첫해인 정유년
(1897)의 기부자 명단을 먼저 보면 다음과 같다.

施主

金景源　　白米 五斗, 白木 十八尺, 麻布 三寸, 牛頭 一首, 白紙 三束, 乾柿 一貼, 生栗
一升, 大束 一昇, 黃燭 一雙, 肉燭 二雙, 甘藿 三注之, 南草 一把

本里 辛道汝 拾兩 / 本里 金伯贊 伍兩 / 本里 池潤奎 參兩 / 本里 權永淑 貳兩

可居島 崔敬五 一兩 / 東萊 宋永守 一兩 / 名川 千明化 一兩 / 校村 羅永植 貳兩

蝟島 金永淑 伍錢 / 筎島 申周京 一兩 / 三島 金斗正 一兩 / 頓池 李景執 一兩

新宮 張文國 一兩 / 海州 金載完 一兩 / 之飛里 崔正用 伍錢 / 本里 金啓相 一兩

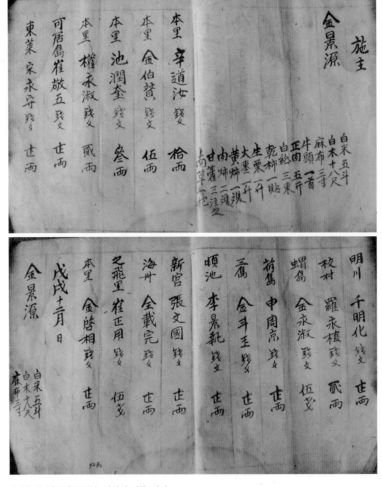

〈그림 3〉 정유년(1897년) 당제의 시주 내역

이와 같은 기록은 이후에 비슷하게 반복된다. 10년 간의 기부자의 출신지를 구분해서 살펴보면 다음과 같다.

〈표 1〉 대벌 당제 시주자 내역(1897년~1906년)

연도	대표 시주자	本里			타지역			
		인원	금액(냥)	비고	인원	금액(냥)	비고	지역명
1897	金景源	5	20		11	21		可居島, 東萊, 名川, 校村, 蝟島, 芿島, 三島, 頓池, 新宮, 海州, 之飛里
1898	金景源	3	8		15	26		京孔德里, 楊州, 濟州, 蟬峙, 校村, 箕佐, 昌牛, 長堤里, 甫吉島, 明川, 芿島, 三島, 新宮, 馬分里
1899	金景源	4	11		10	18		梅花島, 京孔湖, 宮上里, 新宮村, 京, 本洞, 萬月島, 平安道平壤, 龍化洞, 仁港相峴
1900	金景源	2	4		17	29	白米 5升+α	三島2인, 廣島, 濟州, 平壤2인, 飛應島, 星州, 宮村, ○下里2인, 全州, 仁川, 南海, 弓安2인
1901	金景源	2	6		12	37		仁川, 金堤, ○邱, 飛應島, 馬分里, 鏡島, 洪州黃島, 京城, 仁川, 群山, 堂村, 新宮
1902	金景源	1	2		13	13	白米 3升	濟州3인, 全州, 落湖, 金溝, 咸鏡道 吉州2인, 靈光, 泗川 八湖, 化洞里, 西道新宮里2인
1903	金景源	4	8	白木18尺 麻布3寸	5	6		咸鏡道 元山, 落月島, 慶晋州, 濟州西門外, 三島
1904	金景源	1	0	白木18尺 曲子3同	9	19		忠淸道 洪州 栗島, 扶安 志地浦, 務安 木港 竹洞, 可居島, 濟州, 忠淸道 保寧, 落月島, 泰仁, 龍化洞
1905	金景源	1	5		2	6		忠淸道靑陽, 西道松亭里
1906	朴準珩	1	5		14	28	牛頭	皇城西署盤石坊桃洞, 務安三鄕面松亭里, 全州利東面, 濟州東面3인, 皇城中署工洞, 莞島楸島, 濟州朝天, 濟州演坪, 智山月湖, 濟州吾照里, 弄珠洞, 西道 新宮

기부자 내역을 분석해보면 몇 가지 특징이 발견된다.

첫 번째는 제수 일체를 부담하고 있는 대표 시주자의 존재다. 김경원은 9년간이나 제수 일체를 시주했는데, 그는 어업이나 염업을 하던 이 지역의 실력자이자 당제에 대한 신앙심이 각별했던 인물인 것으로 보인다. 김경원 이후에는 박준형(2년), 오순주(3년), 오승업(9년) 등이 이 역할을 대신한다.

두 번째는 외지 사람들의 참여가 대단히 많다는 점이다. 그 금액도 주민들의 그것보다 비중이 높다. 외지인들의 주소를 보면, 제주도, 추자도, 보길도, 가거도, 잉도, 삼도, 위도 등의 섬들과 멀리 함경도 길주, 명천, 원산을 비롯해서 해주, 경성, 인천, 목포, 여수, 마산, 동래 등지의 도시와 포구 이름이 나온다. 또한 평양, 전주, 담양, 정읍 등 내륙의 지명도 나온다. 그 범위가 매우 넓고, 바다와 직접 관련 없는 지역까지 두루 나온다는 점이 특이하다.

세 번째는 평양 이감찰李監察, 경성 공덕방 진사孔德坊 進士, 양주 주부主簿, 제주 부참봉夫參奉, 이선달李先達, 황성 중서 천오위장千五衛將 등의 직함을 가진 20여 명의 이름이 나온다는 점이다. 이들은 대외적으로 일정한 권세를 과시하던 인사들로 짐작된다.

대벌리 당제 시주자 명단에서 눈에 띄는 것은 외지 인사들이다. 이들은 대벌리에 연고를 두고 어선이나 상선 그리고 염업에 투자를 한 사람들로 보인다. 특히 직함을 갖고 있는 시주자들은 현지에 관리인을 두고 염업 경영을 하던 인사들로 추정된다. 이들은 당제에 기부함으로써 사업의 번창과 평안을 기원했을 것이며, 당제에 적극 협조함으로 주민들의 환심을 사고 마을과의 유대를 바탕으로 사업이 잘 되기를 기대했을 것으로 보인다.

이상에서 보듯이 대벌 당제의 경제적 배경이 남다르다는 것을 볼 수 있다. 이것은 앞에서 잠깐 거론한 이 마을의 생업 및 생태적 환경과 관련 있는 것으로 추정된다. 대벌리는 칠산어장을 낀 포구이므로 외지의 어선들이 많이 드나들었을 것으로 짐작되며, 특히 염업과 관련해서 큰 규모로 운영되던 벌막이 많아 외지 투자자와 상인들의 출입이 많았던 것으로 추정된다. 이는 단자에 나오는 '상선商船'이나 '선우순풍이리船遇順風而利' 등의 구절과도 통한다.

한편 「대벌당제」를 보면 1920년대 중반 이후 외지 시주자의 비율이 줄어드는 변화가 나타난다. 주민 20~30명의 이름은 나오지만 어떤 해는 외지인이 한 명도 안 보이고, 이후 간간이 몇몇 외지인 이름이 보이는 정도로 큰 변화가 생기는 것을 볼 수 있다. 그리고 그 뒤로도 외지인 이름이 조금씩 보이지만 이는 1920년대 초까지 외지인이 주민보다 더 큰 비중을 차지하던 것과 다른 점이라고 할 수 있다.

대벌리 당제의 후원 세력에 변화가 생긴 것은 생태환경의 변화, 곧 경제적 기반의 변화와 관련 있는 것으로 추정된다. 마을 주변에 넓게 펼쳐진 갯벌이 메워지면서 수심이 얕아져 포구의 기능이 축소됐기 때문에 기존 어업이나 염업에 차질이 생긴 것으로 보인다. 그리고 새로운 소금 생산방식이 등장하면서 기존 방식을 유지하던 대벌에 변화를 불러일으킨 것으로 짐작된다. 인천 군자염전이나 소래염전처럼 1920~30년대에 천일염을 생산하는 지역들이 각광받는 과정에서 기존의 화염을 생산하던 대벌은 경쟁력을 잃게 되었던 것으로 짐작된다. 실제 1940년 무렵에 바다 출입이 어려워져 주민들의 생계에 어려움이 생기자 둑을 쌓아 바닷물을 막고 농토를 개간하면서 차츰 농업을 위주로 하는 마을로 바뀌게 되었다는 사실에서 그것을 엿볼 수 있다.[3] 포구와 어염 생산지로서의 기능을 상실하게 되자 상선과 어선 등이 출입하지 않게 되고 큰 규모로 염업을 하던 사람들이 철수하면서, 외지 인사들의 당제 시주도 줄어든 것으로 짐작된다.

대벌리의 경제적 배경은 계화도 간척사업 이후로 완전히 바뀌게 된다. 계화도는 본래 섬이었으나 계화도와 육지인 부안군 동진면을 잇는 제1방조제(9,254m)가 1966년, 제2방조제(3,556m)가 1968년에 완공되면서 육지화되었다. 그 결과 방조제 안쪽의 간석지干潟地가 2,741ha에 이르는 광활한 농경지로 변모하였다.[4] 대벌리는 간석지 안쪽에 자리한 마을이어서 저절로 농촌으로 바뀌게 되었다. 이처럼 대벌리는 계화도 간척사업이 시작되는 1960년대 초에 이미 어촌의 면모를 잃고 1970년대 중반에는 농촌으로 완전히 바뀌게 된다. 어업과 염업을 하던 어촌에서 농촌으로 변화를 겪게 되는 것이다. 1970년대 들어 당제 규모가 축소되고 1975년에 당제를 중단하게 된 것은 이와 같은 급격한 환경 변화에 따른 경제적 기반의 변화 또는 주민 교체 등과 관련이 있는 것으로 추정된다.

2) 부안 위도 대리의 당제

전북 위도는 서해안의 대표적인 어업 거점으로 꼽히는 곳이다. 논농사는 거의 없고

---

3   김형주, 앞의 논문, 105쪽.
4   '계화도 간척지', 한국민족문화대백과사전(http://encykorea.aks.ac.kr/Contents/Index?contents_id=E0068779)

일부 밭농사가 있을 뿐이며 전체적으로 어업의 비중이 크다. 위도에는 진리, 대리, 치도리, 식도, 전막 등의 마을에서 당제가 전승되고 있다. 예전보다 규모가 축소되었지만 6개 자연마을 중에서 벌금마을의 당제가 중단되었을 뿐 비교적 잘 전승되는 편이다.[5] 위도의 마을굿 중에서 대리의 당제가 국가 무형문화재로 지정돼 있으며(1984년) 위도를 대표하는 마을굿으로 널리 알려져 있다.

정월 초3일에 연행되는 대리 원당제는 원당굿 – 용왕밥과 산제밥 드리기 – 용왕굿과 띠배띄우기로 진행된다. 그 개요를 간추리면 다음과 같다.

〈표 2〉 위도 대리의 마을굿 연행도

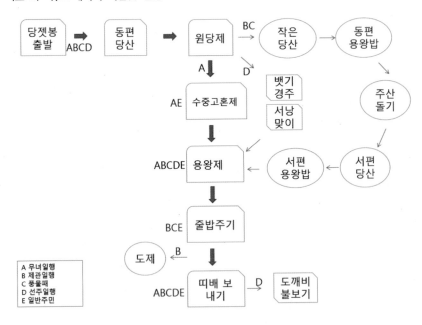

〈표 2〉는 산에서 마을 그리고 바다로 이어지는 어촌 마을굿의 유기적인 과정을 잘 보여준다. 위도 대리에서 제를 모시는 공간은, 당젯봉堂祭峰 정상에 있는 원당願堂,[6] 마

---

5   한은선, 「전북 위도 마을굿의 전승양상」, 목포대 석사논문, 2009, 9쪽.

을 주변에 있는 작은 당산과 '요왕 바위' 그리고 용왕제를 지내는 마을 앞 해변 등이
다. 제를 모시는 날 아침에 무녀와 제관, 풍물패, 선주 등이 원당으로 올라간다. 오르
는 길에 마을 동쪽 입구에 있는 동편 당산에서 간단히 제를 지낸 후 원당으로 향한
다. 원당에 도착하면 진설을 하고 독축한 후 무당이 굿을 한다. 무당굿은 성주굿, 산
신굿, 손님굿, 지신굿, 서낭굿(1~3), 깃굿, 문지기굿 등의 순서로 진행된다. 이 중에서
깃굿은 선주들이 선기船旗를 들고 와서 자기 배에 모실 서낭을 받아가는 과정이다. 선

〈그림 4〉 원당에 오르는 사람들(좌상), 원당굿(우상), 용왕굿(좌하), 띠배 뛰우기(우하), 띠배

---

6   대리(대저항) 원당이 자리한 곳은 아래 중수기에서 '대저항원당처재대양준봉지상(大猪項願堂處在大洋
峻峰之上)'이라고 기록한 것처럼 칠산어장이 내려다보이는 마을 동쪽 당젯봉 정상이다.

주들은 뱃기를 들고 마을로 내려가 집에서 서낭맞이 제사를 지낸다. 제관과 풍물패는 작은 당산, 동편 용왕밥주기, 동편 당산 인사, 주산 돌기, 서편 당산 인사, 서편 용왕 밥주기 등을 하면서 마을로 내려간다. 그리고 무녀 일행은 마을 해안으로 내려가 수사한 사람을 위한 수중고혼제를 지내고 용왕제를 지낸다. 이때에는 마을 주민 전체가 참여하는 성대한 놀이판이 연출된다. 용왕제를 지낸 후에는 수사한 영혼을 위해 '줄밥'을 바닷가에 뿌리고 다니면서 가래질소리나 술배소리 등의 민요를 부른다. 그리고 마지막으로 띠배를 바다로 띄워보낸다. 과거에는 띠배를 띄워보내고 밤에 높은 산에 올라가 도깨비불 보기를 했다. 이와 같은 구성은 바다를 무대로 살고 있는 대리 사람들의 어업 경제적 조건을 그대로 반영하고 있다고 할 수 있다.

대리에는 마을 제당을 중수했을 때의 상황을 적어놓은 「중수기重修記」가 전한다.[7] 1900년庚子年 3월에 원당을 중수할 때 기록한 추렴기에는 참여한 사람들의 거주지와 이름, 금액이 기록돼 있다. 이 문서를 통해 대리 마을굿의 경제적 배경에 대한 논의를 구체적으로 풀어갈 수 있다. 14쪽짜리 문서의 앞부분(5쪽)에 원당 중수의 경위를 밝힌 서문이 있고 뒷부분(6쪽~14쪽)에 기부자의 명단과 금액이 적혀 있다.

(전반부 결실) 睠夫大猪項願堂處在大洋峻峰之上靈異之氣特萃於此而人皆尊瞻崇致者而惟堂神是靈矣凡於齋□有禱必應而沿八路大□□□□會于此輒先□□皆得其冥佑而財殖寄(?)旺焉香幣之祝孰不以誠而但設堂已久風雨滲漏惟修葺是急而第其財力不敷心上經營若無良方惟願各處大小舡僉座中特念共濟之義各出一臂之力隱(?)宜傾助俾如斯堂功觀之地千萬幸甚

　　　　　　　　　　　　　　　　　　　　　　　　　　　　庚子 三月 日

중수기에 나온 기부자의 지역과 인원, 금액을 간추려 보면 대체적인 정황을 짐작해

7　　서종원, 「위도띠뱃놀이 '원당중수기(願堂重修記)' 1900년 연구」, 『도서문화』 37, 목포대 도서문화연구원, 2011.

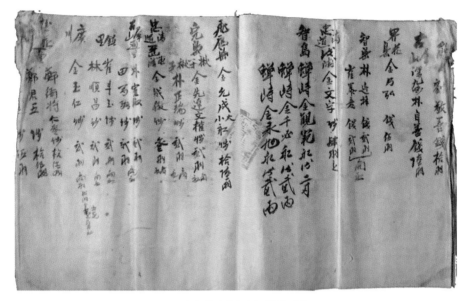

〈그림 5〉 원당 중수기의 기부자 명단

볼 수 있다. 기부 금액은 1냥부터 100냥까지 편차가 심하다. 주민들의 경우 10~20냥 사이가 많고, 외지인은 3~5냥 정도가 대부분이다. 금액으로 볼 때 대리 주민들의 기부액이 많다. 주민 중에 비장裨將 김창규가 100냥을 냈고 그 외에 80냥을 낸 사람이 2명이고 20냥 이상 낸 사람도 6명이다.

ㅇ본촌(本村) : 기부자 13명, 금액 : 435냥

ㅇ위도 내 다른 마을 : 2개 마을(치도리, 식도리)은 마을 차원 기부, 4개 마을 9명, 금액 : 63냥

ㅇ타지역 : 황해도 1개 마을 1명, 충남 4개 마을 8명, 전북 16개 마을 43명, 전남 3개 마을 (추자도 포함) 9명, 기타 3명, 금액 323냥

문서를 분석해보면 타지역 사람들이 많고, 남으로 추자도부터 북으로 황해도 옹진까지 출신 지역도 다양하다. 위도 마을굿에 참여한 기부자들은 칠산파시에 모여든 상

인 또는 어민들인 것으로 짐작된다. 외지인 중에서 '상선'이란 표시가 있는 사례를 더 보기로 한다.

> 忠淸道 牙山 芚浦 金成俊 錢參兩(商舡)
>
> 古群山 通里 朴寬淑 錢貳兩(商舡), 田富弼 錢貳兩(商舡)
>
> 　　　鎭里 崔斗玉 錢貳兩(商舡), 林順昌 錢貳兩(商舡)
>
> 廣川 金玉仁 錢貳兩(商舡) 松洞金土走卽來舡
>
> 智島 朴近拜 錢貳兩(商舡), 崔泰彦 錢貳兩(商舡)
>
> 飛鴈島 金允成 大小舡 錢拾陸兩
>
> 莞島 楸子 金先達文權 錢貳兩(商舡), 楸子 朴正瑞 錢貳兩(商舡)

상선 또는 대소선이란 표시가 돼 있는 지역을 보면 충청도 아산, 광천, 전북 고군산, 전남 지도, 추자도 등이 있다. 이렇게 위도 일대에 각지의 어선과 상선들이 모여들었다는 것은 비슷한 시기에 지도군수 오횡묵이 묘사한 칠산어장 풍경과도 통한다.

> …(전략) 서쪽 바다는 망망대해로서 해마다 고기가 많이 잡혀 팔도에서 수천 척의 배들이 이곳에 모여 고기를 사고 파는데 오고 가는 거래액은 가히 수십만 량에 이른다고 한다. 가장 많이 잡히는 것은 조기인데 팔도에서 같이 먹을 수 있다. 지금도 역시 갈치를 잡으려고 바다에 그물을 설치하였고 배들이 빽빽이 모여 있었다.[8]

팔도에서 수천 척의 어선과 상선이 칠산해역에 모여들어 활력이 넘쳤다는 것을 말해준다.[9] 파시는 여러 지역에서 모인 어부와 상인, 유흥업소 종사자 등이 집결하던 공

8　오횡묵, 『지도군총쇄록』, 1895년 5월 13일자.
9　1910년경 위도 치도리 파시의 현황을 통해 당시의 규모를 짐작해볼 수 있다. 한식에서 곡우 무렵까지 4~5주간 파시가 계속되었는데, 당시 어선이 1,100척(일본인 어선 400척, 한국인 어선 700척)이 집결하고 5,500여 명(일본인 2,000명, 한국인 3,500명)의 어부가 모여들었다. 또한 이들에게 일용품을 판매하

간이다. 여러 지역, 업종 사람들이 교류하던 공간이지만 나름의 연결망이 작동되고 있었다. 출신 지역에 따라 거주지가 형성될 정도로 지속적이었고, 현지 주민들과의 유대 관계도 조성되었다. 매년 주기적으로 파시에 집결했으므로 지속적인 관계망이 필요했다고 할 수 있다. 대리의 원당중수기에 나오는 외지 기부자들은 칠산파시에 찾아들던 상인과 어민들인 것으로 짐작된다. 기록 속에 '상선商船', '대소선大小船', '선船' 등이 언급되는 것으로 보아 파시 따라 위도에 찾아들던 외지의 상선과 어선 또는 어민들이 제당 중수에 참여했던 것으로 보인다. 이처럼 여러 지역 인사들이 마을 제당을 개축할 때 기부한 것에서 보듯이 어로활동을 매개로 긴밀한 네트워크가 형성돼 있었음을 알 수 있다.

물론 대리의 원당 중수기는 매년 이루어지던 당제 기록이 아니다. 원당 중수라는 특별한 사건에 관한 것이다. 하지만 외지인들이 대리 마을굿에 일회적으로 참여하지는 않았을 것으로 보인다. 기부 금액의 차이가 있고 참여 숫자가 달라질 수 있지만 외지인들의 참여는 지속적이었을 것으로 보인다. 위도 일대는 외지인들이 주기적으로 어장에 찾아와 조업을 하고 교역을 하던 공간이므로 현지주민과의 관계가 지속됐을 것으로 추정된다.

위도의 사례는 조기로 대표되는 서해안 특유의 어업경제와 관련 있다. 매년 철 따라 주기적으로 형성되는 대단위 어장이 있어서 각 지역에서 위도 일대로 찾아들었고, 외지인이 위도 마을굿에 기부하는 상황이 만들어졌다. 바다에서 비롯된 풍부한 물산이 있어서 마을 공동체에 활력이 넘쳤고 외지에서 찾아든 사람들도 거기에 동참했던 것이다. 조기잡이를 중심으로 이루어지던 서해안의 어업 경제는 매년 열리는 당제가 성대하게 펼쳐지는 물적 배경이자, 그와 별도로 몇 년 주기로 크게 열리던 별신굿의 배경이기도 했다. 일제 강점기에 조기파시가 크게 서던 때에는 매년 4월경에 선주들

는 상인과 음식점, 요리점 선구점 등이 들어서고, 유흥업에 종사하는 작부들도 수십 명이 머물렀다. 또한 기존 마을 주변에 출신 지역에 따라 일본인촌, 제주촌, 충청촌 등이라고 부르는 새로운 촌락이 형성되었다(김일기, 「곰소만의 어업과 어촌 연구」, 서울대 박사학위논문, 1988, 112~114쪽).

이 주도하던 큰 규모의 별신굿이 펼쳐졌다. 당시 별신굿은 4~5일간 열리고 육지에서 온 광대와 재인들이 놀이판을 벌이며 크게 놀았다고 한다.

한편 어업 경제는 풍성한 마을굿을 보장하기도 하지만, 그것이 위축될 경우 마을굿을 약화시키는 이유가 되기도 한다. 20세기 중반 이후 조기어장이 형성되지 않게 되면서 어로활동이 크게 축소되었는데, 그로 인해 위도 일대의 마을굿도 눈에 띄게 약화되었다. 큰 규모로 거행되던 별신굿이 단절된 시기는 조기파시가 중단된 때와 겹친다. 그리고 일반 당제도 과거보다 축소된 형태로 수행되고 있다. 위도 대부분의 마을에서 무당이 주재하던 당굿과 용왕굿을 보기 힘들게 되었다. 당제 후에 이루어지던 줄다리기는 단절되었으며, 마당밟이도 거의 단절되었다. 대리의 경우 1984년에 국가지정 중요무형문화재로 지정돼 있고, 정부 지원이 이어지고 있어 어느 정도 외형적인 성대함을 유지하고 있지만 오히려 주민들의 직접적인 참여는 줄어들었다. 전승공동체의 경제적인 기반이 위축된 데 따른 변화상이라고 할 수 있다.

3. 경제적 기반의 변화와 마을굿의 변모

역사적으로 볼 때 서해안의 어촌과 포구의 기능은 내만지역에서 연안, 도서지역으로 확대되는 과정을 거쳤다. 만 깊숙이 자리잡은 어촌에서 정치 어구와 안강망 위주로 고기잡이 하다가, 토사가 쌓이면서 수심이 얕아지고 어족이 고갈되면서 포구의 기능이 연안지역으로 옮겨지고, 어로수역이 확대되고 어선이 동력화·대형화 되면서 근해 및 양식 어업시대로 바뀌게 되었다.[10] 이 과정이 모든 경우에 그대로 적용되지 않지만 간척과 매립 등으로 내만과 연안지역 어촌의 기능이 위축되는 현상은 일반적인 양상이라고 할 수 있다.

여기서 다룬 두 마을의 사례는 서해안의 생태환경 변화와 그에 따른 공동체의 변화

---

10   김일기, 앞의 논문, 3~4쪽.

를 보여주는 예라고 볼 수 있다. 각 사례를 비교하고 특징적인 양상을 추출할 수 있을 것 같다. 각 당제별로 경제적 기반의 변화와 관련된 주요 사항들을 간추려 보면 다음과 같다.

〈표 3〉 경제적 기반의 변화와 당제의 전승현황

지역	변화과정	현황
1) 부안 대벌	외지 상선·어선의 출입과 염전업의 성행 → 포구 기능 상실 → 간척에 따른 생태환경 변화 → 농촌으로 전환 → 주민 교체	당제 중단
2) 부안 위도	어업의 성행(조기파시)과 외지 선·상선의 출입 → 파시의 쇠퇴 → 다른 어업 형태의 지속, 무형문화재 지정	별신굿 단절, 당제 지속

두 마을 모두 어업 또는 염업이 경제적 기반이라는 점에서는 공통적이다. 하지만 개별적인 상황 차이에 따라 마을굿의 전승양상은 달리 나타난다. 내만, 연안, 도서지역이라는 각기 다른 조건과 그에 따른 어업의 형태가 다르며, 외지인이 마을굿에 어떻게 참여하는가도 다르게 나타난다.

1)은 급격한 생태환경의 변화에 따라 경제적 기반이 달라지면서 마을굿 전승이 크게 약화되고 중단된 현상을 보여준다. 대벌의 경우는, 어업 또는 염업을 배경으로 전승되다가 주된 경제적 기반이 사라진 후 나타난 마을굿 전승의 실태를 보여준다. 이에 비해 2)는 어업활동이 계속되면서 마을굿을 지탱하던 경제적 기반이 유지되고 있고, 국가의 문화재 정책 등에 힘입어 마을굿이 지속되는 모습을 보여준다.

그리고 대벌과 위도 대리 모두 외지인이 물적 배경의 일부를 담당했다는 점이 주목된다. 외지인이 마을굿에 다양하게 참여하는 것은 파시나 염업이 성행했던 지역에서 볼 수 있는 특징적인 양상이다.

대벌의 경우 전통적으로 염업·어업을 중심으로 한 외지인의 기부가 눈에 띈다. 하지만 갯벌이 쌓여 수심이 얕아지고 소금 생산방식이 바뀌고 포구의 기능이 상실됨에 따라 외지인의 경제력이 철수하면서 당제에 참여하지 않게 되었다. 주민들이 주도하는 당제가 한동안 이어졌지만 대단위 간척사업에 따라 농촌으로 바뀐 뒤로는 당제마

저 중단되었다. 어촌이 농촌으로 바뀌는 급격한 변화 속에서 주민 교체가 이루어지고 공동체의 성격이 바뀌면서 당제 전통도 단절된 사례라고 할 수 있다.

위도는 파시가 한창이던 일제 강점기까지는 당제와 더불어 별신제가 성대하게 펼쳐졌으나, 조기어장이 형성되지 않은 뒤로 어업 생산력이 축소되면서 별신제는 단절되고 당제의 활기도 줄어들었다. 조기잡이가 위축된 이후 김양식과 멸치어업 등으로 주력 어업이 바뀌었으며, 과거보다 어업문화의 활력이 축소되었다. 이처럼 예전보다 위축되었지만 민속신앙의 전승력은 어느 정도 유지되고 있다.

지금까지 살펴본 대로 경제적 기반의 변화가 마을굿 전승과 밀접한 상관성이 있음을 볼 수 있다. 그 양상이 일률적으로 규정되지 않는 데서 보듯이 경제적 기반의 변화가 굿 전승에 구체적이고 지대한 영향을 미치고 있음을 알 수 있었다. 관련 연구가 많지 않다는 점에서 새로운 연구 방향과 필요성을 환기해준다. 한편 이번 연구는 개괄적인 측면에 치우쳐 있다. 특히 대벌의 경우 긴 기간의 당제 수행 내력이 적힌 문서가 남아 있으므로 사례 분석을 체계적이고 구체적으로 수행할 필요가 있다. 과제로 남긴다.

제3장

옛 어촌의 생업 변화와 마을굿의 변모
– 시흥 새우개의 사례

1. 머리말

새우개(행정구역상으로는 경기도 시흥시 신현동 3통)는 급격한 변화를 겪고 있는 마을이다. 전통적으로 어업이 발달했지만 1934년에 염전이 개발되면서 갯벌이 사라졌으며, 1970년대 중반에 어업이 단절되고 1996년에는 염전도 폐쇄되었다. 또한 최근에는 외지에서 유입된 작은 공장들이 마을 곳곳에 자리 잡고 있으며 주민들의 전·출입도 빈번해서 빠른 속도로 마을 분위기가 변하고 있다. 마을 중앙 언덕의 오래된 당나무 두 그루와 당집, 그리고 마을 동·서편의 장승을 제외한다면 예스러운 면모는 찾기 힘들다. 예로부터 새우개[포리]는 경기도의 대표적인 어촌 중의 하나로 꼽혔으나[1] 지금은 바닷가에서 멀리 떨어진 마을이 되었고 폐염전의 흔적이 일부 남아 있는 것을 제외하고는 어촌의 정취가 완전히 사라졌다.

---

[1] 1977년도에 실시된 『한국민속종합조사』 경기도편에서, 화성군 발산리, 양평군 성덕리와 함께 시흥군 포리가 조사마을로 선정되었다. [조사경위]를 보면, '포리는 해안부락의 대표로 선정한 것'이라고 설명하고 있다.

새우개에서는 음력 정월과 7월에 지내는 당제가 전승되고 있다. 과거에는 대단히 성대했지만 지금은 약화된 채로 전승되고 있다. 부정기적으로 당제를 지내고 있는 요즘과는 달리, 20세기 중반까지는 일 년에 두 차례 당제를 모셨으며 정월에는 3일 동안 큰 규모의 도당굿을 펼쳤다고 한다. 그렇지만 지금은 당제뿐만 아니라 마을의 문화적 전통이 전반적으로 위축된 상태다. 공동체의 변화가 도당제의 전승현황에 그대로 반영돼 있음을 볼 수 있다. 도당제를 별도로 다루기보다 그 전승배경이나 환경 변화와 관련지어 볼 필요가 있음을 말해준다.

이 글에서는 새우개 도당제의 전승배경에 대해 살펴보고자 한다. 새우개 도당제[2]는 마을의 가장 큰 행사였을 뿐만 아니라 화랭이패가 관여하던 대표적인 도당굿 중의 하나로 간주되곤 했다.[3] 도당제가 잘 전승될 수 있었던 것은 그것을 뒷받침하는 풍부한 물적 배경이 있어서다. 생업, 특히 어업이 그 밑바탕에 깔려 있다. 어업과 도당제의 관련성에 대해서는 기존 연구에서도 언급한 바가 있다. 하지만 어업의 구체적인 양상에 대해서는 다루지 않았다. 여기서는 이런 점을 고려해 새우개 사람들의 생업활동에 대해 집중적으로 살펴보고자 한다. 그리고 생업과 마을 공동체의 성격을 두루 파악하고, 도당제의 특징과 어떻게 연결되는지 고찰하고자 한다.

새우개 마을에 대해서는 기존 연구가 많은 편이다. 본격적인 학술조사가 실시되었다는 점이 주목된다. 특히 정승모가 실시한 연구는 그 범위나 깊이에서 본보기로 삼을 만하다.

(가) 한국문화인류학회, 포1리(새우개) 학술조사(1977)

⇒ 문화재관리국, 『한국민속종합보고서』 경기도편, 1978.

(나) 정승모, 포리 학술조사(1978)

---

2 무당굿으로 실시되던 당제를 따로 구분할 때는 도당굿이라고 지칭하고 전체를 포괄할 때는 도당제 또는 당제라고 부르기로 한다.
3 장주근, 「무속」, 『한국민속종합조고서』 경기도편, 문화재관리국, 1978.

⇒ 정승모, 「의례에서 나타나는 의미의 상징적 표현과정에 관한 일연구」, 서울대 석사논문, 1980.

⇒ 정승모, 「마을공동체의 변화와 당제」, 『한국문화인류학』 13집, 한국문화인류학회, 1981.

(다) 시흥문화원, 『신현동지』, 1999.

위의 연구 성과를 적극적으로 수용할 필요가 있다. 전승환경이 급변하는 상황이고 도당굿의 전승이 단절되고 당고사마저도 부정기적으로 수행되고 있는 상태이므로 현지조사를 통해 얻을 수 있는 정보의 질이 떨어진다. 기존 자료의 중요성이 더 강조될 수밖에 없다. 이 글에서는 선행 연구를 두루 참고하되, 기존 연구에서 자세히 다루지 않았던 경제적 배경에 대해, 그리고 마을 공동체의 성격과 도당제의 상관성에 대해 살펴보고자 한다.

2. 새우개 사람들의 생업활동과 그 변화

새우개는, 시흥시 신현동의 유래가 되는 신현新峴의 우리말 표현이다. 마을 중앙 당집이 자리한 언덕이 그 고개라고 한다. 이것으로 볼 때 새우개가 조선후기 이후 옛 소래지역에서 중심을 이루던 마을 중 하나였음을 알 수 있다.[4] 가장 번성했던 1930년대에는 150여 호에 700명 이상의 주민이 살았다고 하며, 1970년대에도 120여 호의 규모를 유지했다. 그러나 1970년대 중반 이후 염업이 위축되고 해외나 인근 대도시로 젊은 노동력이 유출되면서 인구가 줄기 시작했으며 1990년대에 염전이 폐업하면서 인구가 더욱 줄어들었다. 2009년 현재는 110호 정도의 집이 있고, 173세대 376명의 인구가 세대명부에 기재돼 있다.[5] 하지만 등록된 숫자와 실제 거주자의 숫자는 일치

---

4   주혁, 「신고개면에서 신현동까지의 변천사」, 『신현동지』, 시흥문화원, 1999, 39쪽.

하지 않는다. 마을 일을 봤던 전 통장에 의하면 110호 중에 상당수는 외지인이 운영하는 공장이며, 실제 거주 세대는 60세대 이하인 것으로 파악된다.

새우개 일대의 지명은 옛문헌에 포촌리浦村里, 포리포浦里浦 등으로 나온다. 이름에서부터 어촌마을의 면모를 짐작할 수 있다. 1909년 인구조사에서 인천군 신현면의 호수 487호 중 어업호가 54호(11.1%)로 나타나는데, 대부분은 포리에 거주했던 것으로 본다. 또한 당시 인천부의 면별 어업호수를 보면 섬지역인 영종면·덕적면을 제외하고 육지부에서는 신현면의 어업 호수가 가장 많다. 포리의 어업 활동이 활발했음을 보여주는 자료라고 할 수 있다.[6] 그리고 1918년 지형도를 보면 포리浦里가 미산리米山里와 함께 인근에서 가장 큰 마을로 표기돼 있다. 미산리는 너른 들판을 낀 농촌이란 점과 관련 있을 것이고, 포리는 어업의 발달에 힘입어 마을 규모가 컸던 것으로 짐작된다.

한편 새우개는 본래부터 어업 위주의 마을이 아니었다. 마을 형성기에는 어업의 비중이 그리 높지 않은 반농반어의 형태였다고 한다. 또한 어업과 상관없이 대대로 농사만 짓고 살아온 사람들도 있으므로 한 가지만으로 얘기하기 어려운 부분이 있다. 예로부터 새우개 사람들은 직업에 따라 지역을 구분했는데, 농사짓는 사람들을 국동局洞 사람, 어업하는 사람들을 포동浦洞 사람으로 구분했다. 또한 신분적으로 우위에 있던 토반들이 국동에 거주하고 있어서 그것을 거주위치 및 신분의식과 연계해 윗마을, 아랫마을로 구분했다. 그리고 거주위치에 따라 서편마을, 동편마을로 구분했다. 이 중에서 동·서편 구분은 가장 나중에 생긴 것인데, 어업이 성행하고 지대가 낮은 바닷가 부근 동편에 주거지가 늘어나면서 서편·동편마을이란 구분이 생겨났다. 어업의 발달에 힘입어 마을 공간이 동쪽으로 확장돼왔음을 알 수 있다.

새우개 사람들의 생업 변화를 간략하게 도식화하면 다음과 같다.

---

5 〈2008년 새우개마을 결산보고 자료〉(2009.2.7). 한편 〈신현동 관내현황〉(2009.10.31)에는 207세대, 461명(남 253명, 여 208명)이 등록돼 있다.
6 양보경, 「경기만과 학미산이 풀어놓은 생활환경」, 『신현동지』, 시흥문화원, 1999, 52쪽.

<표 1> 새우개 사람들의 생업

	1934	1975	1996	2010
농업	━━━━━━━━━━━━━━━━━━━━━━━━━━━━━━━━━			
어업	━━━━━━━━━━━━━━━			
염업		━━━━━━━━━━━━━━━━		
가내공업				━━━━━

이 중에서 농업의 비중은 그리 높지 않으므로 가는 선으로 표시했다. 가내공업은 최근에 외지인들이 마을에 이주해서 운영하는 형태다. 주민들의 생업이라고 볼 수 없어서 농업과 마찬가지로 가는 선으로 표시했다. 도당제 전승과 직접적으로 관련된 생업활동을 자세히 살펴보기로 한다.

(1) 농업

농업은 새우개 사람들의 가장 오래된 생업 전통이다. 국동과 포동을 구분하던 때에는 국동 사람들은 대부분 농사를 지었다. 특히 L씨와 Y씨 집안은 너른 토지를 경작하기 위해 머슴을 두거나 포동 사람들에게 소작을 주면서 농사를 지었다. 20세기를 전후해 어업이 성행하면서 포동(동편) 사람들의 거주지가 확대되고 어촌으로서 면모를 갖춰갔지만, 그와 상관없이 몇몇은 대대로 농사를 지었으며, 어업을 주로 하던 동편사람들도 고기잡이를 하면서 소규모 농사를 병행하는 경우가 많았다. 1960~70년대에 어업이 쇠퇴하면서 어민들이 염전 노동자로 전환했을 때에도 염업을 하면서 틈틈이 소규모 농사를 짓기도 했다.

새우개의 농업은 예나 지금이나 그 규모로 볼 때 영세성을 띠고 있다. 토지가 충분하지 않기 때문이지만 어업과 염업을 중요시 여겨온 전통과도 관련이 있을 것이다. 하지만 농사를 주업으로 하지 않는 가구라도 소규모의 농사를 병행해온 점 역시 특징적이다. 2009년 현재 농가는 10호다. 농사의 규모는, 적게는 1천 200평의 논부터 많게는 만평 정도의 논을 경작한다. 하지만 다른 사람의 땅을 빌려 경작하는 경우도 있고, 다른 사람에게 임대해주는 경우도 있으므로 실제 농업 규모를 일괄적으로 말하기는 어렵다. 이외에 소규모의 경작지에서 농사를 짓는 사람들도 많이 있다.

(2) 어업

① 어업의 번성

새우개는 어촌으로 명성이 높았던 마을이다. 하지만 마을이 형성되던 초기에는 어업의 비중이 그리 높지 않았고 반농반어를 하던 마을이었다. 나중에 어업이 번창하여 어민의 호수가 증가하면서 어촌의 면모를 갖춰갔던 것으로 보인다. 새우개의 어업은 조선후기를 지나 일제 강점기에 가장 번성했던 것으로 전한다. 조선후기는 어업생산력의 증대와 어물의 상품화 등에 의해 어업이 확대되던 시기였다. 특히 19세기는 연안에 군집하여 회유하는 어류인 조기, 멸치 등과 갑각류인 새우가 많이 잡혀 염가로 팔림으로써 민중들에게 대중적으로 소비되었다. 이에 따라 자가소비를 하던 소규모의 어업에서 상업어업으로 전환함으로써 어업의 상품화가 본격화되었다.[7] 조선후기의 이런 변화에 따라 서해안의 여러 마을이 규모를 갖춘 어촌으로 성장해갔는데, 새우개 역시 주변 여건의 변화를 수용하면서 어촌의 면모를 갖춰갔던 것으로 보인다.

새우개의 어업은 갯벌 채취어업과 어선어업으로 나눌 수 있다. 정치定置 어로활동도 있었지만 지속적인 전통은 아니었던 것으로 보인다. 채취어업은 여자들이 갯벌에서 조개와 맛을 캐서 인근 농촌이나 도시에 가지고 나가 파는 방식으로 이루어졌다. 그 수입이 적지 않았다고 한다. 하지만 1930년대에 염전이 개발되면서 갯벌을 이용한 어업은 중단되었다. 주민들의 구술과 1930년도의 당제 문서를 보면 새우개의 주 어업은 조기와 새우 등을 잡는 어선어업이었던 것으로 보인다.

새우개는 어업의 번성에 힘입어 20세기 초에 마을 규모가 크게 확대되었다. 1936년에 포리 주민 150호(700~800여 명)가 수인선 소래철교 건설로 인해 선박 통행이 어렵게 되어 어민들의 생활에 타격을 입는다고 관계 당국에 진정했던 일이 있었는데, 당시

---

7 안정윤, 「해선망어업의 발달과 새우젓 생산」, 『민속학연구』 제14호, 국립민속박물관, 2004, 331~332쪽.

새우개가 상당히 큰 규모의 어촌이었음을 알 수 있다.

어업의 성행은 새우개 도당제의 중요한 물적 배경이 되었다. 그것을 보여주는 문서가 경오년(1930)에 기록된 「庚午正月初三日禱堂神祠時用下記」다. 이 자료는 당시 정월 도당굿을 할 때 수입과 지출 내역을 기록한 문서다. 이 문서에서는, 당시 도당굿에 포리 74호, 국동 8호가 참여했고 포리 거주자는 백미 1되와 1엔 40전씩을 추렴하고 국동 거주자는 70전씩을 추렴했음을 적고 있다. 그리고 별도로 더 많은 기금을 낸 명단이 나오는데 다름 아닌 어선을 갖고 있던 선주들의 기부 내역이다.

꽃지빈 六隻 每船二円二十錢式 꽃반一상式 회 大二介 小一介

기안해빈 二隻 每船九十七錢式 꽃반一상式 회 大二介 小해一介

곤장이빈 三隻 每船三十九錢式 꽃반一상式 회 大一介

어업이 새우개 도당제의 중요한 물적 배경이었음을 보여준다. 여기에 꽃지빈 6척, 기안해빈 2척, 곤장이빈 3척이 나오는데, 그 크기나 수입 규모에 따라 각각 2엔 20전과 97전 그리고 39전씩 차등해서 추렴했음을 밝히고 있다. 이 중에서 꽃지빈의 정체는 불확실한데, 그 표기만으로 본다면 '꽃게배'나 '곳배'를 연상할 수 있지만 정황으로 볼 때 중선일 가능성이 크다. 그리고 기안해빈는 궁선弓船을 지칭하며, 곤장이빈는 자하紫蝦 곧 곤쟁이를 잡던 새우잡이 배를 말한다.

위의 문서로 볼 때 1930년도에 새우개에는 세 종류의 어선이 있었던 것으로 보인다. 이 배들은 이전 시기부터 지속돼온 형태로 보이므로 새우개의 전통적인 어업으로 간주할 수 있다. 각 어선의 특징과 어로작업에 대해 간략하게 살펴보기로 한다.

가. 조기잡이와 중선

새우개 사람들은 연평어장으로 조기잡이 다니던 얘기나 만선 깃발을 나부끼며 들어오던 중선에 대한 기억을 각별하게 되새기곤 한다. 조기잡이와 중선을 특별한 전통으로 간주하고 있는 것이다. 1930년대 중반의 상황을 언급한 정승모의 글을 보면, "(염전이 만들어지던) 당시에도 어업이 활발하여 40명이 타는 한식 중선이 두 척 있었고, 조기 잡이 배가 12척, 된마가 2~3척, 새우잡이 배가 4척 있었다."⁸라고 말하고 있다. 또한 1950~60년대 새우개의 어선은 대개 중선이었으며 당시까지도 10여 척이 남아 있었다고 한다.⁹ 중선이 예부터 새우개의 주력 어선이었음을 알 수 있다. 위의 문서에 등재된 배 중에서 '꽃지비'의 기부액이 가장 많은 것은 주력 어선의 위상을 반영하는 것으로 볼 수 있다. 이것으로 볼 때 위 문서에 나오는 '꽃지비'가 곧 중선일 것이라고 추정하는 것이다.

중선은 조선후기 기록인 『임원십육지』에 어조망이란 이름으로 소개돼 있다.

> 漁條網 - 해양어구다. 海魚가 왕래하는 데는 時候가 있고 條路가 있다. 어부는 시후를 살펴 大船을 타고 投釣하여 조로에 세우고 船底에 漁網을 달아 이로써 어류를 잡으므로 어조망이라고 한다(어부들은 그 어선을 中船이라고 부르고, 어망을 중선망이라고 부르는데 무슨 뜻인지 모르겠다). 그 어망은 麻繩으로 만들었다.¹⁰

중선망은 자루 모양의 어망 2통을 어선의 양옆에 달고 어장에서 닻으로 어선을 고정시킨 뒤에, 망 입구를 벌려 조류를 따라 왕래하는 고기를 잡는 어구다. 간만의 차를 이용한 어법이어서 서해안 일대에서 널리 사용되었다.¹¹ 중선은 조기 이외에 민어나 새우 등을 잡기도 하지만 주 어종은 역시 조기였다. 새우를 잡기 위한 중선망은 조기

---

8 정승모, 「의례에서 나타나는 의미의 상징적 표현과정에 관한 일연구」, 서울대 석사논문, 1980, 57쪽. 한편 이 글에서 말하는 40명이 탔다는 배가 어떤 것인지, 조기잡이 배라고 따로 구분한 배가 무엇인지는 설명이 없어 알 수 없다.

9 김지형·주혁, 「만선의 깃발 단 배가 드나들던 포리, 그리고 '포리호사건'」, 『신현동지』, 시흥문화원, 1999, 411쪽.

10 『林園十六志』 권제37~40, 佃漁志(수우회, 『현대한국수산사』, 1987, 120~121쪽에서 재인용).

11 중선(中船)은 서해안의 대표적인 어선이었지만 지금은 사라지고 이름만 남아 있다. 일제 강점기에 전파된 어법 중에 안강망이 있는데, 전통적인 중선망과 원리가 비슷해서 폭넓게 수용되었다. 이런 까닭에 중선이란 말이 안강망과 결합되어 '중선배 안강망' 또는 '안강망 중선배'로 부르기도 했다. 1960년 대까지 남아 있던 중선배는 이후 개량 안강망이 나오면서 자취를 감추었다(이경엽, 「경기어로요의 존재양상」, 『경기향토민요』, 경기도국악당, 2007, 167쪽 참고).

어선보다 소규모이며, 이를 해선망醢船網이라고 불렀다.[12]

조기는 매년 봄 서해안에 들어오는 어종이므로 회유시기에 맞춰 주요 어장 중심으로 조기잡이가 이루어졌다. 전라도 칠산어장과 경기도 연평어장이 대표적인 조기어장으로 꼽혔다. 조기철이 되면 전국의 배들이 모여들었는데, 칠산 바다에서는 곡우사리에 연평바다에서는 소만사리에 가장 큰 어장이 형성되었다.

새우개 사람들의 조기잡이는 일종의 원정 어업이었다. 마을 주변이나 인근 연해가 아닌 황해도 연평도 일대가 주 어장이므로 장기간 출어할 수밖에 없었다. 조기잡이는 조수간만의 차를 이용해 이루어지므로 물때의 변화를 고려해 보름 단위로 조업한다. 그래서 한번 출어하면 짧게는 보름, 길게는 한두 달씩 어장과 그 주변 섬에 머물며 조업을 하다가 귀항하곤 했다. 새우개 조기잡이배의 출어 관행은 다음 기록에서 볼 수 있다.

> 출항시에는 식량·김치·고추장·된장·물을 반드시 챙겼다. 쌀 두 가마니가 보름 분량의 식량이었다. 조업 기간은 대부분 보름 단위로 이루어졌다. … 보름 이상 조업을 할 경우에는, 일단 보름간의 조업을 마친 후 인근 섬에 정박하여 쉰 후에 조업을 계속하였다. 쉬는 사이에는 물·반찬·술 등을 다시 준비하고, 그물에 갈을 먹이는 등 채비를 갖춘 후에 조업을 나갔다.[13]

일반적으로 경기만의 물때는 '8일 조금, 24일 조금'을 기준으로 삼아 물때를 헤아린다. 물이 센 일곱매에서 아홉매 사이를 사리라고 하고, 물의 이동이 별로 없는 열네매 무렵을 조금이라고 한다. 조기잡이는 조류의 흐름을 이용하기 때문에 사리를 끼고 조

---

12 중선은 주로 조기잡이를 했으나 새우잡이 용으로도 사용되었다. 새우잡이 해선망의 경우 아래에서 설명하는 곳배와 무관하지 않다. 그런 점에서 보면 '곳지빅'가 표기상 새우잡이 중선인 곳배를 지칭하는 것이 될 수도 있다. 하지만 곳배는 무동력선이고, 조기잡이를 하던 배도 아니므로 그것을 새우개의 주력 어선이라고 할 수는 없을 것 같다.

13 김지형·주혁, 앞의 글, 406쪽.

업하기 마련인데, 대개 두매를 전후해 출어한 후 열두물 무렵까지 어로작업을 하고 조금 무렵에 귀환하거나 근처 포구에 들어가 어구를 손질하며 다음 물때를 기다렸다. 이렇듯 조기잡이는 물때에 맞춰 보름 단위로 조업을 했다. 새우개의 중선배들도 이와 같은 보름 주기의 어로활동을 했던 것으로 보인다.

나. 새우잡이와 기안해빈

새우잡이는 조기잡이와 함께 서해안의 대표적인 어로활동 중의 하나다. 젓새우는 서해안의 생태환경과 밀접한 관련이 있다. 젓새우는 내만의 저질底質 뻘지역, 특히 조차가 심한 강 하구나 내만 지역에 살며, 계절에 따라 음력 3월, 5~6월, 8~9월에 연안으로 회유한다.[14] 서해안은 리아스식 해안과 사니식 뻘이 발달하고 조수간만의 차가 심해 젓새우의 최고 서식 환경으로 꼽힌다.

경기만 일대에서 새우를 잡던 어선은 곳배[명텅구리, 두루메기], 꽁당배, 궁선 등이 있었다. 새우개 어민들도 곳배나 꽁당배를 부렸을 가능성이 있다. 먼저, 곳배는 닻 역할을 하는 '고'에서 유래된 명칭이다. 곳배라는 이름은 배를 정박시키기 위해 닻 대신 '고'라고 부르는 돌을 닻망에 담아 바다 밑에 가라앉혀서 사용한 데서 비롯되었다. 그리고 스스로 항해하지 못하고 예인선의 도움을 받아 움직이므로 멍텅구리배라고 불리기도 한다. 또한 곳배의 암해 수해가 양옆으로 뻗어나와 그물을 매달고 있는 모습이 날개를 편 두루미의 형상과 비슷하다고 하여 '두루메기'란 이름으로 불리기도 한다. 꽁당배는 배 뒤꽁무니에 그물을 매단 암해와 수해를 설치한 데서 비롯된 명칭이다. 주어획물은 젓새우지만, 곤쟁이·황실이 등을 잡기도 한다. 두루메기보다 배 규모가 작고 이동하면서 조업을 한다는 점이 다르다.[15]

궁선弓船은 그 이름처럼 활 모양의 그물을 배 앞부분에 달고 다니는 배를 말한다. 궁선은 『임원경제지』에 차망扠網이란 이름으로 소개돼 있으며 속칭 '횃배'라고도 불렀

---

14 안정윤, 앞의 글, 339쪽.
15 이경엽, 「경기어로요의 존재양상」, 『경기향토민요』, 경기도국악당, 2007, 170쪽.

다. 문서에 나오는 홰비가 궁선의 별칭이라는 것을 알 수 있다. '기안'이란 '바다 안쪽'을 의미하는 것으로 보인다. 그러므로 '기안홰비'는 연안 가까이에서 조업하는 궁선을 말한다고 할 수 있다.

궁선은, 사다리꼴의 그물 후미에 자루모양의 낭망囊網이 달린 그물 2개를 연결하고, 이를 나무에 결합하고, 선두船頭에서 물속에 펼쳐두고 조류를 따라 물고기가 들어오면 그물을 들어올려 고기를 잡는 어구다. 궁선은 내만 일대의 조류의 흐름이 센 곳에서 조업하며, 새우나 조기새끼, 뱀장어 등이 어획 어종이다.[16]

1930년 도당굿 문서에 나오는 새우개의 홰배[궁선]는 두 척인데, 이들이 주로 잡던 어종은 젓새우였던 것으로 짐작된다. 새우개 인근의 바다는 갯벌이 발달한 내만內灣 해역이어서 젓새우가 서식하기 좋은 해양생태적 조건을 갖추고 있었으므로 자연스럽게 새우잡이가 발달했던 것으로 보인다. '기안홰비'라는 이름부터가 이 지역의 생태적 조건과 통한다는 것을 알 수 있다.

다. 새우잡이와 곤장이비

새우젓으로 가공되는 젓새우의 종류는 진하眞蝦(참새우), 백하白蝦(쌀새우), 세하細蝦, 자하紫蝦(곤쟁이) 등이 있다. 이 이름들은 생김새와 크기, 색깔들에 따라 작명된 것이다. 계절별로 어획 시기에 따라 춘젓, 오젓, 육젓, 추젓 등으로 불리기도 한다.

곤쟁이는 곧 자하를 말한다. 그러므로 1930년 도당굿 문서에 나오는 곤장이비는 자하를 잡는 배라는 것을 알 수 있다. 문헌에 보면 자하는 노하鹵蝦 또는 곤쟁이, 감동이, 권쟝이 등으로도 불린다. 곤쟁이의 학명은 Neomysis Japonica이며, 몸길이가 1cm 이하인 어린 젓새우와 비슷한 외관을 갖고 있는 바다새우의 일종이다. 일반 젓새우보다 더 가까운 연안에서 늦봄부터 초여름까지 잡으며 황해도·경기도·충남 등지의 해안에서 잡힌다. 엄밀하게 보면 곤쟁이는 생물학적으로 젓새우와 구분되지만 옛문헌에서 같은 범주의 것으로 인식하고 있고 오늘날에도 구분하지 않는다.[17]

---

16 수우회, 앞의 책, 147쪽.

곤쟁이는 새우개 앞바다에서 많이 서식했던 것으로 보인다. '포리호'의 선주였던 온용쇠 씨는 새우개의 대표적인 어민이라고 할 수 있는데, 그의 이력에 대한 설명 중에 "온씨는 1920년대 후반인 7~8세부터 갯고랑에서 곤쟁이를 잡으면서 어린시절을 보냈다."[18]라고 해서 곤쟁이에 관해 언급하고 있다. 이것을 보면 과거 새우개 사람들이 어린 시절 일상적으로 곤쟁이를 접했다는 것을 알 수 있다. 포리를 포함한 소래지역이 곤쟁이가 많이 잡히던 곳이고 이런 배경으로 곤장이배가 조업활동을 했던 것으로 짐작된다.

새우개의 어업이 성행했을 때 명성을 날리던 인물이 있는데 바로 엄주동 씨(1980년대 작고)다. 엄씨는 새우개의 어업사에서 빼놓을 수 없는 중요한 인물로 간주된다. 그는 선대로부터 토지를 물려받아 농사만을 짓던 전형적인 농부였으나 부친의 반대를 무릅쓰고 1920년대 중반부터 어업에 종사했다고 한다. 논밭을 팔아 배를 구입하고(당시 1500원) 출어비를 장만해서(700원) 선원 9명을 고용해 연평도에 가서 조기잡이를 했는데, 1년에 4000원의 순이익을 보고 이를 기반으로 해방 이전에 논 67만 평까지 구입할 정도로 재산을 모았다고 한다. 이렇게 성공적인 어업을 하면서 명성을 얻은 까닭에 1930년대 후반부터 수산물통제조압출장소장과 어업조합출장소장 등의 공무를 맡기도 했다고 한다.[19] 새우개의 어업이 성행했을 때의 단면을 보여주는 사례라고 할 수 있다.

② 어업의 쇠퇴

새우개의 어업은 1950년대에도 여전했다. 한국전쟁을 거치면서 약간 위축되기는 했지만 어업은 여전히 새우개의 경제를 좌우하는 생업이었다. 1950년대에 새우개에는 10여 척의 어선이 있었으며, 온용쇠, 유사봉, 강봉희, 김덕용, 허경덕 등 8~9명의 선주

---

17 안정윤, 앞의 글, 337쪽.
18 김지형·주혁, 앞의 글, 405쪽.
19 위의 글, 404쪽.

가 있었다고 한다. 당시의 배들은 크기가 30~60자 정도의 중선이었고, 한 배에 6~7명 정도가 승선해서 조업을 했다고 한다.[20] 배의 규모나 어업 형태가 이전 시기와 크게 다르지 않다는 것을 알 수 있다.

한편 1950년대 이후는 어선의 동력화가 이루어지던 시기였다. 그러므로 이전 시기와 비슷한 형태가 지속되고 있다는 것은 상대적으로 낙후돼 있다는 뜻이기도 하다. 이 무렵 새우개 사람들도 대응책을 모색했는데, 그것이 바로 동력선의 도입이었다. 1950년대 후반에 온용쇠 씨는 은행 융자를 받고 사채를 얻고 친척과 이웃 사람들에게 돈을 빌려 새 배를 건조했다. 그 배가 바로 '포리호'였다. 포리호 건조는 의욕적인 도전이었지만 다른 한편으로는 새우개 어업이 급속도로 위축되는 분기점이 되기도 했다. 당시 새우개의 가장 큰 배(길이 60자)였던 포리호는 제주도 부근까지 원정 어로를 다닐 만큼 활발하게 조업을 했다고 한다. 그러나 '포리호 사건'이 터진 이후 전혀 다른 상황에 처하게 되었다. 1960년도에 일어난 '포리호 사건'[21]은 큰 파장을 불러왔고 선주는 아무런 보상도 받지 못한 채로 파산했으며 그 여파가 새우개 어업의 쇠퇴를 불러왔다고 한다.

1960년대의 새우개 어업은 사양길에 접어들었지만 기존의 어업 방식은 그대로 유지되었다. 그리고 나름의 새로운 시도도 있었다. 1920~30년대에 포리 어업을 주도하던 엄주동 씨가 해방 이후에 어업에서 손을 뗐다가 1960년대 후반에 다시 어업에 투자를 했던 것이다. 하지만 큰 돈을 들여 동력선을 구입하고 조업에 나섰지만 손해만 보고 3년만에 철수했다고 한다. 이렇게 해서 포리의 어업은 1970년대 중반까지 소규모로 지속되다가 이후 완전히 소멸됐다.[22]

포리의 어업이 쇠퇴한 것은 '포리호 사건'과 같은 특별한 사건도 이유가 되겠지만

---

20 김지형·주혁, 앞의 글, 411쪽.
21 1960년 12월 6일에 목포 앞바다에서 간첩 김사배 일행이 포리호를 납치해서 월북하려던 사건이다. 포리호가 기관 고장이 나자 간첩들은 선원들을 다른 배에 태워 일본으로 건너갔으며, 바다에 버려진 배는 침몰했다고 한다. 이 사건은 사회적으로 큰 파장을 불러왔고, 연일 신문에 보도되었다. 『신현동지』 별책부록(시흥문화원, 1999) 참고.
22 김지형·주혁, 앞의 글, 415쪽.

전반적인 어업환경의 변화와 관련이 있다. 20세기 중반에 이르게 되면 어선의 대형화와 동력화가 빠르게 진행되고 있었다.[23] 동력선이 도입되고 어로수역이 확대되면서 기존의 정치定置 어구나 소형 무동력선은 열세에 처하게 되었다. 그리고 내만어업에서 연안 근해어업으로 재편되면서 어항의 기능이 만 입구 쪽으로 이동하는 추세였으므로,[24] 포리와 같이 물때에 따라 입출항에 제약을 받는 갯벌지역 내만 포구의 기능은 위축될 수밖에 없었다. 또한 남북이 분단되고 어장이 축소되면서 어로활동에 지장을 받았다. 특히 1960년대 이후, 서해 최대 어장인 경기북부지역 어장에 자유롭게 접근할 수 없게 되면서[25] 그 어려움이 더욱 가중되었다. 그래서 새로운 어로구역을 확보하기 위해 다른 지역 어선들과 경쟁해야 했다. 포리호가 제주도 해역까지 나섰던 것도 이런 이유에서다. 그리고 어선의 현대화와 나일론 그물의 보편화로 인해 어족 자원이 급감하는 상황에 처하게 되면서 소규모의 전통 어업은 급격하게 소멸되었다. 포리의 어업은 이와 같이 급변하는 어업환경 속에서 1970년대 중반에 완전히 단절되었다. 몇몇 어민들은 소래포구로 이주해서 생업을 이어가기도 하고, 염전 노동자로 전환하거나 다른 생업을 찾아 이주하면서 어업은 기억 속의 지식이 돼버렸다.

(3) 염업

염업은 어업과 함께 포리 사람들의 중요한 생활 기반이었다. 1934년에 착공해서 1936년에 완성된 소래염전은 1996년 폐업되기까지 포동과 방산동 일대 주민들의 삶의 터전이었다. 한때 '소래문화'의 표상으로까지 거론되던 소래염전의 성쇠는 포동만

---

23 1958년에 간행된 『경기도사』에 따르면 동력선이 1,137척, 무동력선이 986척으로 동력선의 비율이 무동력선에 앞서고 있었다. 국립민속박물관, 『어촌민속지』 경기·충남편, 1996, 41쪽.

24 김일기, 「곰소만의 어업과 어촌 연구」, 서울대학교 박사논문, 1988, 3~4쪽; 주강현, 「어업」, 『경기민속지』 개관편, 경기도박물관, 1994, 318쪽 참고.

25 1964년 설정된 북방어로한계선이 어장의 축소를 가져왔다. 어로허용선은, 어선이 불법으로 북한 해역을 왕래하는 사례가 잦아 국방부 요청에 따라 1964년 6월 24일 농림부가 농림부령으로 북위 38° 35′ 45″에 어로저지선(漁撈沮止線)이라는 명칭으로 처음 설정하였다. 1994년 1월부터는 어로허용선이란 이름을 사용하고 있다(네이버 백과사전). 이와 같은 어로허용선의 설정은 경기북부지역 어장의 상실과 축소를 불러옴으로써 어로환경을 크게 위축시켰다.

이 아니라 지역사회의 변동과 밀접한 관련이 있다. 소래염전의 성격이나 그 성쇠 과정에 대해서는 기존 연구를 참고할 수 있다.[26] 그 자료들을 참고해서 포리 사람들의 생업의 한 면모를 살펴보도록 한다.

1934년에 염전이 개발될 때에는 중국인 노동자들이 이주해서 활동했으며, 주민 중에는 소수만이 염전에 관여했다. 그러다가 1960년에 포리호 사건이 벌어진 후 어업이 위축되면서 주민들이 본격적으로 염전 일에 뛰어들었다. 당시 염전은 최고의 전성기를 구가하던 때여서 지역 경제에 끼친 영향이 지대했다고 한다.

천일염전은 저수지와 염전 내부와의 지반 높이에 따라 고지식高地式과 저지식低地式으로 구분하는데, 소래염전은 염전 내부가 저수지보다 높은 고지식이었다. 염전의 구성은 저수지, 제1증발지(6단 2열 12배미), 제2증발지(4단 4열 16배미), 결정지(4단)로 구분된다. 각각의 크기는 결정지로 갈수록 작아지는데, 이렇게 해야 수심을 균등하게 맞출 수 있다고 한다.

염전의 구성을 보면, 증발지로부터 결정지까지 한 세트의 면적이 5정보町步이며 이것이 하나의 부部가 되며 2개의 부를 1개 호戶라고 한다. 1979년에 정승모가 조사할 당시 소래염전에는 11개 호가 있었다. 여기에서 일하던 염부는 총 67명이었는데, 거주지별로 보면 포리 35명, 신촌 27명으로 두 마을이 압도적으로 많고, 그 외 방산리 1명, 걸뚝 4명이었다. 그런데 포리의 경우 대개 농사와 겸업하는 사람이 많았고, 신촌 거주자는 대부분 염업을 전업으로 하고 있었다. 이것은 포리 사람들이 이전부터 농사를 짓고 있었고, 신촌은 염전 개설 이후 만들어진 마을이라서 그런 기반을 갖고 있지 못했다는 차이를 말해준다. 이처럼 포리 사람들은 농업과 염업을 겸하는 경우가 많았지만 실질적으로는 염업의 비중이 컸다. 직급별 인원을 통해 그것을 알 수 있다.

---

26 한상복, 「산업기술」, 『한국민속종합보고서』 경기도편, 문화재관리국, 1978; 김보영, 「소래염전, 염전과 함께 한 사람들」, 『신현동지』, 시흥문화원, 1999.

<표 2> 마을별 염업 참여 인원(1979년)

직급 \ 마을	포리	신촌	방산리	걸뚝	계
반장	5	5	1		11
부반장	5	2		4	11
증발수	8	4			12
보조원	17	16			33
계	35	27	1	4	67

위의 표를 보면 포리 사람들의 염업 참여가 과반수를 상회한다는 것을 알 수 있다. 그만큼 염전이 중요한 생업 기반이었음을 알 수 있다. 포리 사람들이 염업에 본격적으로 참여한 것은 앞서 말한 대로 1960년대 들어서다. 당시까지는 어업의 비중이 높았는데, 포리호 사건이 터진 뒤로 경제적으로 위축된 어민들이 염전으로 모여들었다. 1965년 당시 소래염전의 소금 생산은 전국 염전의 1/4을 차지할 만큼 명성이 높았다. 염전의 활기가 넘치던 때였다.

소래염전은 1970년대 초까지 전성기를 구가하다가, 1970년대 중반 이후 약화되기 시작했다. 당시 해외 건설 경기 활성화로 노동력이 유출되고 새마을운동과 영농정책에 밀려 염업이 위축되었다. 또한 기계염이 생산되면서 노동집약적인 천일제염업의 경쟁력이 떨어지고, 전국적으로 과잉 생산되면서 염가 폭락을 불러왔다. 이런 상황 속에서 인근 군자염전은 1987년에 문을 닫았고, 뒤늦게까지 명맥을 유지하던 소래염전도 1996년에 폐쇄됐다.

이상에서 본 대로 염업은 포리 사람들의 생업활동에서 중요한 축을 담당했다. 특히 1960~70년대에는 이전 시기 어업이 제공하던 활력을 유지시켜주었다. 염업이 주민 생활에 끼친 영향이 지대했다는 것을 알 수 있다. 염업·어업과 관련된 주민들의 구술 속에서도 그것을 볼 수 있다. 마을에 구전되는 얘기 중에는 "소래면장을 하느니 포동구장을 하겠다.", "포리 사람들 주머니에 100원이 있다면, 신천리 사람 주머니에 10원이 있다.", "소금 한 되가 쌀 한 되다." 등이 있는데,[27] 염전과 어업이 번성하던 마을의 활기를 담고 있는 말이라고 할 수 있다. 이런 활력이 도당제 전승의 경제적 기반이었을 것이다.

3. 마을 공동체와 도당제의 관련성

1) 새우개 도당제에 나타난 어촌 마을굿의 특성

새우개 도당제는 음력 정월과 칠월에 매년 두 차례씩 정례적으로 연행되었다. 특히 정월 도당굿은 성대한 규모로 이름 높았다. 이와 같은 새우개 도당제는 어업을 통해 확보한 물적 배경을 토대로 활성화될 수 있었다. 그것을 단적으로 말해주는 사실은, 어업의 쇠퇴 시기와 도당굿의 단절 시기가 일치한다는 것이다. 도당제가 어업을 매개로 전승돼왔다는 것을 알 수 있다.

앞에서 보았듯이 새우개의 어업은 마을 경제를 좌우하는 생업이었다. 그리고 그것은 선주와 어민에게만 제한적으로 적용되지 않았다. 어업에 직접 종사하지 않은 이들도 배들이 마을에 들어오면 어물 운반에 필요한 품을 팔고, 새우젓통 제작과 판매 등을 할 수 있었다. 그러므로 풍어가 되면 이들에게도 혜택이 돌아갔다. 결국 풍어와 어로안전은 새우개 사람들 모두가 바라는 것이며, 이러한 바람이 당제를 통해 표출되는 것은 자연스러운 일이었다.[28] 당제가 새우개 사람들의 공동체적 요구를 수용하면서 마을의 특성에 적응된 형태로 전승되었음을 짐작할 수 있다.

새우개의 마을굿은 어업생산력을 토대로 해서 전승되었다. 특히 정월의 도당굿은 규모가 크고 비용이 많이 들어서 선주들의 지원이 필수적이었다. 도당굿을 열기 위해서는 화랭이패 20여 명과 단골무당 2~3명을 불러야 하고 굿에 필요한 제물들을 구입해야 하며 밤새 불을 밝힐 장작이 필요했다. 주민들이 내는 추렴은 의례 때 희생될

---

27 주혁, 「동담(洞談)을 통해본 동민의 삶」, 『신현동지』, 시흥문화원, 1999, 364~365쪽.
28 정승모, 「마을공동체의 변화와 당제」, 『한국문화인류학』 13집, 한국문화인류학회, 1981, 143쪽.

소를 사는데 주로 쓰이므로 굿에 필요한 경비는 배를 가지고 있는 집에서 두 몫의 추렴을 내게 되고, 큰 배를 부리는 선주들은 별도로 더 내게 해서 비용을 충당했다고 한다.[29] 도당굿은 어업이 잘 되게 해달라고 기원하는 데 목적이 있으므로 선주들의 부담이 큰 것은 당연하다고 할 수 있다. 게다가 선주들에게 있어서 도당굿은 선원들에게 술과 음식을 베풀면서 그들 간의 관계를 재정비하는 기능도 수행했으므로 각별한 의미가 있다. 그러므로 도당굿은 선주들의 지원이 없이는 연행되기 힘들었다.[30]

이런 까닭에 새우개 도당제에는 어촌 마을굿의 특성이 구조화되어 나타난다. 당집의 입지와 기능부터 어촌 마을 특유의 공간 구성과 관련을 맺고 있다. 바닷가 돌출된 언덕 위에 자리잡은 당나무와 당집은 바다를 접하며 살아온 새우개 사람들의 생업적 특징을 그대로 보여준다. 당나무와 당집은, 해안에 자리잡은 새우개 마을의 입지조건을 풍수적으로 비보하기 위해 설치되었다고 한다.[31] 그리고 도당제에서 모시는 임장군과 조장군, 소당아가씨 등은 주변 어촌 마을굿에서 모시는 신격과 비슷하다. 제당과 신격이 어촌지역의 일반적인 모습과 통한다는 것을 알 수 있다. 또한 당제 날자가 정초라는 점도 어촌 마을굿의 면모를 보여준다. 내륙에서 10월이나 정월 보름 등에 당제를 모시는 것과 달리 도서연안지역에서는 정초에 당제를 모시는 경우가 많은데, 새우개의 정초 당제도 이와 관련 있는 것으로 볼 수 있다.

새우개 도당굿의 진행 과정을 분석해보면 어촌 마을굿의 요소들을 더 쉽게 발견할 수 있을 것이다. 그 진행 절차를 당집[윗당]과 당마당[아랫당]으로 공간을 구분해서 정리해보기로 한다.[32]

---

29 1930년 도당굿 문서(「庚午正月初三日禱堂神祠時用下記」)를 보면, 배의 규모에 따라 추렴액과 꽃반 한 상, 화목 갯수 등이 기재돼 있다. "꽃지빈 六隻 每船二円二十錢式 꽃반一式式 해 大二介 小一介, 기안 해빈 二隻 每船九十七錢式 꽃반一式式 해 大二介 小해一介, 곤장이빈 三隻 每船三十九錢式 꽃반一式式 해 大一介"

30 정승모, 앞의 글, 1981, 144쪽.

31 새우개마을은 어촌적 기능상 주거공간이 해변 가까이 입지한 관계로 해수나 풍우로 인한 재해에 쉽게 노출되었으며, 이에 따라 거주지에 대한 공간적인 불안감을 해소하기 위해 비보풍수적인 장치를 마련했는데, 당집과 당나무, 장승 등은 그런 취지에서 조성된 마을 지킴이다. 최원석, 「풍수지리로 바라본 신현동」, 『신현동지』, 시흥문화원, 1999, 110쪽 참고.

〈표 3〉 새우개 도당굿의 진행과정

장소 (담당자)	당집(당주, 당화주)	당마당(무당, 화랭이)
진 행 과 정	① 조라치성 당주와 부인이 조라술을 담아와 새벽에 치성	
	② 피고사 24당에 사고지 입히고 예를 올림	① 부정치기
		② 장승·우물고사, 가가호호 순방 화랭이들이 두 패로 나뉘어 진행
	③ 메고사 당마당에서 굿하는 동안 제물을 차리고 메고사를 올림	③ 산바라기 – 공구리 – 제석굿 – 군웅굿 – 손굿 등 무녀의 굿 연행
	④ 우물고사, 장승고사 당화주 6명이 3명씩 나뉘어 우물고사 장승고사	*양푼띄기, 배치기 굿거리가 바뀔 때 풀어 축원, 선원들이 술과 음식 먹으며 놀이판 조성
	*당마당에 음식상 내림	*당에서 내려온 음식 음복
		④ 왕당대 올리기 도당할머니 할아버지를 받아 당에 오름
		⑤ 붕기 경주 당마당에 꽂아두었던 붕기를 들고 먼저 당에 오르 기 경쟁
	⑤ 12거리 굿, 왕당대 모시기 무당들이 굿을 하고 왕당대를 당집 안에 모셔둠	⑥ 꽹매고사 뒤풀이, 당마당 앞에 세워둔 허수아비를 태우며 액 막이
	*고기 분배 당주가 주비를 통해 추념을 낸 가구 수만큼 분배	
	⇒ **뱃고사 분배받은 고기를 받아 각 배에서 고사를 지냄	
	⇒ **가정고사 분배받은 고기를 갖고 각 집에서 고사를 지냄	

새우개 도당굿은 각기 다른 공간에서 진행된다. 언덕 위 당집(윗당)에서는 당주 주도

---

32   정승모, 앞의 글, 1980, 74~80쪽 참고.

로 고사를 지내며, 아랫당에서는 무당이 굿을 한다. 그리고 윗당에서 내려온 음식상을 아랫당에서 음복하고 왕당대 올리기를 한 후에 일행들이 모두 윗당으로 올라간다. 이때 배 선주와 선원들은 붕기를 앞세우고 풍어를 예축하기 위한 붕기 경주를 한다. 그리고 당에서 배분받은 제물을 갖고 각자의 배로 내려가서 뱃고사를 지내고 풍어를 축원한다.

아랫당에서 펼쳐진 무당굿은 〈부정〉부터 〈뒷전〉까지 10여개의 절차로 구성됐던 것으로 보인다. 1923년 도당제 문서의 지출 항목을 보면 각 절차에서 사용된 굿상과 돈이 기록돼 있어 일부 내용을 파악할 수 있다.[33] 그리고 1978에 발간된 『한국민속종합보고서』에 도당굿의 내용이 소개돼 있다. 하지만 이미 전승이 단절된 뒤에 조사된 것이어서 애매한 부분이 있다.

(가) 大正十二年陰正月初三日 당수시쇼용긔(1923)

부정, 시루고사, 양 장승, 양 우물, 쥬회ᄒᆡ시, 터즈비, 손굿, 공거리, 쥬효하시, 군웅굿, 고사, 쥬회ᄒᆡ시, 왕당, 뒤젼

---

33 당마당 부정칠셕 잔상二상 쳥슈一긔 지물一긔 북어一介 빅지一장
시루고사시에 걸견十錢 싱시루에 부바기 ᄒᆡᆺ발 ᄭᅩᆺ반 ᄒᆡᆷ상 술흔잔 북어一介 빅지一장
양쟝승에 잔상각ᄒᆡᆷ상 걸견각十錢 식
양우물에 각잔ᄒᆡᆷ상 걸견각十錢 식
쥬회ᄒᆡ시시에 공사면一통
터즈비에 고인 十一워지
손굿셰 걸견十錢 잔상ᄒᆡᆷ상 ᄭᅩᆺ반ᄒᆡᆷ상 쳥슈一긔 공사면一통 힝하一円
공거리에 걸견十錢 잔상ᄒᆡᆷ상 ᄭᅩᆺ반ᄒᆡᆷ상 사면一통 힝하一円
쥬효하시시에 공사면一통
군웅굿셰 잔상二상 빅목一척 셩닥一 말리 시루에불막기 사면一통 힝하二円
고사치十錢 ᄭᅩᆺ반一상에 술흔잔
쥬회ᄒᆡ시시에 공사면一통
왕당에 잔상二상 병쥬二병
뒤젼에 걸견十錢 잔상二상 힝하二円

(나) 한국민속종합조고서(1978)

① 부정 - ② 시루돋음 - ③ 돌돌이 - ④ 산바라기 - ⑤ 공구리 - ⑥ 제석굿 - ⑦ 군웅굿 -

⑧ 손굿 - ⑨ 양푼떼기 - ⑩ 뒷전 - ⑪ 왕당대 올리기

(가)의 절차 중에서 아랫당에서 이루어진 것은, 부정, 터즈비, 손굿, 공거리, 쥬효하식, 군웅굿, 고사, 왕당, 뒤젼 등을 들 수 있다. '쥬효ㅎ식'가 무엇인지 알 수 없으나 세 번이나 반복되고 있고 다른 항목처럼 제상이 나오지 않는 것으로 보아 '주효酒肴'인 것으로 보인다. 그러므로 굿의 절차는 아닌 것으로 여겨진다. 시루고수는 당주가 지내는 메고사인 것으로 보이며, 〈양 장승〉과 〈양 우물〉은 당화주가 지내는 장승고사와 우물고사를 지칭하는 것으로 보인다. (나)의 절차는 대부분 무당 일행에 의해 연행된 것으로 보인다. 이 절차들은 경기도 도당굿의 일반적인 연행내용과 크게 다르지 않다.[34] 두 자료에서 비슷한 절차는 ① 부정, ② 시루돋음, ③ 돌돌이, ⑤ 공구리, ⑦ 군웅굿, ⑧ 손굿, ⑩ 뒷전, ⑪ 왕당대 올리기다. 이것으로 볼 때 1920년대 연행된 자료와 후대의 자료가 유사하다고 할 수 있을 것이다.

한편 당마당에서 연행된 무당굿만으로는 새우개 도당굿의 특징을 따로 내세우기 어렵다. 실연된 자료가 아니고 자세한 내용을 알 수 없으므로 타 지역 자료와 비교할 근거가 없는 상태다. 그러므로 마을굿 전체를 검토해봐야 남다른 차이를 찾을 수 있다. 〈표 4〉를 통해 정리한 전체적인 구성을 놓고 봐야 새우개의 특징적인 면모가 드러난다. 그것을 보기 위해 다른 지역 마을굿과 대비해보기로 한다.

(다) 장말도당굿[35]

당주굿(당주집) - 거리부정(거리) - 안반고수레(아랫앞) - 부정굿(아랫당) - 도당모셔오기

---

34 〈표 4〉에서 정승모가 제시한 무당굿의 순서는 (나)와 거의 유사하다. 비슷한 시기에 조사된 자료를 공유한 것이 아닌가 짐작된다.

35 황루시 외, 『경기도도당굿』, 열화당, 1983, 96~107쪽.

(웃당 → 아랫당) - 돌돌이(장승, 우물) - 장문잡기(아랫당) - 시루말(아랫당) - 제석굿(아랫당) - 본양굿(아랫당) - 터벌림(아랫당) - 손굿(아랫당) - 군웅굿(아랫당) - 도당 모셔다 드리기 (아랫당 → 웃당) - 중굿 - 뒷전

(라) 강화도 외포리 곳창굿[36]

수살굿(마을 서쪽 입구) - 수살굿(마을 동쪽 갯가) - 우물굿(마을 우물) - 당으로 이동 - 초부정·초가망·장군대신굿(당) - 제석굿(당) - 선주굿·기내림굿(당앞마당) - 뱃고사(배) - 별상·대감굿(당) - 군웅굿(당앞마당) - 뒷전(당앞마당)

(마) 황도 풍기풍어제[37]

뱃기 이동(당주집으로, 선주) - 피고사(당, 당주·화주·무당) - 당오르기·부정풀이(당앞, 무당) - 12거리(당, 무당) - 당내리기[기내리기](당에서 마을로, 무당·선주) - 뱃고사[당맞이 고사](배, 무당) - 요왕제(선창, 선주 부인·선원 부인·무당) - 조각배 띄우기(선창, 선주 부인·선원 들)

(다)는 부천 장말에서 연행된 도당굿으로서, 화랭이패가 주도한다는 점에서 새우개와 비슷하다. (라)와 (마)는 서로 이름이 다르지만 어촌의 마을굿이라는 점에서 새우개와 통한다. 지역마다 세세한 부분에서는 차이가 있지만 유사한 점도 많다는 것을 볼 수 있다. 당에서 본격적인 의례가 실시되기 전에 돌돌이를 하거나 장승·우물에서 의례를 거행하고 있고, 말미에 뒷전을 하고 뒤풀이를 하는 것도 비슷하다. (다)의 경우 새우개와 연행 주체가 유사하고 도당굿이란 동일 이름을 사용하는 데서 보듯이 〈표 4〉의 새우개 도당굿과 비슷한 점이 많다. 그런데 전체적으로 보면, 새우개 도당굿은 (다)보다는 (라) 또는 (마)와 더 유사하다. 특히 당굿 직후에 뱃기와 관련된 절차

---

36 하주성, 『경기도의 굿』, 경기문화재단, 1999, 262~265쪽.
37 공주대박물관, 『황도붕기풍어제』, 1996, 142~164쪽.

가 마련돼 있고, 당에서 신을 받은 후 배로 이동해서 뱃고사를 모시는 과정 등은 상당히 유사하다는 것을 보게 된다. 뱃기를 모시고 노는 과정에는 반드시 배치기를 부르며 노는 과정이 포함돼 있는데, 이런 점 역시 세 지역이 공통적이다. 이처럼 새우개 도당굿이 (라), (마)와 전체적인 구성이 통하는 것은, 어촌 마을굿의 특성을 공유하고 있기 때문인 것으로 보인다.

새우개 도당굿의 전체 진행과정을 요약해보면 서해안에서 전승되는 어촌 마을굿의 일반적인 구조와 비슷하다는 것을 쉽게 알 수 있다. '도당제(굿) – 배치기 – 붕기 경주 – 뱃고사'의 진행은 어선어업이 발달한 어촌 마을굿 특유의 구성을 잘 보여준다. 새우개 도당굿이 배를 부려 고기잡이를 하던 마을에서 전승되던 굿이고, 풍성한 어업 생산력을 배경으로 성대하게 펼쳐지던 마을굿이라는 점을 확인할 수 있다. 당굿과 붕기 경주, 배치기, 뱃고사 등이 결합된 도당굿의 구성은 어업을 중시하는 주민들의 종교적 이해를 표출하기에 적절한 틀이므로 성대함을 유지하며 활기차게 전승되었을 것으로 추정된다. 이런 점은 경기도 내륙지역 도당굿과 새우개 도당굿의 차이라고 할 수 있다. 새우개 도당굿은 어촌지역 도당굿의 면모를 갖고 있다는 점이 특징이라고 할 수 있다.

2) 공동체의 변화와 도당제의 변모

마을굿은 특정 시점의 특정 상황과 고정적으로 연관되지는 않는다. 앞에서 새우개 도당굿에 담겨 있는 어촌 마을굿의 면모를 주목했지만 그것에 국한된 특성을 지니고 있는 것은 아니다. 새우개의 전체 역사로 본다면 어업은 단절된 생업 방식이다. 정확히 말하면 지금은 없는 과거의 기억이다. 그러므로 도당제를 어업과의 관계 속에서만 다룬다면 전체가 아닌 부분이 될 수 있고, 자칫 과거의 얘기에 그치게 될 수도 있다. 도당제는 마을 공동체의 변화 과정과 밀접하게 관련돼 있다. 이런 점에서 도당제는 마을 공동체의 역사와 주민들의 삶을 담고 있는 타임캡슐이며, 그것을 현재화하는 매개물이라고 할 수 있다. 도당제의 변모는 이런 점에서 자연스러운 현상이라고 할 수 있다. 공동체의 변화와 연계된 도당제의 전승맥락을 주목할 필요가 있다.

　새우개의 당집은 몇 번의 이동을 거쳤다고 한다. 본래 당집은 학미산에 위치했으나, 도중에 학미산과 현재 당집이 있는 잿복과의 중간 지점으로 옮겨졌고, 이어 현재의 위치로 이동했다고 한다. 현재의 자리로 옮기기 전에 서편에 위치했던 당집의 건축년도는 숭정崇禎 년대인 1860~70년경이라고 한다. 이것은 단기 4304년(1971)에 중수된 현 당집 상량문의 측면에 적힌 '崇禎 紀元後 四…'라는 기록을 통해 알 수 있다. 그리고 현재의 위치로 옮긴 것은 1910~20년경이라고 한다.[38] 이와 같은 당집의 이동 과정은 농업에서 어업으로 생업이 바뀐 내력과 연관이 있다. 그리고 어업이 성행하면서 주민들의 주거지가 동편 바닷가 쪽으로 확장돼온 과정과도 관련이 있다. 결국 당집이 몇 번의 이동을 거쳐 마을 중앙의 바닷가 언덕 쪽에 자리하게 된 것은 공동체의 경제적·생태적 변화와 연관 있음을 알 수 있다.

　신격의 변화와 확대도 마찬가지 맥락에서 해석할 수 있다. 본래 당집이 학미산에 자리했다는 데서 알 수 있듯이, 과거의 당제는 산신제의 성격을 지녔던 것으로 보인다. 건축년대로 본다면 산신을 모시고 당제를 올리던 기간이 상당히 길었음을 볼 수 있다. 대상신인 도당할머니·할아버지는 산신의 면모를 갖춘 존재라고 한다. 그런데 그 뒤로 도당할머니·할아버지 이외에 임경업 장군, 조장군 등을 모시게 되었고, 거기에 어부들이 배에서 모시는 소당아가씨를 합해 25신을 모시고 있다.[39] 해안 지역에서 많이 등장하는 신격들이 추가되었음을 알 수 있다. 이와 같은 신격 구성은 당집의 이동에서 본 것과 비슷하게 공동체의 변화를 수용한 결과라고 할 수 있다.

　새우개에서는 두 번의 당제를 지낸다. 음력 정월당사와 7월당사가 그것이다. 계절로 구분하여 '겨울당사'와 '여름당사'로 부르기도 한다. 일 년에 두 번의 제사를 모시는 것은 중복이라고 할 수도 있지만, 두 의례는 기능이 다르며 또 거기에 작용하는 계기나 목적도 차이가 있다. 정승모는, 7월당사가 정월당사와 특히 구별되는 점은 지신

38　정승모, 앞의 글, 1980, 59쪽.
39　정승모, 앞의 글, 1981, 143쪽.

地神을 위하는 우물고사의 비중이 크다는 데에 있다고 지적하면서, 그것이 어민생활보다는 농민생활에 더 가깝다고 풀이했다. 또한 국동 사람, 즉 농민들의 참여가 정월당사보다는 7월당사 때 더 활발했다는 점을 근거로 삼아, 어민 중심의 정월당사와 대비된다고 해석했다. 그리고 마을 전체를 놓고 볼 때 어민 중심의 정월당사를 보완하는 의례로서 7월당사의 존재 의의를 설명할 수 있다고 주장했다.[40] 이렇게 본다면 새우개의 두 당제는, 변화를 거친 뒤의 공존 과정을 보여주는 사례라고 해석할 수 있다. 어업이 성행하면서 기존의 정월당사를 대폭 확대했지만 그것으로 고착되지 않고, 대대로 유지해온 농업문화의 저력을 수용해 7월당사가 공존하게 된 것이라고 할 수 있다. 이와 같이 공존해온 까닭에 두 제사의 절차는 유사해졌으며, 주민들도 농민인가 어민인가에 따라 비중을 달리 해석하지 않았다고 말한다. 더욱이 지금은 어업이 완전히 단절된 상태이므로 생업별 당제의 대응은 아무런 의미가 없는 상태다. 이런 점에서 두 당제는 변화를 거친 뒤에 공존하고 있는 모습을 보여주는 것이라고 할 수 있다.

공동체의 변화는 도당제의 형식이 변모되는 요인이 되기도 했다. 앞에서 본 대로 당골네·화랭이패가 주도하던 도당굿이 중단된 것은 어업의 쇠퇴와 밀접한 관련이 있다. 1960년대까지도 마을에 굿이 나면 당골네[단골네]와 화랭이패가 와서 굿을 했다. 특히 도당굿을 하게 되면 큰 규모로 굿을 거창하게 진행했다.[41] 그런데 1970년대 들어 어업이 쇠퇴하면서 이들 당골네·화랭이패가 주도하던 도당굿이 중단되었다. 어업의 소멸과 도당굿의 단절 시기가 거의 같다는 사실을 통해 둘의 밀접한 연관성을 발견할 수 있다. 이와 같은 변화와 함께 도당제의 비용과 규모가 축소되고 절차도 간소화해

---

40 정승모, 앞의 글, 1980, 79~80쪽.
41 새우개에서 4㎞ 정도 떨어진 하중동 샘말에 살던 당골네가 새우개에 와서 굿을 했다고 한다. '곰보만신'이라고도 불린 이 무녀는 세습무였으며 세습무계 악사인 화랭이패와 어울려 굿을 했다고 한다. 새우개의 굿을 전담해서 맡았기 때문에 '동네 대동 당골'이라고 했다. "이 동네에서 굿을 하려면 그 사람이 와서 굿을 하고. 집집마다 굿을 한다고 하면 그 사람이 와서 했지 다른 사람이 오면 막 때려 부수고 그랬어요.……그 집은 대대로 무당이었어요. 어머니도 무당이었고, 며느리도 무당이었고. 전에는 젓대도 불고, 피리 불고 삼현육각이라고 해서 남자가 4명에다가 여자가 6명이었어요. 꽹깡, 피리, 젓대 불고 그랬어요." 2009년 9월 25일, 이영ㅇ(여, 66) 씨와 면담.

졌다. 무녀와 화랭이패가 주도하던 굿과 돌돌이가 사라지고, 그것을 전후해서 펼쳐지던 뱃기 경쟁과 배치기 등의 놀이판도 사라졌다. 그 대신 당주와 당화주가 주도하는 윗당의 제의와 우물고사·장승고사만이 남게 되었다. 축제로서의 성대한 분위기 대신 의례 중심의 행사 위주로 변모된 것이다.

한편 최근 들어서는 급격한 사회변화를 거치면서 문화적 전통이 위축되고 공동체적 결속력도 약해지고 있다. 이에 따라 도당제를 중단하는 현상도 생기고 있다. 새우개 도당제는 1970년대 이후로 몇 번 궐제를 했다가 이후 부활하고 또 중단했다가 다시 지내는 일이 반복되고 있다. 1970년대 후반에 당제가 중단된 직후 사우디에 근로자로 나간 청년들이 죽은 일이 있었는데, 그 사고와 당제 중단을 연결해서 이해하고 당제를 재개한 적이 있었다. 그리고 1992년 5월부터 2~3년 사이에 50대 후반의 남자 10여 명이 죽는 일이 발생하자 마을이 발칵 뒤집혔으며, 그 이유를 당제 중단에서 찾았다고 한다. 당제를 몇 년간 궐제했기 때문에 마을에 큰 사건이 벌어졌다고 해석하고 당제를 다시 모셨던 것이다. 그리고 2002년 이후에는 누군가 나서서 주도하는 사람이 없어 몇 번을 궐제했다.[42] 최근에 당제를 다시 지내자는 의견이 나와 2005년 정월당사와 7월당사, 2006년 2월당사를 지냈으나 이후로 지속되지 않고 거의 중단된 상태다.[43] 그리고 2018년에 12년만에 7월당사를 다시 지냈다. 이때 소임을 맡은 사람들이 우물과 장승 주변 청소를 하고 재래의 방식으로 제사를 모셨는데, 당주가 중단된 기간 동안의 사정을 아뢰고 공동체의 안녕을 축원하는 제문을 읽었다고 한다.[44]

이와 같이 최근에는 도당제가 중단과 부활을 반복하면서, 부정기적으로 전승되고

---

42 2009년 9월 25일, 이영○(여, 66) 씨와 면담. 이씨는 40년 전쯤에 어렵게 큰 딸을 낳게 되었는데, 그것이 도당할머니에게 공을 들인 결과라고 믿고 이후에 도당제 지내는 일에 적극 나섰으며, 도당제 경비를 걷고 준비하는 일을 도맡아서 할 정도로 주도적인 역할을 했다고 한다. 그런데 2002년에 아들이 사고사로 죽은 뒤로는 상심이 크고 도당할머니에 대한 믿음이 약해져 적극 나서지 않고 있다고 한다.

43 2007년에는 당시 통장이 부친상을 당한 상태였기 때문에, '도당제를 지낼 책임자가 부정 탄 것으로' 간주되어 당제가 취소되었다. 그리고 2009년 정월당사는 준비 부족으로 7월당사로 연기되었는데, 통장이 바뀌면서 당제를 지내지 않고 넘어갔다.

44 다음 카페 소래문학(http://cafe.daum.net/soraeliterature/)의 〈포동 새우개 당제를 지내다〉를 보면 12년만에 지낸 당제 사진과 상황들이 자세히 설명돼 있다.

있다. 과거와 같은 직접적인 계기가 작동하지 않기 때문이라고 할 수 있다. 또한 마을 공동체 성원들의 결집력이 예전과 같지 않기 때문이라고 할 수 있다. 실제 마을 환경이 급변하고 있고 마을 분위기도 많이 달라졌고 공동체적 유대감이 예전과 같지 않은 상태다. 전통적인 의미의 공동체는 이미 해체되었으며 주민들의 숫자가 줄고 외지에서 공장이 유입되고 주민들의 이주와 교대가 빈번하다 보니[45] 당제 전승에 어려움이 가중되고 있다고 할 수 있다.

한편 최근 당제의 전승이 예전과 같지 못한 상황에 처해 있지만 명맥만 잇고 있는 상태는 아니다. 요 근래 진행된 세 번의 당제에 주민들이 상당히 적극적으로 참여했다. 2005년 정월당사(음 2월 9일)에는 마을에 거주하는 주민 외에 외지에 나가 있는 사람들과 마을에 입주해 있는 공장업주들까지 참여했다. 문서에 나온 명단을 보면 158명 몫의 참여자가 기록돼 있다. 7월당사(음 7월 3일)에서는 91명 몫의 돈이 걷혔는데, 집과 차, 공장 등의 몫을 각각 따로 잡아 기금을 낸 사람도 있다. 그리고 2006년 당고사(음 2월 7일)에서는 동편 77호, 서편 35호가 참여했으며, 집과 차, 공장 등의 몫을 따로 구분해 낸 사람들도 많이 있다. 과거에 배를 부리던 선주들이 배 몫을 따로 냈던 전통이 이어지고 있다고 할 수 있다.

이것을 보면 도당제에 대한 관심과 참여도가 여전하다는 것을 볼 수 있다. 축제적 성대함은 덜하지만 마을굿의 면모를 유지하고 있다고 할 수 있다. 그러나 정례화되지 못한 채로 중단과 재개를 반복하는 데서 보듯이 새우개 도당제는 기로에 서 있는 상태다. 예전과 달리 도당제와 생업의 밀착도가 높지 않아 주민들의 전승의지가 강하지 않은 편이다. 누군가 주도하지 않으면 나서지 않으려 하고, 그것을 정상화시키려는 노력을 애써 하지 않고 있다. 급변하는 사회·문화적 변동 속에서 마을 공동체의 정

---

45 "배가 없어지고 또 염전이 없어지고 어민들도 없어지고 머 장사허든 술 같은 것 팔던 주점 같은 것도 없어지고 그러다 보니까 인구가 막 주는 거죠. 또 염전이 있다 보면은 사택도 있었는데, 염전을 관두다 보니까 사택도 다 개인 불하받게 되고. 또 공장지대는 비싸고 그러다 보니까 가내공업이 다 마을로 침투가 되다보니까, 가내공업 같은 소규모 중소기업들이 공장들이 들어오다 보니까, 세를 주고 월세 받고 아파트에 들어가 살고, 그러다 보니까 공장이 많고 그러니까 인구가 바짝바짝 주는 거죠, 해마다 두세 집씩은 공장짓고 나가고 이전하고"(2009년 11월 29일, 김선수 전 통장 면담).

체성이 흔들리고 있고, 도당제 전승을 주도하는 회의 조직과 시스템이 활성화되지 못한 상태이므로 앞으로의 전승을 낙관하기 어렵다. 도당제를 계승하기 위한 전승주체의 노력과 실천적인 논의가 필요한 단계라고 할 수 있다.

4. 맺음말

지금까지 옛어촌이었던 시흥 새우개의 마을굿 전승배경과 변화에 대해 살펴보았다. 특히 어업경제적 배경과 관련된 논의에 집중했다. 그리고 마을 공동체의 성격과 새우개 도당제의 특징에 대해 살펴보고, 공동체의 변화와 도당제의 관련성에 대해 고찰했다. 결론 삼아 요약하기로 한다.

새우개는 어업의 번성에 힘입어 20세기 초에 마을 규모가 크게 확대되었다. 1930년도의 도당제 문서를 보면 조기와 새우 등을 잡는 어선어업이 활성화돼 있었다. 어업의 성행은 새우개 도당제의 중요한 물적 배경이 되었다. 수십 명의 당골과 화랭이패를 불러와 성대하게 도당굿을 펼칠 수 있었던 배경에 바로 어업이 있었다. 이런 까닭에 새우개 도당굿에는 어촌 마을굿의 특징이 반영돼 있다.

새우개 도당굿의 전체 진행과정을 요약해보면 서해안에서 전승되는 어촌 마을굿의 일반적인 구조와 비슷하다는 것을 알 수 있다. '도당제·도당굿 – 배치기 – 붕기 경주 – 뱃고사'의 진행은 어선어업이 발달한 어촌 마을굿 특유의 구성을 보여준다. 새우개 도당굿이 배를 부려 고기잡이를 하던 마을에서 전승되던 굿이고, 풍성한 어업 생산력을 배경으로 성대하게 펼쳐지던 마을굿이라는 점을 확인할 수 있다. 이런 점은 경기도의 내륙 도당굿과 다른 차이라고 할 수 있다.

새우개 도당제에는 마을 공동체의 변화과정이 반영돼 있다. 새우개의 당집은 본래 학미산에 위치했으나, 도중에 학미산과 현재 당집이 있는 잿복과의 중간 지점으로 옮겨졌고, 이어 현재의 위치로 이동했다고 한다. 이것은 어업의 비중이 커지면서 마을이 확대돼온 과정과 관련 있다. 신격의 변화와 확대도 마찬가지 맥락에서 해석할 수 있다. 과거의 당제는 산신제의 성격을 지녔던 것으로 보인다. 그런데 나중에 어업의 비중이 커지면서 도당할머니·할아버지 이외에 임경업 장군, 조장군 등을 모시게 되었고, 거기에 어부들이 배에서 모시는 소당아가씨를 합해 25신을 모시고 있다. 이와 같은 도당제의 변모는 공동체의 경제적·생태적 변화를 수용한 결과라고 할 수 있다.

한편 도당제의 주요 물적 배경이었던 어업과 염업이 쇠퇴하면서 도당제도 급격히 약화되었다. 최근 들어서는 급격한 사회문화적 변화를 거치면서 도당제 전승이 위기를 맞고 있다. 요즘에는 중단과 부활을 반복하면서, 부정기적으로 전승되고 있다. 마을 환경이 급변하고 있고 공동체적 유대감이 예전과 같지 않은 상태이므로 전승에 어려움을 겪고 있다. 물론 도당제에 대한 주민들의 관심 자체가 사라진 것은 아니다. 기부하는 숫자로만 본다면 참여도는 낮지 않다. 그러나 정례화되지 못한 채로 중단과 재개를 반복하는 데서 보듯이 새우개 도당제는 기로에 서 있는 상태다. 예전과 달리 도당제와 생업의 밀착도가 높지 않아 주민들의 전승의지가 강하지 않은 편이다. 도당제 전승을 주도하는 자발적인 조직이 없는 상태이므로 앞으로의 계승을 낙관하기 어렵다. 하지만 2018년도에 12년만에 당제를 다시 지낸 데서 보듯이 주민들 스스로 전통을 현재화하고 그것을 계기로 새로운 모색을 꾀하고 있기도 하다. 이와 같은 움직임에 대해서도 관심을 기울일 필요가 있을 것이다.

제4장

어로의 의례적 재현과 어업 형태의 대응

1. 어로와 의례의 상관성을 살피는 이유

생업은 민속 전승의 핵심을 이루는 활동이다. 생업은 말 그대로 삶을 꾸려가기 위해 종사해온 인류의 오래되고 지속적인 활동이다. 인류는 생존을 위해 주어진 환경 속에서 자연의 여러 상태에 적응하고, 또 자연 조건을 극복하기 위해 새로운 기술을 도입하면서 삶을 변모시켜왔다. 그리고 그와 같은 적응과 대응 과정에는 종교적인 방식들이 포함돼 있다. 길흉吉凶에 따라 생존 문제가 극명하게 엇갈릴 수 있으므로 생업과 연관된 종교적인 대응은 보편적인 민속 현상으로 자리잡았다. 풍농 또는 풍어가 민속신앙의 가장 일반적이고 중요한 목적으로 제시되는 이유도 거기에 있을 것이다.

이 글에서는 어업 관련 종교예능을 중심으로 어로漁撈와 의례의 관련성에 대해 살펴보고자 한다. 어업의 경우 농경에 비해 자연 변화에 더 민감하게 적응하는 과정을 담고 있고 초자연적인 존재와의 관계 설정도 구체적인 편이다. 어업은 변화무쌍한 바다의 상태와 예측하기 어려운 기후 변화, 조류의 주기 등에 영향을 많이 받기 때문에 그것에 잘 적응해야 하는 생계양식이다. 이런 까닭에 어업문화에는 해양생태에 대한 섬세한 인지체계와 경험적·토착적인 전통지식이 풍부하게 담겨 있고, 초자연적인 존재에 대한 신앙 형태도 다양한 편이다. 지연과 생업 공동체 단위의 의례뿐만 아니라 여러 가지 형태의 가정(개인) 단위의 의례들이 다양하게 전승되는 이유도 여기서 찾을 수 있다.

어업 관련 제사예능 중에서 특히 무당굿을 주목해서 다루고자 한다. 우리나라 각 해역 어촌에는 여러 형태의 무당굿이 전승되고 있다. 이 무당굿에는 일반 의례에서 볼 수 없는 연행 행위와 과정들이 많이 담겨 있다. 또한 어업 및 어촌의 현장적인 맥락과 연계된 지역성이 잘 드러난다. 그러므로 어업 관련 무당굿은 이 글에서 다루고자 하는 의례와 어로의 상관성, 지역에 따른 비교 등을 수행하기에 적합한 대상이라고 할 수 있다.

어업 관련 무당굿은 지역에 따라 약간 다른 면모를 보여준다. 이 글의 주제를 염두에 놓고 볼 때, 제주도와 황해도의 무당굿에서 특징적인 양상을 발견할 수 있다. 이는 이 두 지역 무당굿에 연극성이 농후하다는 점과 무관하지 않을 것이다. 그리고 두 지역은 전승배경이 색다르기 때문에 그에 따른 의례 양식의 차이를 보여준다. 제주도와 황해도의 어업 관련 무당굿은 채취어업과 어선어업이란 서로 다른 전승기반을 갖고 있다. 그러므로 두 지역 자료를 통해 경제활동이 의례 전승의 배경으로 어떻게 작용하는지 구체적으로 살펴볼 수 있을 것이다. 여기서는 두 지역 사례를 통해 어업과 의례의 상관성에 대해 그리고 그 지역적 양상에 대해 자세히 살필 수 있을 것으로 기대한다. 이 글에서는 이런 점을 염두에 두고 두 지역 무당굿에서 나타나는 어로의 의례적 재현 양상을 비교하고자 한다.[1]

---

[1]　어업 형태로 볼 때, 제주도의 채취어로와 황해도의 어선어로가 특징적으로 대별된다. 여기서는 기존에 발표한 적 있는 「바다·삶·무속 : 어로의 의례적 재현과 의미화」(『한국무속학』 26, 한국무속학회, 2013)를 어업 형태별 대응 문제로 재구성하고 수정 보완했다.

2. 어업 의례의 전승현황과 지역별 대비

1) 어업 의례의 전승현황

어업 관련 제사예능은 여러 종류가 있다. 지역에 따라 명칭이 다르지만 '어선 및 어장 의례'와 '어촌 공동체 의례'로 대별해볼 수 있다.

〈표 1〉 '어업의례'의 전승 현황(무당굿은 ○표시)

구분	명칭	전승지역	무당굿
어선 및 어장 의례	뱃고사	전국	
	배연신굿	서해안	○
	용왕제(굿)	전국	○
	어장고사	서해안, 남해안	
	갱변고사	서남해안	
어촌 공동체 의례	갯제(개부르기, 굴 부르기 등)	서해안, 남해안	
	멜굿(그물코ㅅ)	제주도	○
	당제(굿)	전국	○
	용왕굿	전국	○
	영등굿	제주도	○
	잠수굿	제주도	○
	대동굿	서해안	○
	별신굿	동해안	○

일반 의례와 무당굿은 명칭에서 구분된다. '○○고사' 또는 '○○제'라는 이름은 무당이 참여하지 않고 주민들끼리 수행하는 것이고, '○○굿'이라고 이름 붙여진 것은 무당이 주재하는 의례를 지칭한다. 물론 당제의 경우 주민들이 제관을 맡는 사례와 무당이 사제가 되는 사례가 각기 있고, 또 경우에 따라 두 형태가 결합되기도 한다. 그러므로 구분 자체에 목적을 둘 필요는 없다.

어선 의례는 항해와 어로의 안전 및 풍어를 빌기 위한 것이다. 어선 의례는 대체로 개인 단위로 이루어지는 경우가 많고 지역에 따라 형태가 다양하다. 세시 절기에 맞춰 주로 명절에 지내지만 배를 새로 건조하거나 수리한 후 또는 첫 줄어시 그리고 먼 바다로 출어할 때, 고기가 잘 안 잡힐 때 등에도 지낸다. 무당을 불러 뱃고사를 지낼 경우 배연신굿이라고 따로 부른다. 지역에 따라서는 연신굿, 연신맞이 등으로도 부른다. 제주도의 연신맞이는 어선을 새로 짓거나 먼 바다로 출어할 때 지내는데, 특히 어선을 지었을 때는 선왕船王에 해당하는 도깨비, 곧 영감을 불러들여 놀리는 영감놀이 형식을 취하기도 한다.[2] 영감놀이는 이외에 병을 치료하는 '추는굿'이나 당굿 등에서도 연행된다.

어장 의례는 어구를 바다의 특정 지점에 고정적으로 설치하고 어로활동을 하면서 지낸다. 덤장, 주목망, 독살, 죽방렴 등 어구의 종류에 따라 그 의례도 세분된다. 이 의례들은 조수간만의 차이나 조류의 흐름을 이용해 적절한 자리에 정치 어구를 설치하고 물때에 맞춰 어로활동을 하는 어민들에 의해 서해안, 남해안 등지에서 주로 전승된다. 참봉 또는 도깨비에게 고기가 잘 들도록 빌고, 물때에 맞춰 지낸다는 점이 전국적으로 비슷하다. 대부분의 어장 의례가 주로 갯벌지역에서 전승되는 것이라면 갱변고사는 자연산 미역을 생산하는 갯바위지역에서 전승된다. 갱변고사는 '뜸'이라고 부르는 조별 공동체 단위로 지내는데, 의례와 생산조직 형태가 상관성이 있음을 보여준다. 용왕제는 이름 그대로 용왕에게 한 해의 풍어와 어로 안전을 비는 의례다. 바다에서 이루어지는 의례 대부분에 그 이름을 사용해도 될 만큼 많이 등장하는 의례다. 대개 개인 단위로 이루어지며 지역에 따라서는 무당을 불러 수행하는 경우도 있다.

어촌의 공동체 의례는 이름도 다양하고 그 수행 방식도 여러 가지가 있다. 크게 보면 두 가지로 대별되는데, 하나는 마을 제당과 무관하게 생산 의례적인 성격이 강한 의례이고, 다른 하나는 마을 제당에서 지내거나 그 연장선상에서 이루어지는 의례다. 하지만 엄밀하게 구분되지 않는 경우도 있으므로 나누는 데 초점을 맞출 필요는 없다.

갯제는 개[海]라는 이름에서 보듯이 바다와의 특정한 관계를 보여주는 의례다.[3] 지역에 따라 둑제, 득제, 수제, 유황제 등으로 불리고 있으며 그 전승 형태도 다양하다. 혹

---

2   강정식, 「제주도의 해양신앙」, 『도서문화』 27, 목포대 도서문화연구소, 2006.
3   이경엽, 「서남해의 갯제와 용왕신앙」, 『한국민속학』 39, 한국민속학회, 2004.

산군도와 완도 등 서남해지역에서 집중적으로 전승된다. 흑산군도에서는 정월 당제와 결합해서 지내기도 하고 별도로 여름에 지내기도 하며, 완도·장흥 등지에서는 김 양식을 시작하는 가을에 김 풍작을 기원하며 지낸다. 그리고 개부르기는 그 이름에서 보듯이 개[海] 곧, 해산물의 풍작을 비는 의례다. 마을 농악대가 '진서방(도깨비)'으로 설정한 주민과 연극적인 대화를 하고 해조류·패류 풍작, 풍어를 축원하는 방식으로 진행한다. 남해안 일부 지역에서는 고기부르기라고 하는데 그 진행 방식은 개부르기와 비슷하며, '물아래 김서방' 또는 용왕에게 조기·삼치 등을 많이 잡게 해달라고 축원하는 내용으로 돼 있다. 이와 같은 부르기 방식의 의례 형태는 충청도의 굴부르기와 조개제에서도 볼 수 있다. 굴부르기는, 바닷가가 내려다보이는 산 위에 제상을 차려 놓고 비손을 한 다음, 산 위에 있는 사람이 "굴아!"라고 부르면 산 아래에 있는 사람들이 "워이!"라고 대답하면서 굴이 몰려드는 시늉을 하며 산 위로 올라가는 행위를 반복한다. 조개제 역시 조개가 마을로 몰려들어오길 축원하고 그 상황을 흉내내는 방식으로 진행된다.[4] 이런 부르기류 의례들은 추자도나 홍도 등의 사례가 있긴 하지만, 대체로 갯벌 어로지역에서 주로 전승되며 해산물 풍작을 축원하고 그것을 모의적인 동작으로 반복하는 주술적인 기풍의례라는 점이 특징이다.

멜굿, 잠수굿, 영등굿은 모두 제주도에서 전승된다. 멜굿은 지인망 멸치잡이와 관련해 전승되던 의례이며 그물고사 또는 어장굿이라고도 한다. 멜굿은 그 목적으로 본다면 앞에서 본 어장 의례와 관련이 있지만 공동체 단위의 무속의례라는 점이 특징이다. 잠수굿과 영등굿은 한 해 바다 농사의 풍요와 어로 안전을 기원하는 의례다. 잠수굿은 잠수[海女]들이 주관하는 생업공동체의 굿이다. 영등굿은 2월 영등달에 지내는 당굿이다. 영등굿 역시 잠수와 어부들이 지내는 의례지만, 폭넓게 퍼져 어촌 이외에 중산간 마을에서도 전승된다.

마을 제당을 중심으로 이루어지는 당제는 지역에 따라 이름이 각각이다. 대동굿은 황해도 지역에서 주로 전승되며, 곳창굿은 경기도에서 많이 보인다. 그리고 별신굿은

---

4   해양수산부, 『한국의 해양문화』 서해해역 하, 2002, 493~495쪽.

동해안과 경남 남해안 일대에서 전승된다. 물론 별신굿은 내륙 일부지역에서도 나타나며 과거에는 서해안 남부에서도 전승되었다. 별신굿은 마을 제당과 무관하게 바닷가에서 지내는 것처럼 보이지만 당 제사의 연장선상에서 이루어진다. 당제(굿)는 마을 공동체에서 지내는 가장 규모가 큰 의례이다. 무당굿 형태가 아닌 일반 당제의 경우라도 성대한 축제 형식으로 펼쳐진다. 농악대가 풍물을 울리고 선주들이 뱃기를 들고 산 위의 제당에 올라가 당을 맞이하고 바닷가로 내려와 용왕제를 지내며 놀이판을 만들고 논다.

이상에서 살펴본 대로 어업 관련 제사예능의 종류가 많다는 것을 알 수 있다. 지역에 따른 이칭도 있지만 대부분 각기 다른 상황을 반영하고 있다. 어업 의례가 다양하게 분화돼 있는 것은 그만큼 바다를 무대로 살아온 삶이 간단치 않음을 말해준다. 어업 관련 제사예능은 험난한 바다 환경에 적응하는 과정에서 분화되고 확대돼온 것이라고 할 수 있다. 바다를 생업 터전으로 삼고 있는 사람들이 바다를 관장하는 초자연적인 존재와 원만한 관계를 유지하고자 개발해온 종교적 장치라고 할 수 있는 것이다.[5]

지금까지 어업 관련 제사예능을 개괄적으로 살펴보았다. 검토해 본 결과, 이 글에서 다루고자 하는 어로의 의례적 재현과 관련된 자료는 배연신굿·대동굿·잠수굿·영등굿·멜굿 등이라고 할 수 있다. 물론 이외의 자료에 연관된 부분이 없는 것은 아니다. 예를 들어 동해안 별신굿의 마지막 절차인 〈거리굿〉에서 어부나 해녀로 살다가 죽은 잡귀가 등장해서 자신의 존재를 보여주는 방식으로 어로 장면을 흉내내는 대목이 있다. 그러나 이것은 잡귀잡신 중에서 해당 직업군의 성격을 보여주기 위해 설정된 제한된 연출일 뿐, 이 글의 논지와는 약간 거리가 있다. 이렇게 볼 때 이 글에서 초점을 맞추고 있는 어업 관련 제사예능은 위에서 거론한 다섯 가지 정도로 간추려진다고 할 수 있다.

---

5   이경엽, 「서남해의 갯제와 용왕신앙」, 『한국민속학』 39, 한국민속학회, 2004, 207쪽.

2) 의례적 재현의 지역별 대비

앞 항에서 잠수굿・영등굿・멜굿・배연신굿・대동굿 등을 이 글의 주된 논의 대상으로 선정했다. 이 자료들을 보면 크게 두 가지 점이 눈에 띈다. 하나는 지역성이 분명하다는 것이다. 앞에서 거론한 잠수굿・영등굿・멜굿은 제주도에서 전승되며, 뒤의 두 가지 배연신굿・대동굿은 황해도 지역에서 전승된다. 전승지역이 특정돼 있음을 볼 수 있다. 그리고 제주도의 경우 잠수 어업과 주로 연관되고, 황해도는 어선어업과 관련이 있음을 알 수 있다. 이것으로 볼 때 어업 형태와 제사예능이 일정한 관련이 있고, 그에 따라 의례적 재현 역시 차이가 있을 것으로 짐작된다. 이런 점에 착안해서 어업과 의례의 상관성 및 의례적 재현[6]의 지역별 차이를 비교해 보기로 한다.

먼저 지역별로 어업과 의례가 일정하게 대응되는 것을 볼 수 있다. 잠수굿과 영등굿은 널리 알려진 대로 제주도 잠수들이 주관하는 굿이다. 한편 두 굿은 서로 구분되지만 해녀 채취물의 풍년을 비는 굿이라는 점에서 성격이 서로 통하고 굿 절차도 유사하며[7] 이 글에서 문제 삼는 어로의 재현 문제도 대동소이하다. 그리고 배연신굿과 대동굿은 황해도 일대에서 전승되는 굿이다. 배연신굿은 어선에서 하며 대동굿은 마을 공동체 단위에서 수행한다는 점에서 구분되지만, 둘 다 공통적으로 조기잡이 어선을 중심으로 어업 활동을 하던 전통과 관련돼 있다. 물론 황해도의 경우 주목망柱木網이나 어살 등 정치定置 어로활동도 있으므로 어선어업만으로 제한해서 대동굿의 전승을 설명할 수 없다. 공동체 의례를 어느 한 가지 어로와 특정해서 볼 수 없겠지만 가장 중추적인 물적 배경이 무엇인가를 놓고 본다면 황해도 대동굿을 어선 어로와 연결해도 크게 문제되지 않을 것으로 본다.

어업 형태와 의례의 대응은 잠수굿과 배연신굿만이 아니라 멜굿을 통해서도 확인할

6　'의례적 재현'은 포괄적인 의미의 재현이 아닌 구체적으로 행위화되는 연행 과정을 의미한다. 예를 들어 어떤 신격의 모습이 단순히 무가 사설에 언급되는 것을 두고 재현이라고 하지 않고, 그 신격이 동작으로 연출되거나 모의(模擬)되고 행위화되는 것을 의례적 재현이라고 말하는 것이다.

7　현용준, 『제주도 무속과 그 주변』, 집문당, 2002, 67~68쪽.

수 있다. 멜굿의 사례는 어업 형태별로 의례를 대응시키는 것이 나름대로 타당하다는 것을 보여준다. 멜굿(그물코ㅅ)은 매년 늦은 봄에 멸치 떼가 제주도 연안으로 몰려 들 무렵에 모래밭이 있는 해안 마을에서 지인망地引網으로 멸치잡이를 하던 전통과 관련 있다. 멜굿은 3·4월경 멸치 떼가 몰려들기 전에 멸치 어장인 바닷가 모래밭에서 거행한다. 그 구성을 보면 A.초감제 B.추물공연 C.석살림 D.액막음 E.영감놀이로 이루어져 있는데, 이 굿의 특징적인 부분은 다른 굿과 달리 신을 즐겁게 놀리는 석살림을 할 때, 그물을 들고 춤을 추는 '선왕풀이'를 하고 '천문'이란 무구巫具를 이용해서 멸치잡이의 흉풍을 판단하는 '쒜띄움'을 한다는 점이다. 선왕풀이란 그물의 부정을 씻고 멸치가 많이 잡게 하는 의례 행위인데, 임원들이 신을 즐겁게 놀리는 대목에서 그물을 들고 춤을 추며 "줌수기 쫓자 상어도 쫓자"고 하면서 그물을 풀어낸다.[8] 이와 같이 멜굿에서는 지인망이라는 어로 방식과 관련된 어로행위가 모의된다. 지금은 지인망 어업을 하지 않아서 멜굿 전승이 중단되었지만 어업 형태를 반영한 의례적 재현이 이루어졌음을 알 수 있다.

이상에서 살펴본 대로 채취어업의 전통이 뚜렷한 제주도의 잠수굿과 어선어업의 전통이 강한 황해도의 배연신굿·대동굿을 중심으로 논의하기로 한다.

〈표 2〉 지역별 대비

전승지역	의례명	어업형태	의례적 재현 양상		
			신격 재현	바다밭 재현	고기잡이 재현
제주도	잠수굿 영등굿	채취어업	요왕맞이, 용올림굿	씨드림, 씨점	
황해도	대동굿 배연신굿	어선어업	뱅인영감굿 소당제석		뱅인영감굿 영산할맘·영산할아뱜

〈표 2〉에서 분석한 대로 각 굿마다 해당되는 몇몇 절차들이 간추려진다. 영등굿의

---

8   현용준, 위의 책, 169쪽.

경우 잠수굿의 구성과 거의 유사하므로 따로 논의하지 않고 참고자료로 이용한다. 대상으로 선정한 제주도와 황해도 자료들을 분석해본 결과 의례적 재현 양상은, 어로신의 성격 재현, 바다밭 재현, 고기잡이 재현 등 세 가지로 간추려 진다. 다음 장에서는 이것을 토대로 지역별로 어로 재현이 어떻게 이루어지며 그 의미는 무엇인지 자세히 살펴보기로 한다.

3. 제주도 채취 어로의 의례적 재현

앞에서 본 대로 잠수굿에서 제주도의 전통적인 어로의 재현 양상이 두드러지게 나타난다. 잠수굿은 잠수(해녀)의 어로 안전과 해산물의 풍작을 빌기 위해 지내는 굿이다. 구좌읍 동김녕리의 잠수굿이 널리 알려져 있다. 이 마을 잠수굿은 음력 3월 8일에 바닷가에서 지낸다. 먼저 굿의 구성을 보기로 한다.[9]

A. 삼석울림

B. 초감제 : 베포 도업침 – 날과 국 섬김 – 열명 – 연유닦음 – 제총신도업 – 군문열림 – 분부 사룀 – 새두림 – 젯두리 앉혀 살려옴

C. 추물공연

D. 요왕세경본풀이

E. 요왕맞이 : 〈초감제〉, 〈요왕질침〉

F. 지드림

G. 씨드림 – 씨점

H. 서우젯소리

I. 액막이 : 요왕차사본풀이, 각산받음

---

9   강소전, 「제주도 잠수굿 연구」, 제주대대학원 석사논문, 2005, 40~41쪽.

J. 선왕풀이 - 배방선

K. 도진

‘삼석울림’(A)이란 굿의 시작을 알리는 연물(무악) 연주를 말한다. 이어 청신을 하고 축원을 올리는 초감제(B) 의례들이 진행된다. 먼저 우주 개벽과 지리 형성 과정을 노래하는 ‘베포 도업침’부터 굿 하는 장소와 날자를 설명하는 ‘날과 국 섬김’을 하고, 굿을 하는 사유를 알리는 ‘연유닦음’을 하고, ‘제총신도업’과 ‘군문(神宮門) 열림’을 통해 제신을 청하고 축원을 하는 초감제 절차들이 이어진다. 그리고 신에게 제물을 권하는 ‘추물공연’(C)과 용왕신을 청하고 모시는 절차(D,E)가 이어지고 바다에 헌식하는 ‘지드림’(F)을 하고 해산물의 번성을 비는 ‘씨드림’(G)을 하고 해녀들이 어우러져 ‘서우젯소리’(H)를 하며 논다. 이어서 액을 막고(I) 바다로 배를 띠워보내고(J) 신들을 돌려 보내는 절차(K) 순으로 굿이 마무리된다.

잠수굿에서 어업과 직접 관련된 연행이 이루어지는 절차는 E와 G다. 잠수굿은 크게 보면 오전에 이루어지는 초감제와 오후에 이루어지는 요왕맞이로 나눠진다. 그런데 초감제는 큰굿의 첫부분에 꼭 배치되는 공식적인 청신의례에 해당하며, 요왕맞이 이후의 절차가 잠수굿의 특징을 가장 잘 보여주는 과정이라고 할 수 있다. 요왕맞이에서는 용왕신의 출현이 모의적으로 연출되며, 씨드림·씨점에서는 바다밭이 재현된다. 그리고 신격 재현과 바다밭 재현은 서로 연결돼 있으며 맥락화 돼 있다. 그 내용을 좀 더 자세히 분석하기로 한다.

(1) 신격의 재현 양상

먼저 요왕맞이에서 이루어지는 신격 재현 양상을 보기로 한다. 요왕맞이는 이름 그대로 요왕(龍王)을 맞아들여 풍어와 무사고를 비는 절차다. 요왕맞이를 하게 되면 약 1m 가량의 푸른 잎이 달린 댓(竹)가지 8개를 제장 중앙에 두 줄로 꽂아 놓는다. 댓가지 아래에는 해초와 갯돌을 듬성듬성 줄지어 놓는다. 이렇게 만든 길이 용왕이 오가는 ‘요왕길’인데 해조류가 넘실대는 바다 속 풍경을 연상하게 한다. 심방(巫堂)은 요왕길 한

〈그림 1〉 동김녕의 잠수굿 – 오른편에 선 이가 심방이며 왼편에 앉은 이들은 해녀들이다.
〈그림 2〉 요왕맞이에서 바다 쪽으로 상을 차려놓고 요왕질침을 하는 장면

쪽에서 바다 쪽을 향해 서서 〈요왕질침〉을 한다. 질침이란 신이 오는 험한 길을 치워 닦는 것을 의미한다. 심방은, 무성한 해조류를 신칼로 베고, 자빠진 해조류를 작대기로 치우고, 길에 구르는 돌멩이를 치우고, 패인 땅을 발로 밟아 고르고, 울퉁불퉁한 길을 밀어 고르고, 물을 뿌려 먼지를 가라 앉히고, 젖은 데는 마른 띠를 깔고, 그 위에 요왕다리(긴 무명)를 까는 과정을 노래와 춤으로써 연극적으로 펼쳐낸다.[10] 질침을 하고 축원을 한 후에 요왕문을 여는데, 문을 연다는 것은 댓가지를 뽑아가는 것을 말한다. 맨 바깥쪽 문부터 해녀들을 대표하는 이 몇 명이 꿇어서 인정(돈)을 걸면 심방이 문여는 노래를 부르며 하나하나 열어간다. 용왕이 바다로부터 마을 쪽으로 오는 과정을 연극화해서 보이는 것이라고 할 수 있다.

용왕의 출현을 훨씬 더 구체적으로 표현하는 경우도 있다. 성산읍 신양리 잠수굿에서 연행하는 〈용올림굿〉에서 그것을 볼 수 있다. 용올림굿에서는 용이 바다에서 올라오는 장면이 연극적으로 연출된다. 매인심방이 천布으로 용의 모습을 꾸미는데, 긴 천

---

10   현용준, 앞의 책, 69~70쪽.

에 두 눈과 입 부분을 뚫어 얼굴에 대고 나머지 부분을 머리 뒤로 넘겨 묶고 길게 늘어트린다. 이렇게 꾸민 심방은 감상기를 들고 바다로 나가 용왕을 불러온다.

> 얼굴에 천 가면을 쓰고 용의 형상으로 꾸민 심방이 두 명의 소미와 함께 바닷물이 빠져나간 모래사장을 거쳐 바윗돌과 군데군데 물이 고인 해안을 지나 바닷물이 있는 곳까지 걸어간다. 5분 정도 걸어서 바닷가에 도착한 심방이 1~2분 정도 축원을 한 후에 마을 쪽으로 돌아온다. 소미 한 명이 대양을 두드리고 다른 한 명은 심방 뒤에서 긴 천을 추슬러 모아서 들고 심방을 뒤따른다. 모래사장에 이르자 심방이 엎드려 기기 시작한다. 심방은 천을 길게 늘어트리고 기어오다가 간혹 눕기도 하면서 천천히 이동한다. 앞에서 대양을 두드리던 소미가 모래밭에 놓인 돌이나 나뭇가지를 한쪽으로 치우기도 한다. 모래사장 끝에서는 잠수 20여 명이 그 광경을 지켜보고 있고, 대표 잠수가 바다에 앉아 치마를 펼치고 있다. 6분 정도 기어서 모래사장을 통과한 심방이 입에 물고 있던 여의주(천문과 상잔)를 대표 잠수의 치마폭에 뱉어낸다. 잠수들이 인정(돈)을 치마 위에 수북하게 쌓는다.[11]

위의 인용은 용올림굿에서 용이 바다에서 나와 마을로 기어오는 장면을 기술한 것이다. 이와 같이 심방은 용이 출현하는 장면을 연극적으로 연출한다. 심방은 얼굴에 가면을 만들어 쓰고 긴 천을 늘어트리고 있는데, 이는 용을 형상화한 것이다. 바다 쪽에서 기어온 용은 점구占具인 천문과 상잔을 입에 물었다가 대표 해녀의 치마폭에 뱉어내며, 곁에 있는 소미小巫들이 그것이 떨어진 모양을 보고 한 해 바다 농사의 풍흉을 점친다. 바다를 관장하는 용왕이 용의 모습으로 등장한 것이라고 할 수 있다. 그리고 용왕이 풍흉을 좌우하는 존재라는 것을 보여주고 있다. 이처럼 용올림굿에서는 용왕신의 출현과 그 역할을 의례적으로 재현하고 있다.

---

11 제주도 성산읍 신양리 잠수굿(2005.3.30, 음력2.21; 제주대학교 강소전 선생 제공) 영상을 보고 장면 진행을 서술했다.

<그림 3> 씨점을 하는 장면　　　　　　　　　　　　<그림 4> 씨드림을 하는 장면

(2) 바다밭의 재현 양상

요왕맞이 또는 용올림굿 이후에는 종이에 제물을 싸서 바다에 던지고 축원하는 '지드림'을 하고 이어 '씨드림'과 '씨점'을 한다. 씨드림이란 파종한다는 뜻이며, 해산물의 씨를 뿌려 번식하게 하는 절차다. 그리고 씨점은 흩뿌려진 씨를 보고 해산물의 풍흉 상태를 점치는 것이다. 씨드림을 하기 전에 잠수 두 명이 좁씨가 담긴 바구니를 어깨에 메고 나와 심방의 서우젯소리에 맞춰 노래를 부르고 춤을 춘다. 주변 잠수들도 동조해서 어울려 춤을 춘 다음 좁쌀 바구니를 맨 잠수 두 명이 바깥으로 뛰어나가 바닷가 곳곳을 달리면서 좁씨를 뿌린다. 이어 씨점을 한다. 이 장면은 잠수들의 작업 공간인 바다밭을 의례 속에서 재현하는 과정을 잘 보여준다.

제주도 사람들은 바닷가와 바다 속에도 밭이 있다고 여긴다. 바다밭은 환경 조건에 따라 갯곳(조간대 해안), 걸바다(바닷가에서 수심 20~40m까지 암반, 돌무더기, 모래가 갈린 바다), 걸굽(걸바다와 펄바다의 경계), 펄바다(걸바다에서 수심 100m 이상까지 펄이나 모래가 깔린 바다) 등으로 나눈다. 또한 미역이 많이 자라는 곳을 '메역밧', 구젱이가 많이 잡히는 곳을 '구젱이밧', 자리 어장을 '자리밧'이라고 한다. 그리고 바다밭에 대한 토착지식을 토대로 어로활동을 하는데 어부의 바다밭이 있고 잠수의 바다밭이 따로 있다고 하며, 같은 지점의 바다밭이라도 이름이 달라질 수 있고, 바다밭의 조건에 따라 어구와 어법이 달라진다.[12] 물론 다른 지역에도 바다밭의 존재는 있지만 제주도의 경우 토착지식적인 인지체계로 구체화돼 있다는 점이 남다르다고 할 수 있다.

　마을 앞 바다밭은 잠수들의 일터다. 씨드림에서는 이 바다밭에 미역·소라·전복·성게 등의 씨앗에 해당한다고 여기는 좁씨를 뿌려 풍작을 기원한다. 동김녕에서는 바닷가에 좁씨를 뿌리지만 지역에 따라서는 좁씨를 맨 여인들이 파도가 부서지는 바다 속에 아랫도리를 적셔 가며 들어가 군데군데 흩어져서 바다 속에 좁씨를 뿌려 넣기도 한다.[13] 그리고 제장으로 돌아와 돗자리 위에 남은 좁씨를 뿌리고, 심방은 돗자리를 보면서 씨점을 친다. 심방은 마을 앞 바다밭 곳곳의 이름을 대면서 각종 해산물의 상태를 설명한다. 이 순간 좁씨가 뿌려진 돗자리는 마을 바다밭으로 바뀌게 된다. 심방은 좁씨가 퍼져 있는 범위나 그 밀집密集 정도를 보고서 바다밭에 어떤 해산물이 풍족하고 흉한지 점을 친다.[14] 또한 어떤 방향의 물길이 어떻고 갑자기 사고가 날 수 있으니 조심해야 된다고 경계하기도 하고, 과거에 있었던 재난과 영혼들의 사연을 거론하기도 한다. 그리고 잠수들은 심방이 언급하지 않은 바다밭의 상태에 대해 묻기도 하고 심방의 답변을 듣고 다른 질문을 이어 가기도 한다. 씨점이 이루어지는 동안 잠수들은 집중해서 심방의 말을 경청한다. 씨점이 8~10분 정도 계속되는데도 시종 진지하게 진행되는 것을 볼 수 있다.[15] 씨점이 끝난 후에는 심방이 서우젯소리를 선창하고 잠수들이 일어서서 노래를 함께 부르고 춤을 추면서 놀이판을 이어간다. 씨드림·씨점을 할 때에는 잠수들이 심방의 연행에 직접적으로 참여하며, 이어 서우젯소리를 하면서 신명나는 놀이판을 조성한다. 필자가 현장에서 관찰한 바에 따르면 잠수굿에서 놀이적인 분위기가 가장 활기차고 극적으로 표출되는 상황이 바로 '씨점' 직후라는 것을 볼 수 있었다.[16] 이것은 의례 속에서 재현되는 바다밭과 풍어 기원에 대

12　고광민, 『제주도의 생산기술과 민속』, 대원사, 2004, 130~131쪽.
13　현용준, 앞의 책, 71쪽.
14　강소전, 앞의 논문, 56쪽.
15　제주도 구좌읍 동김녕 잠수굿(2008.4.13; 음력3.8) 영상(제주대 강소전 선생 제공).

한 잠수들의 관심사가 구체적으
로 표출되기 때문이라고 할 수
있다.

〈그림 5〉 씨점을 한 후에 해녀들이 서우젯소리를 하면서 노는 장면

이상에서 본 대로 잠수굿의
사례를 통해 채취 어로와 관련
된 신격의 등장과 바다밭의 재
현 과정을 살펴보았다. 바다 농
사의 풍흉을 좌우한다고 여기는
용왕의 출현을 연극적으로 연출
하고 바다밭을 실감나게 재현하
는 것을 볼 수 있다. 어떤 지역에서는 심방이 바다에서 물질하는 장면을 연출[17]하는
경우도 있으나 그것이 전통적인 것인지 확인하기 어렵다. 제주도 전역의 잠수굿 또는
영등굿을 본다면 바다신의 출현을 재현하고 바다밭을 재현하고 풍어를 비는 진행이
가장 일반적인 것으로 보여진다. 이와 같은 연극적인 진행을 통해 풍어에 대한 기대
감을 극대화하고 기정사실화하고 있음을 알 수 있다.

4. 황해도 어선 어로의 의례적 재현

황해도 대동굿과 배연신굿은 어업 활동과 관련된 의례들이다. 대동굿은 마을의 안

---

16 2009년 4월 3일 제주도 구좌읍 동김녕 잠수굿 현지조사.
17 남제주군 가파도 용왕제를 기록한 사진을 보면 만신이 긴 줄에 매달려 바다를 가로지르는 모습이 있다
    (古谷野, 「寫眞報告 加波島と龍王祭」, 『濟州島硏究』, 濟州島硏究會, 126쪽). 이 사진이 심방이 직접 바
    다에 들어가 풍어와 안전을 기원하는 장면이라고 하는데, 오래 전부터 하던 것인지 최근에 연출된 것
    인지 불확실하다.

녕과 풍요를 빌기 위해 매년 또는 이삼 년마다 지내는 굿이다. 육지와 바닷가의 굿이 조금 다르지만 마을 수호신을 청해 복을 빈다는 점은 같으며, 특히 바닷가와 섬지역의 대동굿에서는 조기잡이법을 알려준 것으로 전하는 임경업(1694~1646) 장군을 풍어의 신으로 특별하게 모신다. 분단 이후 월남한 만신들을 통해 바닷가의 대동굿이 전승되고 있으며, 인천을 비롯한 경기·충청 일대에서 풍어굿의 형태로 이어지고 있다. 그리고 배연신굿은 한 해 동안 고기를 많이 잡고 무사하기를 빌기 위해 배를 부리는 집에서 하는 뱃굿이다. 고기잡이가 시작되기 전인 정이월에 주로 연행한다. 대동굿과 마찬가지로 월남越南한 만신과 그 후예들에 의해 인천지역을 중심으로 전승되고 있다. 대동굿과 배연신굿의 절차를 보면 다음과 같다.

[거첨 대동굿[18]]
  1. 신청울림 2. 산맞이 3. 세경돌기 4. 상산맞이 5. 초부정 6. 초감응 7. 영정물림 8. 칠성·제석굿 9. 성주굿 10. 소대감굿 11. 군웅굿 12. 도산말명방아굿 13. 성수굿 14. 타살굿 15. 먼산장군굿 16. 뱃기내림 17. 대감굿 18. 세준이 외삼춘굿 19. 영산대감굿 20. 서낭굿 21. 조상굿 22. 벌대감굿 23. 마당굿 24. 뱅인염감굿 25. 강변용신굿

[옹진 배연신굿[19]]
  1. 신청울림 2. 당산맞이 3. 초부정, 초가웅 4. 영정물림 5. 소당제석 6. 먼산장군 7. 대감 8. 영산할맘 할아밤 9. 쑹거주는 굿 10. 다릿발 용신굿 11. 강변굿

대동굿과 배연신굿에서 주목하는 장면은 〈뱅인염감굿〉, 〈소당제석〉, 〈영산할맘 할아밤〉이다. 이 작품들을 통해 신격 재현과 고기잡이의 재현 양상을 볼 수 있다.

---

18 사단법인 한뜻계보존회, 「거첨대동굿 무가사설」, 『2006년도 학술대회 발표논문집』, 2006, 151쪽.
19 황루시, 「배연신굿 한판에 조기 그물이 출렁」, 『옹진배연신굿』, 열화당, 1986, 75쪽.

1) 신격의 재현 양상

모든 굿은 신을 전제로 해서 이루어지므로 청신 절차가 필수적이다. 신의 내력과 근본을 밝히고 신을 즐겁게 하기 위한 과정이 다양하게 펼쳐지는 것은, 신이 지닌 권능과 그 원천에 기대어 인간의 소원을 빌고 그것을 성취할 수 있다고 여기기 때문이다. 그래서 황해도 굿의 '만세받이'처럼 다른 지역 굿에서도 첫 부분에 청신 무가가 있는 것이라고 할 수 있다. 그런데 무가를 통해 신의 내력을 밝히는 것은 일반적이지만 연극적으로 보여주는 것은 많지 않다. 앞서 말한 임경업 장군의 경우 서해안의 어업신으로서 각별한 지위를 갖고 있는데, 그가 조기잡이 방법을 최초로 알려줘서 조기잡이 신이 되었다는 구전이 광범위하게 퍼져 있지만 그런 내력을 연극적으로 표현하는 경우는 없다. 제석신이나 산신처럼 굿에서 절대 빠지지 않은 주요 신들도 마찬가지다. 이런 점에서 〈뱅인염감굿〉, 〈소당제석〉의 경우처럼 신격의 유래나 역할을 연극적으로 재현하는 것은 예외적이면서 특별하다고 할 수 있다.

〈뱅인염감굿〉은 '황해도 거첨 대동굿'에서 연행된다. 김매물(여, 1939~) 만신과 그 일행들에 의해 인천, 경기도 등지에서 전승되고 있고, 무당굿놀이 방식으로 진행한다는 점이 특징이다. '뱅인영감'은 어부 출신이며 사후에 신으로 모셔졌다고 한다. 뱅인영감은 마을 수호신의 하나이며 풍어를 도와주는 신으로 여겨진다. 뱅인영감은 원래 고기잡이를 하던 어부였는데 고초를 겪다가 바다에서 죽게 되었다고 한다. 나중에 그가 타던 뗏목이 떠내려 와서 보니 지게·패랭이·지팡이·짚신만 있고 시신은 없었다고 한다. 그 뒤로 배를 부리고 어업을 하는 사람들이 이 뗏목의 임자를 위해서 대동굿에서 모시게 되었다고 한다. 그런데 대동굿을 할 때 그를 위해 굿을 하던 만신이 갑자기 언덕 아래로 구르기 시작했고 절벽 아래로 떨어질지도 모르는 위험한 상황에서 팽나무에 걸려 신기하게도 몸이 상하지 않았으며, 그 뒤로도 대동굿을 할 때마다 그것이 반복되었고 언덕에서 구르지 않으면 신검이 없는 만신으로 취급당했다고 한다. 그리고 이와 같이 뱅인영감굿을 하면서부터 고기가 잘 잡혔다고 한다.[20]

〈뱅인염감굿〉에서는 뱅인영감[21]과 그 굿의 내력이 연극적으로 재현된다. 굿의 진행

과정을 보기로 한다.

    A. 만세받이

    B. 신들림 : 바닥 뒹굴기, 제물 들고 보기, 허리를 굽혀 바다를 내려다보는 시늉하기

    C. 뱅인 영감의 좌정 내력 설명

    D. 가래질 소리 : 그물질, 가래질

    E. 배치기

〈뱅인영감굿〉은 내용이 길지 않고 복잡하지도 않다. 이 굿에서 특이한 부분은, 만신이 광목 바지저고리·두루마리 등 뱅인영감 복색으로 꾸미고 나와 굿에 얽힌 내력처럼 바닥을 뒹굴기도 하고 뱅인영감의 역할을 흉내낸다는 점이다. 굿에서 뱅인영감은 제물로 차려진 고기에 구멍을 뚫어 얼굴에 대기도 하고 떡이나 고기를 들었다가 내려놓기도 한다. 또한 허리를 굽혀 바다를 내려다 보는 시늉을 하고 순대를 갖고 그물 당기듯이 시늉을 하고 그물을 사리고 또 고기를 퍼올리는 동작을 한다.

여보게 동사님들, 황금빛이 나는 조기가 들었으니 상고선을 둘러대고 태질을 하여 퍼 실어
보게
(가래질소리)
헤이 낭창 가래로다 / 우리 유덕선이 다 잡아 넣는다 / 거첨 앞바다에 들은 조기는
뱅인영감이 다 잡아 실었네 …(중략)…
자아 한 배를 퍼 실었으니 이제는 조기를 팔러 한강 마포로 내려갑시다 …(중략)…

---

20 김용국, 「뱅인영감굿 무가사설분석」, 『2006년도 학술대회 발표논문집』, 황해도 한뜻계보존회, 2006, 73~74쪽.
21 '뱅인'의 뜻이 불분명하지만 김매물 만신의 설명으로는 '배를 타고 든 사람'의 의미로 풀이된다고 한다 (사단법인 한뜻계보존회, 「거첨대동굿 무가사설」, 206쪽). 만세받이 사설에 "채일 장군 따라 들은 뱅인 할아버지 모십니다"라는 표현이 나오는 것에서 보듯이, 뱅인영감은 거첨 당신(堂神)인 채일 장군의 하위 신격이라고 할 수 있다.

(배치기)[22]

위에 인용한 내용은, 뱅인영감 역할을 하는 만신이 고기를 잡는 동작을 흉내 내고 조기를 퍼 실으면서 가래질소리를 부르는 장면이다. 조기를 퍼 실은 후에는 조기를 팔러 과정을 설정하고 한강 마포로 내려가자고 한다. 그리고 풍어의 신 채일 장군[23]에게 장원을 축원하는 배치기를 하면서 놀게 된다. 이러한 진행은 조기잡이 과정을 모의한 것이라고 할 수 있다. 제의 현장에서 생산 과정을 재현하고 만선과 풍어를 기정사실화하는 유감주술적인 행위라고 할 수 있다. 한편 고기잡이를 모의한 것은 전체 중의 일부라고 할 수 있다. 전체적으로 보면 〈뱅인영감굿〉의 내력과 뱅인영감의 역할을 재현한 것이라고 할 수 있다. 그리고 그런 내력과 역할에 기대어 풍어를 축원하고 있는 것이라고 할 수 있다.

〈소당제석[24]굿〉은 배의 수호신을 모시는 절차이기 때문에 배연신굿에서 특별하게 여기는 굿이다. 굿의 진행 개요를 보기로 한다.[25]

    A. 만세받이

    B. 소당애기씨의 물품 들고 춤추기

    C. 물동이 타기

    D. 화장아이 불러 분단장하기

    E. 화장과 만신의 재담(화장의 시집살이 들어주기, 화장과 도사공의 화해)

    F. 장원 축원과 복떡 나누기

---

22 사단법인 한뜻계보존회, 「거첨대동굿 무가사설」, 210~211쪽.
23 황해도 강령의 거첨마을 당에 모셔진 신이며 어민들이 평안과 풍어를 비는 존재라고 한다. 역사적으로 어떤 존재인지 확인되지 않는다.
24 '소당제석' 채식(菜食)을 하는 제석신(帝釋神)을 이른다. 소당제석은, 산신제석, 용궁제석, 사해용왕제석을 달리 부르는 말이며, 육류나 비린 것을 금하고 채소만을 드시는 제석이어서 소(蔬)字가 들어갔고, 당은 상(上)을 의미한다고 한다(홍태한, 『한국의 무가』 6, 황해도무가, 민속원, 2006, 32쪽).
25 황루시, 앞의 글, 80~81쪽.

〈그림 6〉〈소당제석굿〉에서 화장아이에게 화장을 해주는 모습   〈그림 7〉 배연신굿의 〈소당제석굿〉에서 만신의 물동이 타기

이 굿에서 중심이 되는 신은 배를 지키는 소당애기씨다. 소당애기씨는 처녀신이어서 옷감이나 화장품 등을 좋아한다고 한다. 만신이 굿상에 놓인 소당애기씨의 물품을 들고 춤을 추는 것은 이런 이유에서다. 이어 물동이를 타고 용궁애기씨를 모셔 축원을 하고, 배에서 밥을 하고 부엌살림을 하는 화장아이를 부른다. 그리고 화장에게 분단장을 시키고 갖가지 재담을 한다. 화장아이를 여자처럼 분장시키는 것은 소당애기씨처럼 꾸미기 위한 것이라고 해석할 수 있다. 굿에서 소당애기씨를 모시는 방법은 다른 굿과 달리 매우 독특하다. 강신무가 굿을 할 때에는 무당이 각 굿거리의 신격이 되어 공수도 주고 인간과 대화를 나누는 것이 보편적이다. 그런데 소당애기씨의 경우는 예외적으로 무당이 아닌 배에서 부엌일을 담당하는 '화장'이 소당아기씨가 된다. 무당은 단지 화장에게 여자옷을 입히고 연지곤지를 찍어주는 등 소당애기씨로 분장시키는 역할만을 할 뿐이다.[26]

남자인 화장아이를 여장시킨 것은 여신인 소당애기씨의 존재를 연극적으로 형상화하기 위해서라고 할 수 있다. 배에서 화장이 중요하므로 대접하는 것이고, 배 안에서

---

26   황루시, 앞의 글, 87쪽.

함께 일하는 선원들의 화해를 도모하는 것이 중요하다는 메시지를 전달하기 위한 것이라면 군이 화장에게 여자 옷을 입히고 치장할 이유가 없을 것 같다. 젊은 남자인 화장을 소당아기씨로 분장시키는 것은 그 과정 자체가 남녀의 결합을 의미하므로 결국 처녀신인 소당아기씨를 즐겁게 하려는 의도가 내재되어 있는 것이라고 할 수 있다.[27] 이런 점에서 소당제석굿은 배의 수호신을 즐겁게 함으로써 어로 안전과 풍어를 빌기 위한 주술적 목적이 의례적으로 재현된 것이라고 할 수 있다. 또한 배는 그 자체로 하나의 소우주이므로 선원들끼리의 화합이 중요하다는 것을 일깨운다는 의미도 담겨 있다. 인간사의 갈등을 중재하는 것이므로 주술적인 처방 대신에 구성원들이 화합해야 배의 안전을 도모할 수 있다는 의미를 연극화한 것이라고도 할 수 있다.

지금까지 〈뱅인영감〉과 〈소당제석〉을 중심으로 어업과 관련된 신격의 모습이나 역할이 연극적으로 재현되는 것을 살펴보았다. 〈뱅인영감〉은 굿의 내력과 신의 역할을 재현하고 〈소당제석〉은 신을 즐겁게 하기 위해 화장을 분장시키는 방법으로 재현하는 것을 볼 수 있었다.

2) 고기잡이의 재현 양상

〈영산할맘 할아밤〉을 중심으로 고기잡이가 재현되는 것을 보기로 한다. 〈영산할맘 할아밤〉은 '영산'을 모시고 풍어를 축원하는 굿이다. 일반 굿과 달리 머리에 광대(탈)를 착용하고, 오랫동안 헤어져 있던 할멈과 영감이 굿판에서 상봉을 하고 티격태격 이야기를 펼쳐가는 내용이 탈춤과 비슷하다는 점이 주목을 받아왔다. 굿의 얼개를 간추려 보면 다음과 같다.

    A. 만세받이

    B. 영산할맘이 할아밤 찾기

---

27 황루시, 위의 글, 87쪽.

C. 영산할아뱜이 할맘 찾기

D. 영산할맘·할아뱜의 상봉과 업고 놀기

E. 살아온 내력 묻고 자식들 행방 찾기

F. 막내아들(개똥이)과 상봉하고 어울려 놀기

G. 고기잡이 하기 : 노젓기, 그물 내리기, 고기 퍼 올리기, 고기 퍼 실기

H. 배치기

이 굿에서 전쟁 통에 헤어진 부부가 굿판에서 상봉하고 재담을 나누며 어울려 노는 장면은 봉산탈춤의 내용과도 흡사하고 동해안 탈굿과도 통하며, 마을굿에 등장하는 남녀 서낭신의 결합이라는 의미와도 관련이 있다. 여러 군데에서 보이는 유사한 부분을 연계시켜 해명하고 더불어 〈영산할맘 할아뱜굿〉의 굿놀이적인 특징을 포착하는 게 과제라고 할 수 있다. 이 굿에 나오는 할멈과 영감이 '영산'이란 점이 특이하다. 한국의 공연예술에서 영산의 용례는 불교음악의 하나인 영산회상靈山會上, 농악에 나오는 영산가락, 판소리 단가의 다른 이름인 영산 등 여러 가지가 있는데, 〈영산할맘 할아뱜굿〉에 등장하는 영산은 사람이 죽어서 된 혼신을 지칭한다. 영산은 잡귀잡신의 범주에 속하지만 이들을 제대로 달래지 않으면 인간에게 해를 미친다고 보기 때문에, 특히 바다와 관련된 배연신굿, 대동굿에서 각별하게 대한다.[28] 〈영산할맘 할아뱜굿〉에서는 이 영산을 오랫동안 헤어졌다가 재회하는 부부로 설정하고 그 부부가 재회한 아들과 함께 그 아들의 미래를 위해 고기잡이를 하고 풍어를 축원하는 것으로 그려내고 있다. 영산은 바닷일을 하다가 죽거나 물에 빠져 죽은 잡귀잡신이지만, 어로의 안전과 풍흉에 영향을 미치는 존재라고 여긴다. 그러므로 영산을 달래서 재앙의 근원을 소거하는 것이 풍어를 얻는 길이기도 하다. 달래는 방법은 풀어주는 것이다. 〈뒷전〉이나 〈중천멕이〉에서 잡귀잡신들이 스스로 자신들의 처지를 발화하게 하고 화해하는 방식으로 원한을 풀어주듯이, 〈영산할맘 할아뱜굿〉은 그것을 연극적인 설정으로 표현

---

28 김은희, 「황해도 굿놀이 연구」, 고려대대학원 박사학위논문, 2010, 64쪽.

〈그림 8〉 〈영산할맘 할아밤〉에서 헤어진 가족이 상봉하는 장면 〈그림 9〉 〈영산할맘 할아밤〉에서 고기 퍼올리는 장면

하는 것이라고 할 수 있다. 헤어졌다가 재회하고 맺혀 있는 사연을 풀고 나서는 원한 대신에 풍요를 제공하는 존재로서 역할을 수행하도록 구성한 것이라고 할 수 있다.

〈영산할맘 할아밤굿〉에서 주목되는 것은 고기잡이를 재현하는 부분이다. 다른 굿에서 볼 수 없는 이 굿의 특별함은 어업 과정이 실감나게 표현되고 있다는 점이다. 굿 속에서 영산할멈의 역할은 만신이 담당하고 영산할아범은 배의 연장자인 영좌가 맡고, 아들 역할은 화장인 개똥이가 맡는데, 극 내용상으로 이들은 헤어졌다가 재회하는 가족이지만 실제로는 만신과 배에서 중요한 역할을 담당하는 존재이다. 김은희가 적절하게 지적했듯이, 이 굿의 특징은 영좌·화장과 같은 어업에 종사하는 인물들이 실제 굿놀이에 참여하고 있고, 굿과 극적 공간으로서 배가 주요하게 활용되고,[29] 고기잡이할 때 불리는 민요가 그대로 사용되고 있다는 점 등을 들 수 있다. 요컨대 뱃일과 고기잡이 과정이 모의 주술적으로 잘 표현되고 있다는 것이다.

영감 : 너도 중선배 마련하고 이 집 사위되니 우리 이 배에 고기나 잔뜩 퍼 실어주자. (세

---

29 김은희, 앞의 논문, 141쪽.

사람이 동시에 일어서 배를 닦는 시늉, 줄을 답아 당겨 닻을 감는 시늉을 하고 망깨를 돌리

며) 할맘이 이쪽으로 가야 배질을 잘 하겠다고 했으니 나 하라는 대로 하시오. 이물을 잘

보고 고물도 잘 보아 키에 이상이 없도록 잘해 봅시다. …(중략)…

(쟁기도 내고 모든 시늉을 한다. 동사들은 방장문을 다 열고 사이다간 뒤지간 이물간 허릿

간 다들 열어놓고 고기 퍼실은 테에다 무명으로 줄을 맨다. 양편에서 떡을 솔방울만큼씩 뜯

어 테를 바닷물 속에 고기를 푸는 식으로 떡을 담아 방장 안에 담는다.)

만신 : 조기 뿔따귀가 났떴으니 테질합시다.

〈술비소리〉

〈배치기〉[30]

위에 인용한 부분은 영산할맘과 할아밤이 아들 개똥이의 미래를 위해 '이 배에 고

기나 잔뜩 퍼 실어주기' 위해 고기잡이를 모의하는 장면이다. 여기서는 실제 출어부

터 시작해서 고기 잡는 단계에 맞춰 각 과정이 순차적으로 연출된다. 영산할맘과 할

아밤은 배 닦기, 닻 감기, 노젓기, 이물 고물 살피기, 닻 내리기, 쟁기 내기(그물 내리기),

그물 올리기, 고기 퍼올리기 등의 과정을 동작으로 표현하고, 각 과정에서 실제로 뱃

일할 때 불리는 노래들을 부른다.[31] 또한 고기를 퍼 담을 때에는 배의 창고에 해당하

는 사이다간, 뒤지간, 이물간, 허릿간을 등을 실제로 열어놓고 마치 진짜 고기를 퍼

담듯이 연출한다. 제의 공간에서 고기잡이 과정을 의례적으로 실감나게 재현하고 있

음을 보여준다.

---

30 김금화, 『김금화의 무가집』, 250~251쪽.
31 노젓는 소리, 그물 내리는 소리, 고기 퍼올리는 소리, 배치기, 고기 퍼실는 소리 등이 불려진다(홍태한,
    『한국의 무가』 6, 황해도무가, 민속원, 2006, 55~60쪽).

고기잡이를 재현한 후에는 흥겨운 놀이판이 펼쳐진다. 의례적 재현은 우선적으로 모의주술을 통한 풍어 기원이라는 굿놀이의 기능과 관련 있지만, 그것에 그치지 않고 굿을 통해서 기대하는 바를 입체적으로 수용해서 의례 공동체 내에서 공유하게 된다. 재현 뒤에 빠지지 않고 등장하는 놀이에서 그것을 볼 수 있다. 황해도 굿에서 놀이판의 분위기를 잘 보여주는 것이 배치기

〈그림 10〉 배연신굿 중에 배치기소리를 하면서 흥겹게 노는 모습

다. 배치기는 풍어에 대한 축원과 기대 그리고 만선의 기쁨을 표출하는 노래이자 놀이다. 배치기는 만신과 선주·선원들, 주민들이 어우러져 노는 신명의 극치를 보여준다.[32] 이것은 다른 지역에도 있기 마련이다. 황해도에 배치기가 있다면 제주도에서는 서우젯소리가 그 기능을 담당한다. 배치기 장면은 제주도 잠수굿에서 바다밭을 재현하고 서우젯소리를 부르며 흥겨운 놀이판을 펼치는 것과 유사하다. 굿판에서 고기잡이를 재현하는 궁극적인 목적이 어디에 있는가를 잘 보여주는 장면이라고 할 수 있다.

5. 어업 의례의 형태별·지역별 대응 의미

어업은 바다를 무대로 살아가는 사람들에게 절대적으로 중요한 경제활동이다. 전통적으로 풍어를 빌기 위한 어업의례가 다양하게 전승돼온 것은 이런 배경에서라고 할 수 있다. 앞에서 살펴본 바와 같이 어업 의례 중에는 고기잡이 과정이나 어업신의 존

---

32 이경엽, 「서해안의 배치기소리와 조기잡이의 상관성」, 『한국민요학』 15, 한국민요학회, 2004, 234쪽.

재를 연극적으로 형상화한 굿들이 있는데, 이처럼 어로의 연극적 재현 방식이 특정 어업 형태 및 지역에 집중돼 있다는 점이 특징이다. 제주도의 채취어업과 황해도의 어선어업이 바로 그것이다.

채취어업과 어선어업은 한국의 전통적인 어업 형태를 대표한다. 채취어업은 예로부터 제주도의 해녀 활동이 알려져 있고, 어선어업은 남해안·동해안도 있지만 전통적으로 규모를 갖춰 이루어진 것은 서해안의 조기잡이 중선에서 볼 수 있다. 이런 점에서 두 지역의 사례는 해당 지역의 주력 어업 형태를 반영하고 있을 뿐만 아니라 우리나라 어업의 두드러진 특징과 상관성이 있음을 보여준다.

어로가 연극적으로 모의되고 연출되는 것은 육지에서 이루어지는 농악대의 '농사풀이'와 비교할 만하다. 농사풀이 역시 생업 과정을 모의한다는 점에서 유사한 부분이 있으나 어업의례는 그보다 더 복합적이고 다양하다. 농사의 진행 과정을 비교적 단순하고 순차적으로 재현하는 농사풀이와 달리 어업의례에는 신격 재현, 바다밭 재현, 고기잡이 재현 등 훨씬 더 포괄적인 국면들이 담겨 있다. 이는 어업이 불가측적인 자연변화에 민감하게 적응하는 생산양식이라는 점과 관련 있을 것이다. 그리고 농사풀이와 달리 지역별 재현 방식이 확연히 구별된다. 이는 해당 지역 경제활동이 의례 전승의 핵심 기제로 작동한 것과 상관 있을 것이다.

제주도의 잠수굿을 보면 채취어업[해녀어업]과 연관된 재현이 두드러진다. 특히 바다농사의 풍흉을 좌우한다고 여기는 용왕의 출현을 연출하고, 바다밭漁場을 실감나게 재현하는 것을 볼 수 있다. 〈용왕맞이〉와 〈용올림굿〉을 통해 바다에서 용왕이 육지로 이동하는 과정을 연극화하는 장면은 특징적인 부분이다. 그리고 〈씨드림〉과 〈씨점〉을 통해 바다밭을 재현하고 풍작을 점치는 장면 등은 다른 지역 무당굿에서 찾을 수 없다. 이런 점들은 바다와 직접적으로 소통하고 물속을 수시로 드나드는 해녀들의 공간인식과 연관 있는 것으로 짐작된다. 이처럼 제주도의 사례에는 어업 형태와 관련된 지역적 특징이 담겨 있다.

황해도 대동굿의 〈뱅인영감〉과 배연신굿의 〈소당제석〉은 어선어업과 관련된 절차다. 〈뱅인영감〉에서는 만신이 신격의 내력과 조기잡이 과정을 재현하며, 〈소당제석〉

에서는 배의 수호신을 즐겁게 하기 위해 남자 화장을 여장시킨다. 그리고 〈영산할맘할아밤굿〉에서는 뱃일과 고기잡이 과정이 재현된다. 각 과정에서 실제로 뱃일할 때 불리는 노래들이 불려지는 데서 보듯이 사실적인 재현 장면이 특징적이다. 어업생산 과정을 연극적으로 연출하고 만선과 풍어를 기정사실화하는 유감주술적인 행위가 부각돼 있다.

　제주도와 황해도의 무당굿에 나타난 의례적 재현 양상의 차이는 전승기반이 상이한 것과 관련 있다. 제주도 잠수굿은 온몸으로 바다에 드나들면서 조업을 하는 채취어업의 여러 상황을 직접적으로 반영하고 있고, 황해도 대동굿·배연신굿은 그물을 이용해 뱃일을 하는 어선어업의 상황들을 재현하고 있다. 어업의례의 사회경제적 전승배경과 연행내용이 밀접하게 상관돼 있음을 보여준다고 할 수 있다.

　한편 어업의례가 지역적으로 차이가 있지만 공통적으로 통하는 부분이 있다. 바다는 어민들이 삶을 영위해가는 생업 공간이지만 그것을 얻는 과정에서 수많은 죽음을 경험하는 곳이기도 하다. 이런 까닭에 초자연적인 존재와 원만한 관계를 형성하는 것이 중요하며, 그것을 설명하기 위한 의례적인 장치가 마련되기 마련이다. 어업신의 역할, 바다밭 및 고기잡이 과정을 구체적으로 재현하는 이유가 여기에 있다고 할 수 있다. 또한 어로의 의례적 재현은 공동체 구성원의 소통과 공감을 확산시킨다. 어로를 재현하는 목적은 모의주술을 통해 풍어를 기원하기 위한 데 있지만, 그것에 그치지 않고 굿을 통해서 기대하는 바를 입체적으로 수용해서 의례 공동체 내에서 나누기 위한 데 있다. 지역을 막론하고 재현 직후에 굿판에 참여한 이들이 노래를 하며 춤을 추며 신명을 나누는 놀이판을 펼치는 것은 이런 배경에서라고 할 수 있다. 이런 장면들은 굿판에서 고기잡이를 재현하는 궁극적인 목적이 풍어 기원과 공동체의 안녕 및 신명풀이 공유에 있음을 보여준다.

연행 : 공동체의 사회적 ·
예술적 표현과 기억

제1장

연행되는 파시, 그 파노라마적 풍경과 파시 주체의 욕망

1. 연행의 관점에서 파시를 주목하는 이유

파시波市는 이름 그대로 바다에 서는 시장이다. 그런데 파시는 아무 때나 아무 곳에서나 서는 것이 아니다. 파시가 서려면 먼저 대규모의 어장漁場이 형성되어야 한다. 엄청난 고기떼가 몰려들어서 어장이 형성되면, 전국에서 고기를 잡기 위해 어선들이 운집하고 뒤이어 물고기를 구입하기 위해 상선이 모여들고, 어부들을 상대로 하는 어구·선구점, 음식점, 여관, 술집들이 어장 부근에 몰려들면서 저자거리가 형성된다. 이렇게 만들어지는 시장을 파시라고 한다.

파시에 대해 여러 분야에서 연구해왔다. 연구사 검토에서 첫 번째 거론되는 글은, 요시다의 「파시평고」(1954)[1]다. 이 논문은 해방 전에 연구자가 목격한 실제 파시의 상황을 다룬 글이라는 점에서 특별한 성과로 꼽힌다. 조사보고서로는 『조선다도해여행각서』(1939),[2] 『한국서해도서조사보고』(1957) 등이 있다. 분야별로 보면 어업경제사,[3] 문

---

1   吉田敬市, 「波市坪考－朝鮮に於ける移動漁村集落」, 『人文地理』 4~5通卷17, 京都大學, 1954.
2   アチック ミューゼアム 編, 『朝鮮多島海旅行覺書』, 1939.

화지리학,[4] 어촌사회학,[5] 어촌민속학[6] 등의 연구가 있다. 파시 자체가 다면적이므로 여러 관점에서 주목했으며, 그 결과 파시 형성의 생태적 배경, 사회문화적 측면들에 대한 연구가 상당히 진척되었다. 한편 자료 정리가 제대로 안 돼 있어서 그런지, 기록과 기억을 토대로 한 사실의 재구성에 치중하는 경향이 있고, 앞선 연구에서 언급된 내용이 되풀이 되는 경우도 있다. 또한 파시의 주된 이미지인 술집과 환락가와 관련된 부분을 후대의 현상이라고 보고서 연구 대상에서 애써 배제하기도 한다. 이러다 보니 파시를 사회경제적 현상으로만 다루고, 거기에 참여하고 그것을 주도하는 파시 주체의 욕망과 거기에 담긴 사회문화적 의미를 온전히 읽어내지 못했다. 파시의 주인공과 핵심적인 의미 지형을 주목하지 못했던 것이다.

파시는 그 자리에 늘 있는 상설 시장이 아니라 어떤 특정 시기에 어떤 장소에 생겼다가 없어지고 또 어느 때에 다시 만들어지는 특성이 있다. 파시가 들어섰을 때 수많은 사람들이 운집했다가 흩어지고 다시 모이는 일련의 과정들은 하나의 커다란 사회적 퍼포먼스처럼 보인다. 이런 점에서 파시는 어떤 상황적인 조건과 과정 속에서 실현되는 사회적 사건이자 연행演行이라고 할 수 있다. 파시는 또한 각종 욕망의 주체들이 모이는 공간이다. 파시는 여러 역할을 지닌 이들이 모여서 벌이는 커다란 퍼포먼스다. 파시가 서면 일정한 시기, 일정한 공간에 수많은 욕망의 주체들이 모여서 각종

3 김수관·이광남, 「서해지역의 파시에 관한 조사연구(1)」, 『수산업사연구』 1권, 수산업사연구소, 1994; 김승·김연수, 「조선시대 전통의 파시와 어업근거지 파시의 비교 연구」, 『수산연구』 22호, 2005; 박광순, 「위도의 조기파시에 관한 일고찰」, 『한국도서연구』 11, 한국도서학회, 2000.
4 김일기, 「곰소만의 어업과 어촌 연구」, 서울대 박사논문, 1983; 김재운, 「위도 어촌에 대한 지리학적 연구」, 전북대 석사논문, 1988.
5 김준, 「생태환경의 변화와 파시촌 어민의 적응」, 『도서문화』 19, 목포대 도서문화연구소, 2001; 김준, 「파시의 해양문화사적 의미구조」, 『도서문화』 24, 목포대 도서문화연구소, 2004; 김준, 「칠산어장과 조기파시에 대한 연구」, 『도서문화』 34, 목포대 도서문화연구원, 2009.
6 최길성, 「파시의 민속학적 연구」, 『중앙민속학』 3호, 중앙대학교 민속학연구소, 1991; 주강현, 「민어잡이와 타리파시의 생활사」, 『해양문화』 6, 해양문화재단, 2001; 서종원, 「위도 조기파시의 민속학적 고찰」, 고려대학교 석사논문, 2004; 서종원, 「파시로 인한 지역사회의 문화 변화양상 고찰」, 『중앙민속학』 12, 중앙대 한국문화유산연구소, 2007; 이경엽, 「임자도의 파시와 파시 사람들」, 『도서문화』 24, 목포대학교 도서문화연구소, 2004.

거래와 행위를 하고서 해산하고, 이듬해에 또 다시 그것을 재현한다. 이것을 보면 파시는 시작과 끝이 있고, 주기적으로 되풀이되며, 무대와 배역을 갖춘 일종의 사회적 연행처럼 보인다. 파시는 연행될 때 그 존재와 과정이 구체화된다. 그러므로 그 연행성을 포착할 때 파시의 실질적인 면모를 파악할 수 있다. 그리고 거기에 모여든 욕망의 주체와 거기에 담긴 욕망의 사회성을 살펴볼 수 있다. 파시를 사회적 연행으로 새롭게 주목하는 이유가 여기에 있다.

기존 논의에서 연행론演行論은 구비문학이나 굿, 농악 등 공연예술과 관련해서 주로 다루어졌다.[7] 설화라면 이야기판의 특성이나 화자의 연행 능력을 다루고, 굿이라면 연행방식과 관련된 비고정성이나 변화상을 다루었다. 그리고 해당 연행물이 연행될 때마다 새로워지고 달라지는 예술 표현의 다양성을 주목했다. 이렇듯 기존 논의에서는 연행의 관점에서 예술적인 표현 행위나 언어적 구성방식을 주로 포착한 까닭에 언어·예술적인 텍스트가 전제되고 그 범주 내에서 논의되는 경향이 많았다.

한편 파시처럼 텍스트 단위로 제한되지 않는 사회적 연행의 경우 확장된 논의가 필요하다. 여기서는 파시를 전경화해서 그 파노라마적 풍경을 입체적으로 살펴보고자 한다. 현상적으로 볼 때, 파시는 고기잡이가 이루어지는 생산현장이고 어물을 매개로 한 상업적인 공간이지만, 연행의 관점에서 달리 말하면 어부들·상인들·술집 여인들의 욕망이 한데 모여 교집합交集合을 이루는 곳이라고 할 수 있다. 그러므로 파시 주체의 욕망을 색다르게 해석할 필요가 있다. 여기서는 파시에 모여든 이들을 욕망의 주체로 보고서, 그들이 만들어내는 파시의 파노라마를 재구성하고,[8] 욕망 표출의 양상과

---

7 임재해, 「구비문학의 연행론, 그 문학적 생산과 수용의 역동성」, 『구비문학연구』 7, 한국구비문학회 1998; 이경엽, 「씻김굿 무가의 연행방식과 그 특징」, 『비교민속학』 29, 비교민속학회, 2005; 염원희, 「서울굿의 연행방식-앉은굿과 선굿」, 『공연문화연구』 21, 공연문화학회, 2010; 허용호, 「"감성적 시각"이 주는 문제의식과 착상-진오기굿을 중심으로」, 『감성연구』 3, 호남학연구원, 2011; 박강의, 「굿의 연행론적 접근을 통한 마당극 양식론 연구」, 『민족미학』 10, 민족미학회, 2011.
8 파시는 여러 가지 환경 변화로 인해 197~80년대 이후 열리지 않는다. 이 글에서는 20세기 초중반에 생산된 파시 관련 보고서, 신문자료, 사진·영상자료와 현지조사 자료들을 활용해서 파시의 파노라마적 풍경을 재구성하고자 한다.

그것을 대하는 사회적 시선에 대해 살펴보려고 한다.

2. 파시의 성립 조건과 배경

파시가 성립되기 위해서는 자연적인 조건이 우선돼야 한다. 대규모 고기떼가 운집할 수 있는 환경이 갖춰지고 어장이 형성돼야만 파시가 성립될 수 있다. 이런 조건을 갖춘 곳이 한반도의 서해와 남해다. 서해와 남해에는 수많은 섬들이 있고 굴곡 깊은 해안선과 갯벌이 폭넓게 펼쳐져 있다. 이런 조건은 물고기들이 산란하고 서식하기 좋은 환경을 이룬다. 그래서 봄이 되면 쿠로시오 난류를 따라 고기들이 북상하면서 곳곳에 거대한 어장이 형성된다. 그 어종魚種도 고등어, 삼치, 갈치, 전갱이, 멸치, 새우를 비롯하여 홍어, 조기 등 다양하다. 이 중에서 파시와 관련된 대표적인 어종은 조기다. 조기는 초봄이 되면 난류를 따라 산란하기 위해 서해안 쪽으로 찾아온다. 11월에서 2월까지 동중국해에서 월동한 조기는 2~3월에 흑산도·홍도를 지나 3~4월에 전라도 안마도·위도, 4~5월에 충청도 죽도, 5~6월 황해도 연평도, 6월에 평안도 대화도에 이르기까지 회유를 한다. 이렇게 수많은 조기떼가 여러 경로로 서해안 곳곳에 찾아들면서 가는 곳마다 대규모 어장이 형성되었다. 이 중에서 특히 곡우穀雨 사리에 형성되는 안마도·위도 해역의 칠산파시와 입하立夏 사리에 형성되는 연평파시가 유명했다.

파시의 또 다른 성립 조건은 사회적인 배경이다. 파시는 판로, 유통, 배후시장 등이 연계된 어업 근거지에서 형성된다. 고기떼가 몰려든다고 해서 저절로 파시가 성립되는 것은 아니다. 고기떼가 회유하면서 어장이 형성되면 어선·상선과 상업 시설이 운집하게 된다. 일정 기간에만 어장이 형성되므로 어부들의 조업과 판매방식도 그것에 맞춰 이루어진다. 어부들은 단기간 내에 많은 고기를 포획하기 위해, 포획한 어획물을 인근 포구로 운반해서 판매하기보다는 시간 절약과 어획물의 선도 유지를 위해 대부분 어장에서 직접 상고선商賈船에 판매한다. 그런데 어획물은 상고선을 통해 해상에서 판매할 수 있으나, 각종 어구나 생활용품, 식량, 식수 등은 인근 포구에서 조달할 수밖에 없다. 그래서 어장 가까이에 있는 해안(임시 촌락이 들어설 만한 조건을 갖춘)이나 어촌은 성어기 때 어선이 집결하면서 크게 번성했다. 모여든 어부들을 위한 음식점, 주점 등 각종 위락 시설이 들어서면서 평소에는 한가하던 어촌이 불야성을 이루었다. 그것이 파시다.

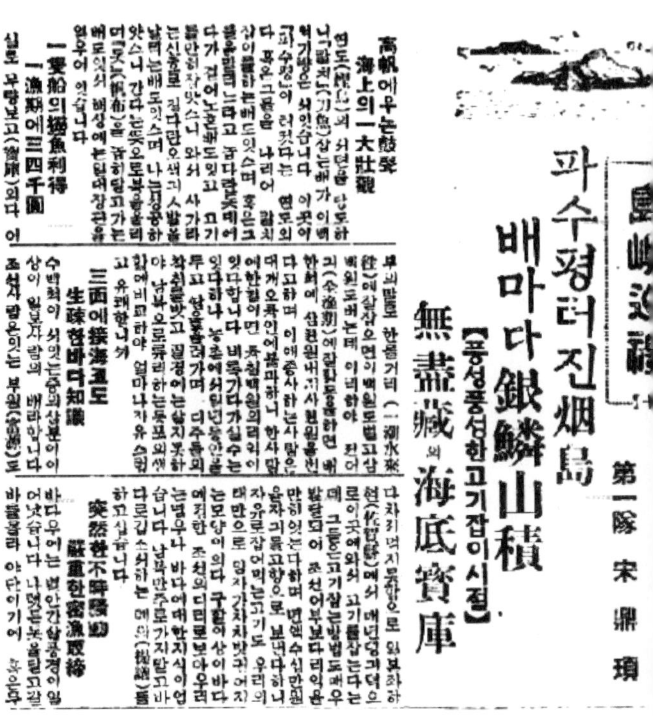
第一隊 宋鼎瑱

파수평터진烟島

배마다銀鱗山積

【풍성풍성한고기잡이시절】

無盡藏의海底寶庫

高帆에우는鼓聲 海上의一大壯觀

一隻船의撈魚利得 一漁期에三四千圓

三面에接海고도 生疎한바다知識

突然한不時風에 嚴重한密漁取締

〈그림 1〉 파시가 서는 것을 '터졌다'라고 묘사한 신문기사

「파수평 터진 煙島, 배마다 銀鱗山積」, 『동아일보』, 1928.7.2.

파시의 명칭은 지명과 어종 이름을 결합해서 명명된다. 전국에서 대규모의 파시가 서던 곳은 흑산도, 위도, 연평도다. 이곳을 전국 3대 파시라고 한다. 그리고 영광 법성포(목냉기)의 조기파시, 비금도의 강달어파시, 임자도의 민어파시는 전남지역의 3대 파시로 꼽힌다. 이외에도 흑산도의 조기파시, 거문도와 청산도의 고등어파시, 추자도의 멸치파시 등이 유명하다. 그리고 계절별로는 4월의 조기파시, 7월의 고등어파시, 10월의 삼치파시 등으로 구분하기도 한다.

파시는 근세에 갑자기 생긴 것이 아니라 지속적인 것이다. 물론 일제강점기에 확대되고 변화되었지만 파시는 그 이전부터 전승되었다. 옛기록에서 파시의 내력을 확인할 수 있다. 특히 대표 파시인 칠산어장의 조기파시에 대한 기록이 긴 시기에 걸쳐 있다. 파시가 지속적인 전통이었음을 알 수 있다. 칠산은 전남 영광 송이도·안마도와 전북 부안 위도 사이에 자리한 일곱 개의 무인도를 말한다. 칠산 해역은 특히 조기 산란장으로 유명한 곳이다. 이곳에서는 봄철에 대단위로 조기어장이 형성되었다.

(1) 波市坪 -『세종실록지리지』(1454)

土産은 가는 대[篠]·왕대[簜]와 조기인데, 군의 서쪽 波市坪에서 난다.【봄·여름 사이에 여러 곳의 漁船이 모두 이곳에 모여 그물로 잡는데, 관청에서 그 세금을 받아서 國用에 이바지한다.】

土産 篠簜 石首魚, 産郡西波市坪。【春夏之交, 諸處漁船, 皆會于此, 網取之, 官收其稅, 以資國用】

(2) 波市田 -『신증동국여지승람』(1530)

파시전. 군 북쪽 20리에 있는데, 조기가 생산된다. 매년 봄에 온 나라의 상선이 사방에서 모여들어 그물을 던져 고기를 잡아 판매하는데, 서울 저자와 같이 떠드는 소리가 가득하다. 그 고깃배들은 모두 세금을 낸다.

波市田 在郡北三十里, 産石首魚, 每年春京外商船四集, 打捕販売, 喧鬧如京市, 其魚船皆有稅

　　　　　　　　　　　　　　　　　　　　　　『신증동국여지승람』 제36권 / 전라도 / 영광편

(3) 波市田 -『만기요람』[9](1808)

七島. 서해 가운데 있다. 옛적엔 칠산이라고 하였는데, 조기가 많이 잡히어 해마다 봄철로 원근의 상선들이 사방에서 모여들어 시끄럽기가 시장과 같으므로 파시전이라 한다.

七島。在西海中。古號七山。海産石首魚。每年春。遠近商舡四集。喧鬧如市。謂波市田

　　　　　　　　　　　　　　　　　　　　　　　　「軍政篇」 4 / 海防 / 西海之南

9　1808년에 서영보(徐榮輔)·심상규(沈象奎) 등이 왕명에 의해 찬진(撰進)한 책. 「재용편(財用篇)」과 「군정편(軍政篇)」으로 되어 있다. 18세기 후반기부터 19세기초에 이르는 조선왕조의 재정과 군정에 관한 내용들이 집약되어 있다.

(4) 七山海 -『智島郡叢瑣錄』, (1895년)

법성포의 서쪽 바다에는 배를 맬 곳이 없고 이 곳에 있는 칠뫼라는 작은 섬들이 위도로부터 나주까지의 경계가 되는데 이곳을 통칭하여 칠산바다라고 한다. 서쪽 바다는 망망대해로서 해마다 고기가 많이 잡혀 팔도에서 수천 척의 배들이 이 곳에 모여 고기를 사고팔며 오고 가는 거래액은 가히 수십만 냥에 이른다고 한다. 이때 가장 많이 잡히는 물고기는 조기로 팔도에서 모두 먹을 수 있었다.　　　　　　　　『지도군총쇄록』, 1895년 5월 13일자.

조선시대 문헌에는 파시평波市坪 또는 파시전波市田이란 이름이 나온다. (1)과 (2)에서 보듯이 조선중기까지의 기록에서는 세금을 걷는 어장의 개념이 강조돼 있다. 위에서 거론하지 않은 파시 관련 기록을 더 보더라도, 파시에 대한 언급은 어세漁稅, 선세船稅 등의 세금과 관련된 내용이 대부분을 차지한다. 19세기 기록을 보면, 큰 규모로 매매가 이루어지던 파시의 모습을 발견할 수 있다. 특히『지도군총쇄록』에서 구체적인 모습을 찾을 수 있다. 이 자료는 당시 지도(현재 신안군 지도읍) 군수로 있던 오횡묵吳宖黙(1833~?)이 남긴 일기체의 정무일지로서, 칠산바다에 "수천 척의 고깃배, 상선들이 모여 고기를 잡고 사고판다."고 했으며 그 "거래액이 수십만 냥에 이른다."고 했다. 기록으로 볼 때 당시 칠산파시의 규모가 매우 컸다는 것을 알 수 있다.

오늘날 우리가 생각하는 파시의 모습은 조선후기에 성립된 것으로 추정한다. 당시 어선어업이 성장하고, 농업 경제와 더불어 상업이 활성화되고, 유교적 이념과 조상숭배가 확산됨에 따라 어물 수요가 늘어나면서 파시가 특히 번성할 수 있었다. 위의 기록에서 보듯이 팔도에서 모두 먹을 수 있을 만큼 늘어난 어업 생산력과 고기를 잡기 위해 몰려든 어선과 어부, 이를 사고파는 상선과 상인들, 그리고 이와 관련된 다양한 업종의 사람들이 몰려들던 파시는 도서·연안지역의 새로운 활력이었다. 그리고 '서울 저자와 같이 떠들썩한 소리가 가득한' 파시에는 경제적 활력과 함께 유흥문화가 번성하기도 했다. 이 글에서 주목하는 파시의 연행성이 확대되었던 것이다.

3. 파시의 연행과 그 파노라마적 풍경

『조선다도해여행각서』[10]에 언급된 타리파시를 중심으로 파시의 공간적·시간적 풍경을 전경화해서 살펴보기로 한다. 이 보고서는 1936년에 일본 아틱뮤지움 연구자들이 조선 다도해를 답사하고 남긴 것으로서, 파시의 실제 상황을 기록하고 있고 사진 및 영상 자료가 남아 있다.[11] 입체적인 접근이 가능하므로 타리파시를 대상으로 파노라마적 풍경을 살피기로 한다.

1) 타리파시, 전국 제일의 민어파시

타리파시는 민어로 유명한 곳이다. 임자도 서북쪽에 자리한 '타리섬'[台耳島, 臺耳島] 주변에 서던 파시는 전국 제일의 민어파시로 명성이 높았다. 민어는 남해안과 서해안 전역에서 잡히지만 예부터 가장 유명한 민어어장은 전남 태이도 근해와 경기도 덕적도 근해이다. 타리파시는 영광 칠산의 조기파시, 비금도의 강달어 파시와 더불어 전라도 3대 파시로 유명했다.

민어는 예로부터 맛 좋은 고급 어종으로 꼽혔다. 『자산어보』[12]를 보면, '몸은 약간 둥글고 빛깔은 황백색이며, 등은 청흑색이다. 비늘과 입이 크고, 맛은 담담하면서도 달아서, 날 것으로 먹으나 익혀 먹으나 다 좋고, 말린 것이 더욱 몸에 좋다.'고 적고 있다. 그리고 '나주군도 서북쪽(지금의 신안군 일대)에서 음력 5~6월에는 그물로 잡고 6~7월에는 낚시로 잡는다.'고 적고 있다. 『자산어보』에서 언급한 나주군도 서북쪽이 바로 여기서 다루는 임자도 타리섬 일대다. 이곳이 예로부터 민어어장으로 유명했음을

---

10 アチック ミューゼアム편, 『조선다도해여행각서』, 1939.
11 이경엽, 「아틱뮤지움의 조선 다도해 조사의 성격과 논점」, 『민속학연구』 39, 국립민속박물관, 2016, 135~143쪽.
12 1814년(순조 14)에 정약전이 저술한 어류학서. 정약전이 흑산도에서 유배 생활을 하면서 주민들을 통해 습득한 문견 지식과 각종 문헌을 토대로 기술했다. 총3권으로 구성돼 있으며, 수산동식물 155종에 대한 명칭·형태·습성·맛·이용법·어구·어법 등을 기록해 놓았다.

알 수 있다.

　타리 어장에 몰려든 민어는 6월 보름부터 늦으면 8월까지 타리섬 밖에서 산란을 한다. 6월에 잡히는 민어를 '육치'라고 해서 최고의 상품으로 치며, 암치보다 숫치가 상품성을 인정받는다. 민어잡이는 '민어 이중자망'을 이용하는 방법과 주낙을 이용하는 방법이 있다. 그물로 잡는 민어에 비해 주낙으로 잡은 민어가 신선도가 높아 좋은 가격을 받는다. 민어는 조기와 더불어 관혼상제 용 생선으로 사용돼 왔다. 음력 7월의 우란분재와 8월 추석에 제수 용으로 사용돼 판로가 넓고 가격이 좋았다. 그래서 일제시대 민어 1마리의 가격은 조기 10마리에 해당했으며 도미와 함께 값비싼 고기였다.[13]

　타리파시에는 일본인 어부들도 많았다. 태이도는 예부터 민어어장으로 유명한 곳이라 1906년 경부터 후쿠오카현福岡縣의 어부들이 도래하야 민어어업을 경영한 이후 일본 어부들에게 널리 알려진 것으로 전한다.[14] 일제 강점기 일본 어업자의 조선 이주는 식민정책의 일환으로서 체계적이고 꾸준히 이루어졌다. 이에 대한 신문기사들이 있다. 그 기사들을 보면, 총독부에서 일본 어업자들의 조선 이주를 위해 보조를 하고 각종 혜택을 제공했음을 알 수 있다. 그리고 그것이 체계적이고 치밀하게 이루어졌음을 알 수 있다.[15] 타리파시에 진출한 일본인 어업자들도 이런 과정을 거쳐 조직적으로 활동했던 것으로 보인다.

13　『한국수산지』 1권, 1910, 348쪽.

14　정문기, 「조선중요수산물8, 민어」, 『동아일보』, 1939.5.6.

15　「수산행정과 조선인 어업자」, 『동아일보』, 1923.4.24; 「조선연안의 일본인 어업현황」, 『동아일보』, 1924.2.8.

〈표 1〉 조선 내 일본 어업인 단체 현황(1924년)

團體名	團體員	朝鮮 內 根據地
香川縣朝鮮出漁組合	約三十名	巨文島
佐賀縣朝鮮海出漁組合	二百六十名	羅老島
長崎縣 南朝高來郡 鮮海出漁組合	八十名	蝟島
長崎縣 水産組合聯合會(長崎市臺場町)	七百名	靑山島
長崎縣 水産組合聯合會(長崎縣廳內)	四百七十八名	統營 長承浦 方魚津
兵庫縣津名郡海外出漁團	百五十二名	蔚山郡 大峴面

타리에는 일본 수산회사에서 운영하는 배들이 있었고 일본인 상인들도 있었다. 이에 대해 현지 주민들의 제보를 들을 수 있다. 주민들은 타리파시에 일본인들이 많이 진출했고, 그래서 타리가 일본에까지 널리 알려져 있었다고 말한다.

한국 사람들은 몰라도 일본에서는 타리라고 하믄 압니다. 요 뒤 나박바우 뒤 어장이 민어가 유명허거든요. 그 민어 낚을 때 보선이라는 것이 있어요. 지금으로 말하믄 고기 잡어서 저장하는 배여요. 그 보선이 뜨믄 사람이 건너갈 정도여요. 보선이 지금으로 치면 한 3,40톤 되죠. 근게 고기를 잡어다 저장했다가 일본으로 바로 실어가죠. 보선은 저장하는 배고, 그런게 각 어선이 잡어오면은 그 보선에다 저장을 해요. 저장 해 났다가 일본으로 운반해 가요. 대한민국 선박들이 거즘은 다 타리로 모여요. 그런게 배하고 배 사이에 사람이 걸어갈 정도란 말이요. 인천, 군산, 목포 이 세 개 항에 있는 배는 전부 여기로 집결해 있었어. 이 목포, 여수까지. 타리에서 민어를 잡으니까 민어 잡기 위해서 이 타리로 전부 집결해요.

2004.6.28 임자면 하우리, 제보자 : 허○○(남, 1929~), 주○○(여, 1926~)

일본 어업자들은 어선들이 잡아온 고기를 보선母船에 저장했다가 일본으로 가져갔다고 한다. 수산회사마다 모선을 갖고 있었으며, 모선에 저장한 고기를 운반선이 이틀마다 일본으로 실어갔다고 한다.[16] 『조선다도해여행각서』에서 "일본수산과 하야시가네 회사 소속의 창고를 가진 선박이 있고, 이 배에서 물고기를 얼음으로 채워 도다 등지로 보내고 있다."[17]라고 적고 있는 것과 통하는 설명이다. 타리파시의 규모가 매우 컸음을 보여주는 사례라고 할 수 있다.

---

16 '보선'[모선]은 동력을 갖고 있지 않는 큰 배였다고 하는데 모선은 지금의 톤수로 볼 때 40~50톤 정도이며, 운반선은 20톤 정도였다고 한다. 제보자는 모선의 크기에 대해 "산덩어리처럼 크드만"이라고 표현했다.

17 アチツク ミユーゼアム 편, 『朝鮮多島海旅行覺書』, 1936, 36쪽.

2) 타시파시의 파노라마적 풍경

(1) 파시의 개장과 파장, 공간 구성

타리파시는 매년 6월부터 10월까지 약 5개월간 열리며 최대 성어기는 7~8월이다. 파시가 서기 전에는 한적한 모래사장이지만 파시가 서면 기둥을 듬성듬성 세우고 거적과 이엉을 두른 초막이 수백 호씩 생겼으며, 수백 척

〈그림 2〉 파시가 서던 타리섬과 바다 풍경 우측 하단 해변에 파시가 섰다

의 선박이 몰려든 타리 항구는 정박한 어선들의 불빛으로 불야성을 이루었다. 또한 타리파시에는 조선인만이 아니라 일본인들이 활발하게 활동했다고 한다.

개장 전(~5월)　　　　　개장(6월~10월)　　　　　파장 후(11월~)

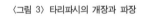

〈그림 3〉 타리파시의 개장과 파장

〈그림 4〉 타리파시 재현도 『원불교신문』, 2007.07.20

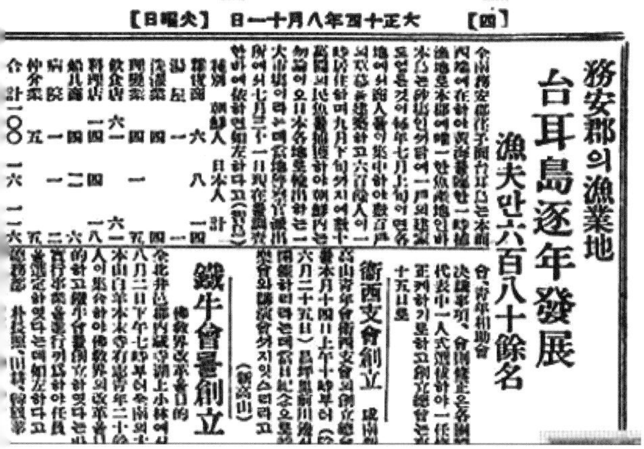
大正十四年八月十一日 【火曜日】 【四】

務安郡의漁業地
台耳島逐年發展
漁夫만六百八十餘名

衛西支會創立

鐵牛會를創立

〈그림 5〉「무안군 어업지 태이도축년발전」『동아일보』, 1925.8.11

파시가 열리기 전과 그 후의 풍경이 완전히 달랐음을 알 수 있다. 재현도[18]에서 보듯이 모래사장 앞에 두 개의 섬(뭍타리와 섬타리)이 자리 잡고 있어서 항구의 조건을 갖추고 있었고 수km에 달하는 모래등이 있고 가까이에 우물도 있어서 임시 촌락이 들어설 수 있었다. 파시가 개장 전에는 빈 모래사장이지만 개장 이후 임시 주택이 들어서면서 수 백 척의 배들이 운집해서 큰 저자거리가 형성되었다. 타리파시에 몰려든 인파는 수백 명에 이르렀다. 1920년대 신문기사에 당시 파시에 모여든 상인들과 어부들에 대한 통계가 있다.

〈표 2〉 1925년 타리파시 업종 현황(『동아일보』, 1925.8.11)

구분	잡화상	목욕탕	세탁업	이발업	음식점	요리점	선구상	병원	중개업	계
조선인	6	1	4	4	61	14	4	1	5	100
일본인	8			1		4	2	1		16
계	14	1	4	5	61	18	6	2	5	116

1925년에 타리에는 잡화상, 목욕탕, 세탁업, 음식점, 요리점, 선국상, 병원, 중개업 등 100개 이상의 업종이 모여 있었다고 한다. 위 통계 이외에 "기타 어선157척 발동선 8척 무선전신부 모선이 1척 승조원이 684인"이 더 있었다고 한다.[19] 이것으로 볼

18 타리파시는 원불교 교조인 소태산 박중빈 대종사가 구도 이전에 3개월간 장사를 했던 곳이기도 하다. 그래서 이곳에 대해 원불교에서도 관심을 갖고 있다.

19 「무안군 어업지 태이도축년발전」, 『동아일보』, 1925.8.11.

때, 종합적인 기능을 갖춘 작은 도시 하나가 만들어졌음을 알 수 있다.

타리파시는 해안가 모래사장에 임시로 조성된 마을이었다. 당시 촬영된 사진들이 남아 있으며 노인들은 그 마을의 공간 구성을 그림으로 그려줄 정도로 자세히 기억하고 있다.

〈그림 6〉 타리파시의 공간 구성을 설명하는 제보자

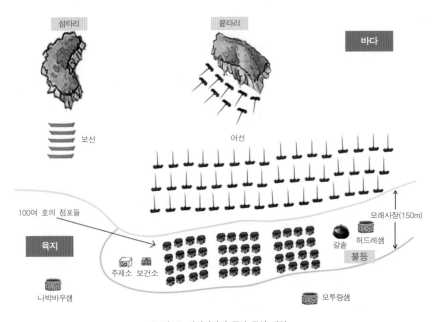

〈그림 7〉 타리파시의 공간 구성 재현

그림에서 보듯이 타리파시는 임시로 조성된 마을이지만 종합적인 기능을 갖춘 곳이었다. 글쓴이가 만난 제보자 내외가 1943년경에 보았다는 기억에 의하면 100~120호 정도가 있었다고 한다. 또한 술집이나 요릿집 이외에 주재소와 보건소 등이 있었다고 한다.

파시가 왜정 때에 한 100호 이상 됐어요. 술집만 있었던 것 아니고. (하우리에서 나박바우 쪽으로) 길 막 내려가면 지서가 먼저 있었고, 그 옆에 보건소가 있었고. 또 옛날에 보선이 많으니까 고기잡는 하꼬짝 있잖아. 하꼬를 여기서 전부 제작을 했어. 거기서부터는 전부 집이 있어. 막도 있고, 판자로 전부 해서 만들었단 말이요. 큰 잡화 가게들은 물건 훔쳐가니까 판자로 해서 하고. 민속촌에 가믄 마람 엮어서 만든 그런 집이 거의 많았고. [조사자 : 집들이 바다쪽으로 몇 줄이나 있었어요?] 7~8줄 이상 되었다니까. 한 마을이 들어 앉았다니까. 도시와 마찬가지랑께. 집이 겁나. 우리 밭(제보자 소유의 밭) 머리에 정의수(우물)가 있거든. [조사자 : 일본 사람들이 판 우물이요?] 응. 그 물인디 이 물가지고 적으니까 또 여그 마을 위치에다 정의수 하나 파고, 모투랑샘이여. 또 여그서 요롱고 넘어와가지고는 허드레물이 있었어. 일본사람이 판 샘은 나박바우샘이라고 했었고.

임자면 하우리, 2004.6.28. 제보자 : 허○○(남, 1929~), 주○○(여, 1926~)

제보자 허씨는 하우리에서 줄곧 살고 있는 분이며 어린 시절 마을 곁에 있는 타리파시에 수시로 드나들며 구경을 했다고 한다. 그의 부인 주씨도 어린 시절에 여동생 치료 때문에 타리파시의 병원을 다녀가고 구경을 한 적이 있다고 한다. 그들의 구술에 의하면, 200여m에 걸쳐 임시 가옥들이 늘어서 있었고, "모래사장에 한 마을이 들어앉았다."라고 한다. 또 두 군데 식용 우물과 허드렛샘이 하나 있었다고 한다. 임시로 만들어진 마을이지만 공동체 생활을 할 수 있는 여건이 조성돼 있었던 것이다. 수십 척의 어선과 상선이 머물 수 있고, 식수와 허드렛물을 제공하는 우물이 있고, 어선들이 귀항 후 작업할 수 있는 공간을 갖추고 있었다. 또한 수십 채의 임시 가옥이 자리잡고 있었다. 여러 업종의 상인들이 운집해서 장사를 했다. 병원과 파출소가 있었으며 목포를 오가는 연락선이 있었다. 사회적 연행이 이루어질 수 있는 조건을 갖추고 있었음을 알 수 있다.

(2) 파시의 전개 과정 그리고 폐장

파시는 어장을 따라 형성되므로 어기에 맞춰 계절에 따라 이동한다. 서해안의 주요 어장마다 파시가 서기 때문에 그 이동은 연쇄적이고 다층적으로 이루어진다.

1936년에 타리파시를 관찰했던 사쿠라타櫻田勝德가 기술한 내용을 보기로 한다.

> 이 이동부락은 영광군 위도를 근거지로 하고 있다. 위도 근해에서는 4월부터 5월 하순에 걸쳐 조기가 잡힌다. 파시 때에 이곳에서 장사한 사람들 중의 한패는 어장을 좇아서 6월에 연평도로 간다. 나머지 장사꾼들은 위도 뒤쪽에서 7월 내내 머문다. 이 기간 동안 위도 뒤쪽 부근에서 갈치와 삼치가 잡힌다. 위도 뒤쪽에 머물렀던 사람들은 이 생선들을 가지고 타리섬으로 이동한다. 연평도로 갔던 패 중에서도 어획기를 끝내면 곧바로 타리섬으로 오는 사람도 있다. 또 천년동(千年洞)이라는 곳에서 잠시 돈벌이를 하고 나서 타리섬으로 합류하는 사람도 있다. 타리섬에는 7,8월 내내 체류하며, 다시 이곳에 모였던 사람들은 나뉘어서 한 패는 종자도(シュウシ島)로, 다른 패는 어란진으로 간다. 그리고 군산, 목포, 위도 뒤쪽 등 근거지로 철수하는 사람도 있다. 겨울에는 흑산도에서 고래잡이를 하기 위하여 그쪽으로 가는 사람도 있다.[20]

『조선다도해여행각서』에서 언급한 것처럼 파시에 몰려든 사람들은 어장을 따라 이동했다. 사쿠라타가 말한 파시의 이동 과정을 그림으로 그려보면 다음과 같다.

---

20 『조선다도해여행각서』, 36쪽.

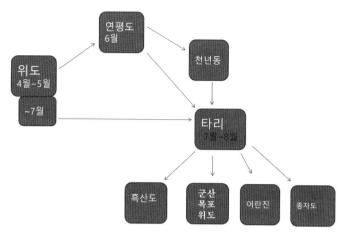

〈그림 8〉 어장을 좇아 이동하는 파시

　어기에 맞춰 곳곳에 어장이 들어서면 그것을 따라 장사치들이 이동하면서 파시 촌락 역시 이동하였다. 파시의 이동은 여러 군데에서 동시다발적으로 이루어졌다. 위의 그림은 타리파시를 중심에 두고 인근 어장을 오가며 이동하던 파시의 모습을 잘 보여준다. 이런 모습은 파시의 연행성을 그대로 보여준다. 마치 유랑하는 연극단체들이 무대를 좇아서 이동하고 그곳에서 공연을 올리고 다시 다른 곳으로 이동하는 것과 다를 바 없는 모습이다. 유랑 극단처럼 떠돌아다니며 활동하는 이동 과정을 보여준다.

　파시는 종합적인 활동을 할 수 있는 시설이 갖춰져 있었다. 수십 채의 요릿집, 술집, 이발소, 잡화상 등이 있고 병원, 파출소까지 있었다. 타리파시를 촬영한 아틱 사진[21]에서 보듯이 모래사장 위에 지은 임시 가옥이지만, 앞서 공간 구성에서 보았던 집들이 오밀조밀 배치돼 있음을 볼 수 있다.

21　파시 사진은 아틱뮤지움 연구자들이 조선 다도해 민속조사를 할 때(1936년 8월) 아키바 다카시와 미야모토 게이타로 등이 촬영한 것이며 처음 공개되는 사진이다. '아틱 사진'에 대해서는 글쓴이의 「아틱뮤지움의 조선다도해 조사의 성격과 논점」(『민속학연구』 39, 국립민속박물관, 2016, 135쪽) 참고. 아틱 사진의 소장처는 일본 카나가와대학 일본상문화연구소다. 글쓴이는 연구소의 허락을 받아 연구용으로 사용하고 있다. 인용시에는 출처를 밝혀야 한다.

〈그림 9〉 1936년 8월 타리파시의 풍경　카나가와대학 일본상문화연구소 소장

　　당시 사진을 촬영한 아틱뮤지움 조사원들은 요릿집과 술집 여인들, 아이들에 관심
이 많았던 것으로 보인다. 상당수의 사진들이 요릿집 풍경을 담고 있다. 파시촌 사람
들도 조사원들의 존재가 신기했는지 서로 쳐다보는 모습도 보인다. 전체 분위기가 한
가하다는 느낌을 주는데 이는 물때와 관련된 것으로 보인다. 촬영 시기(1936년 8월 18일,
음 7월 2일)로 볼 때 물때가 사리이므로 어선들이 고기잡이를 나가서 해변에 배가 몇 척
없고 오가는 사람도 별로 없는 것 같다.

〈그림 10〉 아틱 연구원들이 촬영한 타리파시의 풍경과 파시 사람들 　카나가와대학 일본상문화연구소 소장

파시의 연행을 주도하는 이들은 뱃사람・상인・주점 여인들・객주・중간상인 등을 들 수 있다. 그 관계도를 그려보기로 한다.

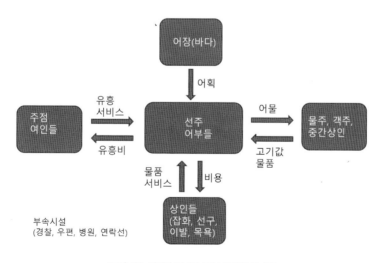

〈그림 11〉 파시의 전개와 파시 주체의 관계도

관계도에서 보듯이 어부들이 파시 연행의 중심에 있지만 모든 행위는 쌍방향으로 이루어지고 있다. 바다에서 고기를 잡는 선주와 뱃사람을 중심에 두고 상인·객주· 술집 여인들이 서로 유무형의 거래를 하고 있음을 알 수 있다. 파시는 수많은 인파가 운집해서 경제활동을 하는 공간이므로 역동적이기 마련이다. 그리고 그 경제활동이 일정 공간에서 집중적으로 이루어지기 때문에 갖가지 행위와 언어로써 표출된다. 특히 뱃사람들이 좁은 구역에 머물며 소비를 하는 시간이 되면 비일상의 축제 공간처럼 각가지 떠들썩한 구경거리가 제공되기도 했다.

주민들에 의하면 타리파시는 흥미로운 곳이었다고 한다. 제보자들은 어린 시절 아버지 따라 구경 가고, 친구들과 모래밭에 동전 주으러 가고, 어른들 몰래 구경다닌 애기 등을 하면서, 파시가 볼 만한 구경거리가 많은 특별한 공간이었다고 구술했다. 기생들의 빨래가 울긋불긋 가득 널린 모래사장의 해당화 밭과 예쁘게 단장한 기생들의 모습이 화제였고, 요릿집에서 노래하고 춤을 추는 기생들의 모습이 볼 만했다고 한다. 남녀가 술 먹고 어울리는 분위기 때문에 어른들은 여자애들이 파시에 놀러가지 못하게 막았다고 한다. 풍기문란을 경계했다는 것이다. 그리고 칠월 칠석에는 '칠석제사' 를 지냈는데, 이때 축제처럼 큰 놀이판이 벌어지면 구경온 사람들이 날 새워 놀고 모래사장에서 잠을 자기도 했다고 한다. 그리고 간혹 줄타기 공연이나 활쏘기 등도 있었는데, 이 구경거리는 처음 보는 특별한 것이어서 더 인기가 있었다고 한다.[22]

타리파시는 20세기 중반에 문을 닫았다. 주거래처였던 일본과의 교류가 단절되고 어업기술이 변화하고 어선의 동력화가 이루어지면서 타리섬이 어업근거지로서 매력을 잃게 되었다. 이후 타리파시는 인근 재원도로 이동하게 되었다. 재원도의 파시는 임시 촌락이 아니라 붙박이로 머물러 사는 정착 촌락이었다. 1960년대에는 민어와 부서가 많이 잡혀서 재원파시가 활력을 유지했다. 1970년대 이후에는 민어 대신 부서와 새우, 병어를 잡는 어선들이 재원파시의 주인공이었다. 재원도 파시는 1980년대까지도 파시의 모습을 어느 정도 유지했다. 1982년도의 한 신문기사에 의하면, "67호 되

---

22 이경엽, 「임자도의 파시와 파시사람들」, 『도서문화』 24, 도서문화연구원, 2004, 370~372쪽.

는 작은 섬에 술집이 20곳, 여관이 10곳, 다방이 5곳이나 보인다. 한 술집마다 5명 내지 10명의 여성이 고용되어 있다. 교성이 아침까지 계속된다."고 적고 있다. 하지만 1980년대 중반부터는 재원도는 파시의 기능을 상실하고 빈 집이 많은 한적한 어촌이 되었다.

4. 욕망의 교집합과 타자화된 욕망

1) 파시풍을 좇아 몰려든 사람들, 욕망의 교집합

파시는 수많은 욕망이 교차하는 곳이다. 대규모 어장이 형성되면 황금어장을 찾아 뱃사람들과 상인들이 몰려들었다. 파시가 서면서 만들어지는 경기를 파시풍波市風이라고 하는데, 그 경기를 좇아 몰려드는 사람들이 가득했다. 파시는 수많은 욕망이 교차하는 곳이다. 대규모 어장이 형성되면서 조성된 폭발적인 어업 생산력은 일확천금을 기대하는 사람들을 파시로 불러들였다.

> 숫제 원주민이라곤 열 손 안에 들 적막한 곳이다. 그러나 4월이 오면 밀물이 쏠리듯, 일시에 1만 여의 식객이 몰려들고 대소 1천여척의 고깃배가 까맣게 바다를 뒤덮는다. 어디서 찾아 들었는지 하루아침에 수많은 상인들이 여관, 술집 따위의 간판을 내걸고 예쁜 아가씨들마저 무더기로 쏟아놓아 육지에 굶주린 뱃사람의 구미를 돋운다. 곳곳마다 푸른 주기가 나르고 미장원·목욕탕 그 외에 사설 발전소까지 한몫 끼어 졸지에 하나의 마을을 이룩하면 3개월을 넘기지 못하는 이곳의 '파시'는 해상의 '오아시스'라 자부하면서 각광을 받게 되는 것이다.[23]

1960년대에 위도 파장금 항에 섰던 파시의 풍경을 전하는 기사다. 평소에는 원주민

---

23 「삼해의 낙도순방9, 위도(上)」, 『경향신문』, 1961.7.13.

이 10호 정도밖에 되지 않는 한적한 어촌에 갑자기 수천 명의 인파가 모여들면서 만들어내는 색다른 파시 풍경에 대해 설명하고 있다. 이런 모습은 규모의 차이가 있을 뿐 다른 파시에서도 일반적인 장면이다. 이는 육지에서 보기 힘든 파시 특유의 경기, 파시풍에서 비롯된 것이다.

　파시를 찾아온 사람들은, 황금어장을 찾아온 어부들, 어획물을 유통하고 판매하는 상인들 그리고 뱃사람들을 상대하는 상인과 술집 여인들까지 다양했다. 파시에 몰려든 군상들은 제각기 품은 욕망을 한시적으로 조성된 파시풍의 경제활동 공간에서 적극적으로 표출했다. 그렇게 구성된 욕망의 교집합이 파시의 활기를 만들어냈다.

(1) 황금어장을 찾는 어부들, 욕망의 생산과 소비의 주체

　파시의 가장 기본적이고 필수적인 요건은 어부들의 활동이다. 회유하는 대규모의 고기떼를 찾아 어선들이 몰려들면서 파시는 형성된다. 파시의 활력은 운집하는 어선의 규모에서 시작된다. 이것은 파시에 대한 오래된 기록에서부터 일관되게 그려지는 모습이다. 전국 제일의 조기 파시로 유명한 칠산어장에 대한 기록[24]을 보면, 구체적인 묘사에 있어서는 차이가 있지만 수백 또는 수천 척의 어선들이 운집하고 그 거래액의 규모가 매우 컸다는 것을 공통적으로 말하고 있다. 동일 대상에 대한 수백 년에 걸친 시차별 기록에서 보듯이, 파시에서는 어부들이 만들어낸 어업생산력을 매개로 장기 지속적인 경제활동이 이루어졌다.

　　"…… 파시다운 파시야 역시 옛날 파시때였다."고 마을 노인들은 입을 모은다. 20년 전만 해도 마을 앞바다에는 2천여척의 돛배(3톤급)들이 봄이면 찾아들었다. 밤이면 어선들은 저마다 등불을 켜고 운반선을 불러들였다. 섬에서 바라보는 이 야경은 바다에서 흡사 등불섬이 새로 생긴 것같이 휘황했다. "그때는 정말 고기를 팔고 사는 것 같았지요. 머리에 질끈 수건을 동여맨 핫바지 차림의 어부들이 목청을 돋우어 장사꾼에게 넘기면 바다가 떠들썩했지요.

24　『신증동국여지승람』 제36권, 영광군, 산천조., 오횡묵, 『지도군총쇄록』, 1895년 5월 13일자.

지금이야 뭐 멋이 있습니까. 기계배라 텅텅 소리만 크게 나고 거래도 어협을 통한 경쟁 입찰

도 조용하고 사무적으로 처리되니……"25

위도에 조기 파시가 섰을 때의 모습을 묘사한 기사다. 봄에 파시가 섰을 때 각지에서 2천 여척의 배들이 운집해서 고기를 잡고 상고선 장사꾼에게 넘기는 떠들썩하던 바다의 모습을 묘사하고 있다. 파시의 기본 성립 조건이 어선의 집결이라는 것을 보여준다. 이처럼 파시를 찾아온 어부들은 전국 각지에서 모여든 사람들이었다. 이들은 모두 자신들의 공동체적·물적 기반을 토대로 활동했으며, 외지 출신이지만 현지와의 네트워크를 갖고 지속적인 활동을 해왔다. 이들의 어로는 장기간의 줄어와 선단 구성에 따른 대규모 자본이 투여되는 사업적인 성격을 띠고 있었다. 모두 일확천금을 기대하지만 자본을 투입하는 선주와 고용 노동의 대가를 추구하는 입장 차이가 있어서, 선주·선장·일반 선원 등의 이해관계가 복잡하게 얽혀 있기 마련이었다.

통상 뱃사람이라고 하면 일반 선원들을 지칭한다. 이들이 어로활동에서 가장 주된 역할을 담당하지만 그들의 자유 의지대로 어로가 이루어지는 것은 아니다. 수시로 해난 사고에 노출되었으며 자연 조건에 따라 어획량이 줄어들기도 하고, 파시 경기에 따라 소득이 좌우되기도 했다. 그리고 뱃사람들은 선주와 달리 노동력에 따른 반대급부로 돈을 버는 것에 집중하고 또 그것을 소비했다. 그러므로 파시에서 벌어지는 구체적인 현상들을 만들어내는 주체였다. 그런 점에서 욕망을 생산하고 소비하는 가장 중요한 축이 바로 뱃사람이라고 할 수 있다.

어부들은 장기간 집을 떠난 상태에서, 또 며칠 동안 거친 바다에서 일을 하면서 지친 심신을 풀기 위해 오락과 유흥을 찾았다. 파시의 술값이 비싸긴 했지만 바다에 나가면 황금어장에서 고기를 잡아 올릴 수 있었으므로 비용에 구애받지 않고 욕망을 소비하고자 했다. 소비가 이루어지는 공간은 술집이고 그 대상은 바로 술집의 여인들이었다. 이렇게 해서 만들어진 뱃사람과 술집 여인들의 회동이 욕망을 표출하는 구체적

---

25 「이색마을을 가다(23), 파시 – 전북 부안군 위도면 파장금리」, 『동아일보』, 1973.5.26.

인 현장이었다. 그리고 그것이 파시의 가장 대표적이고 구체적인 장면 중의 하나였다.

(2) 파시풍을 주도하는 상인들

파시를 따라 다니는 상인들을 '파수 보는 사람들'이라고 한다. 그들은 어부와 어상 등을 상대로 장사를 하면서 파시만을 전문적으로 찾아다니는 사람들이었다.

> 연평도부터 인자 그 파수 보는 사람들은 거그서 시작해서, 여기까지 차근차근 내려왔다 올라갔다 이런 거지. 위도 파수를 보고는 위도 파수가 끝나고 여기로. 그랑께 절반이 거그를 갔다 온 사람들이제. 봄파수에서는 위도 파수 보고. 그러믄 여기는 7~8월 민어란 말이여. 위도파수를 보고 세월이 없응께 시세 좋은 데로 찾아 댕애. 이리 갔다 저리 갔다.
>
> 2005.6.28. 임자면 이흑암리, 탁○○(남, 1927~) / 임자면 진리, 고○○(남, 1928~)

상인들은 계절별로 어장을 찾아 '파수를 보고' '세월이 없으면 시세 좋은 데'로 찾아 다녔다. 예를 들어 4~5월에는 위도 조기 파시, 6월에는 연평도 조기 파시, 7~8월에는 임자도 민어파시를 찾아 다녔다. 그리고 어떤 이들은 흑산도에 가을 파수를 보러 다녔다. 이들은 단 기간 머물다가 또 다시 다른 파시를 찾아 이동하곤 했다. 그래서 영업을 하는 가게들은 대개 임시로 지은 집이었다. 상인들이 이동할 때는 '집을 접어 배에 싣고' 다녔다. 『조선다도해여행각서』에 의하면 "가재도구는 물론 집도 접어서 가져가기 때문에 운임을 받고 실어 보내는 사람도 있고, 배를 특별히 마련하여 가족 모두와 함께 이동하는 사람도 있었다."[26]고 한다.

파시에는 주점, 요릿집, 잡화점, 쌀집, 이발소 등이 있었다. 상인들은 대부분 외지인이었고, 현지 상인은 숫자가 많지 않았다. 일제 강점기에는 일본인 상인들도 꽤 있었다. 일본 어민들이 조선에 거주하고 집단적으로 활동한 것과 관련이 있다. 당시 파시 사진자료 중에 '어요리御料理'라는 간판이 붙은 가게들이 그런 풍경을 보여준다. 파

---

26 アチックミュゼアム 편, 앞의 책, 36쪽.

시에서 활동했던 상인들의 업종과 규모에 대해 자세한 정보를 파악하기 어렵지만 당시 신문자료를 통해 보면 각 파시마다 상당한 규모의 경제활동이 이루어졌음을 알 수 있다.

민어파시로 유명한 임자도 타리파시의 사례에서 보듯이 파시에는 종합적인 기능을 지닌 상권이 형성돼 있었다. 당시 신문기사에서 취합한 통계를 보면[27] 1925년 7월에 166척의 선박이 조업 중이었고 684명의 선원들이 있었다고 한다. 그리고 어부와 고기를 사러 온 어상들을 상대로 영업을 하는 조선인 상점 100개, 일본인 상점 16개가 있었다고 한다. 상점 중에서 61개가 음식점, 18개가 요리점으로 대부분 유흥업이었는데, 이곳에 몸담은 타리 기생은 일본 창기를 포함하여 1백여 명이 있었다고 한다.

상인들은 파시 특유의 파시풍波市風을 주도했다. 파시에서 이루어지는 상업 행위는 '특수 경기'를 동반하기 마련이었다. 상인들은 제한된 자원을 독점적으로 공급할 수 있는 위치에 있었고, 그것을 소비하려는 사람들이 많았으므로 비싼 가격에 물품들이 거래되었다. 파시의 풍경을 묘사한 신문기사에서 그런 정황을 읽을 수 있다.

(가) …… 흑산파시는 목포항을 떠난 객선 머리서 시작이다. 유자망 어선 2천 5백 여척이 복작거려 해방 이래의 조기풍어를 이루고 있는 흑산어장에 목포항서 하루 세 차례 객선이 나들어도 초만원 사례. …… 조기떼 따라 전국각지서 몰려온 어선이 2천 5백여 척, 어선 따라 흘러 들어온 지분 냄새 짙은 후조(候鳥) 아가씨가 2백여 명, 풍파라도 심한 날이면 1만 2천여 흑산도민보다 훨씬 많은 객지어부들로 예리포구는 발들여 놓을 틈이 없게 된다. 「서울관」이네 「주문진관」이네 하는 상자같은 「관(館)」은 먼동이 트도록 노래가락을 흥청거리고, 목포서 1백20원 하는 소금 한 가마 4백원, 물 한 「드럼」에 1백원씩 하는 특수경기로 한 잡화상의 하루 매상고가 20만원이나 됐다는 판이다.

「그후의 바다 (1) "파시(波市)"」, 『동아일보』, 1966.5.3.

---

[27] 「무안군 어업지 태이도축년발전」, 『동아일보』, 1925.8.11.

(나) 흑산섬의 물가는 뭍의 그것과 완전히 세계가 다르다. 우선 쌀 한 되에 220원, 「파고다」 담배 한값에 40원 쌍화차 한잔에 40원. 그러나 그 어느 것보다 가장 비싼 것이 술값. "한 되에 얼마나 하느냐?"고 물으면 "금이 없다."는 대답. 하룻 사이에 1,20백만 원어치 고기를 거둬올린 선주들에겐 하룻밤 몇 만원의 술값도 비싸지 않다. 주머니가 가벼운 나그네에겐 몇 천원 술값도 무거운 짐이 된다. 사람 진단을 잘 해서 "몇 천원"에서 "몇 만원"으로 오르내 리는 게 파시의 술값이라 했다.　　　「흑산도 점경上, "파시"」, 『동아일보』, 1964.7.30.

1960년대 중반의 흑산도 파시의 모습을 보여주는 기사다. 비싼 가격에 거래되는 용 품들과 요릿집의 술값 그리고 뱃사람들과 술집 여인들이 밤새 벌이는 술판 분위기들 이 묘사돼 있다. 상인들이 주도하는 파시풍 속에서 욕망의 교집합이 이루어지고, 파 시에 모여든 여러 군상들이 자신들의 욕망을 다채롭게 표현하면서 빚어내는 장면들을 보여주고 있다.

(3) 술과 웃음을 파는 여인들
파시의 풍경을 보여주는 상징적인 존재가 술집 여인들이다. 파시의 술판에는 술시 중을 드는 여인들이 있었다. 술집 여인들은 뱃사람들을 상대로 술과 웃음을 팔았다. 술과 웃음을 파는 과정은 말 그대로 연행이었다.

달포나 넘도록 망망대해에서 조기잡이 하던 어선들이 오색 깃발을 나부끼고 꽹과리를 치 며 들이닥치면 조그마한 흑산도 항구는 별안간 들뜨기 시작한다. 바닷바람에 시달려 검게 그은 사나이들이 밤 깊어가는 줄을 모르고 고래고래 소리를 지르며 술잔을 기울이고 술집 아낙네들의 간드러진 교성과 노랫가락이 바다 위로 흘러 퍼진다.[28]

고기잡이를 하다가 오랜만에 항구로 들어온 뱃사람들이 술집을 찾아 술 마시며 노

28　「흑산도의 파시」, 『동아일보』, 1976.5.11.

는 장면을 묘사하고 있다. 바로 파시 산다이의 한 모습이다.[29] 뱃사람들이 '고래고래 지르는 소리'와 '술집 아낙들의 간들어진 교성과 노랫가락'이란 표현 속에 파시 특유의 밤 풍경이 그려진다. 그래서 파시는 곧잘 '해중 오락장海中娛樂場'이자 '술과 여자와 도박 그리고 팔도 사투리가 다 등장하는 싸움판'이고 '술과 여자로 흥청대는 불야성'으로 묘사되었다. 은밀하게 욕망을 거래하는 것이 아니라 공개적이고 떠들썩하게 욕망을 소비하는 공간이었던 것이다.

술집 여인들은 뱃사람들이 품고자 하는 욕망의 대상이었다. 하지만 한편으로는 뱃사람들이 욕망의 대상이기도 했다. 술집 여인들은 술과 웃음으로 뱃사람들을 유혹해서 돈을 벌고자 했다. 서로가 서로를 대상으로 삼았던 것이다. 그리고 그것을 이용해 큰 이득을 남기고자 하는 술집 주인들의 욕망이 강하게 작용하고 있어서 색다른 상황들이 연출되기도 했다.

파시 술집에서 벌어지던 특이한 '습속'이 있었다. 신문기사에 그에 대한 내용이 자세히 언급돼 있다.

파시의 별난 습속으로 '이노꼬리'라는 제도(?)가 있다. 어부에게도 아가씨에게도 무섭기만 한 '이노꼬리'란 '외상을 갚을 때까지 사람을 잡아둔다' 정도로 번역할 수 있는 일어. 작년에 인천에서 시용호 선원으로 흑산도에 왔다가 K살롱 술값 팔천원을 외상으로 남겨줬던 노모씨, 도리 없이 인천 자택에 긴급구조 요청을 편지로 보내고 몸값이 도착할 때까지 포로가 됐다.

파시 아가씨들의 월급은 칠천 원에서 일만이천 원이라고, 그러나 N식당 등 二, 三개 주점을 빼고는 아가씨들이 매상 실적을 올리지 못하면 업주들이 일방적으로 월급을 깎는다. 월급을 깎이지 않기 위해 아가씨들은 필사적으로 실적을 올리려 한다. 파시 술집의 매상 기준은 '산다이'와 '오산다이'라는 일본 국적의 단위, '산다이'는 배 1척당 평균 인원 10명 중 5, 6명

---

29 산다이는 남녀가 노래를 부르며 술 마시며 어우러져 노는 놀이판이다. 그 주체에 따라 '마을 산다이', '파시 산다이'로 나눌 수 있다. 나승만·이경엽, 『산다이, 청춘들의 노래와 연애 생활사』, 민속원, 2016, 43~44쪽.

이 참석 6~7만원의 매상을 말하고, '오산다이'는 10명 이상이 참석, 보통 12만원 이상을 올렸을 때를 말한다. '오산다이'를 잡기 위해 아가씨들은 배가 들어오면 특별 사절단을 보내 교섭도 하고 척후를 보내 각 어선의 동정을 살피기도 한다.[30]

'이노꼬리'는 잔류라는 뜻을 지닌 일본어 'いのこり(居残り)'를 말한다. 술값을 내지 못하면 돈을 가져올 때까지 억류한다는 의미로 사용하는 말이라고 한다. 이것은 뱃사람과 술집 여인 모두에게 곤혹스러운 것이었다고 한다. 술집 여인 역시 매상 실적을 못 채운 것으로 간주되어 월급이 깎이기 때문이었다. 자본으로 욕망을 소비하는 파시 특유의 풍속도라고 할 수 있다. 또한 술집 아가씨들이 매상을 많이 올리는가 그렇지 않은가에 따라 '산다이'와 '오산다이'라는 구분법이 있었다고 한다. 매상을 많이 올리면 존칭 표현인 일본어 '오(御)'를 붙인 '오산다이'라고 했다. 그래서 아가씨들은 어선이 입항하면 '특별 사절단'을 보내 오산다이를 유치하려고 교섭을 했다고 한다. 산다이가 술판을 지칭하는 용어로 사용되었다는 것을 보여주는 흥미로운 자료라고 할 수 있다.

술집 여인들이 상대하는 이들은 주로 뱃사람들이었다. 그런데 그 거래 관계가 공정하지 않았던 것 같다. 파시 산다이에서 불려졌다는 다음 노래에 그런 정황들이 담겨 있다.

어부와 더불어 파시의 주인공인 아가씨들의 욕 솜씨는 둘째가라면 서러울 정도, 심한 경우 대화 자체가 욕을 주제로 한 「메들리」(접속곡)다. 그래서 노래 또한 드라이하다. "선장 기관장은 색시도둑놈 / 건방진 남방쌔끼 사람 잘 치고 / 보기 좋은 국장은 모니가 해브노 / 연애를 하려면 화장급으로" 옛군가 곡조에 붙여 부르는 이 노래의 제목은 〈파시 수심가〉. 여기서 '남방'은 보조기관장, '국장'은 통신장, '화장'은 배에서 밥하는 사람을 일컫는다.[31]

---

30 「흑산도의 이모저모 波市엔 落照만이…」, 『동아일보』, 1974.5.9.
31 위의 기사.

이 기사에서는 아가씨들의 거친 욕 솜씨를 문제삼고 있으나, 그 노래는 욕이라기보다는 선원들의 위계에 따른 허위성을 폭로하는 내용이다. 산다이에서 술집 여인들이 이런 노래를 부른 것으로 보인다. 〈파시 수심가〉를 보면 선장과 보조기관장, 통신장의 허실을 거론하면서 '연애를 하려면 화장급'으로 해야 한다고 노래하고 있다. '수심가'라는 제목처럼 파시 여인들의 애로 사항을 담은 노래라고 할 수 있을 것이다.

술집 여인들은 파시에서 벌어지는 유흥문화의 중심에 있던 존재다. 뱃사람과 술집 여인들 간의 관계는 농밀하지만 연인보다는 대부분 거래 관계였다. 술집 여인들이 욕망의 대상자로 표상화돼 있지만, 이들 역시 파시에서 돈을 벌려고 몰려든 욕망의 한 주체였다. 물론 이들은 술집 주인과의 계약 관계에 따라 영업을 하고 고용 노동의 대가를 받는 존재였다. 매상 실적에 따라 수입이 달라지기 때문에, 업주들이 일방적으로 월급을 깎기 때문에 필사적으로 영업 실적에 매달려야만 했다. 그것은, 욕망의 대상이자 욕망 표현의 한 주체지만 계약에 따라 처신할 수밖에 없던 술집 여인들의 처지였다.

2) 타자화된 욕망과 파시 여인들을 대하는 시선

파시는 고기떼가 철마다 밀려오던 시절의 풍요로움을 상징하는 단어로 호명되곤 한다. 어선과 상선들이 몰려들어서 경제적으로 활력 넘치던 전성기의 모습을 설명하는 말로 사용되는 것이다. 또한 일상과 다른 활력이 넘치고 유흥과 환락이 가득한 별세계로 그려지기도 한다. 신문기사에서 파시를 묘사할 때 '불야성', '낭만적인 파시', '사상沙上의 몬테칼로', '이국 풍경', '바다의 노스텔지아' 등으로 표현되는 것도 이런 기조를 보여주는 것이라고 할 수 있다.

〈그림 12〉 파시의 여인,
'인간후조'
『동아일보』, 1964.7.30

〈그림 13〉 파시의 여인들,
'요화'
『동아일보』, 1962.5.28

　파시에서는 수많은 욕망이 교차된다. 파시는 "하룻밤 사이에 기천만환의 돈뭉치를 물결 속에서 건지는가 하면 수억대의 자산을 수장해야만 하는 '스릴'을 간직한" 곳이며, "입에 풀칠하기에도 빠듯하다 못해 굶는 대부분의 영세어촌에 비해 느닷없이 흥청대는" '이국異國 풍경'32을 보여주는 곳이다. 이런 까닭에 파시는 누구에게나 욕망의 대상이 되었다. 일상적이고 평범한 경제활동은 아니지만 파시 특유의 논리에 의해 제 각기 욕망을 추구하는 공간으로 자리잡았다. 그런데 파시를 대하는 시선을 보면, 그

32　「삼해의 낙도순방(9) 위도(상)」, 『경향신문』, 1961.7.13.

대상들을 객관화하기보다는 부정적인 존재로 낙인찍는 경우가 많다. 물론 부도덕한 상술과 과도한 물가에 대해 비판하는 기사도 있고, 엇갈리는 파시 경기 때문에 '육지에서는 풍어를 즐기지만 고기를 잡는 어부들에는 흉어'라는 역설적인 상황을 지적하거나, 무차별적인 어획이나 미래를 기약하지 않는 무분별한 남획의 문제점에 대한 비판적인 기사[33]도 있다. 하지만 대부분의 기사들은 현상을 드러내는 데 집중한다. 파시 구성원들의 애환이나 인간적인 삶에 대해서는 무관심하다. 파시 경기의 실상과 어려운 처지에 놓인 파시 여인의 얘기를 전하는 기사가 없는 것은 아니나[34] 예외적이라고 할 만큼 적다.

신문기사에서 단골로 등장하는 내용은 타자화된 욕망에 대한 것이다. 그것이 가장 노골화된 것은 술집 여인들을 묘사하는 시선에서 읽을 수 있다. 술집 여인들은 이질적이고 해악적인 존재로 그려진다. 술집 여인들은 욕망의 대상만이 아니라 스스로 욕망하는 주체이기도 하다. 하지만 뱃사람들의 소비 대상으로 간주되며, '돈을 좇아 떠돌고 뱃사람들을 유혹하기 위해 단장'하는 존재로만 특화된다. 철저하게 타자화된 존재로 그려지고 있는 것이다.

파시의 여인들은 낭자군娘子群, 인간 후조候鳥, 바다의 집시, 요화妖花, '철새 여인', '바다의 집시' 등으로 묘사된다. 파시 따라 떠돌기 때문에 바다의 집시, 철새 여인, 인간 후조라고 하는 것이고 무리를 이룬다고 해서 낭자군으로 지칭되는 것이다. 그런데 이런 이름들의 본의는 부정적인 데 있으며, 더 노골적으로는 '요화', '사내돈 낚아 사는 여인'들로 표현되기도 한다. 파시를 다룬 신문기사에서, "치마폭이 판치는 파시, 구성진 해수의 가락 속에",[35] "조기떼 따라 항구엔 요화가",[36] "정 팔러 떠도는 인간 후

---

33 「그후의 바다(1) 波市」, 『동아일보』, 1966.5.3.
34 "여인들의 고향은 각도를 망라. 각처의 다방에서 혹은 술집에서 한 밑천 잡겠다고 보따리를 싼 사람들이다. '낙도에서 돈 좀 벌어 육지에 나가 조그만 가게라도 차릴까 하고 왔다.'는 한 여인은 막상 섬에 와보니 소문만큼 벌이가 좋지는 않다며 씁쓸해했다. 몇몇 인심좋은 어부를 즐겁게 하여 수입이 올라도 외상손님을 잘못 만나면 술값을 대신 주인에게 지불해야 하기 때문이라는 것. 그래서 한 달에 3만원 정도 벌면 운이 좋은 편에 속한다는 것이다(「이색마을을 가다(23), 파시」, 『동아일보』, 1973.5.26)."
35 「삼해의 낙도순방(9) 위도(상)」, 『경향신문』, 1961.7.13.

조, 술값은 금값 사내돈 낚아 사는 여인들",[37] "고기쫓는 어부 뒤엔 '철새 여인' 뒤따르고"[38] 등의 표현을 쉽게 볼 수 있다. 신문기사에서 굵은 글씨로 써진 소제목 글귀들이다. '치마폭이 판치는', '요화', '사내돈 낚아사는', '철새 여인' 등의 표현 속에 파시 여인들에 대한 이미지들이 압축돼 있다.

술집 여인들은 수단을 가리지 않고 뱃사람들을 유혹하는 여인들로 묘사된다.

> (가) 후조 떼처럼 고기떼를 따라 이 섬에서 저 섬으로 옮겨 다니는 작부들의 흥거운 노랫가락에 새고 저무는 섬 위도, …… "아저씨 들어오세요. 우리 집에는 어제 서울서 새색씨가 왔어요." 수단을 가리지 않는 유혹에는 억센 어부들도 당해내지 못하는 듯, 포구는 밤새도록 이들의 웃음소리와 노래가락으로 흥청댄다.[39]

> (나) 뱃사공들의 주머니를 상대로 그때까지 보이지 않던 수많은 아가씨들도 뭍으로부터 참새 떼들처럼 이 섬으로 날아든다. …… 요 얼마 전만 해도 홍어잡이 철이 한창이어서 매일같이 이 저자로 밀려 들었고 고기를 가득 싣고 배가 부두에 닿으면 기다렸던 술집 아가씨들은 예쁘게 단장하고 마치 낭군을 기다렸던 양 뱃군들을 집으로 데려다 가는 밤새껏 부어라, 마시어라, 다음날 해뜨는 줄을 몰랐다 한다.[40]

> (다) 후조처럼 조기 때만 되면 어선을 뒤따라 이 섬에서 저 섬으로 떠도는 아가씨들 이름은 '바다의 집씨'! ㅇ비린내가 코를 쏘는 연평 부둣가에 파시가 서고 그녀들의 요염한 웃음소리와 흥거운 노래가락이 어울려질 무렵 조기잡이도 절정에 달한다. ㅇ"아저씨 안방으로 들어오세요. 어제 인천에서 새색시가 왔어요!" 수단을 가리지 않는 온갖 아양과 유혹엔 억센 어부들도 가슴을 풀어헤치게 마련……[41]

36 「서해의 초하3, 바다의 집씨」, 『동아일보』, 1962.5.28.

37 「흑산도 점경, 파시」, 『동아일보』, 1964.7.30.

38 「이색마을을 가다(23), 파시」, 『동아일보』, 1973.5.26.

39 「섬11, 위도 – 고등어잡이 한창 포구를 덮은 바다의 「집시」」, 『동아일보』, 1961.7.19.

40 「흑산도의 봄5, 波市」, 『동아일보』, 1962.4.28.

41 「서해의 초하(3), 바다의 집씨」, 『동아일보』, 1962.5.28.

1960년대 초반의 파시 풍경을 묘사하고 있는 기사들이다. (가)는 위도 파시에 대한 것이고, (나)는 흑산도 파시, (다)는 연평도 파시에 대한 것이다. 지역이 다르지만 파시 여인들에 대한 묘사는 비슷하다. 엑센 어부들도 당해내지 못할 정도로 수단을 가리지 않고 유혹하고, 포구에는 밤새도록 웃음소리와 노랫가락으로 흥청댄다고 말하고 있다. 파시 여인들이 뱃사람들을 유혹하는 부정적인 존재로 그려져 있다. 파시 여인들은 고기떼 좇는 어부들의 뒤를 따라 떠돌며, '야릇한 분 냄새가 온통 섬 전체를 삼킬 듯'하고 '울긋불긋한 치마폭이' 판치는 파시에서 수단을 가리지 않고 '사내돈을 낚아사는' 존재로 그려지고 있다. 술집 여인들의 이질적인 면을 부각시켜 사회적으로 소외되게 만드는 표현이라고 할 수 있다. 이처럼 파시 여인들은 파시에서 일어나는 부정적인 현상의 원인 제공자이자 그 현상의 표상처럼 그려져 있다.

한편 파시 여인들은 부정적인 존재로 그려지지만, 그러면서도 대중매체를 통해 또 다른 욕망의 대상으로 소비되곤 했다. 파시를 다룬 영화에서 그것을 볼 수 있다.

1 〈그림 14〉 영화 「파시」(1949) 신문 광고 『경향신문』, 1949.11.15
2 〈그림 15〉 영화 「백구야 훨훨 날지마라」(1983) 포스터
3 〈그림 16〉 영화 「백구야 훨훨 날지마라」(1983)의 한 장면

영화 〈파시〉(최인규 감독, 1949)와 〈백구야 훨훨 날지마라〉(정진우 감독, 1982)는 각각 술집 작부와 객선 선원, 술집 작부와 어부 청년의 사랑을 다루고 있는 작품이다. 당시 인기 있는 배우들이 주연을 맡아 화제가 됐던 작품들이다. 한편으로는 부정적인 존재로 타자화하면서 다른 한편으로는 욕망의 대상으로 소비하고 있음을 보여준다. 이 사례들은 파시의 타자화된 욕망이 대중매체를 통해 새롭게 소비되는 모습을 보여준다. 여기에는 욕망의 주 소비자였던 남성들의 이중적인 태도가 내재돼 있다고 할 수 있다. 매체를 통해 소비되는 욕망은 파시에 대한 환상을 확산시키고 대중적인 이미지로 고착화하는 매개가 되었다고 할 수 있다. 이런 과정을 거치면서 파시 여인들에 대한 타자화된 이미지가 더욱 확대된 형태로 소비되었을 것이다.

5. 파시 산다이에 나타난 욕망과 유흥의 정서

파시를 대표하는 장면 중의 하나가 산다이다. 산다이란, 남녀가 음식을 나눠 먹기도 하고 장구를 치거나 술상을 두드리며 〈홍타령〉이나 〈청춘가〉, 대중가요 등을 부르며 노는 노래판을 말한다. 산다이는 크게 보면 두 가지로 구분된다. 일반 '마을 산다이'와 '파시 산다이'가 그것이다. 둘은 성격이 다르다. 마을 산다이에서는 연중행사나 공동체 생활과 연계된 신명 표현이 강조된다. 청춘남녀의 놀이판인가, 명절이나 놀 때에 하는가, 일을 하는 자리에서 하는가, 장례 공간에서 하는가에 따라서 분위기가 달라질 수 있다. 그러므로 각 현장과 어울리는 흥취 표현이 부각되며, 욕망의 표현 방식도 개별적이지 않고 공동체적인 소통 방식을 따르기 마련이다. 이에 비해 파시 산다이는 대가가 지불되는 거래를 통해 이루어지며 그만큼 육체적 욕망 표출이 극대화된다. 술집이라는 공간이 말하듯 상업적인 성격이 강하다. 하지만 파시 산다이에서 이루어지는 거래는 은밀하기보다는 떠들썩하고 공개적이다.

파시 산다이는 술집 여인들과 뱃사람들의 놀이판이다. 타리파시의 사례를 살펴보기로 한다. 타리에는 요릿집이라고 통칭되는 술집이 있었다. 주민들은 요릿집 여자에 대해 '기생', '화류계 여자' 등으로 부른다. 1925년 통계를 보면 조선 기생, 일본 게이샤들이 100여명 이상 있었다고 한다. 이들이 하는 일은 뱃사람들을 상대로 한 가무와 매춘이었다.

> 료리뎜에는 일본인 조선인 합하여 일백 삼십여 명 외 창기(娼妓)가 잇어 이곳저곳에서 "에라 노하라 못노켓다" 장고 석긴 소리와 "조센도시나도노아노사가이"의 삼미선(三味線) 석긴 소리가 들린다. 그네들의 영업 성적을 들어보니 료리업하는 사람들은 창기 한 명에 평균 팔백 원식 벌고 그 외 음식뎜들도 한 파수 치르고 나면 오륙백 원식은 벌어온다고 한다.[42]

1936년도에 시부사와 게이조를 비롯한 아틱뮤지움 연구자들이 촬영한 '아틱사진'[43]에 남아 있듯이 파시 요릿집에는 기생들이 있었다. 이들은 뱃사람들을 상대로 산다이를 벌였는데, 밤마다 산다이판의 노랫소리와 장구소리가 끊이지 않았다고 한다. 파시에 구경을 간 적이 있는 80대 이상의 현지 주민들이 본 풍경 중에서 가장 인상적인 것도 예쁘게 화장하고 한복을 차려 입는 기생들과 그들이 부르는 노랫소리였다고 한다. 술집에서 기생들과 어울려 술 마시면서 노래부르고 춤추고 노는 산다이가 '볼만한 굿'이었다고 말한다. 요릿집에는 뱃사람들과 기생들이 어울려 놀 수 있는 큰 방이 있었고, 남녀가 은밀하게 속삭이는 작은 방들이 여럿 있었다고 한다. 주민 중에서는 어릴 때 그것을 훔쳐보러 다니던 기억을 말하는 이도 있다. 파시에서 벌어지는 산다이가 일상에서 보기 힘든 색다른 풍경이었던 것이다.

---

42 「도서순례(島嶼巡禮), 하의도방면(6)」, 『동아일보』, 1928.8.18.
43 아틱뮤지움 연구자들은 임자도, 낙월도, 증도 등지를 답사하고 『조선다도해여행각서』란 보고서를 펴냈다. 당시 타리파시를 비롯해 다도해 풍경을 촬영한 동영상과 사진자료가 일본 카나가와대학 일본상민문화연구소에 소장돼 있다.

〈그림 17〉 타리파시의 요릿집(좌), 요릿집 여인들(우)

파시는 놀이 분위기가 극대화된 공간이므로, 그곳에서 불려지는 노래들은 대체로 유흥의 정서가 강한 것들이다. 파시 산다이에서 주로 불린 노래들은 청춘가, 아리랑 타령 등이었다. 사랑과 이별 및 통속적인 정서를 담은 노래들이 많이 불려졌다.

[산다이에서 불리던 청춘가]

칠산 한밭에 윤선[44]이 떴고요 / 죽장구 소리에 (좋다) 홀엄씨 애간장 다 녹는다

기차철차 떠나는 디는 철로다리가 울구요 / 와다시 떠나는 디는 (좋다) 장모님 따님이 우노라

삼각산 봉우리 비온 듯 만 듯 / 어린 가장 품안에 (좋다) 잠잔등 만등

저기 가는 저 처녀 눈매 좀 보소 / 이웃집 총각놈들 (좋다) 간장 다 녹이네

산골짝 개구리는 배암 간장 다 녹이고요 / 우리 집 저 총각놈은 (좋다) 내 간장 녹이네

목냉기 갈보야 몸단장 말어라 / 돈없는 건달이 (좋다) 다 죽어 가노라

목냉기 갈보야 몸단장 말어라 / 우다시 배 떠나면 (좋다) 너나 나나

---

44 윤선(輪船) : 배의 좌우에 물갈퀴가 달린 수레바퀴 모양의 물레를 설치하고, 배 안에서 그 축에 달린 쇠막대(크랭크)를 증기기관의 힘으로 돌려 배를 움직이게 한다. 화륜선(火輪船)이라고도 한다.

위의 노래는 영광 목냉기의 파시 산다이에서 불리던 청춘가다. 노래 사설은 대구를 이루는데 일반적으로 앞 구절의 상황에 대응된 화자의 심사를 뒷구절에서 표출하는 방식으로 돼 있다. 그 정서는 성적인 관심사와 유흥의 정서가 기조를 이룬다. 산다이 에서는 북장구 소리가 그치지 않았고 밤새 새로운 노래가 계속될 정도로 놀이판의 흥취가 가득했다고 한다. 위의 노래에는 '목냉기'라는 지명이 나온다.[45] 이 산다이에서 특징적인 것은 "목냉기 갈보야"라는 사설처럼 파시의 지명이 구체적으로 등장하는 점이다. 그리고 "우다시배 떠나면 너나 나나"처럼 이곳의 주력 어선인 '우다시 배(새우를 잡는 저인망 어선)'가 나온다는 점도 특징적이다. 파시 공간이 구체적으로 지식화되고 노래 연행 속에서 공유되었음을 보여준다.

산다이판에서는 바닷일에 지친 뱃사람들이 술집 아가씨들과 어울려 노래를 부르며 놀았다. 산다이는 파시 주체의 욕망이 구체화된 공간이다. 그래서 놀고픈 마음, 이성을 품고자 하는 욕망이 노골화돼 있다. 여성 화자의 시선도 있으나 남성 화자의 목소리가 두드러진다. 산다이에서 불리는 노래에는 대부분 유흥의 정서와 욕망이 짙게 배어 있다. 주제로 본다면 남녀 간의 사랑과 이별이 주조를 이룬다. 특히 "목냉기 갈보야 몸단장 말어라"로 시작되는 두 개의 노랫말에는 술집 여인을 품고 싶은 소유욕과 더불어 술집 여인을 대하는 이중적이고 타자화된 욕망이 드러나 있다. 이것은 곧 파시 산다이의 주 소비자였던 남성들이 파시 여인들을 대하던 시선과 태도라고 할 수 있을 것이다.

6. 논의의 확장 가능성

이 글에서는 연행론의 관점에서 파시 풍경을 전경화해서 살펴보고 파시 주체의 욕

---

45 목냉기는 칠산어장을 끼고 있는 어촌이다. 영광 법성포에서 칠산바다로 나가는 길목에 자리잡고 있어서 예전에 파시가 크게 섰다. 〈청춘가〉는 현지조사하는 과정에서 수집했다. 다른 파시에서도 이런 산다이 노래가 풍성했을 것이다.

망에 대해 주목했다. 파시는 대본을 갖춘 연극이 아니기 때문에 상황성과 장면성이 두드러진다. 어장이 형성되면 바다에서는 전국에서 운집한 수백, 수천 척의 어선들이 고기잡이를 하고 상고선은 어선을 상대로 어물 거래를 하며, 육상에서는 선구점·여관·요릿집·술집·이발소 등과 각종 지원 시설이 들어선다. 이렇듯 어장 형성 시기에 맞춰 파시가 개장을 하면 어부, 장사꾼, 술집 여인들, 구경꾼 등 수백, 수천 명의 인파가 몰려들어서 각종 거래 행위를 한다. 그리고 파장 시기가 되면 거기서의 활동을 종료하고 새로운 파시 공간으로 이동해서 비슷한 방식의 활동을 이어간다. 이렇듯 파시는 여러 역할을 지닌 이들이 모여서 벌이는 커다란 퍼포먼스로 펼쳐진다. 파시가 서면 일정한 시기, 일정한 공간에 수많은 욕망의 주체들이 모여서 각종 거래와 행위를 하고서 해산하고, 이듬해에 또다시 그것을 재현한다. 이처럼 파시는 시작과 끝이 있고, 주기적으로 되풀이되며, 무대와 배역을 갖춘 일종의 사회적 사건이자 연행이라고 할 수 있다.

이런 점을 주목하고 이 글에서는 파시의 파노라마적 풍경과 파시 주체가 품고 있는 욕망의 교집합을 살펴보았다. 파시 주체들은 한정된 시간과 공간 속에서 자신들의 욕망을 극대화하기 위해 파시에 집결해서 교집합을 만들어간다. 그래서 그들이 펼치는 욕망과 그 교차 지점이 파시의 구체적인 풍경이 된다. 특히 술집을 매개로 펼쳐지는 산다이는 파시 특유의 활기를 연출한다. 산다이판에서는 뱃사람과 술집 여인들 사이에서 교차되는 육체적 욕망과 유흥의 정서가 두드러지게 나타난다. 한편 파시 주체의 여러 욕망 중에서 술집 여인들의 욕망은 타자화되어 있으며 부정적인 시선으로 비난받는 경우가 많다. 당시 신문기사에서 볼 수 있듯이 파시 여인들은 부정적인 현상의 원인 제공자이자 그 현상의 표상처럼 그려진다. 그러면서도 대중매체를 통해 또 다른 욕망의 대상으로 소비되곤 한다. 여기에는 파시 산다이의 주 소비자였던 남성들의 이중적인 태도가 내재돼 있다고 할 수 있다.

이 연구는 예술 행위나 연극만을 연행으로 이해하지 않고, 파시처럼 펼쳐지는 집단적·사회적 행위 역시 연행으로 간주할 수 있다는 관점에서 진행되었다. 파시에 대한 연행론적 연구는 다른 유사 활동과 대비함으로써 확장성을 띨 수 있다. 5일장도 그렇고 일반 시장도 연행의 시각으로 보면 색다른 면모를 관찰 수 있다. 5일장이라면 시장 상인들의 네트워크만이 아니라, 농촌 주민들이 여러 주체들과 관계하는 양상과 시장 특유의 생동감을 포착할 수 있을 것이다. 그리고 파시의 이동성을 염두에 둔다면 떠돌이 공연단체와 연관된 연행성을 주목할 수 있다. 파시는 유랑극단의 활동 방식과 비슷한 점이 있다. 유랑극단 역시 조직과 시스템을 갖추고 있으며 그것에 기초해서 활동을 한다. 유랑극단은 그들이 확보하고 있는 사회적 네트워크에 기초해서 주기적이고 상황적인 활동을 펼친다. 어떤 상황이 확보되면 해당 지역에 들어가 가설 포장무대를 설치하고 일정 기간 동안 공연도 하고 물건을 팔며 머물다가 그 기간이 끝나면 무대를 철수하고 다른 지역으로 이동한다. 그리고 유랑극단도 전국적으로 여러 단체가 있으므로 그들의 개별적인 활동방식이나, 단체끼리의 연관관계, 일정 기간·장소를 공유할 때 일어나는 교섭 등도 색다르게 살펴볼 수 있다. 이처럼 유랑극단의 활동은 파시의 가게나 술집이 이동을 하면서 영업하는 것과 통할 수 있다. 이에 비해 파시에 참여하는 수백 개의 가게나 술집들은 유랑극단 하나하나처럼 활동을 하므로 규모가 크고 역동적이다. 연행의 관점에서 보면 그 활동의 개별성과 연계성을 구체적으로 파악할 수 있을 것이다.

파시가 색다르기는 하지만 특수하고 예외적인 사건은 아니다. 지금은 생태적 순환이 깨지고 어선이 기계화·첨단화되면서 어족이 고갈되고 파시가 서지 않지만, 전통적으로 보면 파시는 주기적이고 지속적으로 연행되었다. 그리고 파시는 고립된 상황의 특수성을 보여주지 않는다. 이 글에서 분석한 욕망의 교집합과 타자화된 욕망은 파시에만 있는 것이 아니다. 어떤 측면에서는 우리 사회 일정 국면들을 집약적으로 보여주는, 우리 사회의 압축판이라고 할 수 있다. 연행의 관점에서 파시를 연구하는 것이 확장성이 있음을 보여준다.

제2장

농악 연행 공간의 확장, 선창굿과 간척지굿의 병행
―고흥 월포농악의 사례

1. 월포농악의 연행 공간을 주목하는 이유

　남해안에서는 농악을 군고軍鼓·군기 또는 금고金鼓라고 부르며 군악軍樂과 관련돼 있다고 말한다. 고흥을 비롯한 강진·장흥·진도·해남·완도·신안 등지에서 비슷한 양상을 볼 수 있는 바, 이 지역을 통칭 '군고권'이라고 부른다. 군고권의 농악은 흔히 말하는 호남 좌도·우도라는 지역 구분과 별도로 존재한다. 일반적으로 호남의 농악권을 나눌 때, 조선시대 좌·우도 구분법에 따라 동부 산간지역을 좌도라고 하고 서부 평야지역을 우도라고 한다. 그리고 좌도농악은 쇠놀음·부들상모·윗놀음이 두드러지고 우도농악은 장구놀이·뻣상모·아랫놀음이 부각된다는 식으로 설명한다. 그런데 이런 설명이 어느 정도 맞기도 하지만 지나치게 단순한 구분법이어서 농악의 다채로움을 충분히 포착하지 못하는 문제점이 있다. 또한 남해안처럼 좌·우도 구분과 별도로 존재하는 농악을 예외적으로 취급하는 구분법이기 때문에 적절하다고 보기 어렵다. 물론 군고권도 이런 설명이 가능하긴 하다. 다른 지역과 달리 북놀이[벅구놀이]가 특징적으로 분화돼 있다는 점을 강조할 수 있다. 그러나 이런 식으로 공연 양식상의 특징에 따른 기존 구분법은 외형화된 자질에 초점을 둔 것이므로 농악의 실질적인 면모를 제대로 포착하기 어렵다.

남해안 농악의 특징은 현장적인 기능에서 찾을 수 있다. 역사적으로 공유되는 비슷한 전승 맥락이 있다는 점도 유의할 필요가 있다. 고흥 월포농악은 '군고권'이라고 불리는 남해안 농악 특유의 면모를 갖고 있다. 월포농악은 무형문화재(전라남도지정 제27호)로 지정돼 있으며, 군악 관련 유래설이나 제의적인 연행양상 등으로 볼 때 남해안 농악의 대표적인 사례로 꼽힌다. 이런 점을 고려해서 월포농악을 통해 남해안 농악의 대체적인 양상을 살필 수 있다. 특히 이 글에서 주제로 삼은 농악 연행의 확장성 역시 남해안의 다른 사례와 연결될 수 있으므로 적절한 논의 대상이라고 할 수 있다.

월포농악의 유래는 매귀埋鬼와 관련 있는 것으로 전한다. 월포농악전수관 앞에 세워진 「매귀와 문굿 유래」라는 비석에는, 정월에 당산제를 모시고 풍년을 빌고 액을 막고자 치는 굿으로부터 농악이 비롯됐음을 밝히고 있다. 공동체의 안녕을 축원하기 위해 당산제를 모시고 풍물을 쳐온 내력이 곧 농악의 역사라고 여기고 있는 것이다. 월포농악의 정체성이 예능화된 판굿에 있는 것이 아니라 제의적 기능에 있음을 말하는 것이라고 할 수 있다. 이는 현행 농악 전승에서 그대로 이어지고 있으니 지속적인 전통이라고 할 만하다.

월포농악의 또 다른 유래로 군악 기원설이 전한다. 월포농악의 공연 종목 중의 하나인 문굿의 경우 특별한 유래가 전한다. 전승자들은 문굿이 '이순신 장군의 군법이 내려온 것'이라고 말한다.

참말인지 거짓말인지 몰라. 욱에서 내려오는 것으로 봐서는 이순신 장군 그 군법인데, 군법이 내려온 거인데, 그 양반이 적을 격파했을 때 적 진지로 안 들어가요? 환영맞이 할 때. 우리 아군을 거그서 환영을 받어줘. 그럴 때 굿으로 치는 것이 그 거스그서 그 성문을 열었다고 해서 문굿이라고 말이 나왔습디다. 이것이 나가 한 400년 가차이 된 것을 연대를 어채 이렇금 책같이 뀌고 나왔으믄 연대가 어떻게 됐다는 것을 안디, 전설로 이렇게 나왔기땀새 그건 잘 몰라요.

2008.2.9. 제보자 : 정이동 상쇠

문門굿은, 그 이름처럼 영기를 세워놓고 그 앞에 늘어서서 상징적인 행위들을 반복하면서 다채로운 가락을 연주하는 농악이다. 문굿은 군법의 엄격함과 예능의 짜임새를 보여주는 연행으로 간주된다. 또한 그 근원에는 수군 군영軍營에서 사용하던 군악軍樂이 있다고 말한다. 그리고 농악대를 군총軍叢이라고 부르는 것도 이와 관련 있다고 말한다.

〈그림 1〉 영기를 세우고 치는 문굿 2005.4.7

문굿의 군악 기원설은 남해안의 역사적 특성과 연관돼 있다. 월포농악의 경우, 조선 수군의 거점지인 고흥의 지역적 전통에 토대를 두고 있는 것으로 설명된다. 조선시대 전라도 동부 해안을 방비하던 전라좌수영에는 본영(여수)과 관할 5관(순천, 낙안, 보성, 광양, 흥양), 5포(방답, 사도, 발포, 녹도, 여도)가 있었는데, 이 중에서 1관(흥양-현 고흥군), 4포(사도진-현 고흥군 점암면 금사리, 여도진-현 고흥군 점암면 여호리, 발포진-현 고흥군 도화면 내발리, 녹도진-현 고흥군 도양읍 봉암리)가 고흥 관내에 자리했다. 이런 이유로 고흥에는 다른 지역보다 군악의 전통이 더 강했으며, 그것이 문굿이라는 특징적인 농악으로 이어지고 있다고 한다.

월포농악의 전승지인 거금도는 고흥반도 남쪽에 자리한 섬이다. 월포마을은 면소재지의 동북쪽 바닷가에 자리잡고 있다. 월포月浦라는 지명 유래는 마을 형국과 관련이 있다. 마을 앞 해안선이 반달 모양으로 생겼다고 해서 예로부터 '달개'라고 불러왔는데, 이것의 한자 이름이 바로 월포다. 월포 사람들은 마을 앞바다에서 주낙, 해조류・어패류 채취, 양식 등을 해왔다. 그 중에서 주목되는 것은 갯벌 어로와 해조류 양식이다. 예로부터 낙지・반지락과 같은 어패류 채취가 성행했으며 해조류 양식도 활성화되었

〈그림 2〉 월포마을 전경(일부) 2008년. 좌측 상단에 간척지논이 보인다.

다. 근래에는 매생이 양식이 각광받고 있다. 청정해역에서 자라는 매생이는 5대 영양
소가 골고루 들어 있는 식물성 고단백 식품으로 인기를 끌고 있다. 매생이는 고흥, 완
도, 장흥 등지에서 주로 생산되지만, 특히 고흥 월포의 매생이를 최고 상품으로 친다.

　월포사람들은 바닷일만 하는 것이 아니라 농사도 짓는다. 근래 간척지가 조성된 뒤
로 논농사가 주요 생업이 되었다. 이런 배경이 농악 연행에 그대로 반영돼 있다. 정월
초에 당제를 지내고 농악을 칠 때 바닷가에 이어서 간척지 들판에서도 농악을 연행한
다. 바다와 들판 모두에서 농악 연행이 이루어지고 있는 것이다. 생업 변화에 따라 연
행 공간이 확장돼 있는 셈이다. 농악 연행이 생업 변화를 역동적으로 수용했음을 보
여준다. 남해안의 다른 지역에서도 생업 활동과 농악 전승이 서로 연관돼 있는 것을
볼 수 있는데, 그것이 서로 연동되는 현상을 의미있게 살펴봐야 한다. 이런 점을 고려
할 때 월포농악의 연행 공간이 확장되는 현상을 색다르게 주목할 필요가 있다. 특히
정초의 제의적 연행이 공간 단위로 구성돼 있고 그것이 서로 유기적인 관계를 띠고

있으므로 그와 연관된 현장적인 기능을 눈여겨 볼 필요가 있다.

2. 당제와 연계된 제의적 연행

월포마을의 농악은 '당산굿', '제굿', '마당밟이'[뜰밟이], '판굿', '문굿' 등이 전승되고 있다. 각각의 굿판은 마을의 공동제의인 당제와 헌식 기간에 집중돼 있다. 음력 정월 초사흗날에는 당산굿[당맞이굿], 선창굿, 간척지굿, 마당밟이, 당제와 제굿 등이 연행된다. 그리고 정월 10일을 기준으로 날을 받아 제굿과 헌식이 이루어진다. 요즘에는 판굿을 칠 기회가 별로 없고, 마당밟이는 특별한 요청이 있을 경우에 연행된다.

정초에 현지에서 관찰한 농악 연행을 진행과정에 따라 개괄하면 다음과 같다(2008년 2월 9일).

〈표 1〉 정월의 농악 연행(△2008년에는 공연 안함)

순서	명칭	장소	시간	목적	비고
(1)	당산굿	마을 입구 당터(사장나무 앞)	음1.3.오전	뒷산 당집을 향해 인사	
(2)	선창굿	바닷가 선창	음1.3.오전	바다를 향해 풍어 축원	
(3)	간척지굿	간척지 입구	음1.3.오전	간척지를 향해 풍년 축원	
(4)	샘굿, 마당밟이	샘, 가정집	음1.3.오후	집돌이하며 축원	△
(5)	당제	마을 뒷산 당집	음1.3.저녁	당할머니에게 제사	
(6)	제굿	마을 입구	음1.3.저녁	당집을 향해서 당제진행에 맞춰	
(7)	마당밟이, 판굿	가정집	음1.4~	집돌이 하며 축원	△
(8)	제굿, 헌식	마을입구	음1.10	정초 굿을 마무리, 헌식	
(9)	문굿	광장	초청시	장터 개장식, 행사시 공연	

이 중에서 2008년 2월 9일에 글쓴이와 송기태 교수 등이 현지에서 직접 관찰한 굿은 (1)~(3), (5)~(6), (9)다. 요즘에는 마당밟이를 요청하는 집이 없어서 안 하는 경우가 많다고 한다. 문굿의 경우 본래 외부 초청 공연이나 행사에 나갔을 때 주로 하는

데, 당시 기록화를 목적으로 촬영이 이루어졌으므로 간척지굿을 마친 후 오후에 공연이 이루어졌다.[1]

전체적으로 볼 때 월포농악은 제의적 연행이 두드러진다. 관객을 상대로 한 예능화된 공연이 아니라 정해진 시기에 마을 공동체의 평안을 비는 종교적 축원을 목적으로 연행되고 있음을 알 수 있다. 당산굿과 제굿을 구체적으로 살펴보기로 한다.

1) 당산굿[당맞이]

당산굿은 '당산신을 맞이하는 굿'이다. '당맞이'라고도 한다. 당제를 지내는 정월 초사흗날 가장 먼저 치는 굿이 당산굿이다. 2008년에는 오전 10시 10분경에 '고흥월포문굿 전수관' 앞에서 시작해서 '헐미사 질굿'을 치며 사장나무[당테]로 이동해서 산중턱에 있는 당집을 향해 당산굿을 쳤다. 이 굿은 당산할머니에게 절을 하기 위한 것이라며 하며, "오늘 당산을 맞습니다."라는 뜻으로 친다고 한다.

〈표 2〉 당산굿의 절차와 가락(2008년 2월 9일)

절차	가락
① 외채굿	쇠싸움 – 외채 – 이채(딱징1회)
② 헐미사질굿	헐미사질굿 – 외채 – 이채 – 쇠싸움(절 2배) – (생략)
③ 절갱굿 [주행굿]	이채 – 주행굿 – 쇠싸움 – 이채 – 쇠싸움 – 갈림쇠 – 이채 – 쇠싸움(딱징1회) – 갈림쇠 – 이채 – 쇠싸움(딱징2회) – 갈림쇠 – 이채
④ 구덕놀이 [벅구놀이]	느린삼채 – 중삼채 – 외채 – 이채 – 자진삼채 – 음마깽깽 – 이채 – 음마깽깽 – 이채 – (생략) – 쇠싸움(딱징3회)
⑤ 너나리굿	너나리굿[느린삼채] – 외채 – 이채 – 중삼채 – 음마깽깽 – 이채 – 된삼채 – 음마깽깽 – 이채 – 음마깽깽 – 이채 – 음마깽깽 – 이채(딱징3회)
⑥ 영산다드래기	영산다드래기 – 진풀이굿 – 외채 – 이채 – 쇠싸움 – 예절굿 – (생략)

---

1   이경엽·김혜정·송기태, 『고흥월포농악』, 심미안, 2008, 54쪽. 이 글에서 인용하는 자료들은 이 책에 수록된 것들이다. 출처를 따로 밝히지 않고 인용하기로 한다.

당산굿에서는 ①~⑤의 가락을 순서대로 친다. 제의적인 목적으로 연행되기 때문에 가감없이 정해진 순서대로 치는 것을 중시한다.

① 〈외채굿〉을 치면서 반시계방향[2]의 원진을 한다.

② 〈헐미사질굿〉을 치면서 전수관 앞 당터로 이동한다. '헐미사 질굿'이란 20세기 초중반에 활동하던 협률사라는 공연단체가 치던 길굿을 지칭한다. 그 길굿이 월포농악에 '헐미사'란 이름과 함께 수용된 것으로 보인다. 길굿을 마치면 당을 향해 일렬로 서서 절을 두 번 한다.

③ 〈절갱굿〉에서 주행굿 가락을 치며 원진을 한 바퀴 돌고, 이후 다시 당을 향해 일렬로 정렬한다. 〈절갱굿〉을 치는 동안 상쇠는 쇠를 치면서 보풀놀이[상모놀음]를 한다. 이 〈절갱굿〉은 "당산을 맞이합니다."라는 의미의 절차로서 〈절갱굿〉을 치기 전에 당을 향해 절을 한다. 〈절갱굿〉은 〈주행굿〉이라고도 한다.

④ 〈구덕놀이〉는 다른 지역의 구정놀이와 비슷하다. 벅구를 중심으로 장구와 소고, 쇠 등이 가운데로 나와서 기량을 펼치는 개인놀이다. 여기서는 특히 벅구가 나와서 가락을 치며 기량을 선보이는 것이 특징이다. 벅구놀이는 느린삼채, 중삼채, 된삼채 가락으로 구성돼 있다.

⑤ 〈너나리굿〉을 치면서 상쇠의 개인놀이가 시작된다. 〈너나리굿〉을 칠 때 상쇠는 쇠를 치지 않고 발림이나 보풀놀이를 한다. 느린삼채 가락을 칠 때는 양 손을 들고 발림을 하다가 이후 중삼채와 된삼채 가락에서는 보풀놀이를 한다. 여기서 상쇠는 가락을 치지 않고 신호를 통해서 가락을 넘기는데, 발림을 할 때는 쇠채에 달린 천을 흔들어 신호를 하고 보풀놀이를 할 때는 상모를 뒤로 세웠다가 앞으로 내리는 것으로서 신호를 한다. 된삼채까지 이러한 형태로 굿을 진행하다가 음마갱갱 가락으로 넘어가면 상쇠가 보풀놀이를 마치고 다시 농악대를 지휘한다.

⑥ 〈영산다드래기〉를 치면서 원진을 하다가 굿을 맺는다.

---

2 월포농악의 원진은 대부분 반시계방향이다. 이는 타 지역에서도 마찬가지다. 따라서 이후 별도의 언급이 없이 '원진'이라는 용어를 사용할 경우 '반시계방향 원진'임을 밝혀둔다.

〈그림 3〉 마을 뒤의 당집을 바라보고 당산굿을 치는 장면 2008년

〈그림 4〉 당산굿에서 벅구놀이 2008년

〈그림 5〉 당산굿 2008년

2) 당제와 제굿

월포마을의 농악은 당제와 불가분의 관계에 있다. 음력 정월 3~4일에 연행되는 당산굿, 선창굿, 간척지굿, 제굿, 마당밟이 등의 중심에 당제가 있다. 당제에서 모시는

신은 당할머니다. 당집은 마을 왼편 뒷산에 있다. 예전에는 바위 아래에서 모셨으나 50년 전에 당집을 지었다. 상량문에 의하면 1967년(檀紀 四千參百年 丁未九月)에 건립된 것으로 나와 있다. 정월 3일에 이 당집 안에 상을 차리고 당할머니에게 제를 올린다. 당집 안에는 제의 관련 물품이 따로 없다. 당집 밖에는 할머니를 모시고 온 사자(3명)를 위한 제단이 있다.

당제를 모시는 제관은 제주 1명과 집사 2명이다. 제주는 특히 엄정한 기준으로 선발한다. 제주는 초상을 당하지 않고 집안에 출산이 없고, 평안하고 몸이 건강한 사람을 가려 뽑는다. 제주는 엄격하게 금기를 지키며 당제를 준비한다. 3일 동안 바깥출입을 하지 않고, 화장실에 다녀오면 찬물로 목욕하고 정성을 들이고 조심했다. 요즘에는 과거처럼 제관을 선발하지 않고 이장이 제주를 맡고, 영농회장과 어촌계장이 집사를 맡는다. 금기도 당제를 모시는 당일만 지킨다. 그렇지만 정성을 다해 제를 모시는 것은 동일하며, 마음가짐을 정결히 해서 제를 준비해서 모시고 있다. 과거에는 제주가 고생을 많이 했으므로 제주에게 보상 차원에게 김발 자리를 50m 줬다. 제주에게 건홍 자리를 먼저 배정해서 공동체 차원의 보상을 해줬던 것이다. 요즘에는 김양식을 하지 않으므로 현금으로 20만원의 수고비를 준다.

농악을 치는 군총들도 목욕재계를 한다. 집안에 상을 당한 사람이나 임산부가 있는 사람, 심지어는 송아지를 출산한 경우라도 '거리낌'이 있으면 농악을 치러 나가지 않는다. 그리고 정성을 들이기 위해 먼저 세수를 하고 농악을 치러 나간다. 농악 연행 역시 제의적인 행위라는 것을 말해준다.

당집에서 당제를 지내는 것과 동시에 마을에서는 제굿을 친다. 당제를 지낼 때 제관들이 제물을 진설한 후 불빛으로 신호를 한다. 이 신호에 맞춰 마을에서 기다리던 농악대(군총)가 굿을 친다. 제관 일행은 제굿을 들으면서 그것에 맞춰 술을 따르고 절을 한다. 당에서의 제사와 마을에서의 제굿이 같은 시간에 시작해서 같은 시간에 마무리하면 좋다고 여긴다.

〈그림 6〉 제굿을 치는 군총들 2008년   〈그림 7〉 제굿을 치는 군총들 2008년

저녁 8시 40분 경에 군총들이 보존회 사무실에서 악기를 챙겨 제굿 칠 장소로 이동
했다. 제굿을 치는 장소는 당이 잘 보이는 곳으로서 마을 입구 쪽에 있는 창고 앞이
다. 이 장소가 별도의 의미는 없고, 다만 당이 잘 보이고 바람을 막아주기 때문에 선
택한 것이라고 한다. 과거에는 해변가에 있는 '건장' 즉, 해태를 말리는 건조장(바람으로
엮은 덤장)에서 바람을 피하고 있다가 당의 신호에 따라 제굿을 쳤다고 한다.

〈표 3〉 제굿 절차와 가락(2008년 2월 9일)

절차	가락
① 외채굿	쇠싸움 – 외채 – 이채(딱징1회)
② 절갱굿 [주행굿]	주행굿 – 쇠싸움 – 이채 – 쇠싸움 – 갈림쇠 – 이채 – 쇠싸움(딱징1회) – 갈림쇠 – 이채 – 쇠싸움(딱징2회) – 갈림쇠 – 이채 – 쇠싸움(딱징3회)
③ 너나리굿	너나리굿(느린삼채) – 외채 – 이채 – 느린삼채 – 이채 – 중삼채 – 이채 – 사채 – 이채 – 오채 – 이채(딱징3회)
④ 너나리굿	너나리굿(느린삼채) – 외채 – 이채(딱징1회) – 쇠싸움(절 1배, 딱징3회)
⑤ 너나리굿	너나리굿(느린삼채) – 외채 – 이채(딱징1회) – 쇠싸움(절 2배, 딱징3회)
⑥ 너나리굿	너나리굿(느린삼채) – 외채 – 이채 – 삼채 – 음마깽깽 – 이채 – 음마깽깽 – 이채 – 음마깽깽 – 이채(딱징3회)
⑦ 영산다드래기	영산다드래기 – 진풀이굿 – 외채 – 이채(딱징1회) – 예절굿

당에서 제를 마친 제관들이 불을 밝혀 신호를 보내면 그것을 보고 있던 농악대가 제굿을 치기 시작한다. ①~⑥의 절차를 진행하는 동안 당을 향해 일렬로 선 상태에서 굿을 친다. 중간에 ④와 ⑤의 〈너나리굿〉 마지막에 쇠싸움 가락을 치면서 절을 한다. ④에서는 절을 한 번 하고, ⑤에서는 절을 두 번 한다. 이후 ⑦에서 진풀이굿을 치면서 원진을 한다. 제굿 전체 과정이 끝나면 더 이상 악기를 치지 않고 조용히 마을로 이동한다.

이상에서 본대로 당맞이와 제굿은 이름 그대로 당산신을 맞이해서 축원을 올리는 농악이다. 공연장에서 흔히 볼 수 있는 예능화된 농악과는 다른 구성을 보여준다. 제의적 연행이라는 점이 색다르다. 농악이 마을 공동체의 안녕을 빌기 위한 당제와 유기적으로 연결돼 있다는 점이 특징이다.

3. 생업 공간의 확장과 선창굿 - 간척지굿의 병행

월포 사람들의 생업은 반농반어지만 어업의 비중이 높다. 어촌답게 주민들은 갯벌 어로와 해조류 양식에 집중해왔다. 드넓은 갯벌이 있으므로 예로부터 낙지·반지락과 같은 어패류 채취가 성행했으며 해조류 양식도 많이 했다. 특히 1960~70년대에는 대부분의 주민들이 김 양식에 종사할 정도로 그 비중이 컸다. 그러나 1970년대 후반에 김 가공공장이 대형화되고 가족 단위의 소형 김 양식이 가격 경쟁에서 밀리면서 김 양식이 약화되었으며, 그 여파로 도시로 이주해가는 주민들이 많이 나오게 되었다.

요즘에는 매생이 양식이 각광받고 있다. 매생이는 청정해역에서 자라는 녹색 해조류다. 파래와 유사한데, 파래가 거칠고 녹색에 가까운 반면 매생이는 5~6가닥을 더해야 머리카락 하나 굵기가 될 만큼 가늘고 검붉은 녹색을 띠고 있다. 5대 영양소가 골고루 들어 있는 식물성 고단백 식품으로 인기를 끌고 있다. 남해안 여러 곳(고흥, 완도, 장흥 등지)에서 생산되지만, 특히 고흥 월포의 매생이를 최고 상품으로 친다. 월포에서 매생이 양식을 하는 집은 50호 정도다(2011년). 매생이 양식은 고소득을 보장하는 생업으로 각광받고 있다. 10월 하순부터 11월 중순까지 매생이 발을 설치한 후 1월 초부터 매생이를 채취한다. 연로해서 노동력이 부족한 집을 제외하고 대부분 매생이 양식과 관련을 맺고 있을 정도로 중요시되고 있다. 월포 어촌계에서는 면허지 30ha에 570척(10ha당 190척)의 건홍을 설치해서 매생이를 생산하고 있다. 신문기사에서 보듯이 월포 매생이는 지명도 높은 브랜드로 명성을 날리고 있다.[3]

월포 사람들은 어업만이 아니라 농사도 짓고 있다. 예전에는 밭농사를 주로 했으나 1970년대에 간척지를 조성(1973~1975)한 이후 논농사도 짓게 되었다. 농경지 확보는 월포 사람들에게 각별한 일로 간주된다. 숱한 고난을 이겨내고 주민들이 단합해서 간척을 하고 그곳에서 벼농사를 짓게 된 것을 특별한 일로 기억하고 있다. 간척지에 대해 설명할 때 나타나는 주민들의 진지한 표정에서 그것을 읽을 수 있다.

이상에서 보듯이 월포 사람들의 주된 생업 공간은 바다와 간척지다. 주민들은 둘 모두 특별하고 중요한 곳이라고 생각한다. 정월에 농악을 칠 때 바닷가에서 선창굿을 치고 난 다음에 간척지굿을 치는 것은 이런 배경에서 비롯됐다. 간척지굿은 그전에 없던 것인데, 1970년대 중반에 간척지를 조성한 뒤로 새로 하게 되었다. 생업 공간의 확장 과정이 농악 연행 속에 수용된 것이라고 할 수 있다. 농악 전승의 역동성을 보여주는 사례라고 할 수 있다. 각각 어떻게 구성돼 있는지 살펴보기로 한다.

---

3 "〈고흥, 영양 만점 웰빙식품 월포 매생이 채취 한창〉, 겨울철 별미이자 웰빙식품인 매생이가 청정해역인 고흥군 금산면(거금도) 월포마을 어민들에 의해 소비자의 밥상에 올려지기 위한 채취가 한창이다. 매생이는 철분과 칼슘, 단백질 등이 풍부한 웰빙 식품으로 물이 깨끗하고 바람과 물살이 거세지 않은 곳에서만 생육하므로 거금도(금산면)에서 생산되는 매생이는 부드럽고 맛이 좋아 도시 소비자들로부터 주문이 밀려들어 생산어가들의 고소득원으로 효자노릇을 하고 있다.……한편, 고흥군은 지난해 말 사업비 6억원을 투입 특산품인 금산 월포 매생이 육상세척작업장을 신축해서 소비자들에게 보다 신선하고 질 좋은 매생이를 판매하고 있는데 올해는 50호의 어가에서 24억원의 소득을 올릴 것으로 예상하고 있다."(『igj광주일등뉴스』, 2011.1.13)

1) 선창굿

선창굿은 앞에서 본 당산굿과 성격이 통한다. 선착장에서 바다를 향해 치는 굿이지만 당산굿의 일종이라고 말한다. 선창굿은 바다의 용왕신에게 어업활동과 관련해 "해상 사업 잘 되게 해주기를" 비는 굿이다. "배를 타고 일 년 열두 달 동서남북 사방으로 댕기더라도 사고 없이 무사고로 해주쑈."라는 축원의 의미로 연행된다. 선착장의 경우 '당맞이'라는 개념이 명확하게 드러나지 않지만 전승자들은 '선창에서 당산을 맞는 것'이라고 설명한다.

선창굿은 '흘림당산굿'으로 구성된다. 앞서 본 사장나무 앞(당터)에서 치는 당산굿이 온전한 완형이라면 선창굿은 벅구놀이를 제외한 축소형 당산굿을 친다. 그것을 '흘림당산굿'이라고 한다. 선창에서 흘림당산굿을 친 다음에 선주가 원하는 경우에 뱃굿을 친다. 2008년의 경우 뱃굿을 쳐달라고 하는 사람이 없어서 별도로 뱃굿을 치지 않았다.

〈그림 8〉 선창굿 2008년

〈그림 9〉 선창굿을 마치고 뱃굿을 치는 장면

<표 4> 선창굿의 절차와 가락(2008년 2월 9일)

절차	가락
① 이채굿	쇠싸움 - (생략) - 이채
② 헐미사질굿	헐미사질굿 - 외채 - 이채 - 쇠싸움 - 예절굿
③ 절갱굿 [주행굿]	이채(딱징1회) - 주행굿 - 쇠싸움 - 이채 - 쇠싸움 - 갈림쇠 - 이채 - 쇠싸움(딱징1회) - 갈림쇠 - 이채 - 쇠싸움(딱징2회) - 갈림쇠 - 이채 - *쇠싸움(딱징3회)*
④ 벅구놀이	(생략)
⑤ 너나리굿	너나리굿 - 외채 - 이채 - 중삼채 - 음마깽깽 - 이채 - 된삼채 - 음마깽깽 - 이채 - 음마깽깽 - 이채 - 음마깽깽 - 이채(딱징3회)
⑥ 영산다드래기	영산다들이 - (생략) - 이채 - 예절굿 - (생략)

① 〈이채굿〉은 당터에서 당산굿을 마친 후 선창으로 이동하기 전에 쳤다. 〈이채굿〉을 치게 되면 쇠싸움과 외채 등이 들어가는데, 이날은 이것을 간소화해서 쳤다. 외채나 딱징 등의 가락을 생략했다.

② 〈헐미사질굿〉은 마을에서 선창까지 이동할 때 치는 굿이다. 굿을 마무리 짓는 쇠싸움 가락을 칠 때 절을 해야 하는데, 이날은 절을 하지 않고 예절굿을 치고 마쳤다. 본래는 선창에 도착한 후 굿을 마치면서 절을 해야 하는데, 선창까지 가지 않고 중간에 굿을 마쳤기 때문에 절을 하지 않은 것으로 짐작된다. 걷지 않고 트럭에 올라타서 선창까지 이동했기 때문에 생긴 일로 보인다.

③ 선창에 도착해서 〈절갱굿〉을 쳤다. 처음 이채로 시작해서 굿을 이룬 후 주행굿 가락을 치면서 원진을 한다. 주행굿 가락 다음 순서부터는 제자리에 선 상태에서 가락을 연주한다. 이때 상쇠가 보풀놀이를 해야 하는데, 흘림당산으로 간단히 치기 때문에 보풀놀이도 생략하고 전체적인 순서를 짧게 진행했다.

④ 선창에서는 흘림당산굿을 치기 때문에 〈구덕놀이〉는 생략한다. 완형의 당산굿이라면 구덕놀이를 제대로 갖추어서 친다.

⑤ 〈너나리굿〉을 치면서 상쇠가 개인놀이를 하는데, 전체적인 과정을 축소하면서 절차에 맞춰 가락만 연주했다.

⑥ 간단하게 마무리했다. 당터에서는 원진을 하면서 〈영산다드래기〉 절차를 진행했

지만, 선창에서는 제자리에 서서 가락만 연주했다. 또 진풀이굿 등의 가락도 생략했다.

2) 간척지굿

간척지굿은 간척지에서 치는 굿이다. 당제를 모실 때 치던 제굿의 일종으로 간주된다. 그래서 '간척지 제굿'이라고도 한다. 당제와 제굿이 '당할머니'에 대한 의례이고, 간척지에서의 제굿은 '토지지신'에 대한 의례라고 한다. 간척지굿은 제굿의 축소형이다. 제굿에서는 너나리굿을 총 4회에 걸쳐 연행하고 그 중간에 절을 두 번 하는데, 간척지에서 제굿을 칠 때는 너나리굿을 1회만 연행하고 나머지는 생략하고 중간에 절도 하지 않았다.

〈표 5〉 간척지의 제굿 절차와 가락(2008년 2월 9일)

절차	가락
① 외채굿	쇠싸움 – 외채 – 이채
② 절갱굿 [주행굿]	주행굿 – 쇠싸움 – 이채 – 쇠싸움 – 갈림쇠 – 이채 – 쇠싸움(딱징1회) – 갈림쇠 – 이채 – 쇠싸움(딱징2회) – 갈림쇠 – 이채 – 쇠싸움(딱징3회)
③ 너나리굿	(생략)
④ 너나리굿	(생략)
⑤ 너나리굿	(생략)
⑥ 너나리굿	너나리굿(느린삼채) – 외채 – 이채 – 삼채 – 음마깽깽 – 이채 – *된삼채* – 음마깽깽 – 이채 – 음마깽깽 – 이채 – *음마갱갱* – *이채* – *음마갱갱* – *이채*(딱징3회)
⑦ 영산다드래기	영산다드래기 – 진풀이굿 – 외채 – 이채

농악을 치기 시작할 즈음 간척지 입구 길가에 제물을 간단히 차려놓는다. 제물을 중심으로 농악대원들이 원을 만든 상태에서 간척지굿을 친다. ①~⑥까지의 과정 중 ③~⑤까지의 〈너나리굿〉을 생략했다. 하지만 이것은 이날 그렇게 했다는 것이 아니라, 간척지굿 자체가 제굿의 축소형이기 때문에 정상적인 연행이라고 할 수 있다. 연행하는 동안 제자리에 선 상태에서 가락을 연주하고 ⑦ 〈영산다드래기〉에서 진풀이굿을 치면서 원진을 그리며 연행을 마무리했다.

〈그림 10〉 월포마을 간척지　2008년
〈그림 11〉 간척지 입구에 간단히 제물을 차려놓고
　　　　　 제굿 연행　2008년

4. 농악 연행 속에 새로운 생업 공간이 수용된 의미

　월포농악은 상황적인 맥락과 현장성이 두드러진다. 월포농악은 정초의 세시풍속으로 전승되고 있다. 매년 음력 정월 초사흗날에 지내는 당제를 전후해서 당산굿 – 선창굿 – 간척지굿 – 제굿 – 마당밟이 – 문굿을 연행하고 있다. 요즘 들어 마당밟이는 수요가 있을 때만 하고 문굿은 축제나 대회에서 주로 치고 있으나, 나머지는 여전히 마을의 현장에서 연행되고 있다. 과거에 비해 약화되기는 했지만 전승현장의 본래적인 기능을 유지하면서 전승되고 있는 것이다.

　월포농악의 현장성은 최근 농악의 전승현황에 비춰볼 때 특징적인 현상이라고 할

수 있다. 무형문화재로 지정된
다른 사례들을 보면 대부분 무
대 공연 중심의 활동이 일반적
이다. 주어진 시간 동안 관객들
에게 갖가지 예능을 선보이는
것에 치중하고, 농악이 지닌 본
래의 현장적인 기능은 소홀히
취급하는 경우가 많다. 이러다
보니 외형적인 요소가 확대되고
강조되는 경향이 있다. 무대 공
연화된 농악은 표면적인 성대함

〈그림 12〉 간척지굿을 치러 영기를 앞세우고 이동하는 모습   2008년

과 기교를 강조할 뿐 현장적인 의미를 담보하기 어렵다. 농악의 본래 전승현장은 마
을이라고 할 수 있는데, 그 현장을 떠난 농악은 예능만 남을 뿐이다. 마을마다 각기
특별한 날에 맞춰 특정 공간에서 상징적인 행위를 통해 의미를 창출하던 본래의 기능
은 사라지고, 탈맥락화된 예능만이 남게 되는 것이다. 이렇게 될 경우 공연물의 외재
적인 요소를 강조하는 방향으로 갈 수밖에 없게 된다.

　월포농악처럼 '현장'이 살아 있는 경우, 공동체적 전승기반을 유지하고 있으므로 그
것을 토대로 한 의미의 재생산이 이루어지고 문화적 권위를 확보할 수 있다. 월포농
악은 공동체의 안녕과 풍년을 빌기 위한 목적으로 초자연적인 존재와 소통하는 시공
간에서 연행되고 있다. 일반 오락이 아닌 제의적 연행이므로 '거리낌 없는' 사람들이
참여해서 정성을 다해 농악을 친다. 그리고 공동체의 축원과 신명을 마음껏 발산하는
축제를 펼쳐간다. 이와 같이 월포농악은 현장적인 기능을 유지하고 있는, '살아 있는
공연'으로 전승되고 있다. 이 점이 월포농악의 가장 두드러진 특징이라고 할 수 있다.

　농악이 지닌 현장적인 기능은 창조적인 역동성으로 작용한다. 새로운 수요가 있을
경우 그것을 수용해서 변화된 농악을 만들어 가기도 한다. 월포 사람들은 1970년대에
간척지를 조성해 농지로 만들었는데, 그 이후로 간척지굿을 새로 추가해서 연행하고

있다. 농경지 확보는 월포 사람들에게 각별한 일로 간주된다. 수많은 고난을 이겨내고 주민들이 단합해서 간척을 하고 그곳에서 벼농사를 짓게 된 것을 특별하게 여기고 있다. 이런 공동체의 경험을 문화적으로 수용한 것이 바로 간척지굿이다. 그래서 정월에 농악을 칠 때 바닷가에서 선창굿을 치고 난 다음 간척지굿을 치고 있다. 기존의 생업 공간인 바다와 새로 추가된 농경지를 아우르는 농악 연행을 하고 있는 것이다. 현장성을 토대로 한 창조적인 전승이라고 할 수 있다.

연행 공간의 확장은 농악 전승의 창조적인 변용을 보여준다. 월포농악의 가락 구성을 분석해보면 온전한 형태와 축소형이 대비되는 것을 볼 수 있다. '당산굿 – 선창굿'과 '제굿 – 간척지굿'이 그것이다. 당산굿과 제굿은 온전한 형태에 속하며 선창굿과 간척지굿은 각각을 축소한 형태다. 즉, 선창굿은 당산굿 중에서 벅구놀이를 생략한 '흘림당산굿' 형태로 축소돼 있고, 간척지굿은 제굿 중에서 4번의 너나리굿을 1회만 치는 것으로 축소돼 있다. 이것을 보면 완형의 굿을 축소하는 방식으로 새로운 굿을 재구성했음을 알 수 있다. 또한 이 글에서 간척지굿을 주목했지만, 선창굿 역시 근래에 새로 추가된 굿이라는 것을 유추할 수 있다. 짐작컨대 1960~70년대에 김양식이 각광받을 무렵에 선창굿이 생겼을 가능성이 크다. 이전 시기보다 생업 공간으로서 바다와 갯벌이 부각되면서 자연스럽게 용왕신에게 축원하는 '선창 당산굿[당맞이]'이 만들어졌던 것으로 보인다. 그리고 이런 전례에 따라 1975년 이후에 간척지 농사를 짓게 되면서 풍년을 기원하는 '제굿'을 도입한 것으로 짐작된다. 또한 제굿을 치되 대폭 축소해서 주요 골격을 간추린 형태로 '간척지 제굿'을 치게 되었던 것으로 보인다. 기존의 절차 중에서 성격이 비슷한 것을 응용하되 축소된 형태로 재구성한 것이라고 할 수 있다.

농악 연행 속에 새로운 생업 공간이 수용된 것은 각별한 의미가 있다. 바다와 농토는 관념적인 공간이 아니라 생존을 위한 현실적인 공간이다. 바다 농사가 각광받으면서 '선창 당산굿'을 치게 되고, 간척지가 조성된 뒤로 '간척지 제굿'을 추가한 것은 농악 연행의 맥락성을 강화한 것이라고 해석할 수 있다. 생업 공간을 농악 연행 공간으로 수용한 것은 농악 전승의 내실과 생동감을 보여준다. 농악 연행 공간의 확장에 담긴 창조적인 변용 과정을 특별하게 주목할 필요가 있다.

제3장

미황사 군고패에 대한 공동체의 기억과 그 재현양상

1. 머리말

남해안지역의 '군고'는 명칭과 역사적 내력이 독특하다. 군고는 해남, 완도, 고흥, 강진, 진도, 신안 등지에서 농악을 지칭하는 말로 널리 사용된다. 지역에 따라 금고, 군기 등으로 부른다. 군고軍鼓는 그 이름에서 보듯이 농악과 군악軍樂의 관련성을 보여주는 명칭으로 이해된다. 실제 남해안 지역에는 군악 유래설이 널리 전하며 구체적으로 임진왜란을 배경으로 이순신 또는 서산대사의 활약과 관련된 내용들이 거론된다. 해남에서 농악의 유래를 '서산대사 진법군고'에서 찾는다든가,[1] 진도에서 '걸군농악'의 유래를 이순신의 수군 활동과 연관 짓는다든가, 완도에서 농악을 일러 '열두 군고'라고 부르는 것 등이 대표적인 사례다. 또한 해남에 전하는 「군고청령급진법軍鼓廳令及陳法」이나 진도 소포리의 걸립 문서에서 보듯이, 농악 문서와 병법서兵法書가 구체적으로 관련돼 있는 경우가 있다.[2] 이런 점들이 남해안지역을 호남 좌도나 우도 농악과 구분

---

1   황도훈, 『傳, 서산대사진법군고』, 해남문화원, 1991.

2   송기태, 「서남해안지역 걸립 문서에 나타난 지향과 문화적 권위」, 『실천민속연구』 16, 실천민속학회,

〈그림 1〉 남해안의 농악은 당제와 연계된 경우가 많다. 벌교 대포리에서 당제 후 농악을 치고 헌식 끄랭이를 바닷가로 투척하러 가는 모습(좌). 완도 생일도에서 당제와 병행해 농악을 치는 모습(우)

해서 '군고권'이라고 부르는 근거가 되기도 한다.[3]

남해안지역의 군고는 상황적인 맥락과 연계돼 있다는 점이 특징이다. 이 지역의 농악은 예능이 별도로 독립돼 있지 않고 대부분 세시풍속의 일환으로 전승된다. 당굿·마당밟이·파방굿 등이 맥락적으로 연결돼 있고, 걸립 활동과 연관된 전승 내력을 갖고 있는 경우가 많다. 이것은 몇몇 유명 농악만이 아니라 권역에서 두루 발견되는 특징이다. 근래 농악 전반의 전승환경이 약화되면서 무형문화재로 지정된 소수의 사례들이 주목받지만, 얼마 전만 하더라도 어느 정도 규모를 갖춘 마을이라면 대부분 정월에 당굿과 마당밟이를 했을 정도로 일반적이었다. 그리고 활발하게 전승되는 유명 농악의 경우 체계적인 구성과 짜임새를 갖추고 있었다.

남해안 군고의 전승배경을 검토할 때 걸립패의 활동이 눈길을 끈다. '걸립'이란 공공 기금 조성을 목적으로 농악대가 마을을 돌며 공연하는 것을 말한다. 걸립은 전국적인 현상이고 역사적으로 오래된 전통이지만, 남해안의 경우 근래까지 뚜렷하게 부

2010, 356쪽.

3   호남 남해안의 농악은 동부에서 전승되는 좌도농악, 서부에서 전승되는 우도농악과 달리 북놀이가 부각된다. 또한 역사적 내력도 남다르며 당제·갯제 등의 공동체의례와 연계돼서 전승된다는 점도 특징적이다.

각되는 사례들이 있어서 관심을 모은다. 특히 사찰에서 건물 중수나 범종 주조 등 불사를 목적으로 군고패를 꾸려서 걸립하는 경우가 많았는데, 그것을 흔히 '절걸립패'라고 한다. 해남 대흥사, 미황사, 장흥 보림사, 여수 흥국사 등에서 주도한 절걸립패 활동이 알려져 있다.

절걸립패 중에서 대흥사와 미황사의 사례는 주변 지역에 널리 영향을 미치고 여러 흔적들을 남겼다는 점에서 더 자세한 사정을 살필 만하다. 대흥사의 경우 범해 스님 (1820~1896)이 구본舊本에 따라 편차한 「설나규식設儺規式」필사본이 전하는데, 걸립 활동과 관련된 각종 문서의 격식과 규범을 체계적으로 수록하고 있다.[4] 이 자료는 진도 소포리와 완도 월송리 등에 전하는 농악문서들과 내용상 비슷한 부분이 많아서 영향 관계를 짐작케 한다.[5] 그리고 미황사 군고패는 중창 불사를 위해 완도 해역에 걸립을 갔다가 수몰된 역사적 사건과 함께 기억되고 있다. 해남과 완도 일대에 그에 대한 구전이 널리 전하며 여러 지역에 관련 전승이 남아 있다. 남해안 지역 농악을 이해하기 위해서는 이와 같은 절걸립패 활동을 눈여겨 볼 필요가 있음을 보게 된다.

여기서 주목하는 미황사 군고패의 경우 권역 단위 농악 전승에서 중심 역할을 했다는 점에서 관심을 모은다. 일반적으로 절걸립패는 한시적이고 상황적인 활동을 하지만 미황사 군고패는 연관성이나 영향 관계가 포괄적이다. 해남의 농악 전승자들은 미황사 군고패에 참여했던 연희자들을 기억하고 있으며,[6] 어떤 경우 계보화해서 설명하기도 한다.[7] 절에서 주도한 걸립패지만 민간의 연희자들이 참여해서 구성됐음을 보여준다. 미황사 군고패의 활동은 해남만이 아니라 완도의 여러 섬에 그 흔적을 남기고

---

4   황도훈, 앞의 책, 13~15쪽.
5   송기태, 앞의 논문, 350쪽.
6   해남 산정 군고 상쇠였던 박형규 옹은 미황사 걸립 군고에 참여했던 연희자에 대해 다음과 같이 구술한 바 있다. "우리 부락에서는 설북 한 사람하고 설장구 한 사람하고…김종문이라고 성권이 저거 큰아버지가 있었어 그 사람이 설북이고, 설장구는 …권옥이 저거 작은 아버지가 설장구였어."(신용철, 「전라남도 해남지역의 군고연구」, 인제대 대학원 석사논문, 1999, 84쪽)
7   "미황사 군고는 서산대사의 5대법손인 운봉에 근원하고 그 또 5대법손인 혼허에 이르러 중절되었다.……광무4년에 산정 사람 김종문이 설건하여 민간 주도의 군고를 정립한 것이 지금에 전승되는 것으로 이 민간 군고의 초대 상쇠는 임문일이었다."(황도훈, 앞의 책, 7쪽.)

있다. '노화도 - 소안도 - 횡간도 - 청산도' 등이 걸립 경로로 거론되는데, 여러 지역에서 미황사 군고패의 수몰 경위와 수몰 지점, 구조된 사람들에 대한 이야기가 전한다. 그리고 노화도 신양리에서는 미황사 군고패가 찾아와서 마을 군고패와 기량을 겨루었다고 하며, 미황사 군고패가 선물로 주고 갔다는 기창旗槍을 그 증거로 제시한다. 또한 매년 정월마다 정례적으로 열리는 도제에서 미황사 군고패를 기리는 제의를 수행하고 있다.

미황사 군고패는 남해안의 농악 전승에서 중요한 의미를 갖고 있는 절걸립패 활동의 실증적인 사례라고 할 수 있다. 그리고 19세기 후반에 군고패가 수몰되었던 역사적 사건이 각별하게 기억되고 있다는 점도 주목할 만하다. 특히 구전에 그치지 않고 공동체의 제의 속에서 정례적으로 재현되면서 기억되고 있다는 점이 특별하다. 또한 근래 젊은 연희자들이 결성한 '해남 군고보존회'가 미황사 군고패의 활동을 자신들의 정신적 구심점이자 지향과 연결시키고 있는 현상도 눈여겨볼 만하다. 미황사 군고패에 대한 기억과 해석이 색다르고 다양하다는 것을 알 수 있다. 이런 점들을 종합적으로 살펴볼 필요가 있다.

2. 미황사 군고패에 대한 기억과 구전

미황사美黃寺는 해남군 송지면 달마산에 자리한 절이다. 해안에서 멀지 않은 입지적 조건에서 보듯이 미황사는 바다와 연관성이 깊다. 창건설화부터가 바다 건너에서 표착한 배 이야기로 시작된다. 「미황사사적비美黃寺事迹碑」에 의하면 달마산 아래 사자포구에 닿은 돌배石船에 불상과 불경이 실려 있었는데 소에 그것을 싣고 옮기고 난 후 소가 누운 자리에 절을 지었다고 한다.[8] 또한 미황사 대웅전 주춧돌과 부도에 게·거

---

8   신라 경덕왕 8년(749)에 홀연히 한 석선(石船)이 달마산 아래 사자포구(獅子浦口)에 와서 닿았다고 한다. 배안에서 천악범패(天樂梵唄)의 소리가 들리자 어부가 살피고자 했으나 배가 번번이 멀어져 갔다.

북·물고기 등 바다 생물이 조각되어 있는 점도 독특하다. 다른 사찰에서 쉽게 볼 수 없는 것이어서 눈길을 끈다. 그리고 조선후기에 바다와 관련된 불사가 많이 수행되었는데, 대표적인 사례로 연담대사(1720~1799)가 '川邊佛事疏 川邊十王疏文'으로 물에 빠진 사람의 영혼을 구원하기 위해 수륙도장을 개설하고 참회법석懺悔法席을 열었던[9] 사례를 들 수 있다. 이런 배경에서 볼 때, 미황사 군고패가 섬지역에 걸립을 하러 나섰던 것은 연안·도서지역 주민과의 밀착된 관계에 토대를 두고 있었을 것으로 보인다.

예전 미황사 군고패가 언제 어떤 방식으로 걸립 활동을 했는지를 보여주는 기록이 남아 있지 않다. 해남 '군법군고'의 존재를 추적해온 황도훈에 의하면 서산대사의 10대 법손法孫인 혼허渾虛 스님 때에 미황사 군고패가 꾸려졌다고 한다. 그리고 그 시기는 광무 1년(1897)이라고 한다.[10] 그런데 이는 혼허 스님의 생몰연대와 맞지 않기 때문에 혼돈을 준다. 혼허(1826~1894) 스님의 법명은 상능尙能이며 혼허는 법호이며 붕명 선사에게서 계를 받고 응화 스님의 법통을 계승하였다고 한다.[11] 하지만 행장에서는 군고패와 관련된 언급을 찾을 수 없고 그 시기도 정확하게 특정되지 않는다. 이처럼 기

의조화상(義照和尙)이 이를 듣고 장운(張雲)·장선(張善) 두 사미(沙彌), 촌주(村主) 우감(于甘), 향도(香徒)100인과 함께 목욕재계하고 경건하게 기도를 올렸다. 그러자 비로소 석선이 해안에 닿았는데, 그 곳에는 주조한 금인(金人)이 노를 잡고 서 있었다. 그리고 배 안을 살피니 「화엄경」 80권, 「법화경」 7권, 비로자나·문수보살 및 40성중(聖衆), 16나한과 탱화 등이 있고 금환(金環)과 흑석(黑石)이 각 한 개씩 있었다. 향도들이 경전과 부처님 상을 해안에 내려놓고 봉안할 장소를 의논할 때 흑석이 저절로 벌어지며 그 안에서 검은 소 한 마리가 나타나더니 문득 커졌다. 이날 밤 의조화상이 꿈을 꾸었는데 금인(金人)이 말하기를 "나는 본래 우전국(優塡國, 인도)왕으로서 여러 나라를 두루 다니며 경상(經像)을 모실 곳을 구하고 있는데, 이곳에 이르러 산 정상을 바라보니 1만불(一萬佛)이 나타나므로 여기에 온 것이다. 마땅히 소에 경을 싣고 소가 누워 일어나지 않는 곳에 경(經)을 봉안하라."고 일렀다. 이에 의조화상이 소에 경을 싣고 가는데 소가 가다 처음에 누웠다가 다시 일어나 산 골짜기에 이르러 다시 누운 곳에 사찰을 창건하니 곧 통교사(通敎寺)요, 뒤에 누워 죽은 골짜기에는 미황사를 짓고 경과 상을 봉안했다. 미황사의 '미'는 소의 아름다운 울음소리를 취한 것이고, '황'은 금인(金人)의 황홀한 색을 취한 것이다(이계표, 「미황사의 역사」, 『불교문화연구』 5, 남도불교문화연구회, 1995, 10~11쪽 재인용).

9 이계표, 앞의 논문, 15쪽.
10 "혼허는 미황사 중건을 위해서 광무 1년(1897) 2월 4일, 동사(同寺)의 군고를 영솔하고 송지면 당하리에서 입발, 청산도를 향하던 도중에 해상에서 조난하여 모두 사몰하였다."(황도훈, 앞의 책, 7~8쪽)
11 최성렬, 「미황사 승려 행장고」, 『불교문화연구』 5, 남도불교문화연구회, 1995.

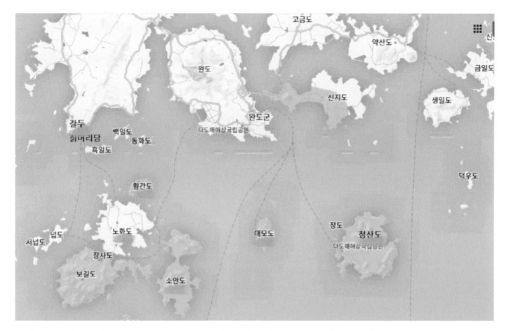

〈그림 2〉 미황사 군고패의 걸립 경로와 완도의 섬들 해남 갈두-노화도-횡간도-소안도-모도-청산도

록에서는 혼허 스님이 꾸렸다는 군고패 활동에 대한 내용을 파악하기 어렵다.

미황사에서 군고패를 꾸린 이유는 중건 불사를 위한 것이라고 전한다. 미황사에서는 임진왜란 때 파괴된 사찰을 중창하기 위해 세 차례(1차 : 1598~1601, 2차 : 1658~1660, 3차 : 1751~1754)에 걸쳐 불사를 했다. 그리고 그 이후에도 대법당의 삼존불상 개금과 단청 불사(1822)를 했으며, 대종을 주조(1834)하기도 했다.[12] 혼허 스님의 군고패는 이와 유사한 불사를 위해 조직된 것으로 짐작된다.

미황사 군고패는 19세기 말 어느 시기엔가 완도군의 여러 섬들을 돌면서 걸립 활동을 했다고 한다. 그와 관련된 구전이 널리 전한다.

---

12 이계표, 앞의 논문, 15쪽.

〈미황사가 군고를 차려서 폐사되다〉[13]

…(전략) 그렇게 좋은 절이 어떻게 해서 일조일석에 망했냐 하면 미황사 군고를 차렸어요. 혼오 씨라고 그 분이 주지스님이어. 그 분이 절이 잔득 잘 된께. 더 좋은 디로 번영을 시개야 쓰것다고 해서 그때 구식에는 써커스도 없고 농악이 최고 거시긴디, 잘 했지요. 그란디 그 군고를 딱 차렸어. …(중략)… 여기서 어디를 갔냐 하면 모도라고 청산 앞에 인자 미황사 군고가 치고 나갔제. 여그 이진에서 연습을 해갖고. 그래 소안 노화도에서 논디 그란디 어떻게 잘 놀았던디 섬사람들이 못 가게 막 야단을 하는디 모도라는 띠섬, 띠 모(茅)자 모도 그 모도를 갔어. 청산 분들조차 완도 분들조차 막 모도 그 가참거든, 거까지 구경을 오고 그란디. 청산으로 군고가 들어갈라고 하는디, 청산으로 들어가갖고 제주로 그렇게 일주를 할라고 섬을 도서 지방을 일주를 할라고 하는디. 혼호 그 양반이 일기를 딱 본께는 도저히 가서는 안 되겠다 그거여. 스님이 아주 천기를 잘 보고 백프로 이인이나 같어. 그란디 날이 청명하니 좋은디 거기서는 못 하게 해. 며칠을 놓았는디. 그래서 군총들이 가지 이제는 다른 거시기로 가자 그란께 혼호 씨가 도저히 가서는 안 될 것 같은게는 대밭 속에가 딱 숨어부렀어. 총총한 대밭 속에 앉아갖고는 통 안 일어나고 내가 안 나가고는 느그 못 간다 하고 안 나간께. 막 굿을 치고 주지스님 나오쇼. 혼호스님 나오쇼 하고 질굿을 쳐. …(중략)… 혼호, 그 사람이 거그서 앉아 있는디 잔뜩 날은 덥고 그란께는 할 수 없이 가다 큰 일 났는디 안됐다. 그라고 배를 탔어. 청산 다 들어가는디 각시바위라고 있어. 물이 나면 곱게 뵈고 물이 들면 안 뵈고 그래. 그란께 가다 각시바위에 풍선 동남풍이 난께 싹 때려서 아주 일몰당했어. 그럼께 혼호 씨가 얼마나 아시는 분이냐 그 말이여. 그란디 설장구가 한나만 살았어. ……다 죽고 설장구만 남았는디 도깨비만 나면 설장구 어디 갔냐 설장구 어디 갔냐 그라고 거기서 늘 말했다고 해. 그래서 미황사가 망했다 그 말이여. 그래서 이런 것 저런 것 거시기로 옮아가 버렸제. 그래서 미황사가 망했어.

위의 설화는 군고패의 수몰 이후 미황사가 쇠락하게 되었다는 내용을 전하고 있다.

---

13 이준곤, 「해남군 북평면 일대 조사보고 – 설화」, 『남도민속연구』 4집, 남도민속학회, 1997, 111~115쪽.

여기에는 여러 사항들이 언급돼 있다. 군고패를 꾸린 배경, 군고패가 주민들에게 환영받았다는 내용, 노화 – 소안 – 모도 – 청산 – 제주 등으로 이어지는 걸립 경로, 모도에서 '혼허' 스님이 천기를 보고 청산도로 이동하는 것을 망설였으나 군총들의 성화에 못 이겨 나섰다가 바람을 만나 몰살했다는 내용, 설장구만 살아남았다는 내용들이 포함돼 있다.

각지에서 전하는 구전을 보면 대체로 위와 비슷하지만 조금씩 다른 국면들을 담고 있다. 구전되는 이야기들을 서사의 흐름에 따라 재구성하면 다음과 같다.

㉮ 미황사의 중창 불사를 위해 군고패가 꾸려졌다.

㉯ 섬으로 떠나기 전 안전을 빌기 위해 짊머리당에서 제사를 지낼 때 문제가 있었다.

  –군고패 중에 누군가가 부정 탈 일을 저질렀다.

㉰ 노화도에서 마을 군고패와 기량을 겨루고 기창을 선물로 남기고 갔다.

  –노화도에서 군고패의 돈을 관리하는 스님이 누님 집에서 잠을 잤다.

㉱ 군고패가 모도에 들렀는데 혼허스님이 천기를 보고 이동을 망설였으나 일행들이 재촉해서 항해하다가 사고를 당했다.

  –모도에서 상쇠는 배가 아파서 그곳에 머물고 종쇠가 군고패를 이끌고 가다가 사고가 났다(종쇠가 굿머리를 잘못 쳐서).

㉲ 청산도 가는 길에 배가 침몰해서 군고패가 몰살했다.

  –청산도 부근 모래듬[여, 각시바위]에 배가 걸리고 풍랑에 배가 침몰되었다

  –노화도와 횡간도 중간에 있는 치끝에서 배가 침몰했다.

  –흑일도 '가무나리 끝' 파도가 센 곳에서 배가 침몰했다.

㉳ 헤엄을 잘 치는 청산도 사람이 바다에 뛰어들어 무동 둘을 살렸다.

  –장구잽이 혼자 살아 남았는데 저승에서 설장구가 없어 군고를 못 친다고 데려가려고 해서 앓다가 1년만에 죽었다.

  –사고 해역에서는 정월이면 풍랑이 세게 불고 미황사 군고의 꽹과리 소리가 들린다.

미황사 군고패 이야기는 실제담 형태로 전한다. ㉯에서처럼 제사를 잘못 모시거나 누군가가 부정 탈 일을 해서 사고가 났다든가, ㉰에서처럼 혼허 스님이 천기를 보고 사고를 예견하거나, 상쇠 대신 종쇠가 뱃굿의 굿머리를 잘 못 쳐서 사고가 났다는 환상적인 내용들이 포함돼 있지만, 전승자들은 대부분 실제 있었던 사실을 전달하듯이 구술하고 있다.

자료에 따라서는 침몰 지점이 서로 다르게 얘기되고 있다. 청산도 부근에서 침몰했다고 말하는 경우가 많지만, 경우에 따라서는 노화도와 횡간도 중간이라고 말하기도 하며 어떤 지역에서는 흑일도의 '가무나리 끝'이라고 한다. 대부분 청산도 부근을 거론하지만 노화도 주민들은 가무나리 끝이 침몰 지점이라고 말하고 있다.

그리고 실질적인 관련성을 언급하는 사례도 있다. 노화도 신양리 주민들은 ㉯에서처럼 미황사 군고패가 찾아와서 마을 군고패와 예능을 겨뤘다고 하며, 당시 선물로 주고 갔다는 기창을 증거물로 제시한다. 또한 노화도 미라리의 한 제보자는 당시 걸립하러 왔던 미황사 스님 중의 한 분이 자신의 할머니 남동생이라고 말하기도 한다.[14] 그리고 청산도에서는 배가 침몰했을 때 바다에 뛰어들어 무동 아이 두 명의 목숨을 구했다고 하는 구전도 전한다. 제보자는 자신의 큰 아버지(당시 43세)가 그 당사자라고 말하고 있다.[15]

14　"옛날에 전설이 있어. 미황사 군고가, 절에서 차려가지고 해남 일주를 하고, 노화에를 들왔어. 노화에서 일주하고 놀다가, 사람이 많아가지고, 굿을 잘 논가 애진간한 데는 좁아서 못 놀고, 그래서 노화는 한 반데에서만 놀고 그렇고 가다가, 소안면으로 건너갔어. 소안면으로 건너 가지고 청산 내려 가다가 다 돌아가시고. 장구쟁이, 장구쟁이 혼자 살았다 그런 것이 인자. …(중략)… 그런디 그것을 어떻게 해서 들었냐 하면은 옛날에 아버님 살아계실 때에, 그 할머니하고 주지하고가 형제드라여. 형젠디 그란께 누님이란다. 이렇게 돈이나 문서를 뒤에 챘다가, 인자 형제간 집에서 잠을 잘라고 하면서 요렇게 앞으로 돌려서 잠을 자거든. 그란께 지그 누나가 하는 말이 어째서 동생, 친 형제간 집에 왔는디, 어째서 뒤에 챘던 것을 앞으로 돌려서 놔두면 형제간이 누가 어쩔 것이냐고 그란께, 그 말을 어전고 하니, 죽어도 내가 밟고 가고 살아도 내가 짊어지고 다닌다. 여기다 놔둬불고 없다. 그래서 청산을 내려 가다가 돌아가셨다 그 말이여. 그랬는디, 바로 우리 할머니하고 형제 분인디 그렇고. 그랬다고 우리 아버님이 얘기해준께 알제."(2007.2.18. 완도군 노화읍 미라리에서 송기태 현지조사. 제보자: 김계춘(남, 85세))

15　"그 당시에 우리 큰아버지 되시는 분이 헤엄을 잘 쳤어. 그 분이 헤엄을 잘 쳐갖고 그 광경을 보고 바로 바다로 들어가갖고 무동을 쓴 아이들 있잖습니까. 둘이를 건져냈어. 둘을 건져 내갖고, 그분들이 자

지금까지 살펴본 것처럼 미황사 군고패에 대한 구전은 근거나 증거물과 함께 실제담 형태로 전승되고 있다. 물론 침몰 지점이 일치하지 않고 경위나 과정에서 불확실한 부분이 있지만, 노화도에 남겨진 기창이나 스님 가족의 후일담 그리고 청산도에서 무동을 구했다고 하는 이야기처럼 구체적인 연관 관계를 제시하고 있고, 실제 있었던 사실담 형태로 구술되고 있다.

3. 도제 속에 수용된 군고패에 대한 기억과 의례 전승

전승자들은 미황사 군고패의 걸립 활동을 역사적 사실로 받아들이고 있다. 노화도 신양리에서는 구체적인 연관 관계 속에서 미황사 군고패의 존재를 훨씬 실감나게 기억하고 있다. 주민들은 미황사 군고패가 단순히 기금을 조성하기 위해서가 아니라 기량이 뛰어난 자기 마을의 농악대와 경합하기 노화도에 들어왔다고 말하며 구체적인 정황과 색다른 연관성을 언급한다.

(가) 섬지방은 바다가 생활의 터이기 때문에, 용왕신 바다신을 모시는데, 그 바닷가에 가서 굿을 치는 목적이 있는데, 그 중간에 ㉮미황사 군고하고 우리 마을 오정국 씨 군고하고 경주를 하는 일이 있었어요. 우리 마을에 와서. 근디 ㉯옛날에 노젓는 배를 타고 미황사 군고가 여기 와서 잘 놀고 가다가 이 앞에 흑일도 섬 끝에서 파도 격랑에 휩쓸려서 전멸을 했어요. ㉰그래서 거기 가서 굿을 치는 것은 그 영혼들을 위로도 하고, 그 때 미황사 창건 기금을 시주를 하지 못했던 것을 지금도 이렇게 쌀을 일곱 가마니를 싸가지고 굿을 치면서 바다에다 던져 주지요. 우리도 미황사 창건에 힘을 보탭니다. 그런 의미가 있어요. 거기 가서 굿 치는

_____
기 고향에 가서 그 이야기를 해갖고, 지그 그 부모 되시는 분들이 떡을 해갖고 잔치까지 벌였다는 그런 이야기를, 우리 큰어머니 되신 분이, 큰아버지가 그런 분이여."(2017.9.12 완도군 청산면 도청리에서 송기태 현지조사. 제보자 : 강영채(남, 83세))

것은. <u>그것이 유래가 돼 가지고 당연히 거기 가서 그 사람들을 신을 위로해야 된다 그렇게.</u>
<u>㉣ 저기 저 삼지창. 저게 미황사 군고가 여기 경주하러 왔다가 가면서 선물하고 간 거여요.</u>
(그 군고패는 어디로 가는 길이었답니까).해남 미황사로 돌아가는 길이었죠.[16](밑줄은 글쓴이
가 표시. 이하 마찬가지)

위의 구술에서는 네 가지 사항을 거론하고 있다. 미황사 군고패가 마을 농악대와
경합을 하고(㉮) 삼지창을 선물로 주고 갔다는 것과(㉣) 돌아가는 길에 흑일도 부근에
서 격랑에 휩쓸려 몰살했다(㉯)는 것과 그 영혼들을 위로하기 위해 바닷가에서 굿을
친다(㉰)는 것이 그것이다. 이것은 주민들이 대부분 공유하고 있을 만큼 일반적인 내
용이다.

위의 구술에서 미황사 군고패와 마을 군고패의 경합 구도가 흥미를 끈다. 오정국
상쇠가 이끌던 마을 농악대는 인근에까지 이름을 날렸으며, 특히 "오정국 씨가 상쇠
를 할 때 '장수 목 벤 놀이', '승전놀이' 그런 것을 할 때에 장기가 돋보였으며 미황사
군고패가 찾아와서 기량을 겨룰 만큼 뛰어났다."고 한다. 이처럼 주민들에게 특별한
인물로 회자되는 오정국 상쇠는 무계 출신 예인이다. 그의 부친 오학원은 명창·광대
로 이름이 높았으며 부모나 자녀가 모두 굿 예인이었으며 그의 딸과 며느리는 지금도
활동하고 있다. 그 가계를 보면 전형적인 세습무계였음을 알 수 있다.[17]

한편 오정국 상쇠가 이끌던 마을 농악대가 미황사 군고패와 기량을 겨뤘다고 하는
구술은 확인이 필요하다. 오정국의 출생연도가 1894년이므로 미황사 군고패의 걸립
시기와 일치하지 않는다. 그리고 김태곤의 조사노트(1969년)[18]에 의하면 오정국의 나이

---

16 2017년 1월 28일(음1.1.) 완도군 노화면 신리 현지조사(제보자 : 김동근, 남, 1945~). 제보자는 10여년
    이상 마을 이장을 하면서 농악을 원활하게 계승하기 위해 완도문화원의 협조를 구해 전수교육을 시킨
    바 있고, 주민들 사이에서 도제·농악 등에 대해 가장 밝은 분으로 알려져 있다.
17 이경엽, 「완도굿의 내력과 현황」, 『남도 섬과 굿 음악』, 국립남도국악원, 2016, 16~17쪽.
18 고 김태곤 교수의 자료는 국립민속박물관에 기증되었다. 글쓴이가 기증 자료를 분석하는 작업에 참여
    하면서 조사노트의 내용을 확인했다. 기증 자료에 대한 기본 논의는 『한국문화의 원본을 찾아서』(국립
    민속박물관, 2014)를 참고하기 바람.

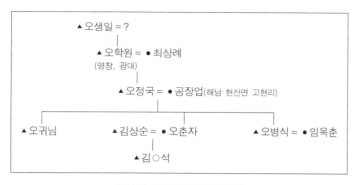

〈그림 3〉 노화도의 오씨 예인 가계

〈그림 4〉 노화도 신양리의 정초 제의 및 군고 연행 공간(2017.1.28)

1.선창 2.마을회관 3.공동우물 4.청룡끝 5.사장 6.버던등 7.선창 8.가정집 9.노화광업소

63세(1963)에 해남 남창에서 노화도로 이주했다고 기록돼 있으므로 오정국 일가가 노화도에서 활동한 시기는 1963년 이후가 된다. 이것이 맞다면 주민들의 기억에 뭔가 착오가 있는 것으로 보인다. 이 부분은 앞으로 더 검토가 필요하다.

노화도 신양리의 사례에서 가장 특별한 것은 마을 도제都祭 속에 미황사 군고패에 대한 기억이 수용돼 있다는 점이다. 주민들은 마을의 평안을 빌기 위해 정월 초하루에 도제를 모시며 바닷가와 마을 곳곳을 다니며 농악을 치고, 마당밟이를 하면서 신명을 나누고 새해의 안녕을 축원한다. 그런데 이날 수행되는 제의와 농악 연행의 핵심 기제가 수몰된 미황사 군고패의 영혼들을 위로하기 위한 데 있다고 말한다. 그 점이 각별하다. 먼저 연행 전반을 살펴보고 미황사 군고패와 관련된 부분을 더 살펴보기로 한다.

신양리의 도제는 섣달 그믐날 지내는 당맞이부터 시작해서 설날 지내는 들당산굿 - 샘굿 - 도제 - 날당산굿 - 전송굿 - 마당밟이까지 순차적으로 진행된다. 각각이 이루어지는 연행 공간과 과정을 개괄하면 다음과 같다.

〈표 1〉 노화도 신양리의 정초 제의 및 농악 연행 과정(2017.1.28)

1선창	2마을회관	3공동우물	4청룡끝
당맞이	군고 시작	샘굿	들당산굿
섣달그믐 오후	설날 10:48~	설날 11:07~	설날 11:17~

5사장	6버던등	7선창	8-9가정.업소
도제	날당산굿	전송굿	마당밟이 설날
설날 11:25~	설날 12:18~	설날 12:40~	13:25~15:10

당맞이는 일종의 청신이라고 할 수 있다. 그것에 대해 다음과 같이 설명한다.

(나) 섬 사람들은 바다를 위주로 생활하기 때문에 바다에서 해난 사고도 많고. 바다에 생활을 의존하는 것이 많기 때문에 마을제사를 지낼 때에는 용왕신, 바다의 신을 모시고 와서 오늘 정오의 그 제사를 모신 거여요. 용왕신을 모시는 일을 여럿이 하는 것이 아니라, 이장이나 정갈하신 분, 집사 역할 하시는 분이 산양진에 가서 갈두 쪽 바다를 보고 세 자리 절을 하고, 그냥 세미쌀이라고 그래요. 쌀 한 주먹씩을 창오지에다 싸서 일곱 개를 싸 가지고 와서, 오늘 행사를 위해 당을 모시고 오는 것이어요.   2017.1.28 노화도 신리 김동근 인터뷰

당맞이는 섣달 그믐날 저녁에 선창에서 지낸다. 군고 없이 이장이 혼자서 조용히 지낸다.[19] 제보자는, 당맞이에서 초빙되는 대상에 대해 "용왕신, 미황사 군고, 돌아가신 분들이 종합적으로 포함돼 있다."고 말한다. 그리고 "세미쌀을 바치고 절을 하면서

'내일 우리 마을 행사에 오십시오.'라고 맞아오는 행사"라고 말한다. 이 설명에서 거론되는 '세미쌀'은 쌀 한 줌을 창오지에 싸서 묶은 것을 말하는데 청신을 하면서 바다에 던진다. 헌식 용 제물이라고 할 수 있다.[20]

들당산굿은, 농악대가 샘굿을 치고 난 뒤 마을 동쪽 입구 쪽으로 이동해서 '청룡끝'이라고 불리는 나무숲을 향해서 농악을 치는 것을 말한다. '청룡끝'은 과거에 어린 나이에 죽은 아이들을 망태에 담아 고목에 걸어두던 곳이기도 해서 '추지醜地'로 인식되던 곳이다. 그리고 들당산굿에 대응되는 날당산굿은 마을의 남쪽 출입구에 자리한 '어던등'에서 친다. 도제는 '사장'이라고 불리는 곳에서 지낸다. 예전에 있던 당나무가 태풍에 쓰러지자(1970년) 지금의 장소에 작은 느티나무를 심고 당나무로 삼았다고 한다. 당나무 아래 쪽에 각 가정에서 가지고 나온 도젯상이 차려진다. 예전에는 2줄로 40상 정도가 차려졌다고 한다. 2017년도에는 11개의 상이 차려졌다. 농악대가 늘어서서 진풀이를 하고 대포수 주도로 도제를 지낸다. 농악대가 사장 마당을 세 번을 돌고 세 번 절을 한다. 이 과정에서 술 석 잔을 올리고 절을 세 번을 하는데, 이를 '주주삼배'라고 한다.

> (다) 임자없는 귀신, 젊어서 죽은 사람, 친척 없이 죽은 사람, 차례상을 받지 못하는 잡신들을 위해 절에다 시주하는 마음으로 공을 드리는 것이어요. 미황사 군고, 해신, 용왕신을 더불어 차리는데, 차례상을 받지 못하는 귀신들을 위해 공 드리는 마음으로 가지고 나온 것이어요.
>
> 2017.1.28. 김동근 인터뷰

---

19 이와 별개로 주민들 중에서 '유황에 가는' 사람들도 있다. 유황[유왕]이란 용왕을 포함한 바다의 신을 지칭한다고 말한다. 주민들은 바다에 빠져 죽은 조상에게 제를 지내기 위해 명절이면 바닷가에 가는데 이를 두고 '유황 간다.'고 말하며, 수사한 불특정 영혼들도 유황이라고 말한다. 신리 북쪽 바닷가에 '유왕바우'가 있는데 유황제를 지내던 바위라는 의미가 있는 것으로 보인다.

20 제보자는 '세미쌀'이 신에게 세금처럼 바치는 쌀세미(稅米)이라고 뜻풀이를 한다. 세미쌀은 당맞이에서 바치는 용도(7개) 외에 농악대가 샘굿, 들당산, 날당산, 전승굿 등을 하면서 지나가는 주요 연행 장소에 놓여진다. 예전에는 창오지에 쌀을 싸서 묶었지만 요즘에는 흰 봉투에 담아서 사용한다.

위에 구술에서처럼 도제는 '임자없는 귀신'을 위한 제사다. 도젯상을 가지고 나온 한 할머니는, "가정에서 한 상씩 나와요. 그래갖고 동네 귀신들이, 오고 갈 데 없는 귀신들이 여그 와서 밥을 잡순다요. 그란께 여그 도제 모신다요."라고 설명한다. 이처럼 도제는 무주고혼을 위한 제의이다. 그 고혼 중에 수몰된 미황사 군고패도 포함돼 있다.

전송굿은 말 그대로 신을 보내드리는 과정이다. 농악대가 산양진 선창 끝에서 북쪽 바다를 향해 늘어서서 굿을 친다.

(라) (전송굿을 칠 때 칡머리당 쪽을 향하는 이유) 그것이 그 전에 돌아가셨으니까, 전부다 전멸을 해 버렸으니까. 부락 사람들이 사고 안 나게 하기 위해서 이렇게 모시는 것이여. (옆에 사람, 전에 배는 노젓고 돛단배 타고)그렇지 돛단배 타고 가다가, 여기 왔다가. 미황사 군고가 여기 왔다가 가다가 죽어서, 그것이 내력이여. 여기로 군고가 왔다가 가다가 저기서 멸살을 해불었어. 흑일도 뒤에서, 그래서 칡머리 당을 모신다는 거여.

2017.1.28. 김주웅, 남, 81

(마) 오늘 산양진에 가서 굿을 치면서 ㉮ 세미쌀을 바다에다 던지는 것은 이 전송 환송을 하는 거죠. 잘 가십시오. 우리가 처음에 듣기로는 미황사 군고가 거기, 흑일도 끝에서 해난 사고를 당해가지고 전멸을 했는데, 그 사람들한테. 오는 이유가 미황사 절을 창건하기 위해서, 예산 확보를 위해서 돌아다니면서 시주를 받는 행위였어요. ㉯ 쌀을 일곱 개를 싸가지고 던져주면서 전송을 해주는데, 우리 신리 마을에 와서 당신들이 잘 놀고 가다가 사고를 당했는데, 우리가 절을 창건하는데 충분히 시주를 못해서 쌀 일곱 섬을 시주합니다. 그라고 바다에다 던져 주는 것이어요. ㉰ 산양진에서 그 사람들(미황사 군고패)은 배를 타고 굿을 치고 떠나가면서, 우리 신리 마을 군고는 선창에서 굿을 치고, 어떻게 보면 아름다운 장면이겠죠. 서로 헤어지는 농악을 하면서 손을 흔들면서 헤어지는, 그런 것들이 지금은 그 사람들이 전멸을 했기 때문에 아무도 없는 허공에다 대고 잘 가라고 굿을 친 거여요.

2017.1.28. 김동근, 남, 72

〈그림 5〉 선창에서 전송굿을 치는 장면(좌) 미황사 군고패가 기증하고 갔다고 전하는 영기창(우) 2017.1.2.

　바닷가에서 전송굿을 치는 이유는 도제에 초빙된 신들이 바다에서 왔기 때문이라고 한다. 전송굿에서 특히 중요시 되는 대상은 미황사 군고패의 영혼들이다. 주민들은 전송굿의 목적이 수몰된 미황사 군고패를 위무하는 데 있다고 말한다. 그래서 전송굿을 할 때 군고패가 향하는 방향이 수몰 지점인 흑일도 가무나리끝이라고 한다. 또한 노인들은 그 방향이 곧 해남 칡머리당 쪽이라고 말하기도 한다. 칡머리당葛頭堂은 예부터 항해자들이 영험하다고 여기는 곳이어서 항해의 안전을 빌기 위해 의례를 올리던 곳이다. 그런데 노화도에서 볼 때 두 지점이 공교롭게 같은 방향에 자리한다. 그래서 몰살된 군고패를 위로하는 것과 칡머리당에 어로·항해의 안전을 비는 의미가 동일시되고 있다. 수몰자를 위무하는 것은 해난 사고가 재발되지 않기를 바라는 데 있다. (라)의 제보자가 "부락 사람들 사고 안 나게 이렇게 모시는 것이여."라고 말하는 데서 그 심사를 읽을 수 있다. 신양리 사람들이 도제를 지내면서 미황사 군고패를 기리는 궁극적인 목적이 무엇인가를 보여준다.

　전송굿을 치면서 바다에 '세미쌀'을 던져준다. 당맞이에서 청신을 할 때에도 세미쌀을 사용하지만 전송굿에서도 중요한 의미를 지닌 것으로 해석된다. (마)의 제보자가 말하듯이 세미쌀은 환송을 하면서 드리는 헌식이지만, 미황사에 시주로 바치는 일곱 석의 쌀이라고 여기고 있다고 한다. 미황사 군고패가 걸립하러 왔을 때 충분히 시주하지 못했던 것을 사후에라도 바치는 의미로 세미쌀을 증여한다는 것이다. 의례적 재현을 통해 미황사 군고패의 존재와 역할을 기억하고 의미를 부여하고 있음을 보여준다. 그리고 지금의 전송굿이, 미황사 군고패가 처음 마을에 찾아왔다가 돌아갈 때, 한쪽에서는 배에서 군고를 치고, 한쪽에서는 선창에서 군고를 송별하던 모습처럼 하고 있다는 ㉱의 설명에서도 전송굿을 통해 미황사 군고패를 재현한다는 의미가 담겨 있다는 것을 볼 수 있다.

지금까지 살펴 본 것처럼 미황사 군고패에 대한 기억은 공동체 의례 속에 수용돼 있다. 신양리의 도제에서 모셔지는 주신격은 오갈 데 없는 무주고혼들이다. 일반적으로 외로운 영혼들은 크게 떠받들어지는 신격이 아니지만 그렇다고 배제되거나 무시되지 않는다. 특히 수중고혼은 바닷가에서 연행되는 용왕제, 갯제, 유왕제 등에서 비중 있는 존재로 여겨진다. 그것은 수중고혼이 재앙의 근원, 곧 액운과 연결되는 존재로 해석되기 때문이다. 도서·연안 사람들은 바다를 무대로 살아오면서 경험한 숱한 죽음의 공포에서 벗어나기 위해 수사자 의례를 통해 초자연적인 존재와 교감하는 장을 조성하고자 했다.[21] 신양리의 도제도 이런 심리적 기제와 연결돼 있다고 할 수 있다. 그리고 이런 배경 때문에 수몰된 미황사 군고패가 자연스럽게 도제 속에 수용되었던 것으로 보인다.

신양리의 도제에서는 미황사 군고패를 특별하게 위무하고 있다. 도서지역이니까 다른 해난 사고가 많이 있었을 것인데도 그것들은 따로 드러내지 않고 미황사 군고패만 각별하게 기억하고 있다. 19세기 말에 있었던 한 번의 역사적 사건이지만 그것에 대한 기억은 공동체의 연례적인 행사에서 매년 반복적으로 재현되고 있다. 선창에서 당맞이를 통해 마을로 초빙을 한 뒤, 광장에서 도제를 지내고 다시 선창에서 전송될 때까지 일관되게 미황사 군고패가 환기된다. 이것을 보면 일반적인 무주고혼 의례보다 훨씬 특화된 형태라고 할 수 있다. 이것은 군고패의 수몰 사건이 그만큼 충격적인 사건으로 각인되었으며, 또한 마을 군고와 교감할 만큼 미황사 또는 군고패가 주민들과 정서적으로 친밀한 존재였다는 것을 보여준다. 마을 군고패와 경합을 하고, 군고패의

---

21 이경엽 외, 『바다·삶·무속』, 민속원, 2015, 38쪽.

상징이라고 할 수 있는 영기 삼지창을 선물로 남겨주고 갔다는 각별한 연고성이 그것을 환기하는 배경이 되었을 것이다. 특히 영기 삼지창은 농악대의 권위를 상징하는 의미로 행렬의 맨 앞에 서며, 다른 지역을 출입할 때 이계와의 교섭과정을 연출하거나 농악대의 기량을 과시하는 문굿 등을 연행할 때 매개적 기능을 담당하는 중요한 연행 도구다. 미황사 군고패가 그것을 노화도 주민들에게 남겼다는 것은 그만큼 각별한 관계를 보여주는 증표라고 할 수 있다. 도제에서는 그 기창을 들고 다니면서 군고패를 위무하는 의례를 재현한다. 그 방식이 군고 연행과 시주의 의미를 지닌 세미쌀 증여라는 점이 색다르다. 마을축제를 통해 그것을 연례적으로 재현하면서 미황사 군고패는 공동체 속에서 공유되는 특별한 기억이자 지식으로 재생산됐을 것으로 보인다.

4. 군고패에 대한 재해석과 기획의 의미

민속문화는 구술과 행위 또는 몸짓으로 표현되는 경우가 많으므로 기억이 특별하게 작용한다. 특히 공동체 민속이라면 공유되는 기억에 토대를 두기 마련이다. 민속은 기억을 공유하고 그 기억을 해석 또는 재해석하는 과정에서 지속되고 새로워진다. 이때 해석과 재해석은 기억을 현재화하는 방식이므로 서로 연결돼 있기 마련이다. 둘이 같지 않지만 굳이 구분하지 않는 이유가 그것이다. 물론 실제 표출되는 양상은 다양할 수밖에 없다. 민속공연을 예로 들어 본다면, 정례적인 연행인가, 전승력이 약화되거나 중단된 상태인가에 따라 달라질 수 있다. 전자라면 기억을 지속하고 공유하고 확산하는 방식이 일반일 것이고 후자라면 기억을 재해석하고 새롭게 창출하는 단계가 부각될 것이다. 그러므로 기억의 재현 양상에 따라 달라지는 의미를 구별해서 살펴볼 필요가 있다.

미황사 군고패에 대한 기억은 재현되는 방식이 다층적이다. 앞서 본 노화도 도제의 경우 연례적인 공동체의 제의 속에 수용돼 있고 연행을 통해 기억이 지속되고 확장되는 것을 보여준다. 그리고 지금 살펴볼 '해남 군고'의 경우 재해석과 기획이 두드러진다. 이에 대해 해남지역에서 이루어진 두 사례를 살펴볼 수 있다.

첫 번째는 1980년대 중반~1990년대 초반에 해남문화원을 중심으로 진행된 '서산대사 진법군고의 발굴과 재현 작업'이다. 이 작업에서는 해남 '진법군고'의 전승 내력을 추적하는 작업의 일환으로 미황사 군고를 주목했다. 그것을 주도한 황도훈에 의하면, 미황사 군고패가 수몰된 이후 중절되었지만 이후 곧바로 민간 주도의 군고가 정립되어 현전 군고패로 연결되었다고 한다.

> 혼허는 미황사 중건을 위한 기금을 마련하기 위해서 광무1년(1897) 2월 4일, 동사의 군고를 영솔하고 송지면 당하리에서 입발, 청산도를 향하던 도중에 해상에서 조난하여 모두 사몰하였다. 이로써 미황사 군고는 중절되었으며, 광무 4년에 산정 사람 김종문이 설건하여 민간 주도의 군고를 정립한 것이 지금에 전승되는 것으로 이 민간주도의 초대 상쇠는 임문일이었다. 그러나 이것 또한 일제의 경계하는 바 되어 일단 중절되었으며, 광복과 더불어 다시 일어나면서 2대 상쇠에 박성운이 서고 3대에 김길선이 일어났다. 지금의 유공준은 4대 상쇠로 지금의 군사 박경규와 더불어 1대 임문일의 초년 종쇠였던 사람들이다.[22]

위의 인용에서 보듯이 당시 '진법군고'의 내력을 찾던 이들은 수몰 사고로 미황사 군고가 중절된 후 민간 주도의 군고가 정립된 것으로 보고, 미황사 군고가 현전 군고의 선 계보에 놓이는 것으로 설명하고 있다. 한편 당시 작업에서는 진법군고에 대해 포괄적으로 주목했던 것으로 보인다. 그래서 당시 군고가 전승되는 각 마을에 문화원 부설 '군고소軍鼓所'를 설치했던 것으로 보인다. 해남문화원에서는 1984년에 송지면 산정리에 '산정군고소山亭軍鼓所' 1991년에 '해남읍 해리 군고소'를 설치하고, 1992년에 '북일면 내동군고소'를 설치하려고 준비했다고 한다.[23] 이것으로 볼 때 당시 이루어진 작업은, 전체적으로 해남진법군고의 역사성을 재구하는 쪽에 치중했으며, 미황사 군

---

22 황도훈, 앞의 책, 7~8쪽.
23 황도훈, 앞의 책, 19~20쪽.

고패에 대한 해석 역시 지역사회에서 전승되는 군고와의 표면적인 관계 설정을 하는 데 치중했던 것으로 보인다.

두 번째 사례는 2000년대 이후 이어지고 있는 '해남 군고보존회'의 활동이다. 이들의 활동은 미황사 군고패를 좀 더 적극적으로 재해석하는 방향으로 이루어진다. 보존회는 송지면 산정마을 군고를 중심으로 해남 안팎에서 모인 연희자들이 꾸린 집단이다. 지역의 청년들과 주부 및 귀농인을 포함해 대부분 비전문적인 연희자들이다. 하지만 지역의 풍물 전통에 대한 이해가 깊고 전통적인 풍물 연희에 밝은 편이다. 리더 역할을 하는 박필수(남, 1965~)를 비롯해 4,50대 4~5명이 전수와 교육 활동에서 중심 역할을 하고 있다. 보존회가 꾸려진 과정은 리더격인 박씨의 활동 이력과 관련이 있다. 그는 어린 시절부터 마을 노인들로부터 송지면 일대에서 전승돼온 군고를 전수받았으며, 특히 상서 출신인 부친으로부터 풍물 연행 전반의 지식과 기능을 물려받았다. 그는 중학교 졸업 후 한동안 외지에서 학업과 직장 생활을 하다가 귀향한 1990년대 중후반 이후, 지역의 굿 전통과 풍물 연희자들에 대한 조사를 하고 해남 군고 전승을 위한 실천적인 노력을 기울였다. 이 과정에서 군고만이 아니라 강강술래, 무당굿, 판소리고법 등을 전수하고 또 그것을 공유하고 실천하는 집단을 조직했다. 그리고 미황사 괘불재·음악회, 햇곡맞이굿, 남창줄다리기 등을 기획해서 실행해왔다. 이처럼 박씨는 지역의 문화적 역량과 활동 주체들을 결집해서 실천하는 노력을 했는데, 그 중심에 해남군고보존회가 자리하고 있다.

〈그림 6〉 해남군고보존회와 함께 헌식굿을 하고 있는 미황사 스님들 해남군 송지면 산정리 도제, 2018.3.1. 미황사 스님들이 산정리 도제에 참여한 것은 20세기 초반부터이며 현 주지인 금강 스님은 30년 전부터 참여하고 있다.

해남군고보존회에서는 2006~2008년 사이에 마을굿을 살리기 위한 '해남큰굿' 프로젝트를 수행했다. 이 프로젝트는 현산면 덕흥마을과 북평면 이진마을, 그리고 송지면 동현마을에서 전승되는 굿문화를 근간으로 하여 현재적인 문화적 요소를 가미하여 진행되었다.[24] 보존회에서는 해남문화원과 마을 주민, 귀농인들과 연대해서 '해남큰굿' 프로젝트를 수행하면서 지역의 굿 전통에 기반한 문화적 실천을 지향했다. 그리고 그 연장선상에서 예전 미황사 군고패의 활동상을 주목했다. 이들은 미황사 군고패가 중창불사를 위해 완도의 여러 섬들을 다니다가 청산도 부근에서 수몰됐다는 이야기에 근거해서 예전 미황사 군고패가 방문했던 섬지역 방문과 교류를 기획하게 되었다.

군고보존회의 박필수 씨와 동료들은 예전 미황사 군고패가 방문했던 지역을 재방문하는 계획을 세워 실천했다. 2008년 5월에는 보길도를 방문했다. 보길도가 예전 군고패의 탁발 지역과 관련이 있는지 알 수 없으나 인근 송지면 땅끝[갈두리]에서 가장 밀접하게 뱃길이 연결된 곳이고 또 여행자들이 많이 방문하는 곳이어서 이곳을 선정했다고 한다. 이 행사에서 이들은 미황사 역사맞이, 보길도로 향하는 뱃길의 풍물 연희, '섬에서 숲을 말하다'라는 주제를 건 보길도 숲의 명상체험 등을 실행하였다. 그리고 10월에는 청산도를 방문했다. 이때 행사의 명칭은 "120년의 원願 청산을 그리다"였고 미황사 중창불사 회향기념 행사라는 의미를 부여했다.[25] 두 번의 지역 방문 중에서 특히 두 번째 행사에 비중이 맞춰졌다고 한다.

해남군고보존회의 지역 방문 기획은 크게 보아 두 가지 의미로 정리된다. 그 첫 번째는, 미황사 군고패의 존재를 현재적 맥락 속에서 재해석하는 방식이다.

(2008년 당시 청산도 방문 목적은?)중창불사 하려고 하다가 돌아가신 분들이라서, 회향을 했는데 결국에는 건물이야 지었지마는 그때 원 세우고 했다가 원 이루지 못하고, 바란다는

---

24 이영배, 「자율과 횡단, 문화 재생산의 이중 효과 - 전남 해남군 '마을굿 살리기'를 중심으로」, 『서강인문논총』 33, 서강대 인문과학연구소, 2012, 96쪽.

25 조경만, 「사회적 존재와 사회관계 표현으로서의 몸·춤·풍물」, 『한국무용기록학회지』 15, 한국무용기록학회, 2008, 198쪽.

원(願)이 결국 이 억울하게 죽은 원한(怨恨)이 되어서, 그걸 풀어주자고 금강 스님한테 제안
했더니 얼마든지 좋다고해서 그렇게 해서 갔죠. (수륙재도 지냈나요?)수륙재를 따로 하지는
않았고, 그때 가서 재는 지냈죠. 바닷가에서 청산도에서. 그리고 돌아와서 그때 미황사 음악
회에서는 그분들의 원혼을 달래는 음악회 형식으로 진행했죠. 굿도 하고 길닦음도 하고…

2018.1.16. 박필수 인터뷰

위의 구술에 나오듯이 2008년에 실행된 청산도 방문은 일차적으로 불행한 영혼들
을 위무하는 데 초점을 맞추었다. 미황사 군고패는 중창불사를 위해서 걸립에 나섰다
가 불귀의 객이 되었는데, 이들의 원願이 원한怨恨이 되었으니 그것을 풀어주는 것이
필요하다고 여겼다는 것이다. 미황사 주지인 금강 스님도 그것에 동의해서 청산도 방
문 연희에 동행해서 현지에서 재를 지냈으며, 이후 미황사에서 열린 괘불재[26]에서는
여러 형태의 공연을 통해 해원의 의미를 부각시켰다고 한다.

미황사 군고패는 걸립에 나섰다가 돌아오지 못한 까닭에 당시 그들이 표방한 명분
인 중창불사는 미완의 과제가 되었다. 이 때문에 억울한 죽음을 달래주는 일차적인
위무에 그치지 않고 그 존재의 근원적인 역할을 환기할 때 온전한 해원의 의미를 추
구할 수 있다. 미황사와 군고보존회의 청산도 방문은 그것을 위해 이루어졌다고 할
수 있다. 미황사에서는 2008년에 중창불사를 완료하고 기념행사를 했는데, 그 의미를
군고패의 존재와 연관지어 설명했다. "120년의 원願 청산을 그리다"라는 행사 제목에
서 그 취지를 읽을 수 있다. 미황사에서는 지난 1989년 현 주지 금강스님의 은사인
지운스님이 주지로 취임하면서 도량정비를 본격화했고, 현공스님과 금강스님이 뒤를
이어 각종 건물 불사와 함께 여러 가지 수행·포교프로그램을 운영하고 괘불재·음

---

26 미황사 괘불재는 2000년도에 시작되었으며 매년 가을에 열린다. 지역의 예술 전통을 새롭게 재구성하
는 작업을 하던 박필수 씨와 금강 스님이 기획한 음악회다. 괘불탱화(보물 1342호)를 내걸고 여는 법
회 겸 음악회여서 괘불재라고 부른다. 괘불재는 미황사와 주민 및 신도들 간의 밀착도가 강한 행사이
며, 주민·신도들이 한 해 동안의 소출을 갈무리해서 올리는 만물공양과 개성적인 음악 공연 등이 특
징으로 꼽힌다.

악회, 한문학당 등을 통해 미황사의 특별함을 대외적으로 널리 알렸다. 그리고 중창 불사가 완료되었음을 알리는 행사를 하면서 '120년만의 중창불사 원만 회향'[27]이라고 하여 미황사 군고패가 걸립을 떠났던 1897년을 기점으로 잡아서 군고패의 위상을 현재적 맥락 속에서 자리매김해줬다. 미황사 군고패의 역할을 현재적 상황 속에서 재해석하고 의미화한 것이라고 할 수 있다.

두 번째, 해남군고보존회의 지역 방문 연희에는 수행 주체 스스로의 지향이 담겨 있다. 그들은 미황사 군고패의 예전 걸립 행로와 의미를 재해석하면서 자신들의 활동 방향과 연계된 기획을 했다. 미황사 군고패를 위무하거나 대상화 시키는 것만이 아니라 수행 주체 스스로의 존재성을 강화하기 위한 노력의 일환으로 기억의 재해석을 기획한 것이다.

제가 군고에 대해 관심을 갖는 것의 일부분이기도 하지만, 제일 의아했던 것이 뭐이냐면, 왜 미황사에서 군고패를 걸립을 했는가 이런 대목에서, 그냥 으레 우리 마찌마리 하듯이 사람들, 뭔가 굿쟁이들 데리고 가서 하면 사람들 모이고 자연히 돈도 걷히고 하는 걸립은 그런 것이다. 그런 걸 전에도 생각을 해왔는데, 그런데 미황사 군고 이야기를 계속 추적하는 과정에서 제가 섬들을 많이 돌아다녔잖아요, 90년대에. 근데 이 마을이, 이 섬이, 최소한 30여명 사람들이 찾아와서 한다고 했을 때 여기서 돈이 생길 만한 구멍이 없는 거여요. 아무리 100년 전으로 가서 이 마을이 더 컸다 할지라도 돈도 없을 것이고 여기서 나오는 산물이란 것이……㉮ 재화를 획득할 것이 별로 없는 그런 곳들까지 왜 갔을까 이런 대목에서 의아했거든요. 근데 ㉯ 제가 나중에 …(생략)… 이런 과정들이 있었잖아요. 그럴 때 여러 곳에서 쌀을 가져 오라고 그러더라구요. 근데 그럴 때 딱 친 거여요 무릎을. 그것이 그런 마음이었는지 본래 그랬는지 아닌지에 대해서야 제가 딱히 그 분들한테 물어볼 수야 없는 노릇이지마는 제가 그걸 바라보는 입장에서, 저라고 생각했을 때, 아 그럴라고 갔구나. 걸립이라는 것이, 이게 무슨 중창 불사하는 기금을 모금하는 그런 개념도 포함한, 다른 큰 것이구나.……절을

---

27 「해남 미황사, 120년만에 중창불사 회향」, 『불교신문』, 2008.9.27.

짓는다라는 것이 요즘처럼 어떤 사유지에 짓는 개념이 아니잖아요. 많은 사람들의 마음을 담는 그런 그릇이단 말이어요. ㉡ 남도에 최소한 미황사 권역 뱃길도 닿는 땅끝으로나 이진으로 뱃길도 닿는 이런 권역의 굉장히 넓은 하나의 그릇이라고 그 사람들의 마음을 담는 그릇이다고요. 신앙이 될 수도 있고, 그 마음을 담는 뭔가 그릇인데 이 그릇을 다시 빚는 이 행위일텐데, 이 빚는 행위에서 그 거기에 비는 비용을 하기 위해서만 간 것이 아니다. ㉢ 분명히, 그걸 담아가는 그 마음들을 담아가는 이 행위로서 굿쟁이들이 간 거구나 영기를 세우고. 여기에 사실은 꽂힌 거죠.   2018.1.16. 박필수 인터뷰

지역 방문 연희를 주도했던 박씨는 미황사 군고패의 활동을 추적하면서 그들이 왜 섬지역까지 다니며 걸립을 했을까라는 점에 의문을 갖고 그 의미를 해석하고자 했다고 한다(㉮). 그리고 물질적인 측면에서보다는 그 행위가 지닌 교류의 의미를 주목했으며, 권역 방문이 어떤 것을 이루고자 할 때 마음을 담기 위해 수행하는 의례이자, 공감을 담아내는 하나의 큰 그릇을 빚는 행위와 같은 것으로 이해했다고 한다(㉯). 그래서 걸립을 단순히 재화를 걷는 행위만이 아니라 공유되는 정신적 가치를 담아가는 과정의 하나이자 사회적 교류 차원의 행위라고 해석했다는 것이다. 그리고 박씨는 나중에 겪게 되는 자신의 종교적 체험과 관련지어(㉰) 여러 지역에서 쌀을 걷는 행위를 사회적 공인을 받는 과정의 의미로 해석했다고 한다. 이는 추후 해석이기는 하지만 그 방향성이 일관돼 있어서 관심을 모은다.

이것은 걸립의 전통적인 의미와 통하는 해석이라고 할 수 있다. 사실 걸립이란, 맥락적인 의미로 볼 때 그 수행 주체가 사회적 존재로서 공인을 받기 위한 과정적인 절차라고 할 수 있다. 우리의 굿 전통을 보면 세습무가 일정 지역을 근거로 종교적 의례 제공과 쌀·보리 등을 걷는 도부라는 상호적인 활동을 통해 사회적 기반을 확보해서 운영하는 것을 볼 수 있다. 이와 마찬가지로 강신무도 신을 받고 무당이 될 때에 여러 지역에서 쌀을 걷고 쇠붙이를 걷는 과정이 있는데 이는 물질 자체를 구하는 것만이 아니라 그 과정을 거쳐 내림무당으로서 사회적 존재성을 추인받는 것을 의미하기도 한다. 이처럼 걸립 행위에는 사회적 교류와 교섭의 의미가 내재돼 있다고 할 수

있다. 박씨도 미황사 군고패의 걸립에서 이런 차원의 교섭과 교류의 의미를 읽어내려고 했던 것으로 보인다.

2008년 당시 청산도 방문을 참관했던 조경만 교수는 박씨 일행의 지역 방문 연희에 대해, "자신들의 생애사적인 작업으로 기획했고 자신들의 세계관에 따라 이 일대 지역사회의 사회적 교류를 추구한 것이었다."[28]고 설명한 바 있다. 그리고 "연희를 통해 몸으로 지역사회와 자연을 맞닥뜨리며 이를 이해하려 하고 새로운 세계를 창출하려 하며, 다른 한편으로 자신들의 연희 경험을 통해 자기 존재 및 다른 연희자들의 세계를 이해하고 해석하려 한다. 모든 경우가 연희자로서 사회적 존재를 구현하고 그 세계를 확인하며 혹은 새롭게 구성하려는 시도들이다."[29]라고 풀이했다. 이것으로 볼 때 박씨와 동료들은 예전 미황사 군고패의 걸립 활동을 사회적 장소성의 확보, 즉 권역 차원의 교류로 재해석한 것이라고 할 수 있다. 이는 군고 연희가 기본적으로 자연과 사회의 활성화를 지향하며 자연적·사회적 장소성을 형성[30]해가는 과정이자 주기적 재현이라고 보는 관점에서 비롯되었다고 할 수 있다. 풍물 연희가 본래 자연 및 초자연적 존재와 소통하며, 공간적으로 다른 지역 또는 이계와 교섭하는 과정을 연출하며, 또한 각 존재와 사람, 사회를 매개하는 신명풀이로서 연행된다는 점을 주목한 것이라고 할 수 있다. 특히 걸립 활동이 지역 간 교류와 활성화의 의미를 띠고 있다고 해석하고서, 그것을 재현함으로써 연희자 집단 스스로 자신들이 추구하고 지향하는 사회적 네트워크와 교류의 의미를 새롭게 강조한 것이라고 볼 수 있다. 미황사 군고패에 대한 기억의 재해석과 실천이 수행 주체의 정체성을 정립하고, 군고패의 사회적 활동성을 새롭게 모색하는 기제로 작용하고 있음을 알 수 있다.

한편 해남군고보존회의 기획은 엄밀하게 보면 모색의 단계에 머물러 있다고 평가할 수 있다. 10년 전에 옛 미황사 군고패의 방문 지역을 재방문하고, 그것을 매개로 사회

---

28 조경만, 앞의 논문, 196쪽.
29 조경만, 앞의 논문, 207쪽.
30 조경만, 「교섭과 체현 속의 자연, 몸, 의례와 예술」, 『아시아 생태문화』, 아시아문화도시추진단, 2009, 27~28쪽.

적 존재로서 연희자 집단의 정체성을 재구축하려는 기획을 실천에 옮겼지만 후속 활동으로 이어지지는 않았다. 지금도 보존회에서 매년 정월 대보름을 전후해서 해남 여러 지역에서 도제와 갯제를 비롯한 마을굿을 활발하게 연행하고 있고 미황사 괘불재 역시 수행하고 있지만, 풍물 연희를 통해 권역 차원의 사회적 네트워크를 재구성하고 교류를 활성화하려는 노력이 지속되지는 않았다. 물론 기획은 완료가 아니라 현재진행이라는 점에서 봐야 한다. 실제 2017년도에 글쓴이 일행이 노화도 현지조사를 하고 미황사에 들렀을 때, 노화도에서 미황사 군고패에 대한 기억이 색다르게 재현되고 있다는 사실을 공유하면서 이후 활동을 모색하는 논의를 하기도 했다.[31] 이렇게 볼 때 기억에 대한 재해석과 기획은 앞으로 새로운 차원으로 확장되거나 재구축될 수 있을 것이다.

5. 맺음말

지금까지 미황사 군고패에 얽힌 역사적 기억이 해석 또는 재해석되면서 현전화現前化 되고 있음을 살펴보았다. 남해안지역 군고의 전승내력을 살피고자 할 때 걸립 활동을 주목하기 마련인데, 미황사 군고패는 그 실증적인 사례이고 입체적인 국면들과 연결돼 있으므로 더욱 관심을 끈다.

미황사 군고패가 19세기 후반에 완도해역 여러 섬에 탁발을 갔다가 수몰되었다는 이야기는 남해안 일대에 폭넓게 구전되고 있다. 그런데 그 기억이 설화 형태로만 전승되지 않으며, 기억에 대한 해석과 재현의 양상도 다층적이어서 눈길을 모은다. 민속문화는 공동체가 기억을 공유하고 그 기억을 해석 또는 재해석하는 과정에서 지속

---

31 노화도 조사를 함께 했던 글쓴이 일행(김혜정 교수, 송기태 교수, 이도현 학생)이 미황사에서 금강스님·박필수 일행과 조사 내용을 공유하는 자리를 가졌다. 노화도에서 수행되는 도제의 내용과 미황사 군고패와의 관련성은 기존에 알려지지 않은 것이어서 미황사와 보존회 쪽에서도 색다른 의미를 지닌 것으로 받아들였다(2017.1.28).

되고 새로워진다는 사실을 보여준다고 할 수 있다.

첫 번째 노화도의 사례는, 공동체의 기억이 매년 수행되는 도제와 군고 연행을 통해 축제로 재구성되고 있음을 보여준다. 노화도 도제에 나타난 수몰된 군고패에 대한 위무 방식이 군고 연행과 시주의 의미를 지닌 세미쌀 증여라는 점이 색다르다. 군고패에 대한 기억이 마을축제를 통해 연례적으로 재현되면서 그것이 공동체의 특별한 공유 기억이자 지식으로 재생산되고 있음을 보여준다. 공동체의 기억과 해석이 사회적 전승지식으로 작용하고 있다는 점이 눈길을 끈다.

그리고 두 번째 사례인, 해남군고보존회의 경우 기억의 재해석과 실천적인 의미화 과정이 부각된다. 보존회에서는 120년전 군고패의 역할을 현재적 상황에서 의미화하고 옛걸립 지역을 재방문하는 기획을 실천했다. 그것을 통해 미황사 군고패의 걸립 활동을 사회적 장소성의 확보 또는 권역 차원의 교류로 재해석했다. 그리고 그것을 매개로 연희집단 스스로 자신들이 지향하는 사회적 네트워크와 교류의 의미를 새롭게 확보하고자 했다. 이 사례는 수행 주체의 재해석 또는 기획 속에서 민속 전승의 좌표가 입체적으로 재구성되는 것을 보여준다. 그리고 실천 과정에서 그 지평이 확장되거나 창출되고 다양해질 수 있음을 보여준다는 점에서 색다른 의미를 갖는다.

제4장

발광대놀이의 연행내용과 창조적 재현

1. 발광대놀이의 재현과 기록화 과정

발광대란, 이름 그대로 발足에다 광대[탈]를 씌우고 노는 연희다. 현지조사 결과 전남 완도군 생일면 서성리와 금곡리 두 개 마을의 사례가 확인된다. 발에다 가면을 씌우고 노는 연희는 무형문화재로 지정된 「발탈」(국가무형문화재 제79호) 이외에는 알려진 자료가 없다. 이런 점에서 생일도 발광대는 각별하게 관심을 모은다.

생일도 사람들은 예전부터 정월에 당제를 모시고 축제를 즐겼으며 농악을 치면서 광대놀음의 일환으로 발광대놀이를 했다. 그런데 당제와 농악은 쭉 이어졌지만 발광대놀이는 긴 기간 중단된 채로 있었다. 이런 발광대가 학자들의 눈에 띄게 된 것은 2003년에 목포대 도서문화연구소에서 생일도 학술조사를 실시할 때였다. 당시 글쓴이는 당제와 농악을 포함한 민속생활 전반에 대해 탐문하는 과정에서 발광대의 존재를 파악하고, 이후 몇 차례 학계에 소개하였다.[1]

---

1   이경엽, 「전남의 민속극 전통과 광대(탈) 전승」, 『전통문화연구』 3, 용인대 전통문화연구소, 2004; 「완도 발광대놀이 연구」, 『공연문화연구』 14, 한국공연문화학회, 2007; 「완도 발광대놀이의 전승내력과

생일도 발광대놀이가 공연으로 재현된 것은 2016년 여름이었다. 목포에 거점을 둔 극단 갯돌에서 '2016 목포세계마당페스티벌'의 핵심 프로그램으로 「뱃길따라 갱번마당놀이」를 기획하면서 발광대놀이 공연이 추진되었다. 2016년 목포 공연 직후에 '생일도 발광대놀이 보존위원회'가 꾸려지고 발광대놀이가 체계적으로 전승될 수 있는 기반이 조성되었다. 그리고 발광대놀이 보존위원회에서 2017년에 재단법인 전라남도 문화관광재단에 〈가고싶은 섬, 생일도 발광대놀이 전승사업〉을 신청하면서 기록화 작업이 실시되었다.

발광대놀이 기록화는 2017년에 이루어진 두 차례의 공연을 중심으로 이루어졌다. 첫 번째는, 추석 하루 전날 펼쳐진 〈추석맞이 노래자랑〉 무대에서 공연되었다(2017년 10월 3일). 추석 전날이어서 명절을 쇠러 온 귀성객들이 많아 잔치 분위기에서 공연이 이루어졌다. 노래자랑을 겸한 자리여서 주민들의 호응과 관심이 컸다. 공연의 제목은 '추석맞이 생일도발광대놀이 공연'이었다. 150여명의 주민들이 공연을 봤으며, 공연이 끝난 직후에는 풍물패와 어우러져 신명을 나누는 자리가 만들어졌다. 공연 후에는 노래자랑이 이어졌다. 두 번째 공연은 '제21회 노인의 날 기념식 및 경로위안잔치' 축하 공연 형식으로 이루어졌다(2017년 11월 22일). 200여명의 관객들이 관람했다. 당시 공연된 내용은 도서와 영상 두 가지 형태로 기록되었다.[2]

발광대놀이가 생일도에서 전승되는 배경과 내력에 대해서는 기존 연구에서 상세히 밝힌 바 있다. 여기서는 기록화 과정에서 파악된 연행내용을 살펴보고, 특히 최근 공연에서 기존의 〈상사소리〉 외에 〈가래소리〉를 새롭게 추가해서 공연한 사실을 주목하고자 한다. 〈가래소리〉는 전래의 공연을 단순하게 재현하는데 그치지 않고 새롭게 추가하고 확장한 사례라는 점에서 색다르게 주목할 필요가 있다.

의미」, 『한국 민속연희와 공연문화』, 한국공연문화학회, 2015.
2   이경엽·송기태·한은선, 『생일도 발광대놀이』, 민속원, 2016.

2. 발광대놀이의 연행내용

1) 연행 도구

발광대놀이에서 사용되는 연행 도구는 연행내용과 관련이 있다. 공연 레퍼토리가 〈상사소리〉와 〈가래소리〉이므로, 도구도 그것에 맞춰져 있다. 주된 연행 도구는 발에 씌우는 광대(가면)와 모자, 손에 드는 막대기, 인공 모, 뜰채, 물고기, 지게 그리고 사람처럼 보이기 위해 걸치는 옷가지 등이 있다.

발광대에 사용되는 광대는 천이나 종이로 만든다. 광대를 간단하게 만들 때에는 종이에 눈·코·입을 그려 넣고 귀 부분에 끈을 달아 발등에 묶어 고정시킨다. 예전 발광대 공연에서는 이렇게 만든 광대를 많이 사용했다고 한다. 이는 서성리와 금곡리에서 공통적으로 확인된다. 한편 서성리의 제보자들은 천에 눈·코·입을 그려 사용하는 것을 봤다고도 말한다. 종이탈 외에 천탈을 쓰기도 했다는 것이다. 현지조사에서도 종이와 천에 각각 얼굴 형상을 그려 발광대놀이를 재현했다. 이렇게 보면 발광대의 탈은 종이탈과 천탈 두 종류가 있는 셈이다.

2004년도에 마을에서 발광대를 처음 재현할 때는 한 명만 했다. 그리고 종이로 간단하게 만들었으나 근래 재현된 광대는 숫자도 3명으로 늘어나고 재료도 달라졌다. 이에 대해 제보자는 다음과 같이 설명한다.

> [하나는 단출하니까. 그래서 셋으로 해보자고 그랬어요?] 예. 옛날에 모심을 때는 장단 친 사람이 있었어. 북치고, 장구치고, 꽹과리치고. 그런 뜻으로 꽹과리 치게 만든 거예요. [어르신, 예전에 저에게 보여주실 때는 수건 넣고 두툼하게 해가지고 천을 감아서 거기에 그냥 그림 그렸잖아요. 이번에는 이렇게 만드셨네요?] 예. 옛날에는 그 즉석에서 만들 게 없잖아요. 노인네들이 발에다 아무거나 헌 옷 같은 거 두르듯이 했고, 거기에 옷 씌우고. 사람같이 만들고 그랬죠. 간단하게 그 즉석에서 한 거라. 그렇게 체계적으로 안 하고. 가면도 없었고.
>
> 2017.10.3 정송호(남, 상쇠, 1935~)

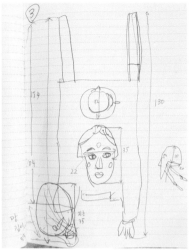

〈그림 1〉 선박재료로 제작한 발광대의 얼굴과 뜰채   〈그림 2〉 가래소리 발광대 그림

요즘 공연에서는 볼륨감 있게 스펀지를 넣어 만든 흰색 쿠션을 이용해서 광대를 만든다. 예전에는 즉석에서 즉흥적으로 만들었기 때문에 간단하게 했지만 지금은 '미리 가면을 제작하기 때문에 체계적으로' 만들어 사용하고 있다고 한다. 그리고 숫자도 모심는 광경을 더 입체적으로 보여주기 위해 꽹과리 치는 광대 역할을 추가했다고 한다. 또한 3명의 광대 중에서 1명은 선박 재료인 섬유강화플라스틱FRP 조각을 얼굴 모양으로 오려서 만들고 눈·코·입을 그려 넣었다. 광대의 얼굴 표정이나 성격에 대해 별도의 의미 부여를 하지 않고 있으며 이름도 없다. 광대의 머리 위에는 상모를 씌워 고정시키거나 모자를 씌운다.

광대의 연행 도구는 공연 내용에 따라 조금 달라진다. 〈상사소리〉를 공연할 때에는 막대기에 인공모를 들고 모심는 동작을 흉내내며, 〈가래소리〉를 할 때에는 오른손 막대기에 뜰채를 매달아서 고기를 퍼담는 동작을 연출한다. 3명의 광대 중에서 가운데 광대의 경우 항상 꽹과리를 치는데, 왼손 막대기에 꽹과리를 매달고 오른손 막대기에는 꽹과리채를 매단다.

2) 예전의 연행 상황과 내용

예전 발광대놀이는 정월에 당제를 모시고 '군기'(풍물굿)를 칠 때 연행되었다. 발광대놀이가 전승되는 생일면 서성리와 금곡리에서는 풍물패 광대놀음의 일환으로 발광대를 연행했다. 두 마을의 형태가 크게 다르지 않으므로 서성리의 사례를 중심으로 연행상황을 설명하기로 한다.

서성리에서는 음력 1월 9일 새벽에 당제를 모시는데 당제를 모시기 전, 7일부터 9일·10일까지 군기를 친다.[3] 서성리에서는 풍물굿을 '군기'라고 하고 치배들을 '군중'이라고 한다. 요즘의 군중 구성을 보면 쇠 5~6명, 징 1~2명, 장구 2명, 북 7~8명, 소고 7~8명이다. 이외에 악기를 들지 않는 사람으로 포수 1명, 창부 2명이 더 있다. '군중은 포창부가 으뜸이다'라는 말이 있는데 포수와 창부가 마당밟이의 흥을 돋우고 풍물패를 이끄는 역할을 한다. 포수는 총을 메고 머리에는 소가죽으로 만든 모자를 쓰는데, 모자에 '군중대장'이라는 글씨가 써져 있다. 포수는 마당밟이에서 길잡이 역할을 한다. 포수가 안내하는 대로 군기패가 따라 가며 마당밟이를 한다. 창부는 까만 두루마기를 입는다. 대로 엮어서 만든 모자를 쓰고 풍선을 달기도 한다.[4]

당제를 전후해 치는 군기는 상황에 따라 '식공', '밤굿', '당산굿', '파방굿' 등으로 구분된다. 당제 전에 치는 군기는 1년 동안 묵혀 두었던 굿물을 꺼내 연습하는 굿으로서 '식공'이라고 부른다. 낮에 군기를 치다가 8일 저녁에 본격적인 '밤굿'을 치고, 9일 새벽이 되면 제관과 집사들이 당제를 모시러 간다. 그리고 당집에서 제를 모시고 다시 군기를 치며 12당산에 헌석을 하고 난 다음, 마을회관 앞에서 파방굿을 치며 논다.

발광대놀이는 밤굿과 파방굿을 칠 때 연행되었다. 8일의 밤굿과 9일의 파방굿을 할 때 광대놀음을 하고 발광대놀이를 했다. 밤굿이란 밤에 치는 굿이란 뜻인데, 마당밟

---

3 생일도의 당제에 대해서는 이경엽의 「생일 사람들의 민속생활과 민속생태학적 환경인지」(『도서문화』 22집, 2003, 115~125쪽)를 참고.
4 생일도의 풍물굿은 송기태에 의해 자세히 정리되었다. 송기태, 「완도 생일면 서성리 풍물굿의 현장론적 연구」, 목포대 석사학위논문, 2005.

이를 하고 다니다가 크게 판을 벌여 노는 굿판을 지칭한다. 다른 지역에서 흔히 판굿이라고 말하는 것과 비슷하다. 그리고 파방굿이란 당제와 마당밟이를 마무리하면서 크게 노는 굿판을 말한다. 밤굿과 파방굿에서는 일반 풍물굿 외에 갖가지 광대놀음을 하고, 발에 광대를 씌워 노는 발광대놀이를 했다.

〈그림 3〉 생일도의 마당밟이 2004.1.29.
예전에는 밤에 마당밟이를 하다가 발광대놀이를 연행했다.

마당 너른 집이나 마을 공터에서 밤굿을 치게 되면 1차 굿부터 6차굿까지 치고 논다. 이때에는 일반 군중 외에 '광대'들이 더 나와 놀게 된다. 광대는 연희자를 지칭하기도 하며 얼굴에 쓰는 가면을 말하기도 한다. 광대로는 영감, 할미, 각시 등이 있다. 영감은 얼굴에 광대(탈)를 쓰고 머리에 관을 쓰고 담뱃대를 들고 다닌다. 할미도 얼굴에 광대를 쓰고 여자 노인 행색으로 꾸민다. 각시도 마찬가지로 얼굴에 광대를 쓰고 젊은 각시 행색으로 꾸민다. 할미나 각시 모두 남자가 여장한다. 이외에 여자가 남장을 하고 나와 놀기도 한다.

군기패의 '광대'는 얼굴에 가면을 쓰거나 숯검정을 칠하고 나온다. 맨 얼굴로 노는 경우는 없다. 광대놀음은, 남자 광대들끼리 각시 광대를 차지하려고 다투는 흉내를 내고, 여자 광대가 거부하거나 받아들이는 흉내를 내며 서로 어울려 춤을 추며 노는 방식으로 전개된다. 광대놀음을 할 때에는 군기를 멈추지 않고 계속 친다. 그러므로 광대들이 주고받는 대사는 따로 없고 즉흥적으로 이루어지는 놀이와 춤이 대종을 이룬다.

하지만 발광대놀이를 할 때는 군기를 그치고, 그 놀이만을 연행하게 된다. 제보자들은 발광대놀이의 연행에 대해 다음과 같이 설명한다.

밤굿을 하면 옛날에는 참 재밌게 했어. 광대놀이 허고 멋있게 했어. 지금은 그런 것 없어도. 광대 만들어 갖고 동네 사람들 다 웃기고 했어. 발광대라고 발에다 광대 쓰고 놀아. 드러누워서. 여깄다(발에다) 사람 얼굴 그려 갖고 나와서 춤추고. 발광대는 발에다 수건으로 싸서 얼굴 그리고, 여그(발) 욱에다 요거(상모)를 씌우고, 댓가지로 이 옷을 소매를 두 개를 끼어 이렇게, 요렇게 넣고. 댓가지로 모심는 시늉을 했어. 엎드러 모심는 시늉을 해. 모내기 흉내를 내고 농부가를 해. 북, 장구, 상쇠만 장단을 맞춰 줘. 밤굿할 때 그 집 마당이 꽉 들어차요. 동네 사람 다 나오니까. 그러면 (발광대를) 꾸며 갖고 깜짝쇼로 나와.

2004년 1월 29~30일. 제보자 : 정송호(남, 상쇠, 1935~)

발광대놀이는 밤굿 도중에 연행된다. 마당에서 군기를 치고 광대놀음을 할 때 구경하는 관객들의 뒤쪽에서 발광대를 꾸민 다음 '깜짝쇼'처럼 놀이를 펼치게 된다. 발광대놀이를 위해 따로 막을 설치하지는 않는다. 발광대군이 바닥에 자리를 깔고 두 다리를 들고 누우면 곁에서 도와주는 사람이 긴 천으로 두 발과 무릎이 벌어지지 않도록 묶는다. 발등과 발바닥을 천으로 둥글게 감고 발바닥 부분에 종이로 만든 광대를 씌우고 발끝에 상모를 씌우고 고정시킨다. 그리고 두 발에는 창부가 입는 검은 색 두루마기를 걸치고 띠를 두른다. 옷의 양 팔에는 80cm가량 되는 막대기를 넣고 끈으로 묶어 고정시킨다.

발광대가 준비되면 군기치는 것을 그치게 하고, 구경하던 사람들의 한쪽을 비우게 한다. 그러면 둥근 원 모양으로 둘러서서 구경하던 사람들의 한쪽이 비게 되고, 관객들에게는 누운 사람은 보이지 않고 행색을 꾸민 발광대만이 보이게 된다. 사람들에게 가려 연희자는 보이지 않고 발광대만이 보이게 되는 것이다.

발광대를 놀리는 사람은 누워서 발을 흔들거나 앞으로 숙이고, 또 위로 반듯이 세우면서 광대를 놀리고 두 손으로 막대기를 움직이면서 발광대의 손동작을 조종한다.

발광대의 곁에는 북, 장구가 서서 노래를 부르고 장단을 맞춘다. 이에 대해 "북, 장구, 상쇠가 놀음놀이를 해주면 발광대가 춤을 추었다."고 설명한다.

〈그림 4〉 발광대놀이 재현 모습 2004.

발광대를 놀리는 연희자는 농사짓는 흉내를 내며, 군기꾼들이 그 동작에 맞춰 풍물을 치며 농요를 부른다. 발광대꾼은 막대기를 움직여 모를 찌고 모를 심는 동작을 하며, 발을 들고 세우면서 허리를 숙였다 펴는 동작을 한다. 모심는 동작을 하다가 허리가 아프면 허리 펴는 흉내를 내고, 춤을 추고 상모 돌리는 동작을 하기도 한다. 논농사의 핵심 과정이라고 할 수 있는 모찌기, 모심기, 논매기 등과 그 일에 참여하는 농군·풍물패의 동작을 재현했던 것이다.

발광대놀이를 두고서 "사람들이 하는 것하고 똑같이 한다."고 말하며 좋아했다고 한다. 사람이 직접 하는 것보다 발에 광대를 씌우고 놀이를 하면 '궁금증이 생기고 재미있으니까 사람들이 웃고 즐거워했다'고 한다. 서성리 주민뿐만 아니라 인근의 유촌리 사람들도 구경을 왔는데, "서성리 발광대 굿보러 가자."고 하면서 오곤 했다고 한다.

금곡마을의 발광대놀이도 서성리와 비슷하다. 금곡리에서는 마을 공터인 '사장'에서 판굿을 치고 놀다가 파장 무렵에 발광대놀이를 했다. 노인들은 발광대놀이에 대해 "시늉을 잘 해야" 하는 놀이이므로, "발로 머리짓을 잘 하고, 막대기로 손짓을 잘 해야 한다."라고 말한다. 한재동(작고, 살아 있으면 98세 정도), 조현옥(작고, 살아 있으면 88세 정도) 등이 발광대를 잘 놀렸다고 한다.

3) 2017년도의 연행내용

앞에서 설명한 대로 2017년도에 두 차례에 걸쳐 발광대놀이 공연이 이루어졌다. 그런데 추석 전날 밤 공연에서는 〈가래소리〉 준비가 되지 않아서 〈상사소리〉만 공연되었다. 그러므로 〈상사소리〉와 〈가래소리〉가 함께 펼쳐진 두 번째 공연 내용을 살피기로 한다.

○ 일시 : 2017년 11월 22일 오전 10 : 30~11 : 05
○ 장소 : 생영초등학교 체육관

이날 공연은 제21회 노인의 날 기념 축하공연으로 추진되었다. 각설이 품바가 식전행사의 분위기를 돋우면서 발광대놀이 공연을 소개했다. 생영초등학교 학생들의 사물놀이 공연(10 : 00~10 : 30)이 끝난 직후 곧바로 발광대 공연이 이루어졌다. 시간대별로 연행 상황을 정리하기로 한다.

10 : 30 실내체육관 밖 운동장에서 군기패가 풍물을 치며 분위기를 돋우었다.

10 : 45 무대 위 가림막 뒤에서 발광대놀이를 위해 준비를 했다. 풍물패는 무대 앞으로 나와 가림막 앞에서 풍물을 쳤다. 노인 위안잔치 사회를 맡은 '각설이'가 마이크를 들고서 "올해도 풍년이고 내년에도 풍년이고, 얼씨구 좋다 지화자 좋다." "잘한다."라는 추임새를 넣으며 흥을 돋우었다. 8분 정도 풍물 공연을 한 후 사회자가 "여러분 발광대 공연을 지켜 보시겠습니다."라고 안내했다. 상쇠를 비롯한 쇠잽이와 징수 등이 무대 위로 올라가고 가림막을 뒤로 물려서 광대 3명이 모습을 드러냈다. 광대들의 모습이 드러나자 객석에서는 웃음소리가 크게 나왔다. 소고잽이들은 무대 아래 우측에 섰으며, 소고잽이 중에서 한 명이 〈상사소리〉 앞소리를 메겼다.

〈그림 5〉 상사소리 공연

10 : 53 〈상사소리〉

무대 아래 우측에 선 앞소
리꾼이 〈상사소리〉를 메겼
다. 곁에서는 소고잽이들이
춤을 추면서 보조를 맞추면
서 뒷소리를 받았다. 가림막
아래 쪽으로 몸을 드러낸 3
명의 광대 중에서 가운데 광
대는 꽹과리를 치면서 〈상
사소리〉 반주를 하고 양 옆
의 광대 2명은 모를 심는 동
작을 했다. 소고를 제외한

〈그림 6〉 앞소리꾼 황옥순과 상사소리 발광대(좌)

나머지 풍물패는 가림막 뒤에서 쇠채나 장구채를 들고서 동작을 맞추었다.

〈그림 7〉 상사소리 발광대(중)　　　　　　〈그림 8〉 상사소리 발광대(우)

○ 앞소리 : 황옥순

○ 뒷소리 : 보존회원들

헤라~ 헤에루 상사뒤여~ / 헤라~ 헤에루 상사뒤여~

여보시오 농부님들 상사소리를 맞아주소 / 헤라~ 헤에루 상사뒤여~

봄이 오면 이종하고 여름 오면 보리타작 / 헤라~ 헤에루 상사뒤여~

가을 오면 추수하고 겨울이면 길쌈하네 / 헤라~ 헤에루 상사뒤여~

춘하추동 사시절이 게눈 감추듯 지나가네 / 헤라~ 헤에루 상사뒤여~

어하춘풍 새봄이 왔네 모내기나 하여 보세 / 헤라~ 헤에루 상사뒤여~

이 배미 저 배미 심어놓고 장구배미로 가세 / 헤라~ 헤에루 상사뒤여~

서마지기 논배미가 반달만큼 남았네 / 헤라~ 헤에루 상사뒤여~

니가 무슨 반달이냐 초생달이 반달이다 / 헤라~ 헤에루 상사뒤여~

일락서산에 해 떨어지고 월출동녘에 달 솟아오네 / 헤라~ 헤에루 상사뒤여~

어떤 사람은 팔자 좋아 고대광실 높은 집에 / 헤라~ 헤에루 상사뒤여~

우리같은 농부들은 저무나새나 일만 하네 / 헤라~ 헤에루 상사뒤여~

여보시오 농부님네 허리 좀 펴고 쉬었다 하세 / 헤라~ 헤에루 상사뒤여~

10 : 56 〈상사소리〉 공연에 걸린 시간은 2분 30초 가량이었다.

앞소리꾼이 "아이고 허리야."라고 외치면서 〈상사소리〉를 마쳤다. 광대 놀이꾼들이 발을 내리자, 마치 엎드려 큰 절을 하는 모습처럼 연출했다. 관객들이 박수를 치고 광대 위로 가림막이 쳐졌다.

10 : 59 〈가래소리〉

가림막 뒤에서는 〈가래소리〉를 위한 연행 도구를 갖췄다. 광대들이 채비를 하는 동안 풍물패가 연주를 했다. 꽹과리를 든 가운데 광대는 그 복장 그대로 두고, 양 옆 2명의 광대들은 막대기에 뜰채를 매 달았다. 준비가 되자마자 곧바로 〈가래소리〉 공연이 이어졌다. 사회자가 "자 두 번째, 고기잡이로 가세~ 배를 띄워라."라고 소리치자 가림막 아래로 광대들의 모습이 드러났다. 3명의 광대 중에서 가운데 광대는 꽹과리 반주를 하고 양 옆 두 명의 광대는 뜰채를 들고 고기를 퍼 담는 동작을 흉내냈다.

〈그림 9〉 가래소리 공연 장면

○ 앞소리 : 황옥순

○ 뒷소리 : 보존회원들

헤라 행성 가래야 / 헤라 행성 가래야

여보시오 젓군님들 / 헤라 행성 가래야

가래소리를 맞어주소 / 헤라 행성 가래야

제주바다 놀던 고기 / 헤라 행성 가래야

들물 통에 다 모이고 / 헤라 행성 가래야

득량만에 놀던 고기 / 헤라 행성 가래야

썰물통에 다 모이고 / 헤라 행성 가래야

이 가래가 누 가래냐 / 헤라 행성 가래야

선주님네 가래일세 / 헤라 행성 가래야

헤라 행성 가래야 / 헤라 행성 가래야

금년해철 정유년에 / 헤라 행성 가래야

당산제를 잘 모셔서 / 헤라 행성 가래야

우리 동네 풍년 들고 / 헤라 행성 가래야

고기배는 만선일세 / 헤라 행성 가래야

이 고기로 돈을 사서 / 헤라 행성 가래야

논도 사고 밭도 사고 / 헤라 행성 가래야

우리 어부들 부자되네 / 헤라 행성 가래야

젓군들아 노를 져라 / 헤라 행성 가래야

어서 가고 바삐 가서 / 헤라 행성 가래야

우리 동네 잔치 하세~~

11 : 03 〈가래소리〉 공연이 끝나자 곧바로 가림막으로 광대들을 가리고, 풍물패의
연주가 시작되었다. 무대 위에 있던 치배들이 무대 아래로 내려와 객석을 지나 체육

관 바깥으로 나가고, 광대들도 복식을 챙겨 무대 뒤로 빠져 나가는 것으로 공연이 마무리 되었다.

3. 발광대놀이의 특징과 창조적 재현

발광대는 '발로 머리짓을 하고 막대기로 손짓'을 하는 연희다. 발광대는 인형극처럼 보이기도 하고 가면극처럼 보이기도 한다. 광대(탈)를 사용한다는 점에서 보면 가면극과 통하지만, 얼굴이 아닌 발에 가면을 씌우고 놀이꾼의 하반신을 인형처럼 꾸며 놀린다는 점에서 보면 인형극처럼 보이기도 한다. 하지만 특정 장르 명칭으로 제한할 필요없이 그냥 「발광대」라고 부르는 게 적절할 것 같다.

발광대꾼은 누운 채로 자신의 하체에 부착된 '광대 인형'을 놀리게 되는데, 발로는 머리짓을 하고 양손의 막대기로 손짓을 하면서 발광대놀이를 펼치게 된다. 발광대의 이와 같은 연행방식은 국가무형문화재 제79호로 지정되어 있는 「발탈」과 흡사하다. 현재 전승되는 발탈은 발탈꾼이 의자에 앉아서 가면극과 유사한 탈을 놀리고 있지만, 해방 전후까지도 지금의 탈이 아닌 간단하게 종이에 얼굴을 그려 사용했고 놀이꾼도 뒤로 누운 자세에서 발탈을 놀렸다고 한다.[5] 아래의 발탈놀이 재현도에서 그것을 볼 수 있다. 그러므로 현행 발탈보다 초기 발탈이 발광대와 더 통한다는 것을 알 수 있다.

발탈의 연행방식을 보면 팔 부분의 조정 방식에 따라 몇 가지로 나뉘는데, 어깨에 줄을 연결해 움직이는 방법, 직접 팔을 넣어 사용하는 방법, 막대기를 사용하는 방법 등이 있다. 이 중에서 막대기를 사용하는 방법이 발광대와 비슷하다. 지금 전승되는 발탈이 이 방법으로 연행된다. 물론 막대기 각도는 조금 다르다. 발탈의 대나무 조종대는 80° 정도 굽어진 것이고, 발광대의 막대기는 약간 휘었지만 각도가 크지 않다.

---

5   정병호, 「발탈 연희에 대하여」, 『한국민속학』 16집, 민속학회, 1983, 288~291쪽.

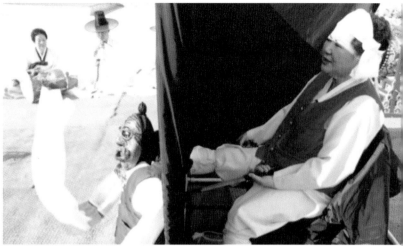

〈그림 10〉 발탈 공연 재현도　　　〈그림 11〉 발탈 연행 장면
심우성, 「발에 씌운 탈놀이 '발탈'」, 191쪽　　　허용호, 『발탈』, 69쪽

그렇지만 막대기를 사용한다는 점은 동일하다. 연희자가 발로 탈을 움직이고, 양손에 막대기를 쥐고 발광대의 양팔을 조정하는 연행방식이 거의 동일하다는 것을 알 수 있다.

　그런데 자세히 보면 발광대와 발탈은 몇 가지 점에서 차이가 있다. 발탈과의 비교를 통해 발광대의 특징을 더 입체적으로 파악할 수 있다.

〈표 1〉 발광대와 발탈의 비교

발광대	발탈
− 유랑연희의 수용 − 세시풍속의 일환, 당제(음.1.9) 기간에 밤굿 또는 파방굿을 하면서 마당에서 연행 − 군기(농악)와 연계. 농악대의 광대놀음 − 논농사를 모의, 상사소리, 상모 돌리기 등 농사짓는 장면의 재현 − 고기잡이의 재현, 가래소리 연행	− 유랑연희패의 공연 레퍼터리 − 간단한 무대 설치, 공연 종목 − 발탈꾼과 어릿광대의 재담 − 유람객(탈)과 어릿광대의 재담, 시정의 삽화 : 얼굴 생김새, 시조창, 허튼타령, 팔도 유람, 잡가, 먹는 것, 약, 조기 세는 흉내, 조기 파는 흉내 등

1) 세시풍속 및 당제 · 농악과 연계된 연행

생일도 발광대는 20세기 전후에 유랑연희를 수용해서 성립된 것으로 추정된다. 하지만 외래 연희의 수용 여부와 상관없이 주민들의 연희로 정착해서 전승되고 있다. 발탈이라면 특정 시기에 국한하지 않고 공연 자체가 목적으로 표방되겠지만, 발광대는 별도의 공연이 아니라 세시풍속의 일환으로 전승되었다. 곧 정월에 공동체의 평안을 빌기 위해 당제를 지내고 축제를 즐기면서 농악을 치고 광대놀음을 하는 과정에서 발광대를 연행했다. 생일도에서는 당제를 전후해서 밤굿 또는 파방굿을 하면서 규모를 갖춰 농악을 치게 되는데 그 과정에서 발광대놀이를 했던 것이다.

밤굿을 칠 때 발광대를 했다는 점이 발광대놀이의 독특함이다. 정송호 어르신의 다음 설명에서 보듯이 발광대는 특별하고 재미있는 놀이로 인기를 모았다고 한다.

> 그때는 밤굿을 치면 주민들이 다 모여요. 그때는 TV가 있습니까? 아무 것도 없죠. 놀이문화가 없어. 그리고 먹을 것도 없고. 밤굿을 치면 밤새 밤중까지 친단 말이에요. 겨울에. 그럼 상당히 많이 치지요. 죽을 쒀서 먹으면, 먹으라고도 나오고, 굿 볼라고도 나오고 주민들이 거의 다 나와요. 가운데에 모닥불 피워놓고 놀아. 노는데 발광대 한 분이 뒤에서 몰래 발광대를 꾸미는 거예요. 구경꾼들 뒤에서. 세 사람이 서서 한 사람은 발광대를 만들어. 빙 둘러있는 사람 뒤로 살짝. 발광대가 앞으로 나오잖아요. 그때 상쇠가 멈추고 놀이를 거기에 맞게 해줘. 그러면 하더라고요. [농사짓는 거를 흉내 낸 건가요.] 에 에야 에에루 상사뒤요. 여보시오 농부님에 상사소리를 맞아주소. 발광대가 딱 나타나면 상쇠가 농악소리를 멈추고 상사소리로 들어가줘. 상쇠가 치면 발광대가 들어가지. 광대 만든 사람들 중에서 설소리 한 사람이 나타나서 해줘요.   2017.10.3. 정송호 어르신 면담

물론 현재의 발광대는 세시풍속과 거리가 있다. 당제와 농악은 여전히 지속되고 있지만 20세기 중반을 지나면서 발광대가 한동안 중단되었기 때문에 현재의 면모는 과거와 다르다. 그렇지만 근래에 재현되는 과정에서 젊은 어촌계원들이 전래의 농악을

익히고 발광대 역시 예전처럼 정월에 다시 하겠다는 의지를 갖고 있으므로 마을축제 기간에 다시 하게 될 가능성이 있다. 그리고 최근에 예전 고기잡이와 관련된 〈가래소리〉를 추가한 것처럼 전통을 재구성하고 있는 점도 남다른 특징이라고 할 수 있다.

2) 〈상사소리〉와 〈가래소리〉 등 노래 중심의 연행

발광대와 발탈은 우선 광대[탈]의 모습과 연행 방식에서 차이가 있다. 발탈은 발받침 또는 마네킹이 있는데 발광대에는 그것이 없다. 발탈은 발받침 역할을 하는 마네킹에 옷을 입혀 인형처럼 꾸미지만, 발광대는 연희자의 발에 두루마기를 입힌다. 또한 발탈은 한 발(왼발)에 탈을 씌우지만, 발광대는 양발에 광대를 씌운다. 그리고 발탈은 탈만 쓰지만, 발광대는 탈의 머리 부분에 상모나 모자를 씌운다.

「발탈」의 경우 발탈꾼이 인형을 놀리며 재담을 하지만, 「발광대」는 동작만을 할 뿐 재담을 하지 않는다. 또한 발탈은 어릿광대가 발탈꾼과 상대역을 하면서 재담을 주고받지만, 발광대는 재담을 나누는 상대역이 따로 있지 않고 악사들이 곁에 서서 장단을 치고 노래를 부른다. 발광대는 상대역이나 재담 없이 동작만을 할 뿐이고, 풍물패 악사가 발광대의 동작에 맞추어 〈상사소리〉와 〈가래소리〉 등의 노래를 하고 장단을 맞추는 방식으로 연행된다는 점이 발탈과 다르다. 재담보다는 노래 중심의 연행이 특징이라는 것을 알 수 있다.

3) 농사짓는 장면의 연극적 재현

연행되는 내용을 보면 더 큰 차이가 있다. 발탈 연희에서는 발탈꾼과 어릿광대가 재담을 주고받는다. 그 내용은, 유람객(탈)과 어릿광대의 재담과 시정의 삽화들이 주를 이룬다. 삽화의 내용을 보면, 얼굴 생김새, 시조창, 허튼타령, 팔도 유람, 잡가, 먹는 것, 약, 조기세는 흉내, 조기 장사 등이다.[6] 그리고 발탈에서는 재담이 특별하게 강조된다. 탈과 어릿광대의 재담 대결은 발탈이 조선시대 우희 전통을 물려받고 있음을 드러내는 것이라고 할 만큼 특징적이다.[7] 이와 같이 발탈은 시정의 에피소드를 중심으로 이루어져 있다.

발광대는 농사와 관련된 연행이 주를 이룬다. 발광대놀이는 농사짓는 장면을 동작으로 보여주는 점이 특징이다. 그리고 그 동작에 맞춰 악사들이 들노래를 부른다는 점이 색다르다. 발광대가 손으로 모심는 흉내를 내고, 허리를 숙여 모를 심다가 허리를 펴는 동작을 하고, 상모를 돌리기도 하고 꽹과리를 치고 춤을 추면서 노는 장면은 농사짓는 장면의 재현이라는 점에서 흥미롭다. 특히 연행시기가 당제를 통해 마을신에게 일년 동안의 풍요다산을 축원하는 때라는 점도 눈길을 모은다. 발광대가 당제를 전후한 밤굿 · 파방굿이라는 축제 공간에서 연행되었다는 점을 환기할 필요가 있다. 이런 점을 주목해서 본다면 〈상사소리〉는 다른 지역 농악대의 농사풀이와 비슷한 모의 농작의 연출이라고도 할 수 있다. 단순하게 즐기고자 하는 놀이가 아니라 풍년을 빌고 새해의 번영을 축원하는 의미로 발광대놀이가 연행되었음을 알 수 있다.

4) 고기잡이의 연극적 재현

2017년에 공연된 발광대놀이에서는 고기잡이를 재현했다. 재현된 고기잡이는 생일도의 어로 전통과 관련 있다. 예전에 생일도에서는 휘리배(홀치기배) 두 척을 이용해서 숭어잡이를 했다고 한다. 그리고 죽방렴을 설치해서 멸치잡이를 했다고 한다. 고기잡이를 할 때에는 뜰채로 고기 퍼 담으면서 〈가래소리〉를 불렀는데, 이번 공연에서는 그것을 재현했다. 〈가래소리〉 재현에 필요한 연행도구 제작이나 노랫말 구성은 모두 정송호 상쇠의 주도로 이루어졌다.

오늘 공연한 것은 예전에 뜰채로 고기 퍼 담을 때 하던 것을 흉내 낸 것이여. 숭어나 멸치

---

6 허용호, 앞의 책, 108쪽.
7 허용호, 위의 책, 82쪽.

퍼 올리는 것을 흉내 낸 것이제. 헤라 헹성 가래야 하는 소리는 예전 소리여. 뜰채질 할 때 부르던 소리여. 고기 퍼 올리면서 노래 부른 것이여 말하자면. 근데 이건 상당히 연습을 해야 되겠더라고. 모심는 거하고는 차이가 있더라고. 내가 말은 만들었어.   2017.11.23 정송호

생일도의 고기잡이1 - 숭어 홀치기 배(휘리배)

옛날에 우리 어렸을 때 숭어 홀치기라고 있었어요. 배 두 척으로 둘러싸는 것. 숭어떼를 보고 싸 가지고 잡았어요. 숭어 홀치기를 하려면, 산망지기라고 있어요. 그러면 산에 올라가서 숭어떼를 보는 사람이 있어. 깃발을 들고 올라가 있어요. 바닥에 숭어떼가 어디가 있는가 보고 그러면 인자 숭어떼가 나타나면 배에 깃발로 신호를 해. 어디로 가라. 그때는 전화가 없으니까. 깃발을 가지고 신호를 하면 깃발을 따라서 깃발 두 개로 싸라고 하면 싸고, 생일도 뺑뺑 돌고 다 했어요. 갯밧위가 해안이 좀 옴막한 데, 둥그렇게 돼 있고 잉. 그런 데가 잘 모이거든. 배 두 척을 갖고 했어요. 한 척에다 그물 싣고 한쪽 끝에 대고 뚱그렇게 둘러 싸. 두 척이 끄서서 뺑 둘러 싸가지고, 사람 여럿이 타거든 노도 한 배에 세 가닥씩 싣고 그렇게 해서 둘러 싸고, 숭어가 못 튀어 나가게 가운데다 돌을 던짐시롱 싸 가지고 그렇게 잡지요. 많이 잡으면 배에 다 싣도 못할 정도로 잡았대요.

그때 배가 일본말인데 그물 실은 배보고는 뭐라고 하고, 안 실은 배보고는 뭐라고 했는데, 모르겠어. 알아보고 싶은데, 물어볼 사람이 없어. 어려서 없어졌어. 나보다 다섯 살 위에 그러면 88이것제. 그 사람이 소년 때 그 배에 화장으로 탄 사람이 있었어요. 밥 해준 사람. 밥 해 먹인 사람. 그 사람이 그제 살았는데, 황인만이라고 어디 요양원에 가불고 없어. (몇 살 때까지 보셨나요.) 10살 넘어서까지 봤어. 홀치기 배. 휘리배라고도 했어. 주로 휘리배라고 많이 했어.

생일도의 고기잡이2 - 죽방렴

지금도 멸치잡이는 생일도에서 하잖아요. 지금은 낭장으로, 옛날에는 죽방렴으로 했어요. 그것은 없어지고 지금은 낭장밖에는 안 해요. 죽방렴 안 한 지는 60년 정도 되었어. 우리 부락 앞에서 죽방렴을 했어. 물살 세고 얕은 데 말장을 세워놓고 돌을 많이 물에다 빠쳐 가지

고, 말장을 지주를 잡어주게 그렇게 만들드만, 그라고 물 나면 사람이 배 타고 거기 가서 들

어서서 잡드만. 그물 안으로 들어가서 뜰채로 떠서, 지금 남해 바다도 그렇게 합디다.

2017.11.23. 정송호(1935~)

    지금까지 살펴 본 대로 발광대는 다른 지역에 없는 독특한 민속연희다. 유사한 것으로 국가무형문화재 제79호로 지정돼 있는 「발탈」이 있을 뿐 지역에 전하는 것은 생일도 발광대가 유일하다. 생일도 발광대놀이는 발탈과 비슷하면서도 다른 점이 있다. 발광대는 마을 공동체의 축제에서 풍물굿 광대놀음의 일환으로 연행되었다는 점이 특징이다. 발광대가 세시풍속 상의 풍물굿 광대놀음인데 비해, 발탈은 흥행과 관련된 무대 공연물이라는 점에서 차이가 있다. 발탈은 유람객 역할을 하는 탈이 어릿광대를 만나 재담을 주고받으면서, 각지의 지세와 풍속을 얘기하고 특징적인 노래를 부르는 장면에서 보듯이 유랑문화적 성격이 강하게 나타난다. 발광대의 농사 재현과 완전히 다른 것이다. 또한 연행 주체의 성격으로 볼 때, 발탈이 떠돌이 연희패인데 비해 발광대는 토박이라는 점에서 차이가 있다.

    생일도 발광대놀이의 전승은 남다른 의미가 있다. 현전하는 발탈의 경우 20세기 초에 박춘재라고 하는 인물에 의해 정립되었다고 전한다. 현재는 박춘재 계열의 발탈만이 전승되고 있고, 다른 계열의 자료는 전승이 단절된 상태이므로 논의를 확대하는 것이 쉽지 않다. 이런 상황이므로 발광대의 존재는 중요한 의미가 있다. 발광대는 현전하는 발탈과 계열이 다른 자료다. 당제를 지내는 축제 기간에 밤굿 또는 파방굿을 하면서 논농사를 모의 동작으로 연출하고 농요를 부르고 노는 구성은 발탈과 전혀 다른 모습이라고 할 수 있다.

    발탈이 중부지역을 중심으로 전승된 연희라면 발광대는 남해안 농어촌을 배경으로 전승되고 있다. 전승지역이 다르고, 계열도 다르다고 할 수 있다. 발광대의 경우 처음에는 유랑예인 집단의 영향을 받아 성립되었지만, 연행시기나 연행내용으로 볼 때 토착화된 형태로 전승되었음을 짐작케 해준다. 조선후기나 20세기를 전후해서 들어온 유랑집단의 연희가 주민들의 민속연희 속에 수용되어 전승되면서 일정하게 토착화되

었음을 말해준다.

생일도 발광대는 외래의 연희가 주민들의 민속 속에 수용돼 전승된 사례에 해당된다. 이는 인접 지역에서, 남사당 연희를 장례놀이나 들노래 등으로 수용해서 전승하고 있는 사례와 통한다. 진도 다시래기나 신안 밤다래 남사당놀이는 전래의 상례놀이 속에 당대 유행하던 유랑연희가 끼어 들어와 새롭게 확대된 경우라고 할 수 있는데, 생일도 발광대놀이도 이와 비슷한 양상을 보여준다. 유랑연희패가 정월의 당제와 풍물굿 자체를 가져온 것은 아니다. 남사당패의 발광대가 주민들의 풍물굿 속에 끼어들어간 것이라고 할 수 있다. 주민들이 유랑연희패의 발광대를 풍물굿 광대놀음의 하나로 수용해서 자신들의 민속으로 정착시킨 것이다.

생일도 발광대는 민속 전승의 창조적 재현과 확대 과정을 보여준다. 당대 유행하던 유랑연희가 전래의 마을 민속과 습합되고 재구성되면서 현전 발광대가 성립되었다고 할 수 있는 바, 발광대를 통해 민속 전승의 복합성을 살펴볼 수 있다. 그리고 생일도 발광대놀이는 현재진행형의 창조적 계승을 보여준다. 최근에는 전래의 〈상사소리〉만이 아니라 고기잡이와 관련된 〈가래소리〉를 추가해서 공연하고 있다. 예전에 생일도에서 홀치기 배 두 척으로 숭어를 잡고, 죽방렴에서 멸치 잡던 것을 염두에 두고 관련 예능을 덧붙인 것이다. 이처럼 전통 연희에 새로운 것이 만들어지고 더해지는 것은 소중하고 특별한 일이라고 할 수 있다. 이런 점이 생일도 발광대의 남다른 특징이라고 할 수 있다.

アチック ミューゼアム 편,『朝鮮多島海旅行覺書』, 1939.

강권용,「제주도 해녀의 '씨드림'을 통해 본 풍어·풍농 기원」,『생활문물연구』12, 국립민속박물관, 2004.

강남주,『남해의 민속문화』, 둥지, 1991.

강봉룡,「한국 해양사의 전환 : '해양'의 시대에서 '해금'의 시대로」,『도서문화』20, 2002.

_____,『장보고』, 한얼미디어, 2004.

_____,『바다에 새겨진 한국사』, 한얼미디어, 2005.

강봉룡 외,『바닷길과 섬』, 민속원, 2011.

_____,『해로와 포구』, 경인문화사, 2010.

강소전,「제주도 잠수굿 연구」, 제주대대학원 석사논문, 2005

강정식,「제주도의 해양신앙」,『도서문화』27. 도서문화연구소, 2006.

고광민,『제주도 포구 연구』, 도서출판 각, 2003.

_____,『제주도의 생산기술과 민속』, 대원사, 2004.

_____,「나룻배와 나루터 이삭줍기 기행」,『도서문화』제28집, 목포대 도서문화연구소, 2006.

고동환,「18·19세기 外方浦口의 상품유통 발달」,『한국사론』13, 1985.

고석규,「조선후기의 섬과 신지도 이야기」,『도서문화』제14집, 목포대 도서문화연구소, 1996,

고석규·강봉룡 외,『장보고시대의 포구조사』, 장보고기념사업회, 2005.

공주대박물관,『황도붕기풍어제』, 1996.

국립민속박물관,『어촌민속지』경기·충남편, 1996.

_____,『경남어촌민속지』, 2002.

국립박물관,『한국서해도서』, 1957.

국립해양문화재연구소,『옹기배와 전통항해』, 2010.

변남주,「榮山江 중·하류 뱃길 環境과 돛단배 항해술」,『지방사와 지방문화』Vol.14 No.1, 2011.

권삼문,『동해안 어촌의 민속학적 이해』, 민속원, 2001.

吉田敬市,「波市坪考 - 朝鮮に於ける移動漁村集落」,『人文地理』4~5通卷17, 京都大學, 1954.

김금화,『김금화의 무가집』, 문음사, 1995.

김보영,「소래염전, 염전과 함께 한 사람들」,『신현동지』, 시흥문화원, 1999.

김수관·이광남,「서해지역의 파시에 관한 조사연구(1)」,『수산업사연구』1권, 수산업사연구소, 1994.

김순제,『한국의 뱃노래』, 호악사, 1982.

김 승·김연수,「조선시대 전통의 파시와 어업근거지 파시의 비교 연구」,『수산연구』22호, 2005.

김영희,『섬으로 흐르는 역사』, 동문선, 1999.

김용국, 「뱅인영감굿 무가사설분석」, 『2006년도 학술대회 발표논문집』, 황해도 한뜻계보존회, 2006.

김웅배, 「〈어부사시사〉의 언어와 보길도 방언의 상관성」, 『도서문화』 8집, 목포대 도서문화연구소, 1991.

김은희, 「황해도 굿놀이 연구」, 고려대대학원 박사학위논문, 2010.

김일기, 「곰소만의 어업과 어촌연구」, 서울대대학원 박사논문, 1988.

김재운, 「위도 어촌에 대한 지리학적 연구」, 전북대 석사논문, 1988.

김재호, 「무형문화유산으로서의 전통농업지식의 가치와 보존의 필요성」, 『민속학 연구』 24, 국립민속박물관, 2009.

_____, 「청산도 구들장논의 전통 수리 양상과 농경문화 특징」, 『남도민속연구』 29, 남도민속학회, 2014.

_____, 「옹기 장인들의 불에 대한 민속지식과 민속분류」, 『민속연구』 31, 안동대 민속학연구소, 2015.

김 준, 「생태환경의 변화와 파시촌 어민의 적응」, 『도서문화』 19, 목포대 도서문화연구소, 2001.

_____, 「파시의 해양문화사적 의미구조」, 『도서문화』 24, 목포대 도서문화연구소, 2004.

_____, 「칠산어장과 조기파시에 대한 연구」, 『도서문화』 34, 목포대 도서문화연구원, 2009.

김형주, 「대벌리 당산제와 제의놀이의 특성」, 『비교민속학』 3집, 비교민속학회, 1988.

김호동, 「이규원의 '울릉도 검찰' 활동의 허와 실」, 『대구사학』 71호, 대구사학회, 2003.

나경수, 『광주・전남의 민속연구』, 민속원, 1998.

_____, 『한국의 신화』, 한얼미디어, 2005.

나승만, 「해양민속의 세계」, 『남도민속의 세계』, 민속원, 2005.

_____, 「가거도 멸치잡이 뱃노래의 민속지」, 『한국민요학』 22, 한국민요학회, 2008.

_____, 『가거도 멸치잡이노래』, 전라남도・국립민속박물관, 2011.

나승만 외, 『다도해 사람들』, 경인문화사, 2003.

_____, 『섬과 바다』, 경인문화사, 2005.

나승만・이경엽, 『산다이, 청춘들의 노래와 연애 생활사』, 민속원, 2016.

농공상부수산국, 『한국수산지』 3, 1908.

농촌진흥청, 『전통지식과 지식 재산권』, 2009.

다산연구회, 『역주 목민심서』 2권, 창작과 비평사, 1988.

박강의, 「굿의 연행론적 접근을 통한 마당극 양식론 연구」, 『민족미학』 10, 민족미학회, 2011.

박경용, 「죽방렴과 주낙 어업의 자연・우주 전통지식」, 『한국학연구』 38, 고려대 한국학연구소, 2011.

박광순, 「위도의 조기파시에 관한 일고찰」, 『한국도서연구』 11, 한국도서학회, 2000.

박동철・오충현, 「청산도 구들장논의 관속식물상 및 생활형」, 『한국환경생태학회 학술대회논문집』 제24권 2호, 2014.

배영동, 「분류적 인지의 민속지식 연구의 가능성과 의의」, 『비교민속학』 57, 비교민속학회, 2015.

사단법인 한뜻계보존회, 「거첨대동굿 무가사설」, 『2006년도 학술대회 발표논문집』, 2006.

삼산면지추진위원회, 『삼산면지』, 2000.

서종원, 「위도 조기파시의 민속학적 고찰」, 고려대학교 석사논문, 2004.

_____, 「파시로 인한 지역사회의 문화 변화양상 고찰」, 『중앙민속학』 12, 중앙대 한국문화유산연구소, 2007.

_____, 「위도띠뱃놀이 '원당중수기(願堂重修記)'1900년 연구」, 『도서문화』 37, 목포대 도서문화연구원, 2011.

선영란 외, 「여수시의 민속자료」, 『여수시의 문화유적』, 조선대박물관, 2000.

송기태, 「완도 생일면 서성리 풍물굿의 현장론적 연구」, 목포대 석사학위논문, 2005.

_____, 「서남해안지역 걸립 문서에 나타난 지향과 문화적 권위」, 『실천민속연구』 16, 실천민속학회, 2010.

신순호, 『도서지역의 주민과 사회』, 경인문화사, 2001.

신용철, 「전라남도 해남지역의 군고연구」, 인제대 대학원 석사논문, 1999.

심우성, 「남사당패연구」, 동화출판공사, 1974.

안정윤, 「해선망어업의 발달과 새우젓 생산」, 『민속학연구』 제14호, 국립민속박물관, 2004,

염원희, 「서울굿의 연행방식 – 앉은굿과 선굿」, 『공연문화연구』 21, 공연문화학회, 2010.

오창현, 「18~20세기 서해의 조기어업과 어민문화」, 서울대 대학원 박사논문, 2012.

_____, 「20세기 전반 일본 안강망 기술의 전파와 조선 어민의 수용 과정 – 서해 조기 어업의 특징과 안강망 기술의 문화적 변용 – 」, 『도서문화』 43, 목포대 도서문화연구원, 2014.

오횡묵, 『지도군총쇄록』, 『도서문화연구소 자료총서』 ②, 1990.

완도군, 『청산도 구들장논의 농어업유산 선정을 위한 기초연구』, 2012.

_____, 『청산도 구들장논 – 세계중요농업유산 등재를 위한 학술용역』, 2013.

윤광봉, 『조선후기의 연희』, 박이정, 1998.

이건식, 「조선시대 조수 구분 계열어의 의미 대립 체계 」, 『한민족어문학』 64집, 한민족어문학회, 2013.

이경엽, 「목포의 상업민속에 대한 현지연구 – 객주의 기능과 수산물 중개관행을 중심으로」, 『역사민속학』 7호, 한국역사민속학회, 1998.

_____, 「도서지역 당제의 전승환경과 생태학적 적응」, 『역사민속학』 10, 한국역사민속학회, 2000.

_____, 「도서지역의 민속연희와 남사당노래 연구」, 『한국민속학』 제33집, 한국민속학회, 2001.

_____, 「남사당노래의 전승과 민속의 창조적 수용」, 『민속학연구』 8호, 국립민속박물관, 2001.

_____, 「서남해지역 민속문화의 특성과 활용 방향」, 『한국민속학』 37집, 한국민속학회, 2003.

_____, 「서해안의 배치기소리와 조기잡이의 상관성」, 『한국민요학』 15, 한국민요학회, 2004.

_____, 「임자도의 파시와 파시 사람들」, 『도서문화』 24, 목포대학교 도서문화연구소, 2004.

_____, 『진도 다시래기』, 국립문화재연구소, 2004.

_____, 「생일 사람들의 민속생활과 민속생태환적 환경 인지」, 『도서문화』, 목포대 도서문화연구소, 2005.

_____, 「씻김굿 무가의 연행방식과 그 특징」, 『비교민속학』 29, 비교민속학회, 2005.

_____, 「경기어로요의 존재양상」, 『경기향토민요』, 경기도국악당, 2007.

_____, 「갯벌지역의 어로활동과 어로신앙」, 『도서문화』 33, 목포대 도서문화연구원, 2009.

_____, 「호남지역 무당굿놀이의 연행양상과 의미」, 『한국무속학』 21, 한국무속학회, 2010.

_____, 「서해안 무속수륙재의 성격과 연행양상」, 『한국민속학』 51, 한국민속학회, 2010.

_____, 「울릉도와 거문도 – 전라 남해안 어민들의 원정 어로활동」, 『2011 한국해양문화학자대회 자료집』, 목포대도서문화연구원, 2011.

_____, 「다도해의 문화적 다양성과 사회문화적 네트워크」, 『도서문화』 39집, 목포대 도서문화연구원, 2012.

_____, 「바다·삶·무속 : 바다의 의례적 재현과 의미화」, 『한국무속학』 26, 한국무속학회, 2013.

_____, 「완도 발광대놀이의 전승내력과 의미」, 『한국 민속연희와 공연문화』, 한국공연문화학회, 2015.

_____, 「아틱뮤지움의 조선 다도해 조사의 성격과 논점」, 『민속학연구』 39, 국립민속박물관, 2016.

_____, 「완도굿의 내력과 현황」, 『남도 섬과 굿 음악』, 국립남도국악원, 2016.

_____, 『상례놀이의 문화사』, 민속원, 2016.

_____, 「파시의 파노라마적 풍경과 파시 주체의 욕망」, 『한국민속학』 65, 한국민속학회, 2017.

이경엽 외, 『중국 발해만의 해양민속』, 민속원, 2004.

_____, 『중국의 섬과 민속』 1, 민속원, 2005.

_____, 『고흥월포농악』, 심미안, 2008.

_____, 『바다·삶·무속』, 민속원, 2015.

이경엽·송기태·한은선, 『생일도 발광대놀이』, 민속원, 2016.

이균옥, 『동해안지역 무극 연구』, 박이정, 1998.

이영배, 「자율과 횡단, 문화 재생산의 이중 효과 – 전남 해남군 '마을굿 살리기'를 중심으로」, 『서강인문논총』 33, 서강대 인문과학연구소, 2012.

이영호, 「19세기 포구수세의 유형과 포구유통의 성격」, 『한국학보』 41, 일지사, 1985.

이유리, 「가거도와 만재도의 갯밭공동체와 무레꾼 연구」, 『남도민속연구』 26, 남도민속학회, 2013.

이윤선, 『도서‧해양민속과 문화콘텐츠』, 민속원 2006.

＿＿＿, 『산자와 죽은자를 위한 축제』, 민속원, 2018.

임재해, 「구비문학의 연행론, 그 문학적 생산과 수용의 역동성」, 『구비문학연구』 7, 한국구비문학회 1998.

전경수, 「섬사람들의 풍속과 삶」, 『한국의 기층문화』, 한길사, 1987.

＿＿＿, 「환경‧문화‧인간 – 생태인류학의 논의들」, 『생태계 위기와 한국의 환경문제』, 도서출판 따님, 1999.

전경수 편, 『한국어촌의 저발전과 적응』, 집문당, 1992.

전경욱, 「가면극과 그 놀이꾼의 역사적 전개」, 『고전희곡연구』 제1집, 2000.

정명철‧유수영, 「농촌마을 민속지식 발굴과 활용의 실제」, 『민속연구』 31, 안동대민속학연구소, 2015.

정병호, 「발탈 연희에 대하여」, 『한국민속학』 16집, 민속학회, 1983.

정승모, 「마을공동체의 변화와 당제」, 『한국문화인류학』 13집, 한국문화인류학회, 1981.

정약용, 「시‧탐진어가 10장」, 『여유당전서 제1집‧다산시문집 제4권』(민족문화추진회, 한국고전DB http://db.itkc.or.kr/)

정약전 지음, 정문기 옮김, 『자산어보』, 지식산업사, 1974.

조경만, 「흑산사람들의 삶과 민간신앙」, 『도서문화』 6집, 목포대 도서문화연구소, 1988.

＿＿＿, 「≪도서문화≫ 민속분야 연구의 반성」, 『도서문화』 7, 1990.

＿＿＿, 「청산도의 농업환경과 문화적 적응에 관한 일고찰」, 『도서문화』 9, 목포대 도서문화연구소, 1991.

＿＿＿, 「금일지역 어민들의 생업과 공동체」, 『도서문화』 10, 목포대 도서문화연구소, 1992.

＿＿＿, 「일본 도서지역의 지역정체성과 발전에 관한 역사 담론」, 『아시아문화연구』 제1집, 목포대 아시아문화연구소, 1997.

＿＿＿, 「자연환경과 인간생활」, 『교양환경론』, 도서출판 따님, 1999.

＿＿＿, 「사회적 존재와 사회관계 표현으로서의 몸‧춤‧풍물」, 『한국무용기록학회지』 15, 한국무용기록학회, 2008.

＿＿＿, 「교섭과 체현 속의 자연, 몸, 의례와 예술」, 『아시아 생태문화』, 아시아문화도시추진단, 2009.

조숙정, 「조기의 민족어류학적 접근 : 서해어민의 토착지식에 관한 연구」, 『한국문화인류학』, 한국문화인류학회, 2012.

조영재 외, 「청산도 구들장논의 분포와 물리적 구조에 관한 연구」, 『농촌계획』 18권 3호, 2012.

좌혜경 외, 『제주 해녀와 일본의 아마』, 민속원, 2004.

주강현, 「서해안 조기잡이와 어업생산풍습」, 『역사민속학』 창간호, 1991.

＿＿＿, 「어업」, 『경기민속지』 개관편, 경기도박물관, 1994.

＿＿＿, 『조기에 관한 명상』, 한겨레신문사, 1998.

＿＿＿, 「민어잡이와 타리파시의 생활사」, 『해양문화』 6, 해양문화재단, 2001.

＿＿＿, 「언어생태전략과 민속지식의 문화다양성」, 『역사민속학』 32, 한국역사민속학회, 2010.

최강현 역주, 『후송 류의양 유배기 남해문견록』, 신성출판사, 1999.

최길성, 「파시의 민속학적 고찰」, 『중앙민속학』 3, 중앙대학교 한국민속학연구소, 1991.

최덕원, 『다도해의 당제』, 삼성출판사, 1983.

＿＿＿, 「신안지방의 민속예술」, 『신안군의 문화유적』, 목포대학교 박물관, 1987.

하주성, 『경기도의 굿』, 경기문화재단, 1999.

한상복, 「소흑산‧가거도 기행」, 『신사조』 제2권 17호(통권18호), 신사조사, 1963.

＿＿＿, 「산업기술」, 『한국민속종합보고서』 경기도편, 문화재관리국, 1978.

한상복‧전경수, 『한국의 낙도민속지』, 집문당, 1992.

해양수산부, 『한국의 해양문화』 전8권, 2002.

허용호, 「"감성적 시각"이 주는 문제의식과 착상 – 진오기굿을 중심으로」, 『감성연구』 3, 호남학연구원, 2011.

현용준, 『제주도 무속과 그 주변』, 집문당, 2002.

홍선기, 「유네스코 신안다도해 생물권 보전지역」, 『섬과 바다의 문화읽기』, 민속원, 2012.

홍태한, 『한국의 무가』 6, 황해도무가, 민속원, 2006.

황도훈, 『傳, 서산대사진법군고』, 해남문화원, 1991.

황루시, 「배연신굿 한판에 조기 그물이 출렁」, 『옹진배연신굿』, 열화당, 1986.

황루시 외, 『경기도도당굿』, 열화당, 1983.

이 저서는 2015년 정부(교육부)의 재원으로 한국연구재단의 지원을 받아 수행된 연구임
(NRF-2015S1A6A4A01011519)

네 가지 열쇠말로 읽는 섬의 민속학

초판1쇄 발행 2020년 4월 19일

지은이 이경엽
펴낸이 홍종화

편집디자인 오경희 · 조정화 · 오성현 · 신나래
　　　　　　 정창혁 · 박선주 · 최지혜
관리 박정대 · 임재필

펴낸곳 민속원
창업 홍기원
출판등록 제1990-000045호
주소 서울 마포구 토정로 25길 41(대흥동 337-25)
전화 02) 804-3320, 805-3320, 806-3320(代)
팩스 02) 802-3346
이메일 minsok1@chollian.net, minsokwon@naver.com
홈페이지 www.minsokwon.com

ISBN　978-89-285-1430-4
S E T　978-89-285-0359-9　94380